EMDR y Procesamiento Emocional

Trabajando en pacientes con desregulación grave

Anabel Gonzalez

ISBN: 978-84-09-14624-6
ISBN-13: 978-84-09-14624-6

"Es mejor dotar a los clínicos con un marco conceptual o modelo que les sirva de guía para su práctica clínica que darles únicamente un procedimiento paso a paso para implementar EMDR". Francine Shapiro (2001).

"Cuando estamos trabajando con los pacientes más debilitados, es particularmente importante que incorporemos el conocimiento de otros campos. Cuanto más aprendamos de otras disciplinas, más eficientes y efectivos nos volveremos. Para que EMDR se pueda emplear como un abordaje psicoterapéutico aplicable a un amplio rango de situaciones psicopatológicas, el modelo teórico necesita integrar la neuropsicología del desarrollo con el efecto acumulativo de las experiencias traumáticas". Luber y Shapiro (2009).

DEDICATORIA

A Francisca García, con la que llevo muchos años trabajando en el desarrollo de la terapia EMDR en nuestro país. Con el equipo de compañeros de la Asociación EMDR España, a la que pertenecemos, hemos vivido juntas muchos momentos que han supuesto todo un aprendizaje de regulación emocional.

Francisca estuvo presente en mi desarrollo como terapeuta EMDR y asistió a mi evolución en la forma de entender el tratamiento de los cuadros más complejos. Con ella me formé también como entrenadora, lo que me ha dado la oportunidad de transmitir a los terapeutas que empiezan el modelo EMDR, que es mi perspectiva central para entender la patología y la estructura de la personalidad. En todos estos años he aprendido muchas cosas, probablemente las más importantes son las que no están en los libros.

Comparto con Francisca un modo de entender EMDR como abordaje psicoterapéutico, basado en la comprensión del caso y la adaptación de los procedimientos a las características únicas de cada paciente. Este libro se basa en esta filosofía, poniendo el énfasis en entender - con la regulación emocional como hilo conductor - las rutas que llevan desde la historia relacional del individuo a su forma de funcionar en el presente.

CONTENIDO

AGRADECIMIENTOS

Para Mabel, Paloma, Lucía y Adriana, por su contribución a dar forma a este texto.

Prólogo

Por lucía del río

Anabel me propuso prologar este libro tomándonos un vermú en la boda de una compañera. Recuerdo haber pensado: "¿Pero esta mujer no descansa nunca?" A esta propuesta le siguieron otras dos más para futuras colaboraciones y a la vista de estas líneas, Anabel fue convincente. Haberme escogido para prologar este libro dice mucho de la autora. Habitualmente se tiende a escoger a personas de mayor reputación que la del autor, de tal modo que el libro comience con un toque de glamour y sea más vendible. En cambio, Anabel escogió a una de sus discípulas para prologar el libro, diciéndome que de un artículo en el que ella había trabajado para ayudarme en mi tesis doctoral había salido la idea que sería germen de este texto. Honrar los orígenes y el trabajo diario, por encima de lo rápido y vistoso, fue la forma en la que seleccionó a la prologuista y también el lugar desde el que este libro está escrito. Igualmente, este texto supone un fruto (más profundo de lo que yo nunca hubiera imaginado) cultivado a lo largo de muchas horas de trabajo en los últimos 5 años, en los que conjuntamente decidimos estudiar la regulación emocional en las personas con Trastorno Conversivo. Posteriormente, iríamos ampliando el estudio hacia otros tipos de disociación somatomorfa y psicomorfa, hasta que lo aprendido de nuestros pacientes conversivos supuso solo una pequeña parcela del conocimiento acumulado por Anabel en el campo de los trastornos relacionados con el trauma y la desregulación emocional. Así que puedo decir orgullosa que mi interés por la histeria y el papel de las emociones en la misma contribuyó a poner una semilla, a partir de la cual surgieron reflexiones profundas, reformulaciones de casos en base a los nuevos conocimientos y conclusiones que habíamos extraído y, por último, un marco teórico amplio y profundo como lo es este texto.

Cuando leí el libro por primera vez pensé que era como presenciar una charla o una supervisión de Anabel durante horas y horas. Según avanzaban los párrafos reconocía su estilo, su forma de concebir la patología, sus modos de aproximarse a los pacientes, su saber hacer. Me resultó por encima de todo un libro honesto, sin artificios, sin falsas promesas y sin simplificación. Anabel es eminentemente ecléctica, crítica y práctica, y sintetiza contribuciones de diversos modelos teóricos. Tiene la capacidad de traducir horas y horas de lectura de los textos más complejos de la neurobiología en un capítulo de carácter claramente clínico lleno de consejos terapéuticos y "perlitas" a la hora de conceptualizar un caso. Su enfoque es siempre integrador, realizando propuestas que incluyen concepciones netamente neurobiológicas o evolutivas, aportando también una visión del ser humano desde su carácter corpóreo (no tenemos un cuerpo, sino que somos cuerpo), pasando por el mundo de las emociones y su regulación y llegando, sin escatimar, a la profundización en el psiquismo del individuo o en el carácter sistémico de las cuestiones a abordar. Este libro es por tanto tan multidimensional como lo es el ser humano: cuerpo, mente y emoción, por un lado; individuo, miembro de la familia y participante social, por otro. De tal modo, aunque el objeto de estudio es el mundo emocional, la autora no deja atrás la atención al cuerpo ni la revisión de los casos atendiendo a las cogniciones que bloquean el procesamiento (con su origen biográfico siempre detrás).

Se trata de un libro orientado a terapeutas que trabajan con patologías del espectro traumático y que utilizan como abordaje la metodología propuesta desde EMDR. Pero, como bien advierte la autora, no se trata de un libro de protocolos, ante los que Anabel Gonzalez se ha mostrado abiertamente escéptica. En los últimos años, han proliferado en EMDR múltiples protocolos para cada situación concreta, síntoma determinado o patología específica a los que el terapeuta se enfrenta. Protocolos que tiene su utilidad en la medida en que nos permiten profundizar en cuestiones específicas, pero que entendidos como fin en sí mismo desvirtúan la terapia. Que el protocolo no reste presencia al terapeuta ni genere una simplificación de los casos es una de las reivindicaciones explícitas e implícitas del libro. Y efectivamente, a tal fin, este texto resulta de especial utilidad. Lejos de crear protocolos específicos para los bloqueos emocionales, ni de generar algoritmos para abordar distintos patrones de desregulación emocional, el libro presenta una visión más amplia y compleja sobre el trabajo con EMDR. El texto se centra en cómo las dificultades en la regulación emocional son causa, síntoma y consecuencia de la traumatización y, por lo tanto, serán frecuentes en nuestros pacientes no solo causando patología, sino también dificultando el propio procesamiento adaptativo de la información que tanto necesitamos estimular. Uno de los méritos fundamentales del libro es precisamente el de poner en valor la importancia de las emociones y su regulación a lo largo del proceso terapéutico. Es frecuente que se preste atención a las creencias negativas, distorsiones o esquemas de tipo cognitivo que aparecen a lo largo de la terapia con EMDR, pero es menos frecuente el poner el acento en las emociones que acompañan a todo el proceso, siendo habitual que nos conformemos simplemente con preguntar qué emociones surgen ante un recuerdo y con dejarlas "fluir" a lo largo del procesamiento. En este sentido, el libro es todo un canto al mundo emocional y su valor terapéutico. Aporta un marco teórico y a su vez, recorre las principales estrategias disfuncionales de regulación emocional de forma práctica y basada en casos reales. Ante cada una de esas estrategias nos aporta posibles claves que ayudarán en algunas ocasiones a conceptualizar el caso de forma global y en otras, a desbloquear momentos críticos de la terapia donde las herramientas habituales son insuficientes.

Pues bien, llegados a este punto y con el permiso del lector, creo que vale la pena parar y recordar algunas ideas en torno a las emociones y su papel en la psicoterapia. Mucho se ha escrito sobre la definición y conceptualización de la emoción, surgiendo modelos incluso contrapuestos para explicar su naturaleza. Sin ánimo de realizar una revisión profunda del asunto podemos resumir que existen dos visiones, aquella que considera a las emociones como fenómenos emergentes (es decir, que surgen de forma automática tras un estímulo determinado, como fruto de un estado corporal y neural concreto) y la que las considera un constructo (fruto del aprendizaje anterior, que las dota de significación y valor subjetivo). En el primer caso, diríamos que no decidimos las emociones que sentimos, y que lo único que podremos hacer es modular lo que hacemos con ellas. En el segundo caso, haríamos más hincapié en cómo lo que nos decimos a nosotros mismos y nuestras experiencias previas condicionan una vivencia emocional determinada ante un estímulo X. En cualquiera de los dos casos, a la hora de regular la vivencia de ciertas emociones (o sus respuestas conductuales asociadas) no nos queda más remedio que aludir a los componentes emocionales que sí son modificables: desde la atención a las emociones, la identificación de las mismas, la atribución de agencia y significado, y la conducta que ponemos en marcha tras ellas. Regular las emociones es por tanto un proceso en el que se pueden poner en marcha estrategias funcionales o disfuncionales que atañen a momentos distintos de dicho proceso.

La etimología de la palabra "emoción" nos lleva al latín pues viene de emotio, emotionis, nombre a su vez derivado del verbo emovere. Este verbo está formado por el prefijo e- (o ex) y el verbo movere, que alude a hacer mover, desalojar de un sitio, agitar, o bien sacar hacia fuera. Por tanto, una emoción es algo que nos mueve, nos remueve, nos agita, nos saca del lugar donde estamos. No nos deja indiferentes, produce movimiento y es dinámica. Y es aquí que aprecio el primer acierto del libro, el de no analizar las emociones de forma discreta y aislada, como eventos a gestionar en momentos concretos, sino como parte de un proceso que evoluciona por definición. El medio en que nos movemos es cambiante y, por lo tanto, las emociones que nos suscita deben serlo también para estar adaptadas al medio: llorar y sentir tristeza es adaptativo cuando estamos en duelo, alegrarnos y reír lo es cuando jugamos con un niño; del mismo modo tiene sentido sentir asco cuando una comida está mala o tener miedo cuando pasamos por un lugar oscuro o rabia cuando hemos sido agredidos y necesitamos defendernos. Es necesario que las emociones cambien para que resulten funcionales, para que nos ayuden a leer el entorno y a comunicarnos con los demás. La flexibilidad emocional se hace necesaria y la rigidez (ya sea esta por estancamiento en una única respuesta emocional, por "apagón" o por "atracón" emocional) genera patrones disfuncionales.

Pero además de entender la regulación emocional como un proceso, debemos entenderla también como el resultado de una interacción entre variables biológicas y ambientales. Sí, en la forma en la que vivenciamos las emociones hay también una parte de genética, una predisposición que cada vez se conoce en mayor profundidad. Es sobre esta constitución basal que comenzará un proceso de modelado emocional posterior, que se inicia ya antes de parto y que se irá perfilando a través de las relaciones significativas en la infancia (con las figuras de apego y otras de referencia). Si el vínculo es el que nos cura cuando hacemos terapia, también es el vínculo el que nos enferma; en este último caso, nos hace incapaces de regular de forma sana nuestras emociones. En este libro Anabel Gonzalez dedica especial atención a todo lo relacionado con la regulación emocional interpersonal, es decir, con como regulamos nuestras emociones a través de la relación con el otro (normalmente reproduciendo patrones antiguos, los que aprendimos de niños cuando eran nuestros padres los que nos ayudaban - o dificultaban - que procesásemos experiencias emocionales).

Otro acierto del libro es el de incluir al terapeuta dentro de la ecuación, pues cuando trabajamos de esta forma, nos damos cuenta de que el terapeuta es también un regulador externo de las emociones del paciente. Es con el terapeuta que el paciente puede reparar y aprender a regularse. La atención a las emociones y la validación de las mismas por parte del terapeuta supone a menudo una experiencia que el paciente no ha tenido en su infancia. Es así que el paciente con estrategias de regulación emocional disfuncionales puede aprender a vivenciar sus emociones de otra manera, tanto a través de la actitud del terapeuta, como a través del trabajo psicoeducativo para comprender como ciertas pautas de regulación emocional disfuncional fueron aprendidas, de donde vienen, que función tenían entonces… Así, el paciente aprende que lo que en algún momento le sirvió (para no sufrir, para ser amado, para ser atendido…), no solo ya no le sirve, sino que le impide relacionarse sanamente con otros y consigo mismo. En este sentido, el libro aporta múltiples ejemplos para el trabajo psicoeducativo propio de la fase 2, orientado este también desde el punto de vista de las emociones, y no solo de los recuerdos. Si el paciente conoce porqué reacciona de tal o cual manera ante una situación, cuando esto se reproduzca durante el procesamiento (fases 3-8), habrá un lugar donde asirse. Pero este trabajo no es solo útil para el paciente, sino que permite al terapeuta conocer algo más allá del relato biográfico de la persona, algo más complejo y útil: cuáles son las narrativas que esta biografía ha generado (entendiendo narrativas en el sentido amplio de aquellas que configuran la identidad y que no son solo una narración verbal, sino también una narración a través del cuerpo y de la emoción).

La forma en que regulamos nuestras emociones es por tanto un elemento clave en la configuración de nuestra imagen de nosotros mismos y del mundo que nos rodea, de tal modo que, si nos limitamos a un trabajo puramente cognitivo, hay un relato emocional y otro corporal que están siendo olvidados. Esta ha sido una de las grandes negligencias de las perspectivas psicoanalíticas y cognitivas de las primeras generaciones. Durante décadas, el mundo emocional era olvidado mientras que los terapeutas dilucidaban sobre las motivaciones subconscientes y los mecanismos defensivos en un caso, y el condicionamiento de los estímulos y las modificaciones del comportamiento por el otro. Hasta la segunda mitad del siglo XX los abordajes que daban importancia tanto al cuerpo como a las emociones eran minoritarios, y durante un tiempo resultaban de interés solo a los terapeutas humanistas y a algunos abordajes concretos surgidos del psicoanálisis, como el psicodrama. Del mismo modo, hasta el auge de la psicología del apego, la función de los padres como reguladores de las emociones de los niños pasaba prácticamente desapercibida o era comprendida desde un punto de vista menos vinculado al mundo emocional. Por fortuna, con el paso de los años y la llegada de las llamadas psicoterapias de 3ª y 4ª generación, la emoción ha pasado a ocupar un lugar fundamental en los procesos terapéuticos y los abordajes tradicionales se han ido transformando adquiriendo también este modelo más completo y más humano. En este sentido, la terapia EMDR es un abordaje privilegiado, completo e integrador. Como podemos ver en fase 3, se identifica un recuerdo (perspectiva biográfica), se incluye un punto de vista cognitivo (a través de la extracción de las cogniciones negativas y positivas), y se asocia con un correlato corporal asociado a las memorias y a las emociones predominantes. Este carácter integrador es, a mi entender, una de las mayores riquezas del EMDR (junto con el doble foco). Sin embargo, es frecuente que en la práctica diaria los terapeutas dediquen más tiempo a trabajar en torno a las cogniciones que aparecen y bloquean el procesamiento, que a trabajar desde la corporalidad o la emoción. El libro de Anabel Gonzalez reivindica la atención a las emociones tanto durante la fase de preparación y la psicoeducación, como durante la desensibilización y reprocesamiento.

Por otro lado, conviene recordar que el estudio de las emociones y su regulación es tan amplio y se llega al mismo desde lugares tan distintos, que los conceptos son a menudo vagos. Se puede hablar de regulación emocional refiriéndonos a si sus componentes son intrínsecos (innatos e involuntarios) o extrínsecos (aprendidos y voluntarios), en función de si nos referimos a una regulación intrapersonal o interpersonal, de si estamos estudiando la atención a la emoción o la regulación cognitiva posterior (desde el punto de vista de un proceso), de si consideramos la regulación como algo adaptativo vs desadaptativo, si estudiamos cómo se regulan emociones específicas, si nos referimos al nivel de activación que las emociones producen y cómo modularlo, si nos centramos en las respuestas conductuales tras la vivencia emocional y así, una larga gama de etcéteras. Pues bien, la autora parece haber tenido en cuenta cada uno de estos modelos, no para adentrarse en cada teoría, sino a la hora de decidir qué abordar y qué no, y desde qué perspectiva. Reconozco que la primera vez que leí el índice me dije: "Madre mía, juro que no entiendo qué clase de estructura tiene esto": hasta que inicié la lectura y devoré el libro. Los capítulos no traducen una clasificación determinada fruto de un único modelo de los que vengo de mencionar, sino que responden a un compendio de situaciones clínicamente relevantes relacionadas con la forma en que regulan las emociones los pacientes. Según avanza la lectura, es fácil apreciar cómo todo cobra sentido, y mucho. Anabel Gonzalez se sirve de diversos modelos teóricos, pero evita en todo caso una enumeración de teorías en torno la regulación de las emociones que no aportaría mucho a la práctica diaria. En su lugar, pone la teoría al servicio de la clínica para ir navegando, capítulo tras capítulo, en las cuestiones fundamentales que necesitamos tener en cuenta para trabajar con población traumatizada y desregulada. Esta es una de las mayores riquezas un libro que, en todo caso, promueve la evitación de simplificaciones. Si el lector busca respuestas a qué hacer cuando el paciente demuestre tal o tal otra emoción a lo largo del procesamiento, terminará frustrado. Las emociones tienen funciones determinadas, podríamos decir que incluso evolutivas, pero no son una cuestión de sota, caballo y rey. Una misma respuesta emocional puede ser adaptativa en un paciente y desadaptativa en otro, o bien en diferentes contextos. Un paciente puede haber sido penalizado por mostrar su rabia y ocultarla sistemáticamente, otro haber respondido de forma rebelde ante la misma penalización y haberse quedado fijado en un exceso de rabia. Sentir la tristeza puede ser un dato de buen pronóstico en un paciente que no se lo permitía habitualmente mientras que puede ser parte de un bucle patológico en un paciente depresivo. Es decir, aquí tampoco existen recetas mágicas. Y si por algo destaca este libro es por intentar proponer un abordaje completo y complejo de los casos. Importa el significado que cada paciente atribuye a sus emociones y a las del otro, importa en qué momento biográfico se dieron dichos aprendizajes, importa cómo la persona ha aprendido a regularse en el vínculo y a calmarse también en soledad, importa si las emociones son rechazadas o aceptadas y cuidadas, importa la intensidad, pero no solo la intensidad, etc. De tal modo, la propuesta trasciende a visiones simplistas como la ventana de tolerancia emocional (útil pero incompleta) y no permite, por su propia naturaleza, extraer un protocolo para lidiar con las emociones. A mi modo de ver, todo esto permite que EMDR evolucione desde ser una técnica hasta ser un abordaje psicoterapéutico con todo lo que esto implica.

Por último, no quisiera cerrar este prólogo sin hacer una pequeña reflexión en torno a un tema fundamental que Anabel Gonzalez introduce y que, tal y como refiere, "daría para un libro". Se trata de la función del terapeuta dentro del proceso. Ya he adelantado algo cuando me refería al terapeuta como regulador externo (interpersonal) de los estados emocionales del paciente, pero la cuestión es más profunda. El terapeuta no solo puede promover una regulación sana y ayudar a la persona a entrenarse en dicha regulación diádica, sino que también puede ser un disparador de malestar en el paciente. Aun teniendo la actitud más cuidadosa del mundo, el mero hecho de que alguien esté presenciando sus reacciones emocionales puede ser en sí mismo un disparador de angustia. Por otro lado, EMDR no está exento de los tradicionales procesos de transferencia y contratransferencia (por poco que me gusten dichos términos) que genera cualquier psicoterapia. En este sentido, cuanto más "trabajado" esté un terapeuta, mejor compañero de viaje será para el paciente. El terapeuta que conoce sus limitaciones sabe hasta dónde puede acompañar y hasta donde no, avanza no solo cuando el paciente está preparado, sino también cuando el propio terapeuta puede abordar el tema en cuestión. El terapeuta que ha profundizado en su propia historia biográfica, puede identificar cómo van a influirle las diferentes dianas a trabajar con el paciente y a menudo podrá anticipar si va a poder estar emocionalmente disponible para el paciente (tratar una diana que produzca desconexión o activación excesiva en el terapeuta puede ser retraumatizante para el paciente). El terapeuta que trae consigo un trabajo personal sabe lo que es enfrentarse a lo que da miedo, y entiende que la evitación de los pacientes no es caprichosa, ni algo para fastidiar al de enfrente. Aprende a poner los límites necesarios que permitan su propio autocuidado y modela el del paciente. Y aun así... el camino es arduo y difícil, igual que nutritivo y reconfortante.

Y sin más, agradecida y con la mente abierta, me despido. Buena lectura y mejor camino, terapeutas.

Capítulo 1

La terapia EMDR: emociones y recuerdos

La terapia EMDR (Shapiro, 1996, 2018; Shapiro et al., 1998) es un tratamiento orientado al trauma que ha sido reconocido como una terapia basada en la evidencia para el trastorno de estrés postraumático (TEPT) (Bisson et al., 2013). Las siglas EMDR corresponden a Desensibilización y Reprocesamiento por Movimientos Oculares, lo que hace referencia tanto al procesamiento de los recuerdos, que es la base desde la que se estructura este tratamiento, como al uso de los movimientos oculares con este propósito. Aunque el debate sobre el papel de los movimientos oculares y su mecanismo de acción todavía continúa abierto (Landin-Romero et al., 2018), lo que parece claro es que los movimientos oculares son un ingrediente activo con tamaños de efecto entre moderado y grande (Lee y Cruijpers, 2013).

El modelo en que se basa EMDR postula que gran parte de la psicopatología es debida a que determinadas experiencias no han podido ser asimiladas y permanecen almacenadas disfuncionalmente. Dicho de otro modo, en la base de los problemas presentes estarían experiencias bloqueadas que, debido a su impacto traumático o a sus características particulares, no se han podido integrar y elaborar. Nuestra mente va a buscar al archivo de nuestra historia pasada experiencias similares a lo que vivimos ahora, para tomar referencias de cara a saber cómo interpretar lo que ocurre en el presente y cómo actuar ante ello. Cuando esas situaciones no fueron procesadas, no funcionarán como aprendizajes, sino como fuentes de bloqueo. Conectamos con aquello que pasó, pero ni ahora ni entonces podemos deshacer el nudo. Se forman así cadenas de conexiones entre diversos momentos, enlazados por un hilo conductor, dando lugar a efectos acumulativos.

Cuando ocurre algo en el presente que el cerebro conecta con alguna de estas experiencias no procesadas, el individuo va a reaccionar en el aquí y ahora con elementos de allí y entonces. Por ejemplo, se sentirá igual de bloqueado ante el mal carácter de su jefe que cuando era pequeño y estaba ante su profesor de matemáticas, ya que su cerebro asocia automáticamente el tono áspero de voz de ambos hombres y enlaza estas dos situaciones, por lo demás bien diferentes. Esto opera en la mayor parte de los casos a un nivel no consciente, notando como mucho que nuestra forma de reaccionar de ahora no se corresponde con nuestros recursos y capacidades; decimos: "no entiendo por qué me pasa esto".

La terapia EMDR se basa en identificar estas experiencias y acceder a ellas, incluyendo tanto las percepciones y los elementos cognitivos (creencias autorreferentes, lo que el recuerdo lleva a la persona a pensar sobre sí misma) como las emociones y sensaciones asociadas. Una vez que el recuerdo está activado en el sistema nervioso, se utiliza el movimiento ocular u otros métodos de *estimulación bilateral* (EB) del cerebro, como la estimulación táctil (tapping) o la estimulación auditiva alternantes, para desbloquear esa memoria y promover así su integración en otras redes. El efecto de la estimulación bilateral consiste generalmente en promover un proceso asociativo, disminuir la perturbación, hacer que la imagen se vea más distante y borrosa y/o facilitar pensamientos sobre el recuerdo relacionados con tomar perspectiva o adquirir conciencia de otros aspectos.

Aunque, como vemos, la emoción es uno de entre varios elementos con los que se trabaja en EMDR, las emociones tienen también mucho que ver con las razones por las cuales determinados recuerdos no pueden ser procesados. Sabemos que la emoción potencia la consolidación de los estímulos (Putman et al., 2004; Roozendaal, 2000), a través de la secreción de hormonas del estrés como la adrenalina y el cortisol, que llevan a una activación noradrenérgica en la amígdala (McGaugh, 2006), lo que a su vez modula regiones como el hipocampo. Además, las experiencias que nos generan emociones abrumadoras e inmanejables son las que suponen mayores desafíos para nuestro sistema de procesamiento, y muchas de ellas pueden no llegar a elaborarse por completo incluso después de años de haberse producido. Veremos más adelante los complejos matices que el área de las emociones introduce en el trabajo con trauma, y en particular con EMDR.

El tratamiento con EMDR no se limita al uso de movimientos oculares con un recuerdo, sino que se estructura en ocho fases: fase 1 cubre la historia del paciente y la planificación del tratamiento, en las que se identifican los recuerdos que no fueron elaborados e integrados, y se evalúan distintos aspectos que han de trabajarse para poder acceder a esas memorias y elaborarlas de un modo productivo. En la fase 2 de preparación y estabilización, el terapeuta prepara al paciente para el reprocesamiento de los objetivos seleccionados. En las fases 3-7, se incorpora la EB para promover el procesamiento del recuerdo. La fase 8 consiste en una reevaluación de la memoria previamente procesada, para asegurar que dicho reprocesamiento ha sido completo.

El efecto de la EB y de la terapia EMDR ha sido analizado desde diferentes paradigmas. Los modelos predominantes son los basados en el papel de la memoria de trabajo y el reflejo de orientación (Andrade et al., 1997; Kavanagh et al., 2001; Van den Hout et al., 2001; Barrowcliff et al., 2003; Christman et al., 2003). Desde una perspectiva teórica, Shapiro (2012, 2018) ha desarrollado el *modelo de procesamiento adaptativo de la información* (AIP), según el cual la estimulación bilateral tendría el efecto de desbloquear el sistema innato del cerebro que permite elaborar las situaciones que vamos viviendo. Al hacerlo, los recuerdos que no pudieron ser procesados debido al impacto de la experiencia traumática podrían conectarse a redes de memoria adaptativas, integrándose con el resto de los recuerdos.

Sin embargo, el procesamiento de la información no es un proceso puramente cognitivo ni tampoco una función cerebral simple, sino que se trata de un fenómeno complejo que solo ha sido parcialmente estudiado y entendido. Los modelos de procesamiento de la información provienen en su mayoría de la neurociencia cognitiva. El área de regulación de la emoción, que ha asistido en los últimos años a un crecimiento exponencial, ha aportado datos muy interesantes y está generando desarrollos teóricos diversos. Esta área puede aportar ideas relevantes para una mayor comprensión de los mecanismos subyacentes a los síntomas postraumáticos y al mecanismo de acción de EMDR en el reprocesamiento de las memorias traumáticas.

Un concepto relacionado con el de procesamiento de información, procedente del estudio de la afectividad, es el de *procesamiento emocional* (Rachman, 1980, 2001). Rachman definió éste como el proceso por el cual la perturbación emocional generada por un evento vital estresante va disminuyendo hasta que la persona puede continuar con el funcionamiento previo. Comenta el autor que, habitualmente, las personas procesan la mayor parte de las situaciones aversivas de sus vidas. Sin embargo, cuando los individuos son incapaces de absorber o "procesar" la perturbación emocional, seguirán funcionando con un nivel de activación permanentemente elevado y con una intrusión tan continuada de sus emociones que les hará difícil concentrarse en las actividades de la vida diaria. Estas experiencias emocionales que no se absorben o procesan por completo darían lugar a la vuelta de los temores, o al desarrollo de obsesiones o pensamientos intrusivos. Sería la evitación excesiva o la inhibición rígida y prolongada de la experiencia emocional negativa lo que impediría su reintegración y resolución. Como vemos, esta definición tiene muchos paralelismos con el modelo de procesamiento adaptativo de información, aunque pone mucho más énfasis en el componente emocional.

El procesamiento emocional ha sido propuesto como un proceso central en las terapias de exposición (Foa y Kozak, 1998). Estos autores toman la idea y el término de Rachman, pero cuestionan su escasa fundamentación teórica. Ellos hablarán sobre todo de la emoción de miedo y de lo que denominan "estructuras de miedo", en las que un estímulo se queda asociado a un significado y a una acción. Afirman que las estructuras de miedo patológico son resistentes a la modificación, y Foa, Huppert y Cahill (2006) proponen que esto se debe a la evitación conductual y cognitiva. Solo cuando se incorpora nueva información relevante que resulte inconsistente con los elementos de la estructura de miedo se producirá el procesamiento emocional; este proceso se vería interferido por la evitación y los sesgos cognitivos, por ello es en estos aspectos en los que centran su intervención terapéutica.

Las terapias psicodinámicas modernas han propuesto modelos integrando la teoría del apego con la neurociencia afectiva. Por ejemplo (Fosha, 2000, Lipton y Fosha, 2011) han desarrollado la psicoterapia psicodinámica experiencial acelerada (AEDP). En ella proponen un trabajo experiencial, momento a momento, en el que el apego seguro será la referencia para saber qué aspectos promover. Se parte de la idea de que en todo ser humano existe el potencial de desarrollar esa seguridad en el apego, aunque no haya podido establecerse inicialmente, así como una tendencia a la autocuración y la transformación. El trabajo terapéutico pone aquí el énfasis en que el terapeuta promueva activa y explícitamente un apego seguro, ofreciendo al paciente una nueva experiencia de seguridad emocional. Como ocurre en la interacción temprana entre madre y bebé, lo que se busca es permanecer una buena parte del tiempo en interacciones positivas y metabolizar rápidamente las emociones negativas asociadas a los desencuentros y alteraciones. Entienden que el trauma relacional es el resultado de experimentar emociones desbordantes en medio de una terrible soledad. En terapia, el paciente ha de sentir que se da la bienvenida a todos sus sentimientos, incluso aquellos que sus experiencias relacionales previas le llevaron a no reconocer, rechazar o compartimentalizar. Esta vez será diferente: el paciente no estará solo con sus emociones abrumadoras, ni se verá avergonzado por sus necesidades y reacciones. Esto le permitirá metabolizar estas experiencias negativas.

Greenberg y Pascual-Leone (2006) señalan que es importante elaborar el papel del procesamiento emocional en distintos abordajes terapéuticos, debido a que los matices del procesamiento emocional parecen aplicarse de modo diferencial a lo largo de distintos modelos de terapia. Por ejemplo, Foa y Kozak (1986) describen indicadores de que el procesamiento emocional se ha producido, relacionados con una curva de disminución gradual del miedo y de la respuesta ante el objeto temido afirmando que, si no se ve esta curva, el hecho de que simplemente el objeto no active la reacción podría deberse también a un mecanismo de evitación. En EMDR, dado que el mecanismo subyacente no parece ser la habituación sino la reconsolidación (Suzuki et al., 2004), la disminución de la emoción se produce muchas veces de modo completo dentro de una única sesión. Aunque con la habituación el cambio es más progresivo (Rogers, 1999) que en las sesiones de EMDR, en éstas hemos de ver un proceso rápido, pero también ha de ser gradual. Cuando una emoción desaparece de repente, o de modo demasiado rápido, muchas veces lo que ocurre es que el paciente no ha procesado realmente el material, sino que lo está evitando o suprimiendo, o se ha desconectado de modo automático debido a una estructura disociativa (cambio a otro estado mental disociado). Este ejercicio de leer las situaciones que se presentan en EMDR, aplicado a diversas patologías y viñetas clínicas, es uno de los principales objetivos de este libro.

Ahondando sobre lo anterior, distintas terapias pueden conseguir un mismo efecto utilizando para ello distintas rutas. Tanto la terapia de exposición como EMDR abordan los recuerdos traumáticos, pero mientras la primera actúa a través de la *habituación*, el funcionamiento de la segunda parece diferente. El mecanismo propuesto para el efecto de EMDR es la *reconsolidación* (Schiller et al., 2009). En él, la memoria se vuelve lábil, y durante un determinado periodo puede ser actualizada junto a información nueva, volviendo a almacenarse después de un modo completamente distinto. Por ello a veces el recuerdo ha modificado sus características, no solo perdiendo viveza o emocionalidad, sino incluyendo o excluyendo elementos, o incluso modificando el argumento de la situación. En la habituación se crea otra memoria que compite con la memoria traumática inicial, pero la original queda de algún modo latente. Si aparece un elemento relacionado que no haya sido habituado, se puede reactivar la respuesta emocional negativa. En cambio, con la reconsolidación esto no ocurre porque no queda una base activa que pueda ser reactivada, es la memoria original en sí la que ha sido modificada.

Por ejemplo, Herminia está procesando la memoria de su primera crisis de ansiedad. Recuerda que había mucha gente y empezó a sentirse mal. En la transcripción se reflejan solo algunos fragmentos de la sesión, relativos a los cambios que la paciente espontáneamente refiere sobre la imagen. Los puntos suspensivos representan fragmentos de la sesión que han sido omitidos en la transcripción, incluyendo las tandas de estimulación bilateral.

Paciente: Es como si la gente se me juntara toda, ¿sabes? La sensación que tengo es como si la gente se me viniera toda encima. Es angustioso... La impotencia de decir: estoy en un sitio del que no debo de salir, pero tampoco puedo aguantarme aquí dentro...

Terapeuta: Cuándo piensas en ese recuerdo, ¿qué es lo que te viene ahora sobre eso?

P: Una imagen mucho más vaga de la situación, mucho más distendida. Pienso en ello y me da... a ver, me veo yo con menos miedo, porque la sensación es como la pescadilla que se muerde la cola: cuanto más pienso más me acelero y más nerviosa me pongo cuando me da. Ahora pienso en ello, y lo veo de otra manera.

T: Y cuando vuelves al recuerdo, ¿qué te viene sobre eso ahora?

P: Como si la gente no estuviera tan pegada a mí, la veo ya como más sueltecita, cada uno más a su rollo...

P: Noto como si la gente se apartara...

P: Ay, ¡quedamos cuatro o cinco nada más!...

P: Me veo sola, en una iglesia, además en la iglesia, ¡en la iglesia!...

P: Me veo sola con una luz blanca (la paciente se muestra realmente extrañada de lo que está viendo, indicando que no se trata de un proceso dirigido). Tengo esa imagen.

T: Y con ese recuerdo, tal como lo ves ahora, ¿cuánta perturbación notas?

P: No noto ninguna, noto mucha tranquilidad.

Estos cambios, en los cuales vemos que la imagen se vuelve más borrosa, más distante o incluso resulta difícil acceder a ella, mientras la persona va experimentando una disminución gradual de la perturbación, son frecuentes en las sesiones de EMDR. Sin embargo, como puede observarse en la sesión, el efecto que se produce va más allá. Cambia el contenido del recuerdo y, sobre todo, cambia su significado. Esto que en muchos pacientes ocurre de modo espontáneo cuando se accede al recuerdo y se aplica la estimulación bilateral (EB), ha de ser promovido activamente en los casos en los que la evolución es diferente y el procesamiento no fluye.

Por tanto, como comentaba anteriormente, el análisis de los procesos emocionales que ocurren en la terapia EMDR ha de ser específico, no pudiendo generalizarse sin más a partir de lo que se ha postulado desde otras orientaciones. Hasta ahora, desde la propia terapia EMDR los desarrollos teóricos se han centrado más en los procesos de memoria que en los emocionales. Los autores que defienden la hipótesis de la memoria de trabajo para explicar el efecto de la terapia EMDR, no toman muy en cuenta el papel de la emocionalidad del recuerdo en el procesamiento. Gunter y Bodner (2008) describen, por ejemplo, que los movimientos oculares producen sus beneficios debido a que son una tarea distractora que la persona realiza, mientras mantiene en su mente un recuerdo. Sin embargo, la hipótesis de la memoria de trabajo no tiene en cuenta el papel de la emoción, considerándola únicamente una consecuencia de lo anterior, y un indicador del resultado de la intervención (Eidhof, 2012).

Cuando estamos trabajando con EMDR, y accedemos a un recuerdo, lo hacemos también a la emoción asociada a éste (Allen, Kaut y Lord, 2008). Eidhof (2012) encuentra que el efecto de la estimulación bilateral de disminuir la viveza de la imagen solo se produce con las imágenes emocionales, y no con las neutras, afirmando que la emoción ha de considerarse un elemento crucial en el procesamiento de los recuerdos durante el trabajo con EMDR. Uno de los objetivos de este libro es abrir perspectivas diferentes respecto al papel de la emoción en el procesamiento de los recuerdos y sus alteraciones, en el efecto de la estimulación bilateral y las dificultades de su aplicación, y en los resultados de los procedimientos específicos de EMDR.

Hayes et al. (2007) señalan también que, para poder valorar su significación clínica, los investigadores han de elaborar un modelo de procesamiento emocional momento a momento que abarque todo el tratamiento, incluyendo lo que ocurre en la sesión. Welling (2012) propone tener en cuenta la secuencia de transformación emocional como un principio común de cambio en psicoterapia, articulando desde esta base las intervenciones en distintos modelos de terapia, aunque señala que cuando existe evitación o no reconocimiento de determinadas emociones tiene más sentido la exposición. Este análisis de procesos ha ocupado poco espacio en la literatura sobre terapia EMDR, en la que predominan las hipótesis sobre lo que la estimulación bilateral activa o desencadena y por qué. A nivel de procedimientos, la terapia EMDR se ha centrado en la definición y análisis de protocolos. Dado que la intervención terapéutica con EMDR en el TEPT se ha estructurado como un protocolo en ocho fases (Shapiro, 1996, 2018), parece que cualquier autor que se precie ha de definir un protocolo con nombre propio si quiere que su propuesta sea considerada legítima, y se utilice como herramienta terapéutica. Llegados a este punto, para que el lector no se llame a engaño con este libro, creo necesaria una declaración de intenciones por mi parte: este no va a ser un libro de protocolos. De hecho, creo que ya tenemos demasiados, y que pese a su utilidad sobre todo a efectos de investigación, han generado importantes efectos secundarios en la comunidad de terapeutas EMDR. Como supervisora he visto cómo muchos compañeros que reciben a un paciente nuevo con una problemática X, se plantean como primera pregunta si hay un protocolo para esto. Trabajar de este modo supone en mi opinión una simplificación extrema de lo que es una psicoterapia y, lo que es peor, nos aparta del elemento esencial que es entender el caso desde la perspectiva de EMDR. En otras palabras, **el protocolo no nos deja ver al paciente.** Además, este estilo pragmático lleva implícita la creencia errónea de que la psicoterapia se reduce a la aplicación de recetas y que, si tenemos un catálogo de técnicas suficientemente diverso y variado, podremos resolver todos los problemas. Esta creencia es muy destructiva para el terapeuta, que se ve abocado a hacer cursos sin parar de toda cuanta intervención mágica aparezca en el mercado - que siempre promete resolver lo que todas las demás técnicas no han conseguido - y a aprender todo abordaje terapéutico que afirme ser más eficaz que sus competidores. La consecuencia de esta bulimia formativa - aparte del consumo de tiempo y dinero - no suele ser la sabiduría, sino el incremento de la creencia de "nunca es suficiente". Por muy eficaces que sean las técnicas aprendidas - muchas pueden ser útiles en momentos puntuales - nada sustituye a la comprensión en profundidad del modelo central con el que trabajamos y del ser humano único que tenemos delante. Por ello creo firmemente en el análisis de los procesos en psicoterapia, y que necesitamos trabajar más en ello desde el paradigma de EMDR. Las intervenciones que propongo tendrán así que ver con entender las características del sistema de cada paciente, en concreto su modo de procesar las emociones y las situaciones que se van desarrollando en la sesión y entre sesiones.

A lo largo del libro iré planteando muchas preguntas y algunas posibles respuestas sobre distintos aspectos relacionados con el procesamiento emocional como, por ejemplo, si todas las emociones evolucionan con el procesamiento del mismo modo, qué papel juega la intensidad de la emoción en el trabajo con EMDR (se verá algo de ello al analizar el concepto de *ventana de tolerancia*), si algunos mecanismos de regulación emocional pueden facilitar o entorpecer el procesamiento de los recuerdos, y si el reprocesamiento de determinadas experiencias puede modificar la regulación emocional del sujeto. Trataré de aportar reflexiones clínicas, enlazándolas con diversas investigaciones en el área de la emoción, de cara a abrir un análisis más amplio de todos estos aspectos. Pese a que es importante tener en cuenta que nos movemos en el campo de las hipótesis, éste será un libro centrado en la práctica clínica, de cara a que estas hipótesis nos abran ventanas de comprensión del paciente y contribuyan al desarrollo de herramientas de intervención.

Capítulo 2
Aspectos generales sobre la regulación emocional

El concepto de emoción ha sido definido y analizado desde muy distintas perspectivas, como las teorías cognitivas de le emoción (ej: Clore y Ortony, 2008), las teorías socioconstructivistas (Averill, 1980; Bodor, 2004; Harre, 1986), las teorías biológicas (Darwin, 1872/1963) y las visiones integradoras (Buck, 1985; Strongman, 2003).

Durante muchos años el campo de la emoción fue menos estudiado por las dificultades que suponía traducir las emociones a mediciones concretas. Sin embargo, en las últimas décadas, cada vez más estudios han abordado diversos aspectos de la emoción. En los años 60 se empezaron a integrar las emociones en el marco cognitivo (Deak, 2011). Arnold (1960) y Lazarus (1966) desarrollaron el concepto de valoración (appraisal) y empezaron a diferenciarse los elementos que producían una respuesta positiva, aversiva o neutra, en base a la respuesta emocional que generaban. Las emociones pasan así a verse como sensores para interpretar lo que ocurre a nuestro alrededor. Más tarde Schachter y Singer (1962) hablarán de las emociones como una interacción entre esta valoración cognitiva y la activación (arousal) fisiológica, incorporando así lo corporal a la ecuación. Más adelante se desarrollarán diversas teorías en las que el procesamiento emocional juega un papel fundamental (Damasio, 1994; Davidson, 1995; LeDoux, 1996; Panksepp, 1998) y las nuevas técnicas de neuroimagen han permitido que nos aproximemos a las bases neurales de la emoción. Damasio (1994) ha destacado el papel de la emoción en los procesos de toma de decisiones. Ya Lazarus (1991) señalaba que la emoción no informaba solo de si un estímulo era o no relevante para el individuo, sino que tenía que ver con saber qué hacer ante esa situación. La emoción es esencial para entender la acción (Zhu y Thagard, 2002), y puede entenderse como algo que se practica y se aprende en el contexto social (Scheer, 2012).

En este libro voy a definir la emoción como un estado mental y fisiológico de carácter dinámico. Es algo que está en el cuerpo y está en el cerebro. En el cuerpo se produce una respuesta fisiológica característica para ese estado emocional. En el cerebro se activan determinados circuitos neurales y a niveles superiores de procesamiento, una percepción subjetiva de la emoción. *La función de la emoción es la de sensor que nos informa sobre el significado de las experiencias y la de motor que nos lleva a una respuesta que tiene un fin para la supervivencia.*

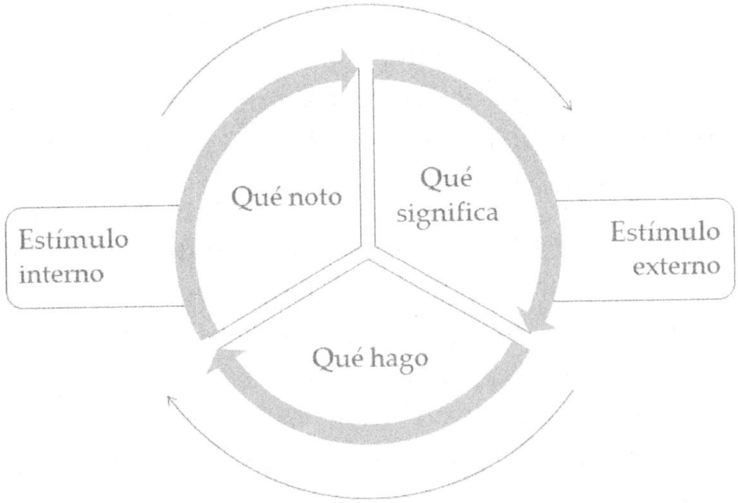

En otras palabras, la emoción está a la vez en el cerebro y en el cuerpo, y es algo que experimentamos, pero también algo que nos mueve en una dirección. Es percepción y es acción. Algunas emociones tienen una función protectora y generan una sensación que se percibe negativamente; por ejemplo, la rabia nos empuja a pelear con quien nos agrede, el miedo a huir de lo que sentimos como peligroso, el asco a vomitar una comida en mal estado. Otras se generan más frecuentemente en situaciones sociales; por ejemplo, sentimos vergüenza cuando realizamos una conducta inapropiada para el grupo al que pertenecemos y a consecuencia de ello ajustaremos nuestro comportamiento; o experimentamos tristeza cuando perdemos una relación significativa, y por ello tenderemos a buscar consuelo. Las emociones positivas son menos, porque la protección es prioritaria para la supervivencia, pero la alegría y las sensaciones placenteras nos hacen saber en qué hemos de quedarnos y qué nos interesa buscar.

Parece claro que existen emociones predeterminadas en todos los individuos, aunque no hay todavía un acuerdo sobre qué emociones han de considerarse primarias, básicas o innatas (Kassam et al., 2013). Otros estados emocionales se desarrollan posteriormente y se denominan emociones secundarias. Pero tanto las emociones primarias como las secundarias están muy presentes en nuestro desarrollo evolutivo y participan desde el nacimiento en los intercambios relacionales con los cuidadores primarios y con las figuras significativas de nuestra vida.

La regulación de las emociones

Gross (2007, 2015) define la regulación de las emociones como la capacidad para modificar - de modo consciente o no consciente - componentes de la experiencia emocional, incluyendo la respuesta fisiológica, la vivencia subjetiva, la expresión verbal y no verbal, y las conductas secundarias a la emoción. Es decir, regular la emoción no significa únicamente bajar la intensidad de una emoción en un momento determinado, sino que se trata de un conjunto complejo de procesos. Antes de pasar a aspectos más específicos, es importante que repasemos algunos conceptos que se manejan en la literatura.

Diversos autores han clasificado las estrategias de regulación emocional en base a distintos aspectos (Del Río Casanova, 2018):

1) Regulación emocional implícita y explícita.

La regulación emocional *implícita* sería la que se produce de forma espontánea, involuntaria, como parte inicial del procesamiento de la información emocional. Por su parte, la regulación emocional *explícita* hace referencia a todos los procesos voluntarios, que modulan la respuesta ante un estímulo o la vivencia emocional. Esta última implica un proceso de evaluación y tiene un carácter cognitivo (Lazarus y Folkman, 1984; Gross, 2007).

Ochsner y Gross (2005) propusieron la existencia de un continuum entre las diferentes etapas de modulación y regulación emocional:

- En un primer nivel, más inmediato respecto al estímulo, la persona puede no prestar atención a éste, distraerse con otra cosa o centrarse más o menos en los aspectos emocionales vs los no emocionales.
- En estadios posteriores tendría lugar una regulación emocional más puramente cognitiva, en la que la persona haría una valoración sobre lo que está pasando, y podría cambiar el sentido que da a la experiencia y reformularla (reappraisal). Esta capacidad para modificar la perspectiva sobre lo que ocurre y lo que sentimos se considera un recurso adaptativo (cuando el cambio de perspectiva ayuda a modular la emoción) en lo que respecta a la regulación emocional.

Braunstein et al. (2017) diferencian entre regulación con objetivos explícitos (la persona tiene el deseo consciente de modificar la emoción) e implícitos, que no implicarían un deseo consciente. Separan esto del nivel de automatismo o control voluntario de la regulación, planteando que puede haber distintas combinaciones de estas dos dimensiones.

2) Regulación emocional sobre el significado y sobre la respuesta.

Algunos mecanismos de regulación/desregulación producen su efecto modificando la *atención* que prestamos al impacto emocional: podemos evitar las emociones asociadas a una experiencia, aceptarlas tal como llegan, o torturarnos por sentir lo que sentimos o por lo que ha ocurrido (rumiación).

La reevaluación implica un cambio de otro orden, que se produce *a nivel cognitivo-lingüístico*. En los individuos severamente traumatizados podemos ver una tendencia a hacer una constante reevaluación negativa, en la que todo lo que ocurre es tomado como prueba de la no valía del individuo, alimentando creencias disfuncionales fuertemente arraigadas. Sin embargo, voy a englobar esta tendencia dentro del concepto de rumiación, del que hablaré más adelante, ya que la reevaluación ha sido definida habitualmente como un cambio en el significado de la experiencia que lleva a una mejor regulación de la emoción.

Otras formas de modificación están más *centradas en la respuesta emocional*, y no en los procesos atencionales ni de significado. Por ejemplo, podemos amplificar la emoción dejándonos llevar por ella y soltando las riendas, o bien suprimiéndola, enterrándola o empujándola hacia adentro.

Esto último podemos hacerlo tanto internamente como en la expresión externa, a nivel verbal y no verbal (Marino et al., 2014).

3) Regulación emocional intrapsíquica e interpersonal.

Como seres sociales que somos, buena parte de la regulación emocional se produce en el ámbito interpersonal. De hecho, la regulación de las emociones, aunque pueda tener componentes innatos, se aprende y se modula a raíz de la interacción diádica con los cuidadores primarios (Schore, 1994, 2002, 2003). Los individuos severamente traumatizados presentarán dificultades para autorregularse, pero también veremos problemas importantes en la heterorregulación. Por ejemplo, las personas que vienen de un apego distanciante, que crecieron sin que nadie sintonizase con sus estados emocionales, tendrán más tendencia a *regularse solos,* se sentirán incómodos mostrando sus emociones y tenderán a aislarse cuando se sientan mal. Por el contrario, los sujetos con apego preocupado seguirán buscando al otro como regulador de sus emociones, tendrán más dificultades para autorregularse, y funcionarán con gran *dependencia emocional* de las personas con las que se vinculan. En el apego desorganizado, más conectado con la disociación-compartimentalización[1],

[1] La disociación se ha definido de muchos modos. En este libro voy a manejar los conceptos de disociación-distanciamiento (la persona se desconecta o se distancia de sus procesos internos, tanto emocionales como físicos) y la disociación-compartimentalización (existe una fragmentación de los procesos mentales, con distintas partes emocionales o partes de la personalidad, que funcionan como compartimentos más o menos estancos, es decir, tienen cierta autonomía mental).

no veremos una tendencia general, sino cambios marcados en la búsqueda del otro como regulador, pudiendo oscilar entre aferrarse al otro y reaccionar defensivamente ante la posibilidad de intimidad éste.

4) Regulación emocional adaptativa y no adaptativa.

Algunas estrategias de regulación emocional pueden ser adaptativas y otras no, y esto depende en parte del tipo de estrategia y en parte del contexto. Por ejemplo, mientras estamos resolviendo una situación difícil, evitar pensar mucho en ello o suprimir la emoción puede ser adaptativo; pero si después de salir de la situación no nos paramos a observar cómo nos sentimos, y no nos permitimos descargar y compartir, contribuiremos a que la experiencia no se procese y se almacene disfuncionalmente. Como decíamos antes, la reevaluación podría tener una modalidad negativa, que se produce cuando la persona entiende lo sucedido y su reacción, como prueba de sus creencias negativas disfuncionales. La rumiación y la preocupación, aunque son consideradas modalidades no funcionales, podrían tener su versión positiva si la persona las utiliza en niveles más limitados. Por ejemplo, la rumiación podría verse como el extremo opuesto de la evitación; para alguien con tendencia a evitar las emociones ir hacia el otro extremo sería saludable, aprendiendo a pararse a notar lo que le ocurre, y a analizar su significado (sin llegar a hiperfocalizarse excesivamente como en la rumiación). Del mismo modo, entre soltar las riendas de la emoción por completo y suprimir la respuesta emocional, tendrían lugar niveles intermedios de contención que permiten una fluidez encauzada de la emoción.

Con respecto a los **modelos teóricos** de procesamiento emocional Naragon-Gainey et al. (2017) los clasifican en dos grupos: los que describen el proceso por el que las emociones son reguladas (Gross, 2015), y los que definen las estrategias mediante las cuales se lleva a cabo (Aldao et al., 2010). A su vez estos últimos modelos centrados en las estrategias las clasifican en adaptativas y no adaptativas, aunque esto también depende de la flexibilidad y de la adaptación al contexto. Otra clasificación las divide en ocultas o abiertas (Aldao y Dixon-Gordon, 2014; Parkinson y Totterdell, 1999).

Estrategias adaptativas	Estrategias no adaptativas
Aceptación Resolución de problemas Reformulación Mindfulness	Supresión expresiva Evitación experiencial Evitación conductual Rumiación
Estrategias ocultas o "hacia adentro"	Estrategias abiertas o "hacia afuera"
Evitación experiencial Rumiación Aceptación Distracción	Evitación conductual Uso de sustancias Ejercicio Comida Actividades sociales

Naragon-Gainey et al. (2017) analizan los factores subyacentes a los distintos estudios, basados a su vez en diferentes modelos, y consideran que los **mecanismos disfuncionales** más relevantes son la *desconexión* y la *perseveración cognitiva aversiva.* Los **mecanismos funcionales** principales serían según estos autores la *implicación adaptativa* y la *tolerancia al malestar* - relacionada con bajo nivel de pensamientos negativos repetitivos y evitación experiencial - y altos niveles de *aceptación* y *mindfulness.* Traduciendo estos conceptos a situaciones clínicas, veremos en los distintos capítulos el manejo de los pacientes que desconectan de lo que sienten o que le dan vueltas sin parar, así de como los que evitan sus emociones.

Otros autores se centran en las **capacidades** que tiene el individuo y cómo éstas facilitan una regulación emocional saludable (Gratz y Roemer, 2004; Berking y Schwarz, 2014). Estas capacidades tienen que ver con aspectos como el reconocimiento emocional, la respuesta a la emoción, la moderación de sus efectos negativos, el control de los impulsos, la interferencia en la actividad y el acceso a las estrategias reguladoras.

Aparte de los mecanismos psicológicos la neurociencia cognitiva de la emoción es un campo en expansión (Deak, 2011) y analiza las bases neurales de los procesos emocionales y sociales. Entender muchos de estos hallazgos es importante para comprender las bases del procesamiento emocional. Hay cada vez más información sobre la base neural de los niveles corticales y subcorticales de procesamiento de las emociones, la percepción de los estímulos activadores y neutros, la interrelación entre las emociones y la memoria, el papel de la emoción en la toma de decisiones, la detección de caras neutras y emocionales y las diferencias individuales en la emocionalidad y su sustrato biológico. No es el objetivo de este libro describir pormenorizadamente toda esta información, pero haré referencia a algunos estudios, siempre con el objetivo de abrir vías de comprensión o de intervención en la práctica clínica.

Capítulo 3
La importancia de la regulación emocional en EMDR

La terapia EMDR trabaja con recuerdos perturbadores que, pese a ser situaciones que pueden haber ocurrido mucho tiempo atrás, continúan generando en la actualidad emociones intensas y sufrimiento subjetivo. Durante el procesamiento de los recuerdos esas emociones vuelven a emerger, en ocasiones con fuerza, y el paciente ha de poder dejarlas venir, dejarlas fluir y dejarlas marchar. Esto para muchas personas no resulta sencillo, porque están desconectadas de sus emociones, las rechazan activamente, se aferran a ellas o se dicen lo que deben y no deben sentir en cada momento. Todo esto es un reflejo de sistemas de regulación emocional disfuncionales que pueden interferir en el procesamiento con EMDR.

Cuando se explica EMDR en los niveles básicos de la formación, se dice que un paciente está preparado para abordar los recuerdos traumáticos cuando es capaz de hablar sobre ellos con resonancia emocional, pero sin desbordarse por lo que siente. De ese modo cuando entre a procesar esos recuerdos es más probable que pueda elaborarlos de una forma efectiva. Sin embargo, muchos pacientes presentan dificultades en esta área y, como veremos, estas dificultades son muy diversas. Para trabajar con EMDR en los pacientes con patología y desregulación emocional más severas, es necesario entender en profundidad los mecanismos de regulación emocional y sus disfunciones.

La mayor parte de las consideraciones que se han planteado desde EMDR sobre la regulación emocional tienen que ver con pacientes que presentan una activación emocional extrema, se sienten abrumados por el contenido emocional y experimentan sus emociones como muy desbordantes y fuera de control. Se han hecho algunas aportaciones para mejorar las capacidades reguladoras en los pacientes, inicialmente recurriendo a procedimientos de hipnosis o de atención plena, que se incluirían en la fase de preparación (fase 2) de la terapia EMDR. En esta línea, Omaha (2004) propone diferentes técnicas de gestión de estos estados emocionales desregulados, como estrategias de contención, enraizamiento y orientación al presente.

Sin embargo, los problemas en la regulación emocional van mucho más allá de la presencia de emociones intensas que el paciente no tolera o no es capaz de calmar. La regulación de las emociones dista de ser un fenómeno simple, y se necesita un paradigma conceptual más amplio para abarcarlo. En las últimas décadas se han estudiado diversos aspectos relacionados con la emoción, partiendo desde áreas del conocimiento muy variadas, como la investigación de interacción cerebro-cuerpo, la neurobiología y la neurociencia cognitiva. Uno de los intereses de este libro es integrar esta información en el modelo EMDR y en la práctica clínica.

El trabajo con EMDR y los procedimientos que se utilizan llevan en sí mismos al desarrollo de habilidades de regulación emocional. Desde la fase 1 en la que se recoge la historia de la relación con las distintas figuras de apego - las que se encargaron en la infancia de la regulación emocional del niño, la fase 2 en la que se dan al paciente herramientas para estabilizarse y prepararse para abordar el trauma, hasta el modo en el que en las fases 3-8 de procesamiento de trauma se accede a los recuerdos, incluyendo los distintos elementos que los componen, los aspectos emocionales y sensoriales están siempre presentes.

Coubard (2015) ha propuesto que los procedimientos de EMDR podrían funcionar como un neuroentrenamiento emocional, aumentando la "meta-emoción" - la capacidad para pensar sobre las emociones y modularlas - y previniendo la evitación. Coubard afirma que, en su conjunto, EMDR puede funcionar como un neuroentrenamiento emocional porque promueve el control emocional e incluye al menos cuatro habilidades esenciales que el paciente va adquiriendo a lo largo de las distintas fases: (1) la capacidad de identificar su propio estado emocional y el de otros; (2) una comprensión del curso natural de las emociones; (3) un modo de razonar y discutir acerca de las emociones; y (4) habilidades para gestionar y modular las emociones. El desarrollo de una actitud de atención plena y de conciencia somática se ha propuesto además como un elemento activo del tratamiento con EMDR (Solomon y Shapiro, 2008).

Aunque estas afirmaciones encajan con lo que observamos en la clínica diaria, las consideraciones anteriores podrían ser diferentes si pensamos en personas con buenas capacidades premórbidas, que si nos referimos a individuos con problemas severos de regulación emocional, los cuales se remontan más atrás del inicio de la sintomatología. El procesamiento de memorias traumáticas en pacientes muy desregulados previsiblemente necesitará de más intervenciones que las definidas en los protocolos de tratamiento estándar. Distintas estrategias de regulación de la emoción pueden influir en cómo los pacientes entienden y explican sus problemas actuales y sus experiencias tempranas (fase 1 de evaluación en terapia EMDR). Dependiendo de estas estrategias, pueden relatar con detalle los recuerdos traumáticos, ser reacios a hacerlo, o describirlos como experiencias totalmente superadas. Mientras se explora su historia, algunos pueden experimentar emociones abrumadoras; otros se muestran afectados por las situaciones no resueltas que describen, pero pueden manejarlo de modo adaptativo; mientras un tercer grupo de individuos se muestran desconectados, minimizando la relevancia de sus experiencias adversas o teniendo amnesia de algunas de ellas. Estas mismas variantes se presentarán cuando en la fase 3 se intente acceder a los elementos perceptivos, cognitivos, emocionales y sensoriales de las memorias. Algunos pacientes se sumergirán de modo intenso en los recuerdos, y otros dirán que no notan malestar. Ambos extremos dificultan que esté presente uno de los ingredientes activos de la terapia EMDR: la atención dual (Lee, Taylor y Drummond, 2006).

Continuando con el proceso de la terapia EMDR, en la *fase 4 de desensibilización* el paciente está en contacto con los componentes perceptivos, cognitivos, emocionales y sensoriomotores de la memoria, mientras se aplica estimulación bilateral (EB). Esta estimulación bilateral activa y desbloquea - según el modelo teórico de EMDR - el sistema de procesamiento de información. Aunque los modelos de procesamiento de información - en los cuales se basan las hipótesis teóricas de EMDR - y las hipótesis que relacionan el efecto de la EB con la memoria de trabajo proceden de la neurociencia cognitiva, la información procesada no es puramente cognitiva, sino que incluye en gran medida elementos emocionales y sensoriales. Por ello resulta de gran interés replantear algunos de los aspectos que entran en juego en el trabajo con EMDR a la luz de la investigación reciente en la regulación de la emoción y la neurobiología de las emociones.

Plantearé en capítulos posteriores cómo los estilos predominantes de regulación - o desregulación - emocional se ponen en marcha durante el trabajo con EMDR. Cuando existe cierta desregulación, pero no es extrema y rígida, todos los procedimientos llevados a cabo en EMDR pueden funcionar como dice Coubard (2015) como un neuroentrenamiento emocional. Boccia et al. (2015), analizando estudios de resonancia magnética funcional en TEPT tras accidentes de tráfico, proponen que la efectividad de EMDR podría relacionarse con la activación del córtex cingulado anterior, una estructura relacionada con el condicionamiento del miedo. También se ha propuesto que ayudaría a mejorar el procesamiento cognitivo de las emociones en niños con trauma complejo (Trentini et al., 2015). Sin embargo, cuando el individuo tiene una fuerte tendencia a utilizar estrategias de regulación emocional disfuncionales, sin una posición más activa del terapeuta e intervenciones a mayores o modificaciones del protocolo de aplicación, el procedimiento estándar de EMDR no resulta suficiente para el procesamiento e integración de las memorias perturbadoras.

A lo largo de los capítulos de este libro iré desarrollando en mayor detalle algunos de estos aspectos, como son: (1) la visión clásica de la regulación emocional como hiper/hipoarousal y el concepto de la ventana de tolerancia; (2) la regulación de abajo a arriba; (3) distintas estrategias de regulación emocional como la evitación, el desvío de atención y la supresión, y su influencia en el trabajo con EMDR; (4) las estrategias de sobre e infra regulación emocional; (5) los distintos niveles de complejidad en la regulación emocional; y (6) el papel de la disociación en el procesamiento emocional.

Veamos un ejemplo de un procesamiento, tomado de un caso supervisado por un compañero, y observemos cómo aparecen distintas estrategias disfuncionales. La paciente plantea sus dificultades para regular las emociones como uno de sus problemas fundamentales. De hecho, las veces que su terapeuta ha intentado procesar recuerdos, la sesión no fluye ni evoluciona de modo espontáneo hacia la resolución. En esta sesión se va a trabajar sobre un recuerdo que ella asocia con esta dificultad para gestionar sus emociones.

Paciente: Tengo mucho cuidado con la gente, pero creo que es porque soy muy sensible, lo siento todo mucho. Mi madre me dice, "tienes un corazón que no te cabe en el pecho, eres demasiado sensible a todo lo malo". Pero es no solo lo malo, puede que como de mí no se preocuparon, yo quiero demasiado a los demás, me preocupo demasiado. Yo creo que mi problema reside en eso, no se controlar las emociones.

Terapeuta: Mejor hablemos de "manejar" las emociones, tratar de controlarlas no da muy buen resultado.

P. Sí, manejar. Me acuerdo de una vez en concreto en el que un novio y yo llegamos a las manos. Yo le había cogido el móvil, odio hacer eso, pero necesitaba verlo con mis propios ojos, y vi un SMS. Discutimos muchísimo.

T: ¿Cuál es la peor imagen de ese recuerdo?

P: Cuando me da el bofetón, esa es la peor imagen

T: ¿Que te hace sentir esa imagen?

P: Pues mucha rabia, cómo me pudo pasar eso a mí.

Vemos aquí que la paciente se está juzgando porque le haya pasado lo que le pasó. No se está mirando con comprensión. Su terapeuta intenta preguntarle por otras emociones para ampliar un poco el foco.

T: ¿Y aparte de rabia?

P: Tristeza, dolor, impotencia... Yo creo que la palabra rabia implica muchas cosas, rabia por dejar que yo llegase a ese momento, y por más cosas que pasaron.

Como vemos, sigue enfadándose consigo misma porque le pasara lo que le pasó. Este es un factor que tiene que ver con el procesamiento emocional, y que probablemente ha contribuido a que esos recuerdos no pudieran elaborarse y resolverse, y sigan activos en el sistema nervioso.

T: ¿Y qué piensas de ti misma cuándo traes esa peor imagen a tu cabeza?

P: Que fui débil, débil psicológicamente.

Fijémonos que lo que se dice sobre sí misma, se parece bastante a lo que le transmitía su madre. La respuesta de la madre ante su malestar no era el reconocimiento de éste y el consuelo, era decirle que era "demasiado" sensible a lo malo, con lo que invalidaba su respuesta. Esta posición ante las emociones dolorosas, que se ha interiorizado, también interfiere con el procesamiento emocional de los recuerdos asociados a esta gama de emociones. Podríamos o no comentar esto con la paciente, pero es fundamental que, aunque no lo comentemos en ese momento porque queremos observar lo que va ocurriendo espontáneamente, tomemos nota de estos detalles. Más adelante podremos necesitarlos, y de este modo tendremos preparados posibles entretejidos.

Veamos algunos fragmentos del procesamiento para ilustrar aspectos relacionados con la regulación emocional.

T: ¿Qué te viene?

P: Esa imagen.

La paciente lleva varias tandas verbalizando lo mismo.

T (observando el lenguaje corporal): ¿Estás tensa?

P: Sí...

T: Tu solo deja que la cabeza vaya a donde tenga que ir.

EB.

T: ¿Qué te viene?

P: Sentimientos de... no sé, todo lo que vino después, la vergüenza de decírselo a mi madre.

T: Quédate con esa vergüenza.

EB.

P: No sé por qué, me entran ganas de llorar.

EB.

T: ¿Qué te viene?

P: Rabia, me volví a calmar, pero pensé luego, ¿por qué a mí?

¿Qué ha pasado aquí? Aparece vergüenza, una emoción que muchas veces es difícil, y luego tristeza, una emoción que como hemos visto no parece haber sido validada y acompañada por la madre. El cambio parece muy repentino para que esa emoción se haya procesado por completo, en una sesión productiva de EMDR el paciente puede ir cambiando de emoción, o de intensidad, pero esto no ocurre en milisegundos. Cuando esto es así, es muy probable que se esté poniendo en marcha un sistema de regulación disfuncional. Conociendo el estilo habitual de la paciente, que habremos explorado en la fase 1, podemos entender estos cambios y ponerlos en contexto. La paciente sale de la tristeza hacia la rabia, una emoción que está siempre muy presente en ella, y que a la vez rechaza. El enfado no sale para fuera, no se enfada con el novio por darle una bofetada, se enfada consigo misma. Esto también tiene que ver con su necesidad de protección y su sensación de ser incapaz de protegerse. Una rabia bien gestionada nos ayuda a sentir que nos podemos proteger, en su versión más saludable, la rabia nos lleva a sentirnos molestos y a ponernos firmes. Pero en esta paciente, por muchas veces que aparezca esta emoción, y por muy intensa que sea, no cumple su función protectora.

Como vemos, siguiendo con el procesamiento sin intervenir demasiado, la paciente va tomando conciencia de cosas. Sin embargo, no nos interesa solamente la pregunta: ¿puede la paciente procesar el recuerdo sin pararnos a entender lo que ha pasado?, sino también: ¿sería más beneficioso para la paciente si nos paramos un momento a tomar conciencia de la manera en la que gestiona las emociones, y por qué?

EB.

T: ¿Qué te viene?

P: Es que tampoco sé lo que me tiene que venir.

T: Lo que te venga está bien.

P: Ahora mismo estaba… Pasé un momento de ganas de llorar, y luego calma.

T: Vale... quédate con esa calma.

EB.

T: Vuelve otra vez al recuerdo.

P: Creo que ese episodio me hizo mucho bien, porque me di cuenta de muchas cosas, pero también mucho mal. Me siento como con una coraza muchas veces, como prepotente, como diciendo "a mí nadie me va a pasar por encima", y creo que tampoco se puede ir así por la vida.

EB.

P: No te sabría decir qué me viene ahora.

T: Simplemente nota tus sensaciones.

EB.

T (ve que le cuesta seguir los movimientos oculares): Deja que tu cabeza vaya sola.

P: Es que me cuesta.

T: No pasa nada.

EB.

P: No sé, me siento cansada emocionalmente.

EB.

T: ¿Y ahora?

P: Es que no sé lo que tengo que sentir.

T: ¿Qué se te pasa por la cabeza?

P: Me vienen imágenes de ese episodio.

T: Quédate con eso.

EB.

P: Me vienen 3 sentimientos, tristeza, dolor y vergüenza (llora).

T: ¿Donde los localizas en el cuerpo?

P: En el corazón.

T: EB.

P: ¿Qué es lo que tengo que sentir?

Vemos que la paciente repite mucho esta frase. No se permite sentir lo que siente, está siempre preguntándose cuáles son las emociones que se supone que tiene que sentir. Ninguno de sus padres de pequeña, ni tampoco muchas de sus relaciones de pareja posteriores, fueron capaces de reconocer sus emociones, validarlas y darle una imagen reguladora. Si el terapeuta en este momento es capaz de hacer esto, estará introduciendo una información esencial para el sistema. Esto es lo que podríamos denominar un entretejido regulador.

T: No sentimos lo que tenemos que sentir, sentimos lo que sentimos.

P: Pues la vergüenza.

T: Simplemente permítete sentirlo.

EB.

P: Veo una niña pequeña que llora.

¿Qué hacemos aquí? ¿Simplemente seguimos con eso? ¿Qué posibilidades hay de que le surjan espontáneamente la comprensión hacia esa niña, la capacidad de quedarse sintiendo y acompañando a esa emoción, si nunca vivió esa experiencia con otras personas? Además, el hecho de que aparezca espontáneamente esta imagen, apunta a un cierto nivel de disociación. Esta paciente no tiene un trastorno disociativo que nos obligue a cambiar por completo el modo de trabajar en terapia, pero lo que la paciente ve parece ser una parte disociativa con cierto nivel de autonomía mental. Fijémonos que no dice "me viene un recuerdo de estar llorando cuando era niña", sino que lo describe como algo un poco ajeno a ella, como "una niña" que llora. Por tanto, la intervención que su terapeuta propone ahora se articula desde la relación entre la adulta que es y la niña que fue.

T: ¿Puedes decirle a esa niña que ya ha crecido, y que ahora tú la proteges?

EB.

La paciente se echa a llorar.

T: La abrazas, dile que tú la cuidas.

P: Me viene el dejar a esa niña, y crecer.

T: EB.

P: Me viene que no soy capaz de dejar a esa niña atrás. En mi vida general sigo siendo una niña, como que ella está muy presente en mí.

T: EB.

P: Calma, ya me volví a relajar.

T: Quédate con eso.

EB.

P: Me produce mucho bienestar, quiero tener esta sensación más veces, la verdad.

Vemos que, aunque ha habido una tendencia a salirse de la tristeza, la propia paciente espontáneamente se ha dado cuenta de que no puede simplemente dejarla atrás. El hacer eso durante toda su vida ha conllevado que la emoción no se haya procesado, o que - dicho de otro modo - esa niña siga presente en el día a día.

T: Vuelve al recuerdo, dime qué te viene.

P: Ese recuerdo pudo hacer que mis reacciones cambiaran, ya no quiero reaccionar así. Ahora es como si esa imagen se estuviese metiendo en un cajón.

EB.

P: Me ha venido la imagen de cerrar el cajón y darle la espalda, me estoy yendo, pero es como que sigo unida a ese cajón por una cuerda tensa.

T: Quédate con eso.

EB.

P: No sé si se me está yendo la olla, tengo una cuerda unida a ese cajón, pero ya no está tensa.

EB.

P: Sigue la cuerda ahí, sin tensión, pero sigue.

T: ¿Dónde lo notas en el cuerpo?

P: Quizás en el pecho.

T. EB.

P: Es como si toda mi vida se moviera de modo irracional, no se explicarlo, no pienso, solo me muevo por sentimientos.

EB.

P: Pues estaba pensando o sintiendo que no debería sentir tanto.

Recordemos ¿dónde aprendió la paciente a decirse estas cosas respecto a sus emociones?

T: Creo que estas racionalizando demasiado en lugar de dejarte llevar.

P: Puede ser, porque a ratos estoy tensa, a ratos relajada.

Esto no parece el curso normal de un procesamiento efectivo. El terapeuta está tratando de seguir el protocolo e intervenir lo menos posible, y hay momentos en los que solo con la estimulación bilateral la paciente va tomando conciencia de cosas, pero su estilo de regulación emocional juega con frecuencia en su contra. Probablemente pequeñas intervenciones orientadas a ayudarla a identificar sus estrategias de regulación, a entender el origen de sus dificultades en cada momento, y ayudas puntuales para encauzar el procesamiento, podrían ayudar a hacer la sesión más productiva. Cuando digo productiva no me refiero únicamente a alcanzar un SUDs=0 y un VOC=7, sino a mejorar la regulación emocional de la paciente, lo que además es uno de sus objetivos principales.

T: ¿Cómo te encuentras ahora?

P: Un poco tensa.

T: Quédate con esa tensión.

EB.

P: Tristeza (llora).

T: Quédate con esa tristeza.

EB. ¿Qué te viene?

P: Sentimiento de ausencia.

T: Quédate con eso.

EB.

P: Me vienen personas. Recuerdos bonitos y malos de esas personas que no están, mi tía y mi abuela.

T: Quédate con lo bonito ¿vale? esas pérdidas ya las trabajaremos.

EB.

P: Una imagen que tengo con mi tía.

EB.

P: Me viene felicidad, alegría.

T: Quédate con eso.

EB.

P: Calma.

T: Guarda esa calma.

EB.

P: Mucha calma.

Aquí el terapeuta, probablemente de modo intuitivo, hizo algo que probablemente cumplió una función importante. Llevó a la paciente, para cerrar la sesión, a conectar con una figura reguladora. Tanto su tía como su abuela fueron las personas que mejor la entendieron, y con las que mejor se sintió. En ocasiones a ellas sí pudo contarles que se sentía mal, y no la juzgaron por ello. Estas figuras son recursos reguladores, algo que en nuestros pacientes hemos de buscar siempre de modo específico. Esta es una forma mucho mejor de terminar una sesión incompleta que llevar a esta paciente a un lugar seguro, que había tenido muchas dificultades para instalar.

Como vemos, *entender cuáles son las estrategias de regulación emocional predominantes y dónde las aprendió la paciente, en qué relaciones significativas se fue interiorizando ese estilo de regulación, nos puede ayudar a entender lo que ocurre en la sesión de terapia.* **Entender es esencial para intervenir**, y hablo aquí de entender además los matices sutiles de lo que ocurre en el paciente. En línea con lo que dice Coubard (2015), si vemos EMDR en parte como un neuroentrenamiento emocional, hemos de aprovechar determinados momentos de la sesión para ayudar al paciente a modificar sus estrategias de regulación. Esto ocurre a lo largo de las 8 fases, pero es especialmente importante durante la desensibilización. En la fase 4 el paciente entra en contacto con emociones intensas, el sistema de procesamiento va desbloqueando la experiencia y dejando surgir emociones subyacentes, que no estaban en primer plano. Muchas veces, las estrategias de regulación disfuncionales aparecen o se intensifican ante estas emociones concretas o cuando el paciente está experimentando una perturbación de intensidad muy elevada. Que en ese justo instante el individuo pueda pararse un momento a tomar conciencia de lo que está sucediendo y pueda encauzar el modo en el que está regulando la emoción de un modo más productivo y eficiente, supone una experiencia de aprendizaje de extraordinaria importancia. Si esperamos a explicar esto cuando termine la sesión, ese instante privilegiado, esa ventana de oportunidad, habrá pasado.

Habitualmente se propone en EMDR que el terapeuta intervenga únicamente cuando no hay cambios, dejando al sistema de procesamiento actuar de modo espontáneo, y confiando en que esto llevará a una resolución adaptativa. Lo que propongo es que modifiquemos un poco este concepto, interviniendo cuando no hay cambios **funcionales**, ya que muchos cambios suponen la activación de estrategias disfuncionales que no llevan a un adecuado procesamiento emocional. Por ejemplo, en el caso anterior, cuando la paciente dice "estaba pensando o sintiendo que no debería sentir tanto", podríamos verlo como una asociación más y seguir adelante, pero se está manifestando la tendencia de la paciente a no permitirse sentir determinadas cosas, que aprendió del modo en el que se regularon las emociones en su infancia. Este cambio no es funcional y por tanto requiere un entretejido. Un análisis de la regulación emocional del paciente y la observación de lo que ocurre momento a momento durante la sesión, nos llevaría a una toma de decisiones dinámica en la que vemos cuándo intervenir, y de qué modo, para "encauzar" el sistema de procesamiento. La estimulación bilateral activa el sistema de procesamiento innato de información, pero no siempre modifica los patrones patológicos de dicho sistema. En ocasiones esa EB lo que activa es la disfunción y la desregulación. En los siguientes capítulos iré analizando distintas áreas relativas a la regulación de las emociones y el procesamiento emocional, y planteando reflexiones de cara al trabajo con EMDR.

Capítulo 4

Un proceso de terapia centrado en la emoción

La terapia y la neurociencia cognitivas ha dado durante años preeminencia a la cognición. Según estas disciplinas era nuestro raciocinio, nuestro intelecto, el que hacía al ser humano superior a otras especies, y era a nivel de las cogniciones donde se generaban sus patologías específicas. Por tanto, las terapias que abordaban los problemas psicológicos debían necesariamente centrarse en el nivel de las cogniciones.

Siempre que las personas ponemos en una época el énfasis en un aspecto, sentimos que hemos descubierto la verdad sobre algo. Sin embargo, como describe Kuhn (1962, 2012) en *La Estructura de las Revoluciones Científicas*, esta convicción dejará paso periódicamente a una nueva verdad, que será defendida con pasión por un grupo de personas, en una sucesión de cambios de paradigma. La relevancia dada al trauma en la patología mental es un buen ejemplo de cómo estos paradigmas pueden emerger y desaparecer en periódicas reediciones. Se empezaron a elaborar teorías traumáticas de la patología en las primeras etapas del psicoanálisis, pasaron al olvido en décadas posteriores y reemergieron posteriormente, sobre todo en relación con la innegable patología postraumática derivada de las grandes guerras mundiales.

Lo mismo parece estar ocurriendo con la emoción. Recuerdo hace bastantes años a un compañero de orientación cognitivo-conductual, que estaba asistiendo al congreso internacional de terapia cognitiva que se celebraba en la misma localidad donde yo asistía a uno sobre trauma. Este compañero me contaba emocionado una revolucionaria ponencia en la que un autor describía un modelo conceptual en el que había incluido ¡la emoción!, algo que para mí era una absoluta obviedad.

En lo que respecta a la terapia EMDR, a pesar de tener en cuenta los componentes emocionales, se ha centrado más en los procesos de memoria, dejando la emoción como una consecuencia o un añadido secundario. De hecho, las intervenciones en las que más énfasis se pone en las formaciones básicas son los entretejidos "cognitivos", y se habla de "creencias" bloqueantes, pero no así de emociones bloqueantes. Sin embargo, la regulación emocional no adaptativa se ha relacionado con la psicopatología tanto en adultos como en niños (Compas et al., 2017). Podríamos pensar que el modo en el que una persona regula sus emociones puede ser un factor muy relevante para que determinados recuerdos permanezcan almacenados disfuncionalmente. Esta regulación puede ser una tendencia muy generalizada, o ser específica de un recuerdo particular. En cualquier caso, al acceder al recuerdo en cuestión, es muy probable que el tipo de regulación que se activó con esa situación aparezca de algún modo. En ocasiones, los fenómenos fisiológicos asociados a la regulación emocional irán equilibrándose al procesarse los distintos elementos del recuerdo, pero también puede ocurrir que supongan una interferencia importante para dicho procesamiento. Por ejemplo, si una persona suprimió sus emociones durante la enfermedad de su padre para poder cuidarlo, y este proceso no se normalizó posteriormente, al tratar de acceder a esa memoria el paciente puede tener más dificultades para conectar que si no hubiese recurrido en aquel momento a esa estrategia.

La psicoterapia y la psicología en general han ido evolucionando respecto al papel que otorgan a la emoción. Partiendo desde un predominio de los abordajes cognitivos, en los últimos años se han desarrollado propuestas de intervención terapéutica más basadas en la emoción. Por supuesto, incluir la emoción va más allá de preguntar al paciente qué emoción siente y el nivel de perturbación emocional que nota. Las emociones son fenómenos complejos, que se han definido como sistemas innatos orientados a la supervivencia, y están conectados con las necesidades fundamentales del individuo (Frijda, 1986). Las emociones nos alertan de situaciones relevantes para nuestro bienestar, nos dicen lo que es bueno y malo para nosotros, y nos preparan para una acción de cara a alcanzar esas necesidades. Cada emoción incluye un conjunto de procesos específicos, por ejemplo, el miedo nos ayuda a reaccionar ante el peligro, la tristeza nos dice que hemos perdido algo y nos lleva hacia el consuelo, y la rabia nos informa de una violación de límites y nos mueve hacia la defensa. Las emociones también funcionan como un sistema primario de comunicación, influyendo en los demás de modo interactivo. Son por tanto elementos clave del funcionamiento intra e interpersonal.

Algunos abordajes han hecho de la emoción el elemento central a trabajar. La terapia focalizada en la emoción (Greenberg, 2009) propone que el cambio emocional es esencial para un cambio duradero. Sus procedimientos están orientados a *identificar, experimentar, aceptar, explorar y dar sentido a las emociones, y a transformarlas y manejarlas de modo flexible.* Veamos si desde campos de estudio que se han centrado en los procesos emocionales, podemos extraer puntos de reflexión para el trabajo con EMDR. La secuencia del proceso terapéutico en la terapia focalizada en la emoción viene definida como se muestra en el siguiente esquema:

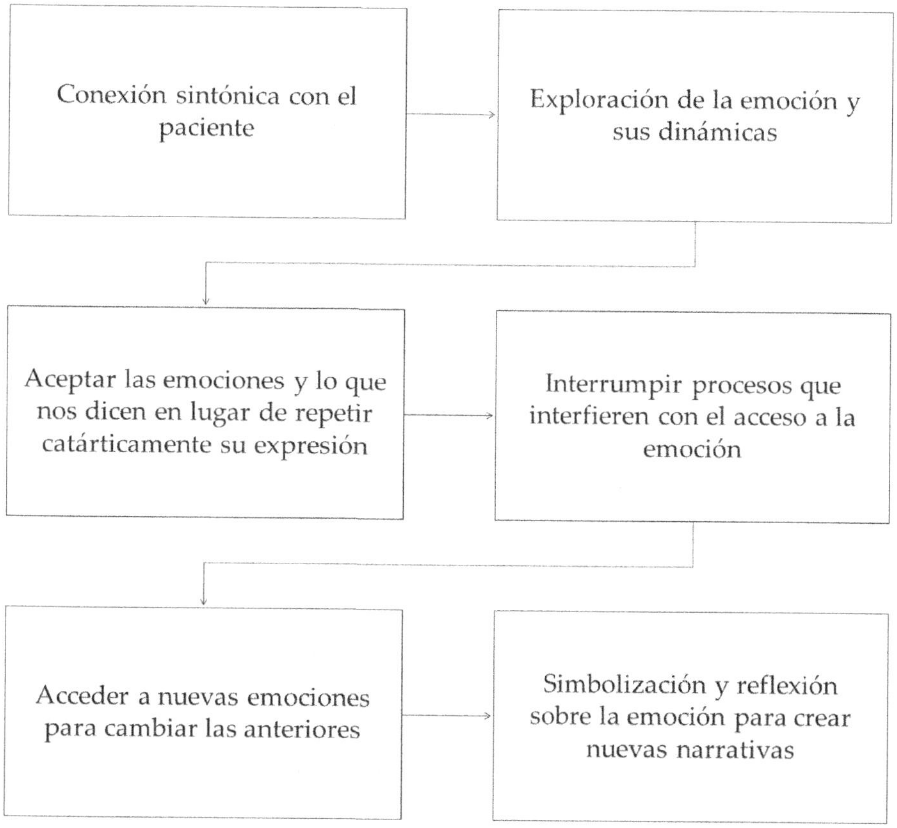

La expresión catártica repetitiva y los procesos que interfieren con la emoción son abordados específicamente en esta orientación. Esta idea es similar a lo que describiré más adelante al hablar del manejo de la infrarregulación (no hacer nada ante la intensificación incontrolada de una emoción) y sobrerregulación (suprimir y controlar la respuesta emocional). Pero además, si observamos el esquema y pensamos tanto en los pacientes en los que el trabajo con EMDR es más sencillo y fluido, como en aquellos que presentan más dificultades a la hora de trabajar, vemos que hay diferencias en estos elementos.

Ver a qué nivel de este proceso se produce la dificultad puede ayudarnos a pensar intervenciones orientadas más específicamente. En el siguiente cuadro vemos las situaciones que se presentan en cada paso de esta secuencia de procesamiento emocional, diferenciando entre los pacientes que podríamos etiquetar como "buenos procesadores" y aquellos que presentan dificultades para procesar recuerdos de forma completa. La intervención en estos "malos procesadores" sería diferente según el punto en el que se produce la dificultad.

	Buen procesador	Mal procesador	Intervención
Conexión sintónica con el paciente	Pide ayuda y se deja ayudar, expresa su malestar claramente, se siente cómodo con el terapeuta	No se deja ayudar, complace, oculta, rechaza. Mostrarse o confiar funciona como un disparador	Trabajo con la relación terapéutica Exploración conexión entre la relación y la historia
Exploración de la emoción y sus dinámicas	Relata espontáneamente sus emociones y entiende la relación con el pasado y el presente	No conecta, minimiza, evita todo lo relacionado con la emoción No entiende la conexión emoción-disparadores	Ayudar a entender las raíces del funcionamiento emocional y sus disparadores presentes

Aceptar emociones, no repetición catártica	Se permite sentir todas sus emociones sin quedarse fijado en ellas	No soporta sentir lo que siente, controla sus emociones o entra en ellas sin tratar de regularlas	Entender el significado de las emociones Trabajar autocuidado y autorregulación
Interrumpir procesos que interfieren en el acceso	Accede al recuerdo en la fase 3 sin necesidad de intervenciones adicionales	No nota nada al pensar en el recuerdo o "no le viene nada" en fase 4. Estrategias de regulación disfuncionales	Identificar las estrategias de regulación patológicas y plantear estrategias alternativas para facilitar el acceso
Acceder a nuevas emociones que cambian las anteriores	En fase 4 hay un cambio fluido en la respuesta emocional, conectando espontáneamente con redes adaptativas	En fase 4 se mantiene en "lo mismo" o surgen emociones que empeoran el estado previo	Entretejidos emocionales (regulación interna) Entretejidos relacionales (regulación diádica)
Simbolización y reflexión sobre la emoción Nuevas narrativas	Insights espontáneos en el reprocesamiento Hay atención dual: el paciente piensa sobre lo que siente	Pensamiento literal, escasa capacidad reflexiva, rigidez mental	Entretejidos cognitivos, psicoeducación interactiva

Se ha dado particular importancia a la regulación emocional en el tratamiento de personas que han sufrido traumatización compleja, planteándose la necesidad de un abordaje diferencial para estos casos en psicoterapia (Courtois y Ford, 2013), y también en particular desde la perspectiva de EMDR (Van der Hart et al., 2013), aunque existe en la actualidad un debate abierto en torno a este tema, que comentaré más adelante (De Jongh, 2016). En todo caso, veamos las propuestas relacionadas con la traumatización compleja que se han centrado más en el área de la regulación emocional. Paivio y Pascual-Leone (2010) han propuesto una intervención focalizada en las emociones, específica para el trauma complejo, que ha demostrado utilidad clínica (Paivio, Jarry, Chagigiorgis y Ralston, 2010). Señalan los autores que los sujetos con traumatización compleja pueden experimentar emociones dolorosas y amenazantes aparte del miedo, como son la culpa, la vergüenza, la autoculpabilización por la victimización, la rabia por el maltrato y la tristeza por las muchas pérdidas asociadas al trauma, especialmente cuando éste viene de los seres queridos. Los individuos con TEPT complejo necesitarían un abordaje diferente, graduando la exposición al trauma y aportándoles herramientas para manejar sus emociones y sus relaciones interpersonales. También señalan que es preciso poner mayor énfasis en abordar la autocrítica, la autoagresión y los insultos persistentes hacia uno mismo, y que no es posible superar eventos interpersonales previos hasta que la relación con el self ha mejorado. Es necesario superar primero el temor, la evitación y la autoculpabilización. El paciente también ha de aprender a permitirse experimentar la tristeza normal y la rabia sana, ya que estas emociones ayudarán a resolver la vergüenza y el miedo.

Las adaptaciones en el proceso terapéutico que estos autores proponen podrían trasladarse al trabajo con EMDR. Independientemente de la hipótesis sobre el mecanismo de acción que manejemos, creo que hemos de entender EMDR en gran parte como una terapia emocional. El trabajo con el trauma desde esta orientación implica entrar en contacto con recuerdos asociados a emociones complejas, y los cambios en esas emociones son un elemento importante en las sesiones de procesamiento. Es cierto que se observan también cambios en los elementos perceptivos, sensaciones y pensamientos, pero creo que es útil explorar lo que tiene que ver con el procesamiento emocional, ya que puede ayudarnos a entender muchas situaciones y - desde esa comprensión - plantear intervenciones para solventar los problemas que puedan surgir. Lo propuesto por Paivio y Pascual-Leone (2010) resuena con mi experiencia trabajando con pacientes gravemente traumatizados, sobre todo en lo que respecta a la *necesidad de un abordaje progresivo y de un trabajo en mejorar la relación con el self antes de proceder al procesamiento de los recuerdos traumáticos, lo que denominamos trabajo con patrones de autocuidado* (ver Gonzalez y Mosquera, 2012).

Desde la propia terapia cognitiva se han desarrollado modelos que tienen en cuenta el procesamiento emocional, en concreto para el tratamiento del TEPT. Por ejemplo, Levitt y Cloitre (2005) señalan que las mujeres que han sufrido abuso en la infancia presentan déficits significativos en la regulación emocional y las habilidades interpersonales. Debido a estos déficits, al abordar el trauma puede exacerbarse la emoción, y producirse abandonos terapéuticos. Plantean por ello una primera fase del tratamiento orientada a los déficits en la regulación emocional y los aspectos relacionales, para que la persona pueda afrontar más tarde de modo efectivo recuerdos emocionalmente perturbadores. Las sesiones incluyen identificar emociones; diferenciar pensamientos, sentimientos y emociones; adquirir tolerancia al malestar; relacionar las emociones con los problemas interpersonales; identificar los esquemas interpersonales derivados del trauma (por ejemplo, si me acerco a los demás me harán daño); desarrollar asertividad y control; y por último, adquirir flexibilidad en estos aspectos. En todo caso, estas intervenciones no dejan de tener el mismo estilo de la terapia cognitiva, basado fundamentalmente en enseñar habilidades. El entrenamiento en habilidades puede incorporarse a la fase de preparación de EMDR, pero personalmente creo en la importancia del trabajo relacional y de un estilo particular de acompañamiento terapéutico durante las sesiones de procesamiento, a partir del cual el paciente puede ir aprendiendo esas capacidades de regulación. Por supuesto, estos aspectos no son excluyentes.

En resumen, la emoción está presente en la mayoría de los modelos de psicoterapia, aunque su peso específico varía en cada uno de ellos. En EMDR siempre se ha tenido en cuenta y, aunque se hable de procesos de memoria, esas memorias incluyen siempre un componente emocional. Sin embargo, podríamos decir que en EMDR el peso específico de la emoción y del procesamiento emocional es menor del que se ha dado a los modelos provenientes de la neurociencia cognitiva. En este libro me basaré sobre todo en investigaciones, modelos teóricos de la emoción y terapias focalizadas en la regulación y el procesamiento emocional, para profundizar más en este aspecto de la terapia EMDR. Mi intención es pasar el procesamiento emocional a primer plano, integrarlo con la metodología de trabajo de EMDR y sus modelos teóricos, abriendo así nuevas áreas de reflexión y de intervención.

Capítulo 5
¿Dónde se aprende la regulación emocional?

Podríamos decir que la regulación se aprende en las relaciones de apego primarias (Schore, 1994, 2002), en las cuales se modela el temperamento innato del bebé y se desarrollan los futuros patrones internos de autorregulación. El apego temprano es la escuela donde el individuo aprende a regular sus emociones, a través de la experiencia de regulación interactiva que se genera en la díada cuidador-niño. El apego disfuncional deja al niño sin un modelo regulador, y puede conllevar la activación repetida de estados emocionales abrumadores, ante los cuales el único recurso disponible puede ser la supresión de esas emociones (Shaver y Mikulincer, 2007). Intentando mantener el sistema de apego se pueden poner en marcha respuestas de hiperactivación ansiosa o tender al distanciamiento y la desconexión.

Renn (2012) considera que la regulación emocional es un elemento central en la relación entre apego y psicopatología. Bradley (2000) señala la importancia de las figuras de apego en la regulación de emociones negativas como el miedo, la vergüenza y la rabia. Esto no quiere decir simplemente que si el cuidador penaliza una emoción en el niño éste tendrá problemas en la gestión de esa emoción en particular, porque las distintas emociones interaccionan de modo complejo. Por ejemplo, Shore (1994) explica que el desarrollo del sistema de regulación emocional en el hemisferio derecho atraviesa una fase crítica durante el segundo año de vida. En esa etapa un fallo en la regulación de una emoción como la vergüenza puede llevar a trastornos asociados con la regulación de la agresión. Otro elemento de complejidad es que en cada estilo de apego las cosas pueden funcionar de una manera diferente (Renn, 2012).

Esta complejidad no ha de hacernos desistir de intentar explorar los orígenes de la regulación emocional que presentan nuestros pacientes, aunque sí nos previene de sacar conclusiones excesivamente simplistas. Lo importante en la fase 1 de EMDR es entender - y ayudar al paciente a entender - la relación entre cómo regula sus emociones ahora, y cómo aprendió esto a partir de las relaciones significativas de su vida.

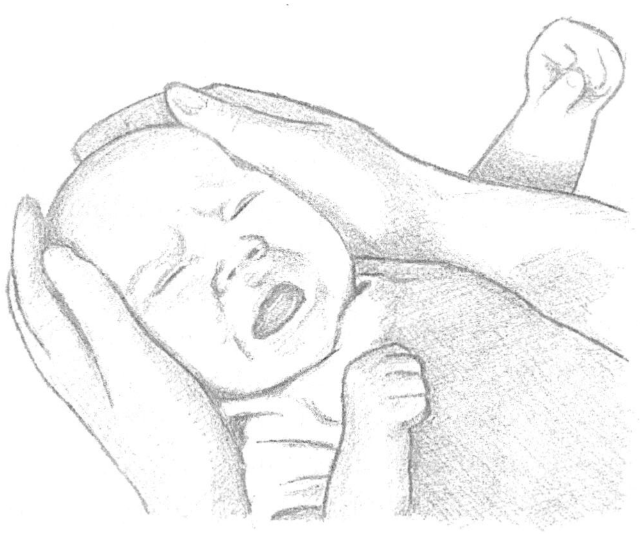

Comentaré en el siguiente capítulo aspectos que es importante evaluar en las primeras sesiones sobre la regulación emocional, y cómo explorar la historia relacional para entender sus orígenes. Veamos ahora un ejemplo de las conexiones entre la regulación emocional en el adulto, la regulación que hicieron sus cuidadores de sus estados emocionales cuando era un niño, los estilos de apego predominantes, y cómo todo esto influye en la respuesta a los eventos traumáticos y la gestión de sus efectos posteriores.

Marcos es un chico de 17 años con una importante desregulación emocional. Pasa muchos días en su habitación sin hacer nada, se levanta tarde y fuma mucho hachís. Cuando su madre le dice que se levante, se altera mucho, la insulta, le dice que la odia y con frecuencia rompe cosas en casa. Otras veces le reclama dinero y se pone furioso cuando ella no se lo da. Su desregulación emocional no se manifiesta solamente en estos episodios, en los que sus emociones se vuelven intensas, explosivas e incontroladas, sino también en la falta de energía y motivación con la que funciona habitualmente. Además de estas oscilaciones entre dos estados muy diferentes y extremos, Marcos no sabe explicar lo que le ocurre, atribuyendo su problema a lo insoportable que es su madre, y poniendo fuera de él los factores que generan sus reacciones. Con sus amigos habla de intereses comunes, pero no de cómo se siente. Tuvo una novia con la que sintió una vinculación muy intensa, que finalmente no le correspondió; Marcos reaccionó ante esto negando su interés por ella y criticándola con rabia cuando salía con sus amigos. En estas salidas, aparte del cannabis, recurría frecuentemente al alcohol.

¿Dónde se aprende esta manera, disfuncional, de regular las emociones? ¿Cómo se desarrolla su dificultad para identificar sus sentimientos y para expresarlos? ¿Por qué esta alternancia entre estar sumido en el aburrimiento y la apatía y explotar sin tratar de conseguir ningún control sobre la reacción?

Veamos una entrevista a la madre de este chico, que explica en qué contexto nació y creció, y cómo se fueron regulando desde niño sus distintos estados emocionales.

Terapeuta: ¿Cómo eran las cosas cuando Marcos nació?

Madre: Yo cuando quedé embarazada de él mi vida era un infierno con el padre, porque era alcohólico. Entonces claro, cuando bebía, me pegaba, me insultaba, era un sinvivir. Cuando nació mi hijo el padre seguía igual, lo mismo, hasta que mi hijo tuvo tres meses. Cuando tuvo 3 meses murió el padre.

T: ¿Cómo fue tu sensación con el niño cuando nació?

M (se queda pensando largo rato): No sé qué decirte... Siempre le estaba comprando ropa, mi madre me reñía... Cada vez que le cambiaba la ropa, lo bañaba. Me gustaba tenerlo limpio, me gustaba tenerlo bien vestido, me gustaba que no le faltara de nada, le compraba de todo.

El discurso de esta mujer es emocionalmente plano, sin modulación emocional, como desconectado. Le pregunto buscando ejemplos específicos para tener información más concreta, pero es incapaz de dar ninguno. Esto es muy significativo, y habla de un discurso construido, en el que describe cómo cumple con el guion de una "buena madre", pero centrado únicamente en el cuidado material o instrumental. Nos indica también que la regulación emocional que pudo hacer con este niño no fue buena, pero necesitamos entender en más profundidad lo que ocurría.

T: Intenta pensar en algún momento concreto.

M: Cuando tenía 9 meses me acuerdo de una sesión de fotos, que son los cuadros que tengo en casa, pero tampoco tengo así… Yo trabajaba todo el día en aquella época.

T: Estabas muy poco con él.

M: Estaba muy poco, trabajaba por la mañana y por la tarde.

Como el discurso sigue siendo emocionalmente plano, intento ayudarla a conectar, de cara a introducir mayor reflexión. Le pido a la paciente que se pare un tiempo a observar sus sensaciones internas.

T: Haz una cosa, piensa en esas fotos. Quédate un minuto pensando en esas fotos, ¿vale? Quédate notando la reacción emocional y la sensación que te da pensar en esas fotos. ¿Qué te viene a la cabeza?

M: Me viene que no… Me viene que no fui buena madre (en este momento se le humedecen los ojos y muestra una resonancia emocional concordante con lo que está contando).

T: ¿Por qué?

M: Pues porque lo abandoné mucho.

Un punto importante a evaluar en los vínculos tempranos, es si se genera una sensación de conexión en el momento del nacimiento. Típicamente la madre experimenta ternura, cariño y deseos de cuidar a su niño (Klaus et al. 1995), atendiendo a sus necesidades y calmando su llanto. Este vínculo inicial no pudo desarrollarse en esta mujer, como consecuencia del estrés postraumático derivado del maltrato al que el padre de su hijo la sometía de modo habitual.

M: Después de nacer me lo pusieron aquí encima, pero es que no se…

T: En ese momento no tuviste una sensación…

M: No.

T: No notaste nada.

M: No porque estaba tan… Tenía una vida tan… Estaba tan cansada de aguantar al padre, tan cansada, tan cansada que… No tenía…

Sin esta conexión, sin sensibilidad hacia el estado emocional del niño, no podrá desarrollarse en éste un aprendizaje de la regulación emocional sana, de modo que solo tendrá acceso a mecanismos reguladores disfuncionales.

Pero la conexión no es el único elemento a tener en cuenta en los contextos adversos, sino que suelen aunarse diversos factores que potencian la desregulación. En este caso, Marcos no fue testigo de la violencia de su padre, ya que éste estaba ya muy enfermo cuando el niño nació, y murió cuando él era un bebé de apenas 3 meses. Sin embargo, los recuerdos de la agresividad del padre estaban muy presentes en la mente de su madre. Cuando el niño estaba enfadado, ella no veía a su hijo, veía lo que su marido le había hecho a ella.

M: Le decía "levántate" y él gritaba "¡Vete a la mierda, déjame en paz!" Le daba portazos a todo… Y a mí, lo primero que me salía decirle es: "Le aguanté a tu padre, no te voy a aguantar a ti".

T: Te recordaba…

M: Claro, la vida que tuve con el padre.

El espejo que este niño veía cuando estaba enfadado, la expresión emocional de la cara de su madre, no le aportaba una imagen reguladora, sino desreguladora. Ese estado emocional quedaba sin un modelo adaptativo desde el que poder aprender a modular su respuesta.

Otro factor que es necesario tener en cuenta es la dificultad de esta mujer para conectar con sus propias emociones, que se manifestaba ya desde su descripción inicial de la historia. Tampoco le resulta fácil entender sus sentimientos y reflexionar sobre ellos. ¿Cómo podría haber enseñado todo esto a su hijo? No se puede enseñar un lenguaje que nos es desconocido.

T: Esa sensación de estar conectada que no tenías con él, ¿Tu recuerdas haber sentido esa conexión de los demás hacia ti cuando eras pequeña, de alguien?

M: No.

T: De tu madre…

M: Nunca.

T: ¿Cómo te sentías respecto a tu madre, ¿cómo me definirías la relación con tu madre?

M: Mala, es que no había relación... No había ninguna relación, mi madre cuando quedó viuda... yo tengo pocos recuerdos de pequeña.

Tanto lo que dice, como la ausencia de recuerdos, nos ayuda de entender cómo se desarrolló su escasa comprensión reflexiva de sus emociones, y por qué tiende a desconectarse de ellas.

Otro aspecto a explorar es la regulación específica de cada tipo de estado emocional. Cada emoción genera distintas reacciones en el cuidador, y puede irse regulando internamente de un modo diferente.

T: Cuando él era pequeño ¿Cómo recuerdas haber reaccionado tú cuando él estaba contento?

M: Yo estaba contenta.

T Esa parte era fácil.

M: Sí.

T: Cuando estaba triste, se sentía mal (la paciente niega con la cabeza). Ahí no podías...

M: No, es que nunca lo vi triste.

T: ¿Nunca lo viste triste?

M: No.

T: ¿Y cuándo le pasaba algo en el cole, o tenía algún problema, o se peleaba con algún niño?

M: Siempre fue un niño...

T: Este tipo de cosas no te las contaba.

M: No, es que yo no estuve...

T: No estabas.

M: Yo nunca estuve.

T: ¿Y cuándo estabas?

M: Yo cuando estaba lo único que hacía era comprarle.

Como vemos, la regulación de la tristeza es disfuncional, no tanto porque la madre reaccione negativamente a la tristeza del hijo, sino porque su propia desconexión emocional la incapacita para identificar en su hijo sentimientos de pena o dolor. Sin una madre que sea sensitiva a estas emociones, el hijo no puede ponerles nombre, ni consolarse o buscar consuelo cuando surjan, posiblemente ni siquiera pueda darse cuenta de que están ahí.

T: ¿Él se enfadaba alguna vez de pequeño? ¿Se portaba mal, tenía rabietas?

M: Sí.

T: ¿Cómo reaccionabas tú cuando él tenía rabietas?

M: Lo llevaba fatal.

T: Cuéntame un poquito.

M: Cuando él por ejemplo se enfadaba, pues yo me ponía… O sea, me ponía muy nerviosa, no sabía… Vamos a ver… Yo no sabía llevar la situación.

T: Te ponías muy nerviosa.

M: Sí.

T: Y no sabías qué hacer.

M: No.

T: ¿Y qué hacías? Quiero decir, no sabías qué hacer y la rabieta duraba lo que durase, y no le decías nada, o le decías algo porque te ponías muy nerviosa, o… ¿Cómo reaccionabas? ¿Qué hacías?

M: Pues reaccionaba igual que reacciono ahora, me ponía a llorar.

La comprensión del caso en EMDR es un trabajo de entrelazado dinámico entre el presente y el pasado. Mientras la persona cuenta su historia, vamos estableciendo paralelismos entre las situaciones que describe y los patrones actuales de funcionamiento. Del mismo modo, pero a la inversa, nos detenemos ante disparadores presentes, y usamos la técnica de flotar hacia atrás o floatback para conectar esto con eventos antiguos relevantes. El paciente puede llegar por esta vía a asociaciones muy significativas, a las que muchas veces no había accedido a través de un análisis más cognitivo.

T: Piensa en alguna situación en que tu hijo estuviese alterado y que a ti te entrasen esas ganas de llorar. Cuándo piensas en eso, ¿qué notas en el cuerpo?

M: Pues noto angustia, porque yo lo que tengo es…

T: Si, pero no lo analices. Nota la situación y la sensación, sin analizarla, sin juzgarla. Solo nota la reacción del cuerpo, ¿vale? ¿la tienes?

M: Sí.

T: Ahora cierra los ojos y deja ir tu cabeza hacia atrás en el tiempo. Busca la misma sensación a lo largo de tu vida, la primera vez que hayas notado una sensación como esa, aunque la situación no se parezca en nada.

M: Es que quien me viene a la cabeza es mi madre.

T: ¿Qué tipo de situaciones con tu madre?

M: Malas.

T: Ponme un ejemplo.

M: Yo quería estar como una niña normal, poder salir con mis amigas y ella no me dejaba.

T: ¿Y qué hacía?

M: Pues me insultaba, me gritaba, me reñía… Mi madre pegaba mucho…

Este patrón de apego temprano con su madre, marcado por la distancia emocional y los castigos físicos frecuentes, llevó a que esta mujer tuviera dificultades para conectar con su hijo, y también para regular sus estados de agresividad. Los factores traumáticos posteriores y el estado de traumatización en el que estaba cuando el niño nació, contribuyeron a agravar más el problema.

Como vemos, son los ejemplos que pedimos al paciente y su descripción los que nos dan más información sobre cómo sucedieron las cosas. Si estuviésemos hablando con el chico, su relato espontáneo de sus dificultades y de su infancia nos aportaría probablemente muy pocos datos. Es muy posible que no tuviese conciencia de su dificultad para notar la tristeza, y por tanto no podría explicarnos que tiene ese problema. Su tendencia a externalizar llevaría también a un relato de acontecimientos externos, en el que faltaría una reflexión sobre su contribución a dichas situaciones, así como de su proceso interno ante ellas.

Cuanto más compleja es la historia temprana, más hemos los terapeutas de leer entre líneas. *Es más importante lo que el paciente no nos cuenta, lo que minimiza, lo que niega, que aquello que reconoce como un problema.* Son los contrastes entre el ejemplo que la persona nos pone, y su opinión sobre lo que nos está contando, lo que realmente nos ayuda a entender. Como señala Onno van der Hart, *el síntoma nuclear de la traumatización severa es el "no darse cuenta", la falta de conciencia sobre lo que pasó, su gravedad y sus consecuencias.* En los entornos en los que la regulación emocional temprana fue muy disfuncional, la fase 1 de EMDR es un proceso complejo, pero extraordinariamente relevante. En el próximo capítulo presentaré una propuesta para evaluar en profundidad y de modo sistemático estos aspectos.

Capítulo 6
La historia clínica de la regulación emocional

Como comentaba en el capítulo anterior, cuando hacemos la historia clínica en EMDR (durante la fase 1) estamos constantemente estableciendo enlaces entre los problemas presentes y las experiencias en las que se generaron, entre el funcionamiento actual y el lugar en el que la persona aprendió a funcionar así. Al evaluar en las primeras sesiones por qué viene el paciente a terapia y qué cambios desea que se produzcan, el estilo de regulación emocional está implícito en los síntomas que nos refiere, la manera en la que nos relata su historia, los objetivos que se plantea y la forma de establecer la relación terapéutica. Creo que es importante que, aparte de estos otros aspectos, exploremos con detenimiento la regulación emocional en sí misma, enlazando los patrones actuales con la historia particular de ese individuo, sobre todo con su historia relacional. *Las emociones están inscritas en las relaciones*, y por tanto la regulación emocional está estrechamente relacionada con el apego temprano y con las relaciones interpersonales significativas.

La evaluación de la regulación emocional es, de entrada, indirecta. Vemos si el paciente evita determinados temas ("no he venido aquí a hablar del pasado"), si se desborda mientras relata sus problemas o algunas experiencias, si está desconectado emocionalmente ("yo eso ya lo tengo superado"), si se focaliza obsesivamente en sus temores o dedica tiempo y energía a dar vueltas improductivas a determinadas situaciones (se pregunta una y otra vez "¿por qué me pasan a mí estas cosas?"). Mientras el paciente habla, tomamos notas **a dos niveles**. Por una parte, apuntamos eventos, figuras relevantes, problemas que el paciente identifica como tales, objetivos explícitos. Por otro lado - esta es la información más relevante - anotamos los eventos que el paciente minimiza o pasa por alto, las cosas que le obsesionan y los problemas que no ve o proyecta en otros, la manera en la que regula las emociones cuando habla de sus recuerdos o de las cosas que le preocupan, si se desborda o se desconecta, si cambia de tema o se hiperfocaliza. Vemos cómo cambia todo esto cuando va hablando de distintas relaciones significativas, y cómo va reaccionando frente a lo que nosotros decimos o hacemos. Por supuesto, no apuntamos esto frente al paciente, pero tomamos nota mental de ello, y lo registramos cuando lo consideramos adecuado.

Cada vez que el paciente se desregula, se desconecta, se asusta de lo que siente, se dice lo que tiene que sentir, etc., el terapeuta EMDR siempre se hace la misma pregunta ¿de dónde viene este estilo de regulación? O más bien ¿de quién viene? ¿con quién lo aprendió? Estamos constantemente enlazando los patrones de regulación actuales con la historia previa y con las relaciones más significativas, y viendo cómo se conecta lo que está contando de su biografía con la manera en la que ahora maneja sus estados emocionales. Veamos algunas de estas posibles conexiones:

1) Falta de reconocimiento emocional

El paciente puede no saber cómo se siente, describir de modo muy pobre sus estados emocionales, o directamente no mirarse para adentro. También puede dar una descripción emocional aparente, mostrando emociones incluso intensas, pero esto parecer "humo", como si no tuviera conexión con tierra; es como si no encajara lo que el paciente se dice a sí mismo y lo que nos dice a nosotros, con los datos objetivos que aporta, la perspectiva de testigos externos fiables o lo que observamos en sesión.

Este patrón puede derivarse de haber crecido con progenitores no sintónicos, que no supieron leer los estados emocionales del niño, ni fueron sensibles a ellos. De ese modo el niño tendrá dificultades en ponerle nombre a lo que siente, y no sabrá entender sus emociones, ni sabrá qué hacer con ellas. Cuando se vaya haciendo adulto, gestionará esto como pueda, bien evitando todo lo que pueda activar emociones y siendo poco introspectivo ("mirar para adentro solo sirve para agobiarse"), o bien desbordándose con lo que siente debido a la ausencia de sistemas regulatorios eficaces. ¿Cómo puede uno aprender un idioma si hemos crecido sin lenguaje?

En terapia, este paciente será complicado para trabajar, sobre todo con un abordaje como EMDR, en el que la conexión con las emociones y sensaciones asociadas a los recuerdos no procesados es importante a la hora de explorar cuáles son las memorias más relevantes, y también cuando se trate de acceder a ellas y procesarlas. Incluso la motivación para hacer terapia puede ser escasa o no ir en la línea que el terapeuta le pueda proponer. Puede acudir porque otro lo trae, como el adolescente que viene obligado por su madre, pero que no quiere hablar de "tonterías" (el nombre que muchos adolescentes dan a los sentimientos), o el marido al que arrastra su mujer a consulta porque no se comunica emocionalmente con ella. Otras veces el paciente quiere hacer terapia, pero sin tocar temas desagradables - es decir, cualquier cosa asociada a emociones negativas - o quiere un tratamiento que "le quite el malestar" o "le haga dormir de una vez".

2) No dar importancia a las emociones

El paciente nota sus emociones y sabe distinguirlas, pero no hace caso de lo que significan. Las emociones llevan debajo una necesidad y nos mueven hacia una acción concordante con ella. Por ejemplo, la tristeza se suele producir por pérdidas y, por tanto, lo que precisa es el contacto profundo con otro ser humano que pueda compensar esa sensación de pérdida. Ante la tristeza, la acción que más sentido tiene es la búsqueda de consuelo. Algunas personas pueden quitar importancia a su tristeza, pensar que no deben molestar a otros con ella, o creer que no merecen consuelo. ¿De dónde viene este patrón?

Si los cuidadores primarios están muy centrados en sus propias necesidades no pueden ver (en el sentido profundo de la palabra) al niño, no prestan atención a sus necesidades ni las cubren. Pueden colmar las necesidades materiales, pero no las emocionales. También puede ocurrir que los adultos estén mal, y por tanto no pueden poner su energía en el niño. Un ejemplo es un niño que se cría con una madre depresiva, que se siente mal cuando ve la tristeza en ella, y por ello trata de gestionar la suya por su cuenta: "no voy a molestar a mi madre con mis problemas".

Algo parecido puede pasar cuando los padres están siempre preocupados o ansiosos. El niño necesita a un cuidador regulado, y cuando no lo está, muchas veces se invierten los roles y el niño se dedica a calmar al cuidador, o se centra en que éste esté satisfecho, portándose bien y tratando de no dar a sus padres "más quebraderos de cabeza". Cuando crezca, este niño llevará consigo una creencia muy destructiva, pensará que es responsable de que todo el mundo se sienta bien. Cuando tenga hijos se angustiará porque "no les hace felices", y los motivos para hacer terapia vendrán del fracaso en esta meta inalcanzable, o de la sobrecarga de todas las necesidades insatisfechas que se le han quedado dentro a lo largo de su historia. Sin embargo, es muy probable que estos pacientes no sean conscientes de que ése es el problema, todo esto son cosas que los terapeutas apuntamos en nuestras notas al margen.

3) Sentirse mal por estar mal

Algunas personas se enfadan consigo mismas cuando están mal, porque lo consideran una debilidad, y esto lo viven como algo inaceptable. Pueden avergonzarse de estar tristes, o sentirse profundamente culpables, pensando "no tengo derecho a estar así". Es fácil que este patrón se derive de haber crecido con personas muy hostiles o críticas, que manifestaron rechazo ante el mundo emocional del niño, o frente a algunas emociones en particular. Otras veces no hubo esa crítica, pero ante la ausencia de modelos reguladores sanos, el niño se presionó y exigió constantemente para frenar sus emociones y conseguir seguir funcionando. Aparte de la infancia, experiencias relacionales adversas prolongadas - como vivir con una pareja abusiva o sufrir encarcelamiento o tortura - pueden llevar al sistema hacia estilos disfuncionales de regulación, porque además este tipo de situaciones suelen bloquear el acceso a personas reguladoras de las que recibir apoyo, comprensión y consuelo.

¿Cómo se presentan estos pacientes a terapia? Muchas veces el paciente dedica la sesión a reñirse por sentirse como se siente o a decirse cómo se tendría que sentir, a atormentarse por lo que ocurrió y por lo que hizo o dejó de hacer. En ocasiones, se generan patrones relacionales complejos que llevan al terapeuta a jugar un rol complementario, conectado con la historia temprana del paciente. Por ejemplo, el terapeuta se va sintiendo irritado con un paciente que se presenta como víctima de los demás o de sus circunstancias, que se lamenta de su suerte sin hacer nada para modificarla y que pide ayuda, pero no se deja ayudar. Curiosamente, esa irritación del terapeuta, si no consigue mirar con perspectiva lo que está ocurriendo, puede llevar a que se genere en consulta una reedición de la eterna historia del paciente, repitiendo el terapeuta el papel de los cuidadores tempranos, siendo crítico con el paciente y reprochándole que "no pone de su parte". No digo con esto que no sea necesario confrontar al paciente en muchas ocasiones, el problema es vernos arrastrados por nuestra respuesta emocional a una reacción no planificada, que se acompaña de un tono emocional que representa un fuerte disparador para el paciente.

4) Quedarse atrapado en el malestar

Algunos pacientes creen que cuando se encuentran mal, sumergirse en ello es su única opción. Esto tiene que ver con lo que más adelante describiré como infrarregulación: "no hago nada con mi malestar". Las emociones se desbordan, y la persona suelta las riendas. La metacognición "no puedo hacer nada para regular mis emociones" (Fisher y Wells, 2009) suele estar subyacente, y el individuo lo entiende como una verdad incuestionable. Puede ocurrir también que existan esquemas nucleares de abandono, que con frecuencia llevan a respuestas de autoabandono y aislamiento; esto obviamente empeora el problema, pero el paciente está lejos de ser consciente de ello. En ocasiones, la persona incluso promueve que las emociones se desboquen, encontrando cierta gratificación en echar para fuera sus emociones y soltar por completo el control, por motivos tanto internos como externos. Internamente, al dejar que la emoción se desboque, puede aliviarse una presión que se había ido acumulando, o dar rienda suelta a tendencias que se estaban conteniendo. Externamente, la persona puede obtener de los demás lo que habitualmente no le dan o lo que cree que no puede conseguir, como mostrar indefensión para sentir protección, sufrimiento para recibir ayuda o consuelo, o agresividad para sentir dominio sobre otros. Quizás la experiencia previa le ha hecho establecer esta predicción: solo me darán lo que (creo que) necesito si me muestro de este modo.

Otro escenario temprano que puede tener que ver con esta tendencia a dejarse llevar y quedarse durante tiempo en las emociones perturbadoras, es haber crecido con figuras que presentaban esa tendencia a la desregulación y que se tomaron como modelos de qué hacer - o de qué no hacer - con las emociones. Ejemplos de esto serían cuidadores que entraban en estados de abatimiento prolongados, dejaban que sus emociones se descontrolaran delante de sus hijos, hacían comentarios de alta carga emocional como "me vais a matar, acabáis conmigo", o incluso tenía gestos suicidas en presencia de sus hijos. Las primeras plantillas de cómo se regula el malestar van a ser estas, y desde ahí se configurarán los modelos internos. Probablemente se genere una alta ambivalencia y contradicción, porque esos modelos son poderosos y están muy presentes, pero a la vez, el individuo puede rechazarlos intensamente debido al sufrimiento que éstas situaciones le generaron. Además, este rechazo hacia las figuras de apego es muy difícil para un niño, que no puede permitirse crecer y desarrollarse sin una figura de apego con la que vincularse. Esto hace que estos modelos no puedan ser cuestionados, pero tampoco integrados. La persona puede pasarse toda la vida intentando no ser como esas figuras, pero cuando entra en ese registro emocional concreto, se activa esa plantilla base. Todo el rechazo hacia esa reacción, todo el empeño de no ser así, ha hecho que el individuo se mantenga apartado de esa gama de afectos, pero a veces la vida nos pone indefectiblemente frente a ellos, y cuando se activan, la persona se encuentra sin ningún recurso para manejarlos. Curiosamente, acaba reaccionando del último modo que querría hacerlo, se ve haciendo algo que se había jurado que nunca haría. Esta sensación no ayuda a regular la emoción que se está moviendo, sino que añade muchas emociones secundarias y bloqueo (rabia o vergüenza contra uno mismo por reaccionar así), con lo que es mucho más probable que la reacción se salga del control voluntario, y se desarrolle en su peor versión.

5) El malestar y el funcionamiento cotidiano.

A veces el malestar lo anula todo, algunas personas tienen grandes dificultades para seguir funcionando cuando se sienten mal. Continuar con la vida y con la rutina, distraerse en las actividades cotidianas, es un recurso en momentos bajos. Si cuando las emociones no son positivas y agradables se altera mucho el funcionamiento en el día a día, se puede amplificar enormemente el estado emocional.

Por supuesto, el extremo contrario también es problemático. Si cuando no tenemos ánimos nos exigimos seguir funcionando exactamente igual y no nos damos un respiro, podemos agotarnos aún más. Lo mismo ocurre si tratamos de resolver la ansiedad haciendo cosas sin parar, es muy posible que aún nos aceleremos más de lo que lo estábamos. Sea cual sea el patrón de funcionamiento, las emociones no evolucionan ni se resuelven de modo saludable, y nos desconectaremos de nuestra experiencia.

Curiosamente, ambos extremos pueden generarse a partir de entornos de alto nivel de exigencia. Cuando se crece con padres inflexibles, exigentes o perfeccionistas, todo se soluciona siendo fuertes, tirando para delante y trabajando duro. Pero esta solución es solo hipotética, porque un progenitor perfeccionista y exigente es alguien imposible de complacer, y aunque la norma explícita sea "si haces esto tendrás mi reconocimiento", la verdad subyacente es que "haga lo que haga, nunca será suficiente". Esto en ocasiones lleva a la claudicación, a dejar de intentarlo, o a que aparezca una enfermedad que nos aparte de este dilema irresoluble: no es que no quiera hacer lo que tengo que hacer, es la enfermedad la que no me deja.

Muchos pacientes se ven en estados emocionales negativos, y se dicen a sí mismos y a los demás que "no pueden" hacer nada, que no pueden asearse, vestirse o salir a la calle. Curiosamente muchas veces hay un alto nivel de exigencia interna, que genera tanta presión que, en lugar de hacer reaccionar a la persona, la bloquea y la hunde. La desesperación de los que les rodean por sacarles de ese estado y animarlos, es percibida por estos pacientes como un eco de esa antigua exigencia en la que crecieron, resuena con su propia exigencia y presión interna, y les hace ir aún más hacia atrás. Esto también es una posible trampa en la relación terapéutica, que es importante desvelar si se produce.

6) Amplificadores del malestar

Determinados patrones de pensamiento pueden incrementar la respuesta emocional y dificultar su procesamiento. Se trata de pensamientos repetitivos que dan vueltas improductivamente al pasado o dibujan escenarios catastrofistas de cara al futuro. Algunos autores unifican ambos estilos de pensamiento bajo el concepto de rumiación, pero creo que tiene mayor interés clínico diferenciarlos, llamando **rumiación** a hiperfocalizarse en eventos pasados que no pueden ser modificados, y **preocupación** a angustiarse con que ocurra la peor posibilidad futura (Fisher y Wells, 2009). La rumiación sobre el pasado puede tener que ver con culpabilidad, dificultades de aceptar que algo ha ocurrido o intentos de encontrar sentido a algo que no lo tiene. Un entorno temprano que puede alimentar la rumiación es, por ejemplo, crecer con progenitores críticos o inductores de vergüenza. La preocupación sobre el futuro puede aprenderse en entornos de apego preocupado, en el que los padres están constantemente viendo peligros en el mundo o en las relaciones, y en los que no se promueve - o incluso se penaliza - la exploración y la autonomía. La persona extremadamente preocupada cree que si deja de serlo estará en riesgo de que le ocurran cosas malas. Un insight importante para algunos pacientes ha sido tomar conciencia de que, en estos contextos definidos por altos niveles de preocupación, realmente no han estado más protegidos de muchos peligros reales. Por ejemplo, los padres preocupados a veces pasan por alto eventos muy graves para los hijos, que no acuden a ellos para no angustiarlos más, enfrentándose así solos a cosas para las que no están preparados. Dado que es frecuente que los cuidadores con este perfil estén idealizados, esta información ha de manejarse con cuidado. Sin embargo, entender que no preocupándose tendrá más energía y más capacidad de reacción cuando sea preciso, mientras que preocupándose solo estará más ansioso y bloqueado, puede darle al paciente un motivo para tratar de neutralizar la preocupación excesiva.

Los pacientes con tendencia hacia la rumiación o la preocupación probablemente no nos presentarán esto como problemas a trabajar, esta forma de percibir el mundo les parece absolutamente evidente, normal y lógica. En no pocas ocasiones estos patrones han estado presentes en alguna de las figuras de apego primarias, que son los que definen al niño cómo funciona el mundo. La preocupación se considera en muchas familias como equivalente al amor, de modo que "si no te preocupas por alguien es que no lo quieres", y como sinónimo de protección "si no te preocupas, te pasarán cosas terribles". Para poder abordar estos temas y buscar sus orígenes, estas creencias subyacentes han de desvelarse y cuestionarse, pero el trabajo con EMDR nos da una vía para hacer esto que va más allá del cuestionamiento cognitivo en el aquí y ahora. Cuando preguntamos al paciente, "¿dónde aprendiste que preocuparse es bueno?", la persona suele poder identificar figuras con este perfil, y va comprendiendo qué influencias le han traído hasta aquí y que, por tanto, esto no es una ley universal que todo el mundo sigue. Una vez encontradas las raíces de esas creencias que están en la base del procesamiento emocional, procesar los recuerdos relacionados con esos patrones puede ayudar a desmontarlos de modo potente. En la investigación sobre EMDR en depresión recientemente publicada (Ostacoli, et al., 2018), este sistema fue incluido en el protocolo de trabajo, identificándose los recuerdos que estaban en la base de las creencias más intrusivas y recurrentes. Tiene sentido hacer algo similar con las metacogniciones que alimentan los distintos sistemas de regulación emocional.

Aparte de la rumiación y la preocupación, algunas creencias pueden también amplificar la intensidad o la duración de los estados emocionales negativos. Por ejemplo, la persona puede creer que el malestar va a ser prolongado, no ve la salida del túnel; esta predicción contribuye a que el problema se alargue, lo que se retroalimenta con la creencia. Otro ejemplo sería un paciente que ha tenido depresiones y se asusta cuando tiene una tristeza normal, porque piensa que va a volver a hundirse. Otras veces, el pensamiento es que no vale la pena salir, porque detrás de un problema siempre viene otro, o porque nadie va a poder ayudarle. Este último ejemplo tiene que ver con la indefensión aprendida (Seligman, 1975), y con la tendencia de los individuos severamente traumatizados a quedarse en lo "malo conocido" y a no asumir riesgos saludables (Van der Hart et al., 2006). Algunas de estas creencias están reforzadas culturalmente, como el refrán de "más vale malo conocido que bueno por conocer".

En resumen, una de las áreas que hemos de observar y evaluar en nuestros pacientes, es el estilo de regulación emocional y las creencias subyacentes. Cuando hacemos la historia clínica recogeremos estos elementos, estableciendo conexiones entre las relaciones significativas de la vida del paciente y la gestión emocional actual tanto a nivel interno como en lo interpersonal. Estas rutas no son unívocas, es decir, no hay una situación que lleve siempre a la misma consecuencia a nivel de regulación, ni un estilo de regulación que tenga siempre el mismo origen. Hemos de desarrollar mapas personalizados, específicos para cada individuo. Estos mapas son un elemento fundamental de trabajo, no son únicamente el preámbulo de la terapia, sino más bien el núcleo del proceso terapéutico. Con el trabajo colaborativo entre paciente y terapeuta orientado a entender las conexiones entre pasado y presente, estamos a la vez elaborando una completa reformulación del caso. La persona va a adquirir una perspectiva mucho más amplia sobre lo que le ocurre, con lo que va a poder entender y entenderse a un nivel más profundo. Esto tiene una importancia extraordinaria en el campo del trauma complejo, con individuos que no han sido realmente vistos, entendidos o aceptados incondicionalmente. Este trabajo de elaboración de la historia se va continuando y completando durante todo el proceso terapéutico, y el procesamiento de recuerdos específicos ha de inscribirse sobre esta conceptualización amplia, de otro modo se pierde el verdadero potencial de la terapia EMDR.

Capítulo 7

Una propuesta de entrevista estructurada para explorar los orígenes de la regulación emocional

Describo a continuación una serie de preguntas que pueden guiar una evaluación sobre los orígenes de la regulación emocional, y la forma de interpretar la información que el paciente nos va dando. Algunas de esas preguntas están inspiradas en la entrevista de apego adulto (George, Kaplan y Main, 1996; Main, Goldwyn y Hesse, 2003), ya que el apego temprano tiene gran relevancia en el desarrollo de los modelos internos de regulación en el adulto. Otras preguntas tienen que ver con mis reflexiones sobre este campo, y algunos elementos relacionados que he ido introduciendo en la exploración.

En este capítulo describiré las áreas fundamentales a evaluar. Como los aspectos a recoger son múltiples, y esto puede llevar mucho tiempo, he añadido en los anexos una versión autoadministrada de estas preguntas. *La información que el paciente refleje aquí ha de comentarse luego con él, enlazando lo que nos va describiendo con el estilo de regulación emocional que observamos en la actualidad.* Dependiendo del paciente, podemos optar por hacer una evaluación directa de esta área, bien porque la persona tiene muy escasa conciencia de sus dificultades o del significado de sus experiencias, o bien porque creemos que hacerlo solo puede ser abrumador para el paciente. Una opción intermedia es citarlo una hora antes de la consulta para que las cubra en un despacho, y tener así luego la oportunidad de revisarlo con él y ayudarlo a regularse si es necesario.

Veamos entonces qué hemos de preguntar para entender cómo ha aprendido el paciente a regular sus emociones del modo en el que lo hace. En las primeras preguntas se evaluarán algunos aspectos sobre cómo el paciente regula sus emociones. Esta información se puede complementar con escalas específicas y también con las observaciones del terapeuta. Hemos de tener en cuenta que muchos pacientes no son conscientes de sus dificultades emocionales. Por ejemplo, un individuo alexitímico o con niveles de desconexión marcados puede considerar que siente emociones adecuadas ante una situación, ya que su desconexión no le deja tomar conciencia de sus dificultades. Es más fácil que el observador pueda identificar los problemas que el paciente tiene para percibir emociones congruentes con lo que está describiendo.

Una vez que - con estas preguntas, las escalas y la observación directa - tenemos una valoración del estilo de regulación del paciente, pasamos a buscar información sobre dónde aprendió ese modo de modular sus emociones. Sobre esta información se puede ir añadiendo un trabajo psicoeducativo y distintos tipos de intervenciones. En este capítulo voy a centrarme en describir la información que necesitamos extraer en cada apartado.

1) Figuras reguladoras principales:

Necesitamos saber cuáles fueron las personas con las que el paciente se crio, y si vivió siempre con ellos o cambiaron en alguna época. Es importante saber si se crio con ambos padres, con uno de ellos o con una familia ampliada. También exploraremos si hubo cambios, separaciones o periodos en los que variaron los cuidadores.

Las figuras reguladoras principales no son siempre los padres. Puede haber figuras importantes en este sentido aparte de la familia, en ocasiones los abuelos u otros parientes juegan un papel muy importante. A la hora de recoger las características de estas figuras, hemos de ayudar al paciente a seleccionar en cuáles centrar la entrevista. Si no lo hacemos, pueden considerar como las figuras más relevantes a aquellas que fueron más positivas a nivel afectivo. Sin embargo, si queremos entender la desregulación del paciente, las figuras más negativas han sido las referencias principales y han de ser exploradas en detalle.

Algunas personas estuvieron a cargo de niñeras o cuidadores

contratados en alguna etapa. Nos interesa saber cuánto tiempo pasaba con ellos. También preguntamos si estuvo alguna etapa de su vida en algún internado o institución, y si fue adoptado o vivió con alguna familia de acogida.

También analizamos la presencia de figuras más periféricas, como algún profesor, algún amigo en particular, alguna pareja en la adolescencia, o alguien aparte de las personas con las que convivía.

Lo que nos interesa de este conjunto de preguntas es identificar las figuras de apego principales, pero también ver otros **recursos reguladores** que el paciente tiene en su historia. Muchos individuos que han tenido un apego disfuncional con los cuidadores principales, consiguen salir adelante bastante sanos gracias a figuras más periféricas, que aportaron modelos saludables y significativos de regulación. Estas figuras las recogemos como recursos con los que más adelante podremos trabajar.

Aparte de las figuras principales, le pediremos al paciente *una lista de los 10 momentos de su vida en los que haya sentido la ayuda de alguien a nivel emocional.* No hace falta que sea una persona que haya estado siempre ahí, ni que haya sido fundamental. *A veces alguien que solo está presente en una situación puede dejarnos una huella duradera.* Se trata de personas que supieron calmarnos, animarnos, compartir nuestras emociones, ayudarnos a conectar con lo que sentíamos, o fueron un ejemplo de salud e inteligencia emocional de los que aprendimos. Estos momentos de regulación son potenciales recursos reguladores, que podemos simplemente instalar. Veremos cuando hablemos de la instalación de recursos en estos contextos complejos, que la instalación de un recurso no implica únicamente reforzar una sensación positiva, sino muchas veces procesar las asociaciones negativas que esos recursos tienen, como paso a explicar en el siguiente párrafo. Describiré también más adelante cómo podemos usar estos recursos reguladores de un modo más elaborado en sujetos con historias tempranas muy adversas, en las que los cuidadores principales funcionaron más como modelos de desregulación que como figuras reguladoras.

Muchas veces en los pacientes con trauma complejo, la instalación de recursos se hace difícil. Por ejemplo, instalar como recursos estas figuras reguladoras o momentos de regulación, puede llevar a que el sujeto conecte con la carencia de estos aspectos por parte de los cuidadores principales ("¿por qué mi madre no me trataba así?"), o con la no permanencia de estas experiencias en su vida. Más que instalación de recursos podríamos hablar de "procesamiento de recursos", ya que la estimulación bilateral funciona aquí para procesar el malestar que generan estos elementos positivos. Hacer esto es sin embargo de gran importancia, ya que al hacerlo el paciente podrá conectar con sus aprendizajes de regulación positiva. En esta etapa de recogida de historia no estamos aun introduciendo procedimientos de este tipo, pero poco a poco pueden irse intercalando en el trabajo clínico.

2) Regulación externa

Una vez identificadas las figuras reguladoras (o desreguladoras) principales, exploramos para cada una de ellas determinados aspectos. Esta parte la haremos directamente con el paciente, de otro modo la entrevista se hará demasiado larga. Esta parte además puede hacer conectar al paciente con experiencias más difíciles y puede no ser conveniente que trate de cubrirla solo:

Preguntamos cuál es el *primer recuerdo* que tiene con esa persona. Este primer recuerdo que queda registrado y los detalles que lo componen, es siempre significativo.

La *expresión típica de su cara* nos indicará la emoción predominante en esa figura, o la que más relevante ha sido para el paciente.

Es importante saber si esa persona vive todavía, y cuál es la relación con ella. Si murió o salió de la vida del paciente, exploraremos cómo reaccionó éste ante la pérdida. Pedimos también al paciente que nos describa cómo reaccionó el entorno, tanto frente a la pérdida de esa persona, como con respecto a los sentimientos del paciente ante ella (si hicieron como que no pasaba nada y no hablaron de ello, si se hundieron en una depresión, si se preocuparon de cómo se sentía el paciente, etc.).

Otro elemento que nos da luz sobre el tipo de relación del paciente con esa figura son los matices que puede ver y la valoración que hace de ellos. Para entender esto, es útil pedir a la persona que nos diga *cinco adjetivos que describan la relación* entre esa figura reguladora y el paciente durante la infancia y adolescencia, pidiendo siempre ejemplos sobre cada adjetivo. Observamos si la descripción es rica y reflexiva o pobre y estereotipada (apenas puede decir más que "buena" o "sacó a sus hijos adelante"); si el paciente aporta elementos positivos y negativos, o si presenta una visión idealizada.

Algo muy importante es comparar el descriptor con el ejemplo, es decir, lo que el paciente opina sobre la relación, con el ejemplo concreto que aporta. Estos ejemplos son recuerdos representativos de esos elementos relacionales, y son dianas potenciales para el trabajo con EMDR.

Dado que estamos explorando los orígenes de la regulación emocional, nos interesa ver la *reacción de esta figura ante el malestar del paciente*. Para ello le preguntamos la secuencia de acontecimientos que se producía cuando el paciente estaba enfermo o tenía un problema: ¿qué hacía el paciente? ¿buscaba a esa persona? ¿qué hacía ésta? ¿cómo reaccionaba ante lo que esa figura hacía o decía (o su falta de respuesta)? Al tiempo que el paciente nos cuenta esto, vamos pensando en los paralelismos entre lo que hacía esta figura respecto al malestar del paciente, y lo que en la actualidad hace éste ante su propio malestar. Ayudamos al paciente a ir viendo también estas conexiones.

La reacción de estas figuras significativas puede ser distinta ante las distintas situaciones y estados emocionales. Por ello nos interesa saber cómo reaccionaba cada una de ellas ante los éxitos o los fracasos, qué hacía cuando el paciente sacaba buenas notas o destacaba, cómo reaccionaba cuando tenía un error, cómo corregía un mal comportamiento. Ante las situaciones vitales importantes que el paciente nos ha ido relatando ¿cuál era la respuesta de esa figura? Por ejemplo, si una persona nos cuenta una historia de bullying en el colegio, es muy importante entender cómo reaccionó cada una de las figuras significativas ante ello: ¿lo contó el paciente en casa?, si no lo hizo, ¿por qué?, ¿cómo respondieron?, ¿se sintió entendido?, ¿se sintió protegido?

Explicamos que podemos tener distintos estados emocionales, y que algunas personas se llevan mejor con unos o con otros. *Mencionamos la alegría, la tristeza, la rabia, el miedo, la vergüenza y el asco, para que el paciente no omita ninguna de ellas* (qué emociones han de considerarse primarias es un tema de discusión que no está cerrado entre los teóricos de la emoción, pero centraremos la exploración en éstas). Nos interesa saber *cómo se llevaba cada una de las figuras relevantes con esas emociones,* y cómo las gestionaba. ¿Expresaba sus sentimientos abiertamente? ¿Permitía y alentaba expresiones de afecto? ¿Expresaba físicamente el cariño, daba besos y abrazos? Dado que las personas significativas de nuestra vida son los modelos desde los que aprendemos cómo funcionan las cosas, son también una referencia con respecto a las emociones y pueden tener gran influencia en el modelo regulatorio interno. También hemos de saber cómo reaccionaba esa figura al ver esas emociones en los demás, y concretamente cómo reaccionaba cuando el paciente las sentía: ¿reconocía esa emoción y lo hacía explícito?, ¿la ignoraba?, ¿la aceptaba o la rechazaba?, ¿la reprimía activamente?, ¿le hacía sentir mal por sentirla?, ¿le ayudaba a entender qué significaba y qué debía hacer?

Las emociones también pueden ser una vía para que el cuidador influya en la conducta del niño. Un cuidador puede mostrar **rechazo** ante determinados estados mentales o reacciones del niño, o puede gestionarlos generando *humillación* (por ejemplo, ridiculizando: "eres un llorica") o vergüenza ("debería darte vergüenza ponerte así"). Otro elemento muy relevante es el *no prestar atención* o la falta de modulación de un estado emocional del niño, que puede generar en éste dificultades para percibir o dar importancia a ese estado, con lo que no aprenderá a regularlo sino a ignorarlo, o a tender al autoabandono cuando aparezca.

No solo las actitudes de rechazo o abandono tienen relevancia. Algunas reacciones que el paciente puede connotar como positivas, no lo son tanto a la hora de desarrollar una autorregulación sana. Por ejemplo, ver con frecuencia *preocupación* en la cara de una figura significativa, que ésta se preocupara por el paciente en exceso, no ayudan al desarrollo de confianza y seguridad. Si esa figura tenía confianza en las capacidades del paciente y le transmitía seguridad, animándole a desarrollar autonomía, con el tiempo se convertirá en una persona capaz de autorregularse. Si este no es el caso, se sentirá inseguro y tenderá a buscar siempre a los demás para regularse, estableciendo relaciones de dependencia emocional o manejándose mal en las distancias cortas.

Una emoción que cuando se mezcla con el vínculo de apego lo desorganiza poderosamente, es el *miedo*. El apego tiene que ver sobre todo con la protección, ya que los humanos nos desarrollamos durante muchos años - a diferencia de otras especies animales - apegados a un cuidador que se encarga de que crezcamos saludables y de que no nos pase nada. El que con esas figuras aparezca el miedo es incompatible con que puedan funcionar como base segura para el desarrollo. Por ello, si el paciente se sintió alguna vez asustado de esa persona - aunque no llegara a ser físicamente agresiva - es un indicador siempre relevante, independientemente de la importancia que el paciente le dé a esto. También puede producirse un efecto similar si la veía atemorizada con frecuencia, ya que no puede verla como fuente de seguridad. Esto va a influir en la regulación del miedo, pero también facilita la fragmentación entre distintos estados emocionales, que el paciente no podrá integrar. Podemos explicar que algunos padres dicen sin darse cuenta cosas como "te voy a echar de casa", o "te voy a mandar a un internado", o dejan de hablar cuando están enfadados, para dar pie a que nos hablen de ello. También podemos preguntar directamente cómo se le castigaba cuando se portaba mal. Siempre pedimos ejemplos, porque no solo nos interesa recoger la existencia de abuso emocional o maltrato físico, sino la secuencia de reacciones emocionales en el paciente y en esa figura significativa ante ello: ¿cómo reaccionaba el paciente?, ¿qué hacía esa figura ante ello?, ¿qué pasaba con las otras figuras relevantes respecto a esto?, ¿qué pasaba después?

Dado que otro de los elementos que interfieren en el procesamiento emocional es el *control*, nos interesa también ver si este rasgo está presente en cada una de las figuras significativas: ¿era una persona muy controlada emocionalmente?, ¿controlaba mucho lo que el paciente hacía?, ¿le decía lo que tenía que sentir?, ¿era muy exigente o perfeccionista?

El paciente puede también verse influenciado por la *forma en la que las personas que le rodean se relacionan entre sí*. Por ejemplo, si una de estas figuras se asustaba ante la agresividad de otra o si no toleraba su tristeza, aunque funcionase diferente con las emociones del paciente cuando era niño, puede influir en la regulación de esa gama de emociones.

> Siempre es útil pedir *ejemplos* de situaciones, y fijarnos en los detalles de la reacción emocional en los participantes y en cómo va cambiando ésta a lo largo de la secuencia que se describe.

Algunas veces los sujetos verbalizan de modo directo o indirecto **creencias sobre las emociones**. En muchas familias operan reglas no escritas que condicionan la percepción y la gestión de las emociones. Por ejemplo, se dicen cosas como "no se puede hablar de lo bueno, porque eso es llamar a la mala suerte", "enfadarse es malo", o "llorar es de débiles". Estas creencias a veces están influidas por la cultura a la que pertenece ese individuo, son consignas transmitidas transgeneracionalmente o se generaron en experiencias traumáticas particulares. Exploramos cómo estas creencias se pudieron expresar en cada una de estas figuras.

3) La regulación externa "periférica"

Sobre todo cuando las figuras principales no han sido reguladoras o han contribuido a la desregulación, cobra especial importancia cualquier momento con otras personas que ocupan un papel más periférico o incluso anecdótico en la vida del paciente. Nos interesa saber qué papel jugaron en la vida del paciente, cuánta presencia tuvieron, y si dejaron de estar ahí, por qué fue y qué significó para el paciente. La forma en la que regulaban sus propias emociones y las del paciente, puede representar un modelo alternativo y un recurso a reforzar.

Aunque estas figuras pueden representar factores de resiliencia importantes, si han muerto o no siguen en la vida del paciente, la pérdida no resuelta puede bloquearlas como recursos. También es importante observar a partir de los ejemplos que el paciente aporta si se trata de una figura realmente positiva, o si hay un componente de idealización debido a lo disfuncional del entorno y a que el paciente no tenía mucho a lo que agarrarse. Si intentamos tomar estas figuras para instalar recursos, ambos factores - duelo e idealización - emergerán posiblemente al acceder a esos recuerdos y al introducir la estimulación bilateral. Cuando esto ocurra, hablaríamos más bien de "procesamiento de recursos", ya que necesitaríamos desensibilizar la perturbación asociada a ellos, que los mantiene aislados en las redes de memoria. Al hacerlo, se transformarían en referencias accesibles para el presente.

Las *dificultades que pueda presentar la persona para contarnos todo esto* con detalles, de modo reflexivo, y regulando la emoción mientras lo hace, lejos de ser un problema para la recogida de historia, son una fuente de información aún más valiosa que aquello que el paciente nos puede contar directamente.

> Alguien que apenas puede hablar de una situación, nos está dejando claro que esa experiencia fue abrumadora, no ahondemos en los detalles.

Si el paciente puede describir a una persona con matices, pero de otra nos da una visión más plana y estereotipada, nos indica que la interacción con esta segunda figura es más compleja. Si nos da una visión general muy simple, con pocos detalles emocionales, nos da un reflejo de la pobreza de los aprendizajes emocionales tempranos. A nivel muy general, esto nos hablará también de los estilos de apego, con una tendencia a descripciones planas, simples y estereotipadas en el apego evitativo/distanciante, relatos cargados de emocionalidad intensa y desbordada en el apego ansioso/preocupado/ambivalente y numerosas contradicciones en el apego desorganizado.

Esta exploración ha de modularse cuidadosamente en los sujetos con apego muy disfuncional y niveles importantes de traumatización temprana. Profundizar en estos aspectos puede ser abrumador, y muchas personas no serán capaces de decir que necesitan parar, si el terapeuta no está pendiente de graduar la evaluación. Pueden pensar que han de contarlo todo para que el terapeuta les entienda, porque no han tenido la experiencia de sentirse entendidos. También es posible que hagan de la toma de historia una especie de descarga catártica, pensando que hacerlo les ayudará a desahogarse, para descubrir después de la sesión que les ha revuelto demasiado. Es bueno hacer estas preguntas poco a poco y, quizás en algún momento posterior, elaborar una síntesis o proceder con un recorrido más sistemático.

Nunca sobra preguntar al paciente si se le hace mucho hablar de todo esto, y tranquilizarle diciéndole que hay tiempo de sobra y que es mejor que vaya contando las cosas gradualmente, sintiéndose cómodo al hacerlo.

La entrevista ha de ser pausada, invitando al paciente a pararse y pensar, ayudándole si se atasca. Hemos de conseguir concretar siempre el relato en un recuerdo específico o un ejemplo representativo de una situación, por dos motivos fundamentales. En primer lugar, como decía antes, esos recuerdos son potenciales dianas que podremos procesar posteriormente. En segundo lugar, nos permite contrastar lo que el paciente nos dice sobre una persona, con lo que dicen los hechos que nos describe. Es cierto que la versión del paciente sobre lo que sucedía puede estar muy distorsionada, pero aun así el ejemplo aporta datos más concretos, y muchas veces nos permite también "leer entre líneas".

No entraré aquí en la evaluación de los eventos traumáticos, pero sí nos importa saber cómo fue regulado el efecto emocional de los mismos. En situaciones traumáticas como acoso escolar, accidentes, enfermedades graves o cualquier otro evento, nos interesa entender cómo las personas que rodeaban al paciente regularon las emociones de éste: ¿Prestaron atención a cómo se sentía? ¿Hicieron cosas que le ayudaron a sentirse mejor? ¿Lo hicieron sentir peor? ¿Fueron modelos de regulación emocional sana o de desregulación? Si se han producido situaciones como maltrato o abuso sexual, se ha de explorar la reacción de todas las figuras significativas ante esos hechos, tanto los que participaron activamente como los que no hicieron. En no pocas ocasiones, que los adultos que estaban allí mientras el niño sufría algún tipo de daño no hicieran nada, es vivido como algo mucho peor que el daño en sí.

4) La regulación interpersonal adulta

La exploración de la regulación interpersonal de la emoción no se limita a la infancia y a la adolescencia, aunque es en esta etapa cuando se configuran la mayor parte de estos patrones. Es también importante ver cómo se gestionan las emociones propias y las del otro en las relaciones de pareja, con los amigos más cercanos, y con los hijos. Esto nos da información sobre los estilos de regulación interpersonal, pero también nos dice si el paciente tiene recursos de regulación, tanto de los demás hacia él (figuras que le han ayudado o han representado modelos reguladores), como del paciente hacia los demás. Una persona que es capaz de calmar a otros puede aprender a usar esos recursos consigo mismo, aunque de entrada le resulte más fácil hacerlo con los demás.

En las relaciones actuales vemos los patrones de regulación y co-regulación que persisten en el tiempo, si la persona reflexiona o no sobre sus estados emocionales, si se autorregula o si por el contrario tiende a buscar a otros para que lo hagan. Exploramos si se comunica emocionalmente, y cómo expresa con las figuras más representativas de su vida los distintos rangos de emociones. Puede tener dificultadas para entender las emociones de los demás como diferentes de las propias. Algunas personas se preocupan en exceso y se sienten con la responsabilidad de regular las emociones de los demás: cuando el otro no se siente bien, esto les genera culpa ("no le hago feliz"). En otros casos, el paciente se muestra contradictorio o ambivalente en las relaciones. Estos aspectos se relacionarán con los estilos de apego, siendo los sujetos con apego ansioso-preocupado más proclives a la co-regulación, los de apego evitativo-distanciante a la autosuficiencia excesiva en esta área, y los de apego desorganizado oscilarán entre ambos extremos mostrando mayor contradicción. También es interesante observar con qué perfiles a nivel de regulación emocional se siente más cómoda la persona, y cuáles tolera peor.

De especial interés es la relación con los hijos, si los tiene. Por un lado, el sistema de apego y toda la historia temprana sobre regulación emocional, se van a activar poderosamente con la descendencia, de un modo diferente a como ocurre en otras relaciones. Pero además, tenemos posibilidad de influir sobre la transmisión transgeneracional de estos patrones, dando al paciente herramientas para mejorar la gestión emocional de los estados de sus hijos, aunque ellos no tengan los suyos completamente recolocados.

Con pacientes con graves problemas para la regulación emocional intra e interpersonal, podemos añadir dos áreas de exploración. Una son las *figuras simbólicas*. Muchas veces cuando alguien crece en un desierto emocional, hay personajes famosos, protagonistas de series de televisión o novelas, que se convierten en referencia de cómo le hubiera gustado que fueran sus padres, o con qué tipo de persona le gustaría haberse criado. Esas figuras simbólicas pueden usarse como figuras reguladoras a instalar (Dellucci y Bertrand, 2012). El otro recurso importante son *las mascotas*. Los animales nos lo ponen más fácil que las personas, y por eso muchos individuos con enormes dificultades de vinculación con otro ser humano establecen vínculos muy potentes con sus animales, y éstos se convierten para ellos en figuras reguladoras de gran relevancia, sin las complejidades y claroscuros que habitualmente presentan las personas. Ambos elementos, figuras simbólicas y mascotas, pueden funcionar como recursos reguladores.

En estos pacientes que han carecido de figuras reguladoras es interesante reunir todos los momentos - a veces minúsculos - en los que alguien les aportó lo que necesitaban, les calmó cuando se sentían alterados, les consoló cuando estaban tristes, les hizo sentir valiosos cuando estaban desmoralizados, etc. Muchas veces las personas que han crecido en un desierto emocional sienten internamente una profunda soledad, abandono y desamparo. Como esa sensación la experimentaron sin que nadie se diese cuenta de cómo se sentían ni hiciese nada regulador o reparador, los pacientes tienden a hacer consigo mismos lo mismo que vivieron: se autoabandonan o se aíslan. En su interior hay un vacío que nadie pudo llenar, y sueñan con la llegada de alguien que encarne todo eso que hubiesen necesitado tener (una madre que cambie y se vuelva cariñosa, un amor que les de todo lo que les faltó, etc.). Pero fuera del periodo de la infancia, lo que necesitamos no viene de una figura cuidadora, sino de muchos momentos, pequeños encuentros y gente que está ahí en algunas de las situaciones que vivimos. Estos momentos en los que el paciente ha tenido lo que necesita, pueden pasarle desapercibidos porque esas personas no tienen "todo" lo que siempre han deseado, o porque esas situaciones no son tan brillantes como en sus sueños o en su imagen idealizada de lo que es el "amor" o la "amistad". Y es cierto que tomados uno a uno, probablemente estos recursos reguladores son poca cosa, pero puestos todos juntos van conformando una imagen mucho más poderosa, que le da pruebas a la persona de que puede tener lo que necesita. Podemos diseñar esta intervención de muchos modos:

- Dibujar la silueta de una figura que represente a alguien que ayude al paciente con lo que siente, que sea un apoyo y una referencia emocional, e irle poniendo la mirada de alguien que lo miró con aprobación, los brazos de alguien que lo abrazó cuando lo necesitaba, los pies de alguien que fue un apoyo en un mal momento…
- Hacer un collage con dibujos que representen cada uno de esos momentos y de esas personas.
- Poner las frases que escuchó de cada uno de ellos y que le ayudaron.
- Hacer una instalación de recursos lo más amplia posible, que se reforzará sesión a sesión, notando dónde se localiza en el cuerpo la sensación de vacío y de carencia interna. Sugerimos al paciente que deje llegar hasta esa zona la sensación positiva asociada a esos momentos y esas personas: de ese modo le estará transmitiendo a ese lugar interior, al que nunca llegó esa información, que "puede tener lo que necesita". De hecho, si ayudamos al paciente a mirar con atención, se dará cuenta de que siempre estuvo allí.

Un ejemplo en el que esta intervención supuso un punto de inflexión importante fue un paciente con el que estuve años trabajando. En su historia había una alta vulnerabilidad al rechazo, ansiedad y autoexigencia marcadas, así como muchas conductas evitativas. Trabajamos innumerables recuerdos, sobre todo de su historia de apego con una madre preocupada y un padre distanciante, pero siempre quedaba ese núcleo interno de ansiedad y vacío. Su madre era una mujer ansiosa, que se aferraba desesperadamente a su hijo, pero que cuando este se acercaba, muchas veces lo rechazaba. El vínculo se estableció desde el "o te necesito, o te rechazo". Con su padre lo más destacable fue la ausencia emocional. Las necesidades no cubiertas fueron la aceptación, el cuidado, el que alguien esté ahí sin pedir nada a cambio. Estos elementos los fuimos buscando en numerosos momentos de su biografía, que se reforzaron siguiendo el procedimiento de la instalación de recursos sin incorporar la palabra clave. Tras cada recurso que instalábamos, el paciente pensaba en la sensación de vacío, colocaba su mano sobre la zona donde la notaba en el cuerpo, y dejaba llegar la sensación positiva hasta esa zona, diciéndose "puedo tener lo que necesito". Esto se reforzaba con estimulación bilateral. En casa, el paciente continuaba haciendo estos ejercicios y ampliando la lista de recursos de regulación. Cuanta más atención prestaba a estos aspectos, más conciencia iba tomando de muchos momentos que antes le habían pasado desapercibidos. Todo el trabajo que habíamos ido haciendo se fue integrando espontáneamente mientras íbamos llevando a cabo este procedimiento, como si esta fuese la pieza clave que faltaba para que todo pudiese encajar. Sus relaciones, sobre todo con sus padres, cambiaron radicalmente, y mejoró también mucho a nivel sintomático.

Capítulo 8

Más allá de la ventana de tolerancia

En 1884, James había vinculado los estados emocionales con la activación del sistema nervioso autónomo (SNA). Esta parte del sistema nervioso se llama autónoma porque trabaja al margen de la conciencia y se ocupa fundamentalmente de la regulación de órganos y vísceras. Hoy en día se sabe que dicha autonomía no es completa, y que está estrechamente relacionado con las áreas límbicas y prefrontales. Es decir, los componentes viscerales, emocionales y cognitivo/reflexivos presentan una integración funcional, y contribuirán a la regulación de las emociones. Por tanto, cuando se procesa un contenido emocional, el estado de activación o arousal final será el resultado de una respuesta fisiológica mediada por el SNA (regulación de abajo a arriba), pero también de fenómenos regulatorios que van de arriba hacia abajo.

Tener todo esto en cuenta es importante en los trastornos relacionados con el trauma. Nuestro grupo de investigación ha estudiado la evidencia a nivel neurobiológico respecto a la activación de las áreas prefrontales en distintos cuadros del espectro postraumático (Del Río-Casanova et al., 2016b), encontrando en estas patologías una función prefrontal alterada que puede manifestarse en dos patrones totalmente opuestos, caracterizado uno por hipofunción prefrontal, y el otro por una hiperfunción de estas mismas áreas.

Cuadros como el trastorno por estrés postraumático (TEPT), el trastorno de personalidad límite (TLP) y los trastornos disociativos con mayor descontrol emocional, se asocian más a una hipofunción frontal, con alta activación de la amígdala y áreas límbicas, y mayor arousal. La amígdala, el centro regulador del miedo, estaría disparada, sin la acción reguladora de las áreas prefrontales. Dicho en otras palabras, nuestras emociones desbordadas no tienen quien las calme. Esta idea de entender la reactividad emocional en términos de activación o arousal encaja bien con algunas investigaciones en las que se ha visto que la activación de la amígdala típicamente se incrementa durante el procesamiento de estímulos amenazantes en pacientes con TEPT (Shin et al., 2006). La mayoría de la investigación realizada hasta la fecha con EMDR se ha orientado a este patrón clásico del TEPT, y en los estudios con neuroimagen se ha visto cómo la estimulación bilateral revertía estos efectos, disminuyendo la actividad amigdalina e incrementando la función del córtex prefrontal, como veremos más adelante.

Sin embargo, el TEPT no es un trastorno uniforme y recientemente se ha descrito un **subtipo disociativo de TEPT**, que ha sido incluido en la última edición del DSM-5 (American Psychiatric Association, 2013). En este subtipo, la típica hiperactivación de la amígdala con baja activación prefrontal es sustituida por el patrón opuesto, caracterizado por la hipoactivación de la amígdala y la ínsula, mientras el prefrontal medial y el cingulado anterior están hiperactivados (Lanius et al., 2010). Esto significa que tanto el funcionamiento excesivo como el muy bajo en un área, pueden dar lugar a una disfunción similar. Estos dos patrones contrapuestos pueden verse representados en la siguiente figura. En la imagen de la izquierda se representan los hallazgos predominantes en el TEPT típico, y en la de la derecha, los del TEPT disociativo.

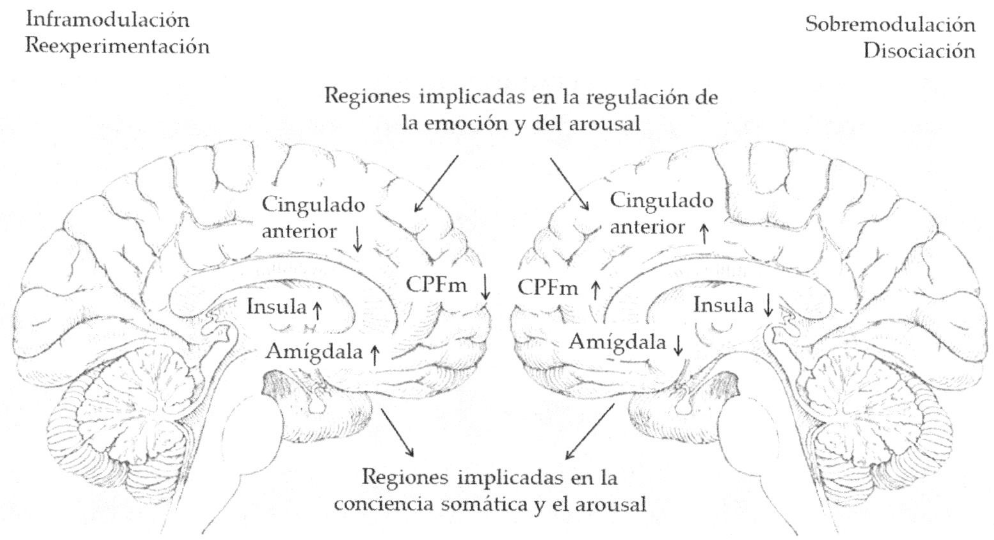

Pero estos dos patrones también muestran que la realidad clínica es compleja y se resiste a ser simplificada. Esta polaridad entre pacientes hiper e hipoactivados es solo uno entre los muchos aspectos a tener en cuenta respecto a los procesos de regulación emocional, y tiene múltiples excepciones. Por ejemplo, algunos pacientes presentan respuestas incongruentes y variables, en las que las sensaciones subjetivas y las medidas fisiológicas no se corresponden entre sí (Kozlowska, 2007). Un paciente puede decir que está tranquilo, pero registrarse indicadores de arousal elevado a nivel fisiológico; o, al contrario, etiquetar la perturbación como elevadísima, mientras los indicadores de activación no parecen ser tan extremos. Además, en el cuadro clínico clásico del TEPT, los síntomas de hiper e hipoactivación con frecuencia alternan. Esta oscilación ha sido explicada desde un punto de vista neurofisiológico como resultado de una *inestabilidad del arousal* (Fisher, 2014), que no se mantiene estable en un estado determinado, sino que se muestra lábil; o se ha explicado desde una perspectiva psicológica como consecuencia de la alternancia entre distintas partes de la personalidad (Van der Hart et al., 2006).

El concepto de *arousal* se ha contemplado desde hace tiempo en diversos modelos de terapia. A nivel más teórico, la asociación entre nivel de arousal y procesamiento de la información fue propuesta a principios del siglo pasado por Yerkes y Dodson (1908), quienes plantearon que existía una relación empírica entre un nivel de activación óptimo y un mejor rendimiento. Wilbarger y Wilbarger (1997) introdujeron el concepto de "zona de excitación óptima" en relación con el estado del cerebro en el que se produce el procesamiento de información. Siegel (1999) retomó esa idea y propuso la existencia de una ventana de tolerancia emocional, definida como una zona intermedia de activación autonómica, que correspondería a los niveles de intensidad emocional y fisiológica en los cuales se puede procesar la experiencia sin interrumpir el funcionamiento del sistema. Otros autores propusieron un modelo de modulación orientado a la terapia, en el que se considera necesario que el paciente se mantenga dentro de esta ventana de tolerancia para integrar información con éxito, debiendo el paciente ser capaz de calmar los niveles de emocionalidad excesiva, y estimular y activar el sistema cuando hay una tendencia a la hipoactivación. Este proceso de regulación de los estados de hiper o hipo arousal permitiría a los pacientes beneficiarse realmente de las intervenciones terapéuticas (Ogden y Minton, 2000).

El concepto de la ventana de tolerancia está actualmente muy extendido entre los terapeutas de trauma, porque es aparentemente intuitivo y clarificador. Muchos procedimientos útiles resultarían improductivos en individuos que se encontrasen en ese momento "fuera de la ventana de tolerancia". Sin embargo, cuando se analiza con detalle, la excesiva simplicidad de este concepto acaba generando confusión. Este modelo se basa en la comprensión de las respuestas emocionales como un todo, desde una perspectiva cuantitativa (mejor que no haya un nivel excesivo, ni tampoco demasiado bajo). La **intensidad** de las emociones debería estar en la zona media de la ventana de tolerancia para que el procesamiento pueda tener lugar. Sin embargo, la palabra "**tolerancia**" no se refiere a "cuánta emoción" siente el paciente, sino a "cómo de aceptable" es para el paciente sentirla. De esta manera, es posible que un determinado nivel de intensidad emocional sea adecuado para el procesamiento de la información, pero el paciente se sienta muy incómodo o rechace experimentarlo. Si intentamos pese a todo que el concepto siga encajando, podríamos decir que la situación óptima comprendería una intensidad media de las emociones y una tolerancia adecuada a las mismas.

Pero, por supuesto, las cosas no son tan simples en el sistema nervioso humano. Veamos algunos de los problemas inherentes al concepto de ventana de tolerancia:

1. Incluso desde una perspectiva dimensional con polaridades, *hay más áreas que deben tenerse en consideración* para explicar el procesamiento emocional. El Modelo Circumplejo considera el *arousal* y la *valencia* (emociones positivas vs negativas) como las dos dimensiones principales de la emoción, pero otras propuestas han destacado la relevancia de distintos aspectos, como la *polaridad aproximación-evitación* (Mauss y Robinson, 2009).
2. Algunos autores han puesto el foco en estudiar los *diferentes tipos de emociones* (ira, tristeza, etc.) y sus bases neurobiológicas específicas, en lugar de los atributos generales de la emoción (Ekman, 1999; Panksepp, 2010). Un paciente puede tolerar muy mal la rabia, por ejemplo, porque ha vivido con un progenitor muy violento, y rechaza sentir la emoción que tantas veces vio en el agresor. Otro puede bloquear la tristeza en particular, porque creció junto a una madre depresiva, a la que no se permitía molestar con sus preocupaciones. Niveles muy bajos de estas emociones probablemente resultarán intolerables a esos pacientes, mientras pueden dejar aparecer y fluir otras reacciones afectivas.
3. El nivel de activación, el grado de conciencia que tiene el paciente de esta activación, el modo en el que la persona comunica - u oculta - su estado emocional, y la percepción, comprensión e interpretación del clínico sobre el nivel de activación del paciente, no son fenómenos equivalentes. Como comentaba anteriormente, dos personas pueden interpretar un nivel similar de activación como diferente intensidad (Maunder et al., 2006), los pacientes que dan más relevancia a la deseabilidad social tienden a informar menos de emociones negativas (Paulhus y Reid, 1991; Welte y Russell, 1993), y finalmente, los sujetos alexitímicos pueden experimentar emociones intensas sin una conciencia clara de lo que sienten y de por qué lo está sintiendo (Luminet et al., 2004).

Los modelos simplistas suponen un problema sobre todo cuando se intentan usar para orientarnos en territorios complejos. Esto a mi juicio ha ocurrido cuando se ha tratado de explicar la disociación desde esta idea de la ventana de tolerancia. Por ejemplo, Brisch (2012) propone que las respuestas disociativas serían fenómenos de hiper o hipoactivación extrema, que se encontrarían fuera de los márgenes de la ventana de tolerancia. El mayor problema de este modelo es que, aunque los síntomas disociativos son diversos y pueden ser asociados con diferentes patrones de excitación (Del Río Casanova et al., 2016a), considerar la disociación como una respuesta ante cualquiera de los dos extremos (hiper/hipo) del continuum de intensidad emocional no deja lugar para los cambios marcados de estado emocional propios de la disociación-compartimentalización. Esta alternancia entre distintas partes de la personalidad, la fragmentación de la identidad y de la conciencia, es una característica de los trastornos disociativos más graves, y algunos autores la consideran el mecanismo central de la disociación (Van der Hart et al., 2006). ¿Cómo encajar esto dentro de la ventana de tolerancia? En mi opinión esta ventana empieza a parecerse demasiado a la cama de Procusto, un personaje de la mitología griega. En la cama de Procusto todo el mundo encajaba: a los que eran demasiado altos les cortaba las piernas y a los que eran demasiado pequeños los estiraba hasta que se acoplaban perfectamente. Lo mismo ocurre con las hipótesis cuando forzamos los datos para que cuadren con las teorías.

Otras reflexiones sobre la ventana de tolerancia son más específicas de la terapia EMDR. La pregunta que creo que hemos de plantearnos es ¿son aplicables las mismas directrices a todas las denominadas terapias de trauma? Es posible que existan elementos comunes a todas ellas, pero también es importante prestar atención a los datos específicos. A diferencia de otros tratamientos orientados al trauma, la terapia EMDR incluye como uno de sus ingredientes activos el empleo de los movimientos oculares u otras formas de estimulación bilateral (EB). *Uno de los datos más documentados en investigación, es que dicha EB se asocia a un marcado efecto parasimpático* (Wilson et al., 1996; Sack et al., 2008). Clínicamente, podemos ver cómo la EB reduce en muchas ocasiones de modo potente niveles de perturbación inicialmente elevados. En esos casos, podríamos hipotetizar que la EB en sí misma ayuda al paciente a "volver a la ventana de la tolerancia", en lugar de necesitarse que esta activación óptima sea previa a la intervención para que la EB pueda ser eficaz en disminuir la perturbación. Además, no se ha demostrado que los niveles más elevados de emocionalidad tengan una influencia negativa en que se pueda alcanzar un reprocesamiento completo de los recuerdos. En las sesiones vemos que las dificultades vienen más bien de bloqueos en el procesamiento que podrían derivarse, entre otros factores, del subtipo de estrategia de regulación de la emoción, del patrón subyacente de activación autonómica o de la aparición de una parte disociativa de la personalidad, como se describirá a continuación. En resumen, el nivel de activación y la tolerancia hacia las emociones puede ser considerado como uno de los elementos a tener en cuenta para trabajar con trauma en los pacientes más desregulados, pero no es la única cuestión relativa a la regulación de la emoción que tenemos que tener en cuenta para trabajar con EMDR en estos casos.

Veamos un ejemplo. Se trata de una paciente con un trastorno disociativo que refiere la existencia de dos partes, a las que llama la Niña Pequeña y el Señor de Negro. La Niña Pequeña es ella misma a la edad de 4 años, en la que sufrió un abuso sexual por un vecino. El Señor de Negro representa una introyección de la figura abusiva. La paciente llega muy angustiada a mi consulta, mucho más que otras veces. Podría decirse que claramente está fuera de su ventana de tolerancia dado su alto nivel de activación. Además, tratándose de un trastorno disociativo grave, podríamos pensar que sería especialmente importante conseguir que la paciente volviera a estar dentro de la ventana de tolerancia para pensar en emplear la estimulación bilateral.

Paciente: Tengo un problema con la Niña Pequeña, está con el Señor de Negro, y yo quiero sacarla de allí, no quiero que esté allí.

Terapeuta: ¿Por qué?

P: Porque no quiero que esté allí. Él le va a hacer daño, le va a hacer mucho daño.

T: Pero la Niña Pequeña y el Señor de Negro no son gente real, son partes de ti. El hecho de que durante tu infancia alguien te hiciera daño, no significa que las partes de tu mente tengan que seguir repitiendo las mismas cosas (la paciente no parece estar entendiendo). Una cosa es lo que tú viviste, y otra lo que ocurre ahora en tu mente. ¿Puedes entender la diferencia?

La paciente asiente, pero no da la sensación de que esté realmente entendiendo. Vive con absoluta literalidad lo que ve en su interior; pasado y presente, las personas externas y las representaciones mentales, son lo mismo para ella. Dado que habíamos trabajado estos temas en terapia repetidamente, el que ahora no pueda pensar en cosas que ya conoce puede reflejar que su intenso nivel de activación esté impidiendo que pueda procesar la información. Si tuviésemos la posibilidad de ver su cerebro, es probable que nos encontrásemos con una amígdala hiperactivada y un córtex prefrontal hipoactivado, que no permiten un pensamiento reflexivo pese a mis intentos de explicarlo de diversos modos.

T: El Hombre de Negro es una representación de la persona que te hizo aquello, pero no es aquella persona, ¿lo entiendes? Tú no tienes gente en tu cabeza. Son aspectos de ti que repiten situaciones que viviste, pero es importante que te des cuenta de que no son realmente ellos, que los puedas diferenciar.

La paciente asiente, pero no parece estar entendiendo.

T: ¿Puedes entender que son cosas diferentes? Son imágenes en tu cabeza, partes de tu mente, pero no hay gente físicamente en tu cabeza. No importa cuánto se parezcan físicamente, no son ellos...

Como la paciente no elabora ninguna respuesta ni varía su estado, intento establecer alguna comunicación con el sistema interno. Habíamos usado este procedimiento otras veces con buenos resultados, pero en este momento tampoco parece funcionar.

T: ¿Entiende el Hombre de Negro lo que estoy diciendo? ¿Él se da cuenta de que es diferente de aquel hombre?

P: No.

T: ¿Puedes preguntarle?

P: No quiero hablar con él.

T: ¿Puedes dejar que escuche lo que estoy diciendo y que te dé una respuesta?

P: Tengo miedo.

T: ¿De qué tienes miedo?

P: De volver a vivirlo otra vez.

T: No vas a volver a vivirlo otra vez, aquello pasó hace muchísimo tiempo, cuando tú eras muy pequeña. Esa persona ya no está en tu vida, ni está dentro de tu cabeza, ¿eso lo sabes?

La paciente niega con la cabeza

T: La gente es gente, y tú eres tú. La gente no está dentro de tu cabeza, ¿lo entiendes?

La paciente asiente, con la misma expresión que previamente. Su nivel de activación es muy alto.

T: ¿Qué entiendes de lo que te estoy diciendo?

P: Que todo es cosa de mi cabeza.

T: No, no es que te lo imagines o que te lo inventes, son partes de ti que están ahí. Yo creo que te cuesta mucho escucharme, me oyes, pero realmente no puedes escuchar lo que digo porque estás centrada en lo que notas dentro, ¿es así?

La paciente asiente, visiblemente angustiada. Podríamos decir, empleando conceptos de la teoría de la disociación estructural, que la fobia a la parte que imita al perpetrador es tan intensa que la paciente es incapaz de hacer cambio alguno.

T: ¿Qué piensas sobre lo que estoy diciendo?, porque no reaccionas ante mis palabras, parece como si estuvieses pensando dentro en algo que no tiene que ver con lo que estoy diciendo.

P: Es que le tengo miedo.

Como vemos, el problema aquí es el nivel de intensidad emocional, que no permite ningún proceso de pensamiento. En este contexto, una intervención verbal no tiene demasiado sentido, ni parece claro qué tipo de ejercicio podría ayudarla a salir de este estado. Dado que estamos ante una fobia disociativa extrema, podríamos tratar de procesarla con estimulación bilateral, en la línea de las propuestas del abordaje progresivo (Gonzalez y Mosquera, 2012). Sin embargo, la paciente está completamente fuera de la ventana de tolerancia, y presenta sintomatología disociativa grave. Veamos lo que ocurre.

T: Hagamos un poco de EMDR ¿puedes?

La paciente dice que sí con la cabeza.

T: ¿Puedes notar tu miedo hacia él? ¿Podemos hacer un poco de movimientos oculares con esto?

Asiente.

Hago un set corto (unos 8-10 movimientos oculares). Durante la estimulación bilateral puede observarse una marcada reducción del nivel de activación de la paciente.

T: Haz una respiración, ¿qué te viene?

P: Que tengo que hablar con el Hombre de Negro.

T: Trata ahora de pensar sobre lo que te dije, porque antes creo que el miedo no te dejaba escucharme. El Hombre de Negro NO es la persona que te hizo daño en el pasado, solo tiene el aspecto externo de esta persona, pero por dentro es algo diferente.

P: Sí (esta vez sí parece estar entendiendo).

T: Es una parte de ti, y es importante. Con el tiempo incluso puede llegar a ser un recurso valioso para ti, ¿lo entiendes?

P: Sí, ahora sí.

T: Vale, ahora párate a notar lo que significa esto. Piensa durante un minuto en el Hombre de Negro, y en que es una parte de tu mente. Es diferente de la persona de carne y hueso que te hizo tanto daño cuando eras niña. ¿Qué notas en el cuerpo?

P: Siento paz.

T. ¿Todavía te da miedo?

P: No.

Pese a lo que dice verbalmente, la paciente no parece estar totalmente tranquila, de modo que exploro un poco más.

T: ¿Te genera todavía algún rechazo?

P: Sí.

T: Nota eso.

Otro set corto de movimientos oculares.

T: ¿Qué te viene?

P: Que no pasa nada si hablo con él.

T: Solo estamos tratando de entender

P (visiblemente más calmada): Sí.

El cambio con solo dos sets de EB fue muy evidente y permitió continuar con el trabajo psicoeducativo, así como mejorar la comprensión del sistema interno y la diferenciación entre el pasado y el presente. Aunque no tenemos mediciones que lo confirmen, podemos pensar que la paciente estaba en un estado de alta activación simpática, y que la activación parasimpática que típicamente se produce con los movimientos oculares fue suficiente en este caso para reducirlo. Aquí un procedimiento de EMDR, el procesamiento de una fobia disociativa, funcionó como una herramienta de regulación emocional, pese a que la paciente estaba fuera de su ventana de tolerancia.

Aparte de ejemplificar las particularidades del trabajo con EMDR, este ejemplo nos introduce lo que comentaré en el siguiente capítulo sobre la contribución de la teoría polivagal desarrollada por Stephen Porges a la comprensión de algunos fenómenos clínicos.

> Mi propuesta respecto a la ventana de tolerancia es eliminar este concepto del trabajo terapéutico. Creo que la regulación emocional ha de analizarse de un modo más elaborado, necesitamos considerar muchos más aspectos. Es cierto que el nivel de activación y la tolerancia a las emociones son elementos a tener en cuenta, pero plantear nuestras intervenciones tomando como referencia el modelo de la ventana de tolerancia puede llevar a conclusiones e intervenciones simplistas. No podemos permitirnos ese lujo en psicoterapia. No, si queremos trabajar en los matices.

Capítulo 9

La regulación de abajo a arriba

La predominancia de los modelos cognitivos en psicología ha llevado a dar mayor importancia a la regulación cognitiva o de las áreas denominadas "superiores", evolutivamente más complejas. Tanto lo corporal como las estructuras subcorticales dentro del sistema nervioso central quedaban en un segundo plano. Sin embargo, el papel del cuerpo en la regulación emocional ha ido cobrando una importancia creciente, y muchas orientaciones terapéuticas centran su trabajo de modo predominante en lo corporal (Röhricht, 2009).

En EMDR el componente somático está presente, pero parece el gran olvidado. En la fase 3, cuando se accede a los recuerdos, la exploración de los aspectos somáticos se limita a un "¿dónde lo sientes en el cuerpo?" y en la fase 6 se hace un escaneo corporal para ver si queda algún malestar o tensión residual. Si se identifica alguna sensación perturbadora, la propuesta es procesarla con unas pocas tandas de estimulación bilateral. Sin embargo, el acceso a los componentes somáticos y su procesamiento puede ser mucho más complejo. Algunos pacientes, cuando le preguntamos "¿dónde lo sientes en el cuerpo?" nos miran como si la palabra "cuerpo" fuese lenguaje alienígena, o nos contestan con gran convicción "en la cabeza". Pocas veces esto último refleja que el paciente esté notando presión cefálica o alguna sensación en esa parte del cuerpo; lo más frecuente es que el paciente nos esté definiendo su estilo de regulación emocional, del cual el cuerpo no forma parte a nivel consciente. Cuando nos dicen las emociones que experimentan, se trata a veces de emociones teóricas, que no están corporalizadas. Una paciente, por ejemplo, me describía lo que había sentido con una experiencia de incesto: "sientes vergüenza, sientes que eso ha cambiado tu mundo, pero ¿qué le vas a hacer?". Cuando le pregunté si esto era lo que realmente sentía, o lo que ella creía que tendría que sentir, se paró un momento y se dio cuenta por primera vez de algo: "es lo que creo que tendría que sentir… En el mundo normal de las personas cuerdas, esto es un hecho horrible, pero en mi mundo, pasó y ya está".

Hemos de hacernos a mi juicio dos reflexiones respecto al cuerpo en la terapia EMDR. La primera, más pragmática, es *cómo acceder a los componentes somáticos y facilitar su procesamiento cuando esto no ocurre de modo espontáneo y fluido*. La segunda, más teórica, es *qué papel juega el cuerpo en el procesamiento emocional*.

James propuso en 1884 que era el cuerpo el que definía a la emoción. Las emociones eran para James sentimientos que se generaban ante los cambios corporales que determinados estímulos activaban. Según este autor, no lloramos porque estemos tristes, sino que nos sentimos tristes porque lloramos. Más tarde Prinz (2004) hablará de reacciones viscerales, presentando un concepto de emoción puramente somático. Las emociones serían para Prinz simplemente percepciones de los cambios corporales. La neurociencia moderna denominará interocepción a la percepción corporal (Craig, 2003), y en el sistema interoceptivo se incluirían dos vías: (1) la vía insular o espinotálamocortical, en la que las fibras aferentes procedentes de todos los tejidos corporales se proyectan a través de la médula espinal al tronco cerebral y el córtex insular (Craig, 2002) y (2) la vía somatosensorial, en la que los aferentes dérmicos se proyectan al córtex somatosensorial (Khalsa et al., 2009). Podríamos ver estas dos vías como la conciencia de las sensaciones de los distintos órganos del cuerpo por un lado, y de lo relacionado con el sentido del tacto por el otro. Así como la amígdala ocupa un papel preeminente en el análisis de la emoción, sobre todo del miedo, la ínsula se ha propuesto como un núcleo muy vinculado a la percepción de los estados internos y como un núcleo que conformaría la base neurobiológica de una conciencia corporalizada (Craig, 2009); es decir, la ínsula interviene en que las emociones alcancen un nivel consciente (Critchley, Wiens, Rotshtein, Öhman y Dolan, 2004).

Las teorías que insisten en un factor único para explicar la complejidad suelen acabar siendo erróneas, pero nos ayudan a tomar conciencia de la relevancia de ese factor. Ese es a mi juicio el mayor interés de las teorías de Prinz, dada la escasa atención que se ha prestado al cuerpo en las hipótesis cognitivas sobre la emoción. Más allá de estas reflexiones, mi interés fundamental es entender la aplicación potencial a la clínica de los nuevos hallazgos y propuestas, y sus implicaciones en el tratamiento con EMDR. Más concretamente en este capítulo, veremos algunas ideas sobre el papel del cuerpo en los procedimientos específicos de la terapia EMDR.

Veamos algunos de estos elementos y sus posibles conexiones con la práctica clínica. Los matices aportados por la investigación y el trabajo psicoterapéutico son muy variados, y con seguridad hay muchos más que desconocemos, pero voy a dibujar solo algunas ideas en las que las observaciones clínicas y la investigación experimental podrían enlazarse. Estas reflexiones clínicas se mueven siempre en el terreno de las hipótesis; no podemos establecer conclusiones en base a estudios aislados, pero sí nos abren posibilidades de comprensión y de intervención.

Procesamiento emocional y percepción de las sensaciones corporales

Hay evidencia sobre la conexión entre el nivel de conciencia de las sensaciones internas y la regulación de la emoción (Craig, 2015; Garfinkel y Critchley, 2013). Esta capacidad para "sentirse por dentro" está afectada por las experiencias traumáticas (Evans y English, 2002; Lupien et al., 2006; Ellis et al., 2011, 2013; Taylor et al., 2011). y se han planteado intervenciones específicas para abordar estos aspectos como parte del tratamiento del estrés postraumático (Farb et al., 2015). A su vez, diversas investigaciones han relacionado los trastornos emocionales con una peor percepción de las sensaciones internas (Khalsa y Lapidus, 2016).

El sistema de respuesta al estrés se altera de modo diferente a corto y largo plazo. Inicialmente es más típica la hiperreactividad, pero con el tiempo el sistema se volverá menos sensitivo y menos reactivo, produciéndose una insensibilidad a los estados internos y a los factores que los originan (Price y Hooven, 2018). Ambos extremos son disfuncionales. En la hipervigilancia veremos mayor reactividad e interpretaciones negativas e inadecuadas de los estados internos: la persona verá el cuerpo solo como una fuente de alarma. Cuando esta respuesta esté amortiguada en exceso, la persona no dispondrá de la información que le aportan sus sensaciones, desvinculándose de sí misma y del entorno. En el primer patrón podríamos ver a los sujetos con elevada ansiedad y obsesividad; en el segundo patrón estarían los individuos alexitímicos, desconectados de sus sensaciones.

Todo esto puede influir en el trabajo con EMDR, desde las fases iniciales de recogida de historia hasta las etapas de procesamiento. Una persona con extrema hipervigilancia describirá ansiosa y obsesivamente síntomas y sensaciones internas, presentando al mismo tiempo mucho temor y rechazo ante ellas. Durante el procesamiento de un recuerdo, le costará "dejar que venga lo que tenga que venir", porque esto es lo que intenta constantemente que no ocurra. Por el contrario, el paciente hiporreactivo no podrá identificar los recuerdos más relevantes, porque no tendrá acceso a los sensores internos que le destaquen cuando algo le afecta y cuándo no. Tendrá también problemas para acceder a los recuerdos en la fase 3, y probablemente durante el reprocesamiento tenderá al "no me viene nada".

Con algunos pacientes hemos de pararnos en la fase 2 a entrenarles en "mirarse para adentro", y a lo largo del procesamiento el terapeuta habrá de ir ayudando al paciente a tomar conciencia de sus emociones y sensaciones, a través de lo que el terapeuta percibe o intuye a nivel no verbal.

Price y Hooven (2018) señalan tres aspectos a trabajar respecto al componente interoceptivo: (1) la conciencia que se tiene de lo sensorial, (2) el acceso a esas sensaciones, y (3) cómo se valoran las mismas, es decir, si se miran sin interferir, observándolas y regulándolas, o si se temen o rechazan las sensaciones. Si estos aspectos no están bien establecidos, el paciente no podrá responder a preguntas supuestamente sencillas cómo "¿hay recuerdos de tu vida que todavía te afectan?", "¿dónde notas la perturbación en el cuerpo?", "¿qué notas?" o seguir indicaciones como "haz un simple chequeo de lo que estás experimentando".

Procesamiento emocional y expresión facial

Desde James (1884), diversos estudios han analizado el efecto que la expresión facial tiene en la generación de estados emocionales, y no solo a la inversa - la cara mostrando la emoción que sentimos - como podría pensarse. Por ejemplo, Strack et al. (1988) llevaron a cabo un curioso experimento. Les pidieron a los sujetos de su estudio que evaluaran cómo eran de divertidos una serie de cómics mientras sostenían un bolígrafo con los labios (lo que inhibía la musculatura relacionada con la sonrisa), los dientes (estimulaba la musculatura relacionada con la sonrisa) o la mano (no afectaba a la musculatura facial). Los sujetos que sostenían el bolígrafo con los dientes, lo que les obligaba a un gesto similar a la sonrisa, etiquetaron los cómics como más divertidos que los que sostenían el bolígrafo con los labios, y los que lo sujetaban con la mano se situaron a medio camino entre ambos.

A nivel clínico, vemos que algunos sujetos presentan una desconexión entre sus gestos faciales y las emociones que experimentan internamente. Este hecho, aparte de generar una respuesta discordante en la persona que observa externamente, podría influir en el procesamiento de la emoción propiamente dicha, e interferir de algún modo en el reprocesamiento que se produce con EMDR. Una intervención que a veces he ensayado a nivel intuitivo con pacientes que tienen dificultad en conectar con la emoción, o en los que el procesamiento se estanca, es pedirles que *exageren la expresión facial que están notando en ese momento, y que se permitan sentir la sensación asociada a ella.* Otras veces, señalo la discordancia entre la expresión y la emoción que el paciente parece estar experimentando. Estas intervenciones me han resultado útiles para desbloquear el procesamiento, y continuar el proceso asociativo de modo más fluido. Estudios como el que acabo de referir, pueden dar sentido al efecto clínico de estos procedimientos.

Procesamiento emocional y postura corporal

Aunque inicialmente se estudió la respuesta ante las expresiones faciales y el reconocimiento de las mismas, más recientemente se ha ido viendo que la postura corporal también era relevante para que fuésemos capaces de reconocer un estado emocional. No voy a detenerme en esto, ya que está más relacionado con la identificación de emociones en otros. De cara al trabajo con EMDR me parece de mayor interés un área menos estudiada, como es el papel de nuestra postura corporal en cómo experimentamos y procesamos nuestras propias emociones. Se ha visto por ejemplo que un movimiento fluido de los brazos aumenta la fluidez y la creatividad del pensamiento (Slepian y Ambady, 2012). La flexión de los brazos en contraposición a estirarlos, mejora la resolución de problemas y favorece el insight y la generación de ideas originales (Friedman y Förster, 2000, 2002). Esto podría relacionarse con una tendencia a la aproximación (flexión de los brazos) en lugar de evitación (extensión), lo que favorecería un estilo global de procesamiento (Cacioppo, Priester y Berntson, 1993).

La postura corporal general influye también en el estado emocional y el desempeño (Hao et al., 2017). Los sujetos en una postura corporal abierta se sienten más confiados y resuelven mejor las tareas cognitivas; en posturas corporales cerradas no sienten confianza en sí mismos y tienen un desempeño peor (Briñol, Petty y Wagner, 2009). Los sujetos con posturas corporales abiertas referían más emociones positivas, y los que adoptaban una postura cerrada más emociones negativas (Zabetipour, Pishghadam y Ghonsooly, 2015). Cuando la persona se encorva hacia delante se siente menos orgullosa de sí misma que si se pone derecha (Stepper y Strack, 1993), y tiende a desarrollar una mayor sensación de indefensión (Riskind y Gotay, 1982).

Estos estudios pueden llevarnos a pensar en el papel del movimiento y la postura corporal en el procesamiento de los recuerdos. Algunos sujetos están constantemente presionando sus manos contra sus piernas o la silla, otros están enormemente tensos, pueden agachar su cabeza mientras experimentan una emoción abrumadora o mantenerla erguida... Estos detalles aparentemente irrelevantes podrían jugar un papel en la fluidez y eficacia del procesamiento que estamos tratando de potenciar con la estimulación bilateral. En ocasiones, cuando mis pacientes tienden a desplomarse o a dejarse caer hacia delante, y el procesamiento no parece avanzar, les propongo dejar que su cabeza se apoye en una almohada que coloco en el respaldo de su silla. Este sencillo cambio puede dar lugar a una respuesta emocional muy diferente, por ejemplo, pasar de sentir presión a empezar a sentir tristeza. Otras veces, cuando la persona está experimentando una intensa vergüenza, y tiende a encogerse, bajar la cabeza y esquivar la mirada, por mucho que sigamos la EB, el procesamiento se queda bloqueado en ese estado emocional. Suelo sugerir entonces al paciente que siga notando la emoción, pero manteniendo la cabeza muy alta. Puedo complementar esta intervención sugiriendo al paciente que deje que "le dé el aire" a su emoción, que "la deje ir", o pidiéndole que piense en algo de lo que se sienta orgulloso (el orgullo es el antídoto de la vergüenza). Por ejemplo, en un recuerdo de abuso, puede estar orgulloso de haber salido de ello, o de estar intentando superarlo. Algunos pacientes, por supuesto, necesitan mucha ayuda para encontrar estos últimos elementos. En los pacientes que están muy tensos, suelo sugerir que se permitan aflojar el cuerpo, y aflojar las emociones, dejarlas venir, dejarlas salir y dejarlas marchar. Esto último tampoco es fácil en muchos casos, pero ayuda más que si no decimos nada.

Postura corporal y evocación de recuerdos

Veenstra, Schneider y Koole (2017) comentan que una postura encorvada potencia un humor negativo, lleva a una peor recuperación de ese humor negativo y se asocia a más pensamientos negativos, configurando así el procesamiento emocional. Los estados corporales pueden tener un efecto directo sobre el procesamiento emocional, por ejemplo, tener el tronco encorvado puede generar una sensación de decaimiento, y no solo a la inversa. Cuando la persona adopta una posición erguida y sonríe, recupera memorias autobiográficas positivas más rápido que las negativas (Riskind, 1984). Si está con la cabeza baja en lugar de erguida, tenderá a recordar más palabras negativas relacionadas con eventos evocados previamente (Michalak, Mischnat y Teismann, 2014). También caminar inclinado y como desplomado llevaba a que los sujetos evocaran más recuerdos negativos que cuando caminaban con una postura erguida (Michalak, Rohde y Troje, 2015).

De nuevo, estos datos nos dan un cauce para favorecer el acceso a recuerdos con los que el paciente no conecta fácilmente. También el acceso a redes de recuerdos positivos puede dificultarse si el individuo permanece encorvado hacia adelante, y podría promoverse sugiriendo al paciente un cambio a una posición más erguida. Esto último me ha resultado útil cuando el paciente está en bucle en torno a una creencia de autodevaluación.

Procesamiento emocional y significado

Según la teoría cognitivo-evolutiva de los niveles de conciencia emocional (Lane y Schwartz, 1987), *la capacidad de experimentar - y por tanto referir - una emoción, identificándola como malestar o como un estado emocional específico consciente, requiere la creación de una representación mental de dicho estado, poniendo la emoción en palabras o dándole alguna otra forma simbólica.* Si no hay un concepto de ese estado, la respuesta emocional se caracterizará por manifestaciones implícitas de la emoción, es decir, por los componentes fisiológicos y conductuales de la emoción, sin que vayan acompañados por el sentimiento consciente de dicha emoción (Lane, 2008). Trasladando esto a la clínica, vemos que muchos pacientes notan sensaciones somáticas, pero no tienen noción de la relación entre éstas y sus emociones, las necesidades que subyacen a ellas, ni de las tendencias de acción a las que les conducen. Podríamos decir que solo están las sensaciones, sin esta conexión con niveles de procesamiento más complejos, que llevarían a la conciencia de la emoción. Vemos también cómo esta conciencia de la emoción en su nivel más desarrollado (y productivo para el funcionamiento del individuo) pasa por la existencia de una representación simbólica de ese estado emocional. Es decir, hemos de notar sensaciones, pero también entender lo que nos quiere decir eso que notamos acerca de lo que significan las cosas. Si experimentamos una sensación en el estómago cuando hablamos con una persona que se traslada a otra ciudad, nuestra mente elabora una idea sobre lo que ésto nos indica: "me estoy sintiendo triste porque esta persona se está despidiendo, esta persona es importante para mí", y nos proyecta incluso al futuro, asociando la sensación a lo que sentiremos cuando ya no esté. Este dato tiene implicaciones interesantes para el tratamiento, como veremos en el caso que se expone en el capítulo final. Otro ejemplo de esto es el trabajo que comentaré en el capítulo sobre pensamiento reflexivo. Mucho de lo que entra en juego en la regulación de la emoción tiene que ver con la conexión entre los correlatos fisiológicos de ésta, y la integración consciente de estas sensaciones con los procesos complejos de significado. Los individuos alexitímicos, por ejemplo, carecen de esta conexión; en el ejemplo anterior, quizás traducirían la sensación en el estómago como algo puramente fisiológico, sin todas las implicaciones emocionales e interpersonales que realmente tiene: "me sentaría mal la comida". Esta carencia limita de modo importante sus capacidades de regulación, y también su comprensión del mundo y de sí mismos.

La teoría polivagal

Stephen Porges ha propuesto una hipótesis sobre el papel del sistema nervioso periférico en la regulación emocional y la respuesta frente a la percepción de amenaza. Lo que Porges denomina teoría polivagal (Porges, 2007, 2009) aporta un modelo desde el cual los distintos niveles de arousal cobran un significado más integrado. El autor argumenta que el sistema nervioso autónomo (SNA) no funciona únicamente por un equilibrio entre el sistema nervioso simpático (activación) y parasimpático (relajación), sino que tendría una estructura jerárquica en la que el nervio vago jugaría un papel clave. El nervio vago mielinizado, la rama ventrovagal, estaría relacionado con la implicación social y representaría el SNA más evolucionado. Cuando este sistema falla o está infradesarrollado, predominaría la activación simpática (hiperarousal), llevando al organismo hacia la movilización de estrategias de respuesta activa como la lucha o la huida, o en edades muy tempranas donde ambas son inviables, pondría en marcha el llanto de apego, que hace acudir al cuidador (Sledjeski y Delahanty, 2012). En situaciones de amenaza para la vida, en las que las respuestas anteriores no resultan factibles, solo quedaría el recurso a respuestas más primarias, mediadas por el sistema dorsovagal amielínico más primitivo, produciéndose una activación parasimpática asociada a parálisis, colapso o muerte aparente (estrategias de inmovilización átona).

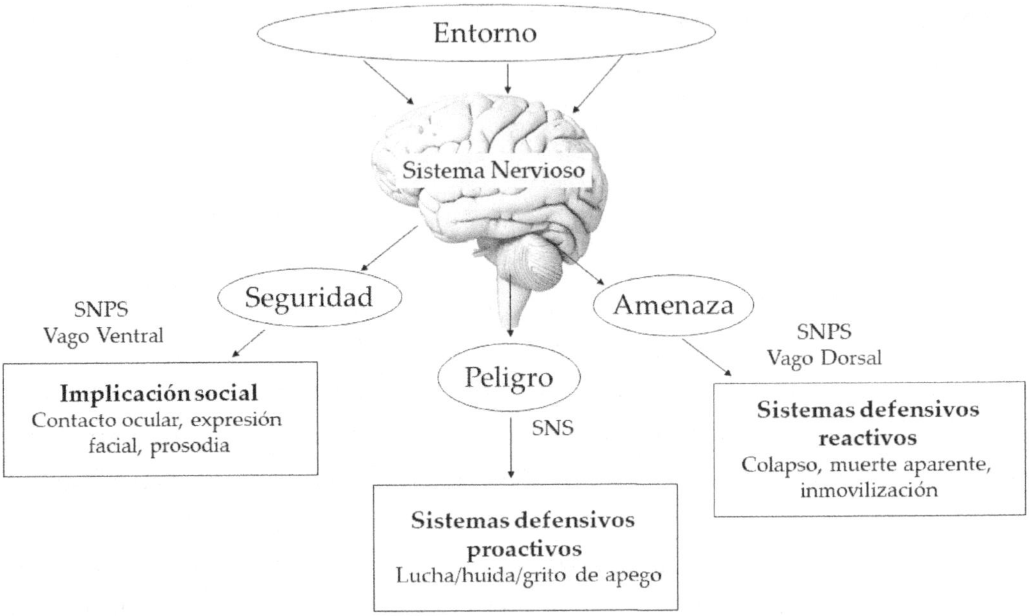

El sistema nervioso central presentaría una capacidad intrínseca para calibrar el nivel de la amenaza, que el autor denomina **neurocepción**. Si un estímulo ambiental se percibe como seguro, el sistema nervioso puede dedicarse a la implicación social, y el estado autonómico predominante sería la relajación parasimpática ventrovagal. Los niños que crecen en entornos desorganizados tienen escasas oportunidades para funcionar en este estado, de hecho, estos ambientes generan numerosas situaciones peligrosas o amenazantes, que proceden con frecuencia de las personas con las que el niño ha de relacionarse, y que están dentro de lo que supuestamente sería su círculo de seguridad. Los sistemas simpático y parasimpático dorsovagal serán predominantes en estos casos, y veremos así niños en estados constantes de hiper o hipoactivación, o con alternancia entre ambos (Taylor et al., 2011). Los niños en los que predomina la hiperactivación del SNS serán impulsivos, hiperactivos, con frecuentes problemas conductuales y dificultades para calmarse. Cuando se hagan adultos, su estado basal será un estado de tensión y preocupación permanentes, tendrán dificultades para descansar y relajarse, y cuando estén manejando una situación desafiante o recordando un suceso perturbador, se verán fácilmente desbordados.

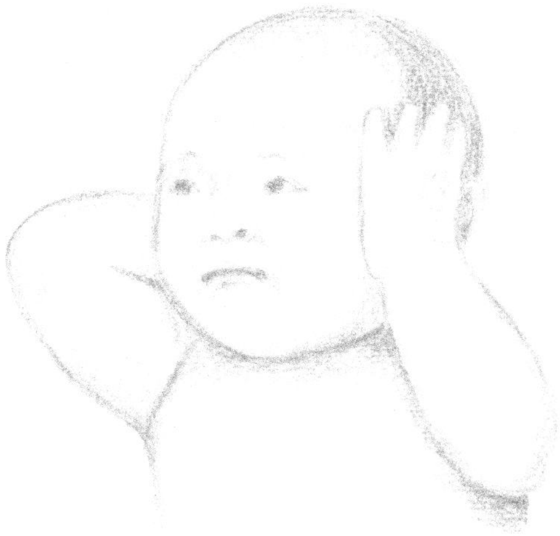

Los niños en los que predomina la hipoactivación generada por el SNPS dorsovagal serán niños enlentecidos, desmotivados, depresivos, inatentos y pasivos. Cuando crezcan, serán personas que tienden a autoabandonarse, que caen en estados depresivos o fatiga crónica, que no buscan soluciones ni toman decisiones para salir de sus problemas.

En algunos casos coexistirán niveles elevados de ansiedad, tensión y preocupación, con agotamiento y depresión, que pueden predominar de modo alternante, sin que la persona puede estar nunca en niveles intermedios de calma y serenidad. En estos casos, cuando pretendemos instalar un "lugar de seguridad o calma", le estamos pidiendo al paciente que acceda a un estado que jamás ha conocido, y la instalación del lugar seguro no puede completarse adecuadamente.

La teoría polivagal se ha relacionado también con las respuestas disociativas. La disociación es un fenómeno complejo, en el que se presentan síntomas muy diversos con distintos patrones neurofisiológicos subyacentes (Del Rio Casanova et al., 2016a). Por ejemplo, la activación simpática podría predominar en síntomas como las pseudocrisis epilépticas o las parálisis tónicas, y la respuesta parasimpática dorsovagal estaría en la base de síntomas como desmayos o parálisis átonas. Si pensamos en la disociación como compartimentalización (ver capítulo 23), es decir, en la presencia de sistemas mentales o partes no integradas, podría hipotetizarse también que cada una de ellas podría asociarse a distintos patrones de activación autonómica. Por ejemplo, una parte hostil - tanto si se manifiesta externamente como conductas agresivas o internamente como voces amenazantes - se asociaría a una hiperactivación simpática, que media las respuestas de lucha/huida. Por el contrario, una parte infantil centrada en una vivencia de abandono o funcionando desde una respuesta de sumisión, podría asociarse a una activación del parasimpático dorsovagal. Estos patrones neurofisiológicos podrían ser estados predominantes de modo basal, asociarse a síntomas que aparecen solo en algunos momentos, o estar vinculados a partes disociativas específicas.

¿Por qué es importante esto para el trabajo con EMDR y qué relación tiene con la teoría polivagal? En primer lugar, hemos de diferenciar entre tendencias predominantes de hiper o hipoactivación y este cambio marcado entre uno y otro patrón, que podemos ver en los sujetos con más disociación-compartimentalización. En estos últimos, con patrones rígidos, extremos y no integrados de emociones, creencias y conductas que están en conflicto o alternan, vamos a ver - a veces en la misma sesión - respuestas muy distintas y a veces opuestas. Cada una de ellas puede presentar un patrón muy diferente de activación neurofisiológica, por lo que el efecto de la EB cuando el paciente está en un estado mental caracterizado, por un tipo de activación autonómica, puede ser opuesto al que tiene cuando cambia a un estado distinto. Veremos más sobre regulación emocional y disociación en capítulos posteriores.

Hasta la fecha, todo esto está en el terreno de la especulación teórica, y la teoría polivagal es aún una propuesta en desarrollo que va acumulando evidencia, a veces contradictoria. Sin embargo, nos aporta un marco desde el que establecer hipótesis, a partir de las cuales podrían cobrar sentido algunas situaciones clínicas, hipótesis que habrán de ser posteriormente confirmadas o desconfirmadas. Por ejemplo, en lo que respecta al efecto de la estimulación bilateral, podrían explicarse algunas situaciones que observamos en sesión, como el por qué la EB produce en algunos casos un empeoramiento de los síntomas, o en otros momentos no hay respuesta alguna y tras varios sets de EB solo viene "lo mismo". Como decíamos anteriormente, los movimientos oculares típicamente producen una activación parasimpática (Wilson et al., 1996; Sack et al., 2008). Esta activación parasimpática puede tener efectos muy diversos si se inicia la EB cuando la persona está un estado de activación simpática que si se aplica cuando predomina el parasimpático dorsovagal. En el primer caso, la activación parasimpática neutralizaría el estado de hiperactivación simpática, y daría lugar a una disminución de la perturbación. En el segundo caso, la EB podría potenciar la respuesta parasimpática dorsovagal previa, incrementando el malestar. Cuando el paciente verbaliza sensaciones negativas, el "sigue con eso" podría así llevar a resultados muy diferentes, dependiendo del estado autonómico del que estemos partiendo.

Algunos autores dentro de la terapia EMDR han propuesto tener en cuenta estos aspectos en la toma de decisiones clínicas a lo largo del proceso terapéutico (Giovannozzi, 2016). La autora plantea por ejemplo que muchos pacientes severamente traumatizados no pueden recurrir al sistema de implicación social para regularse, y se sienten amenazados por la proximidad empática del terapeuta o la mirada de éste. Giovannozzi sugiere indicadores para poder leer el estado de activación autonómica del paciente, de cara a introducir esta información en la toma de decisiones. También propone interesantes estrategias para potenciar las señales de seguridad en el contexto de la consulta o para reprocesar determinados disparadores como la mirada del terapeuta.

Otra fortaleza de la teoría polivagal es que incluye dos elementos muy relevantes. El primero de ellos es la conexión cuerpo-cerebro, considerada por Porges como un aspecto básico de su hipótesis. Las emociones se entienden no solo como fenómenos generados por el cerebro, sino como resultado de una constante retroalimentación entre el sistema nervioso central (SNC) y el sistema nervioso autónomo (SNA). Los aferentes viscerales procedentes de todo el cuerpo envían señales esenciales al cerebro sobre el estado emocional del individuo: sentimos con las entrañas y con el corazón, como bien ha dicho siempre la sabiduría popular.

Finalmente, el segundo elemento relevante - pero no menos importante - en la teoría polivagal es la inclusión de la regulación relacional en la ecuación. Como comentaba, la implicación social es una fuente preferencial de regulación en la especie humana, que es por naturaleza gregaria y social. El bebé (cuyas áreas prefrontales son todavía inmaduras) busca al cuidador para modular sus respuestas amigdalinas y sus emociones en general. Cuando la implicación social falla debido a trastornos severos de apego el bebé no podrá regularse ni podrá adquirir, conforme su sistema nervioso se desarrolla, la capacidad de autorregularse de forma efectiva. Dicho sistema puede quedar infradesarrollado o funcionar de modo inadecuado en la edad adulta.

La gran mayoría de las personas que buscan psicoterapia tienen una historia de apego disfuncional, y en no pocos casos el apego temprano fue marcadamente patológico. En las psicoterapias orientada al trauma, incluyendo EMDR, se activan de modo potente recuerdos, sensaciones y creencias relacionadas con el apego, y esto ocurre además en el contexto de una relación (terapéutica) (Steiner, 2006; Stern, 2010). Con un sistema ventrovagal que no funciona correctamente en el paciente, la presencia del terapeuta puede convertirse más en un disparador que en una fuente de tranquilidad y seguridad. *Para el paciente que no se sintió seguro de niño con sus cuidadores, o que vivió las primeras relaciones con miedo, cualquier ser humano es una fuente de peligro potencial mientras no se demuestre lo contrario.* Esto empeora exponencialmente en el contexto terapéutico, donde se supone que alguien va a aproximarse al círculo de los pensamientos, emociones y vivencias más íntimas del paciente. Esto se traduce en distintas situaciones clínicas. Por ejemplo, el paciente puede tener miedo de hacerlo mal delante del clínico, como sucedía con su padre durante la infancia, angustiándose cuando no se relaja como cree que se espera de él. O puede reaccionar con enfado ante un terapeuta que entra a explorar en demasiada profundidad áreas dolorosas o que le hacen sentir vulnerable, porque siente que ha de defenderse de lo que experimenta como peligroso. Hemos de estar atentos a nuestro posible papel como activadores de estas respuestas y a la influencia de los factores relacionales en lo que ocurre en sesión. En ocasiones, el que la perturbación aumente en lugar de disminuir con la EB no tiene nada que ver con el recuerdo ni con el procedimiento de EMDR utilizado, ni significa que haya "demasiada emoción" ni que el paciente no "tolere" un contenido emocional, sino con lo que el procedimiento terapéutico o el terapeuta están disparando.

Un concepto relacionado con esta teoría, que se ha descrito como un indicador de esta conexión cuerpo-mente, es la *variabilidad del ritmo cardiaco o HRV* (Balzarotti et al., 2017; Sheffer y Moss, 2019). La frecuencia cardiaca, el ritmo al que late nuestro corazón, no es uniforme, y varía en sujetos sanos de acuerdo con muchos factores. Uno de ellos es la respiración, que hace que la frecuencia aumente y disminuya en sincronía con los ciclos respiratorios. La variabilidad del ritmo cardiaco es la variación en el tiempo entre latidos, y es un indicador de salud física y psicológica. Las personas con un HRV elevado en reposo tienden a mostrar, en comparación con los que lo tienen bajo, respuestas emocionales más adecuadas al contexto (Melzig, Weike, Hamm y Thayer, 2009; Ruiz-Padial, Sollers, Vila y Thayer, 2003). Por el contrario, los que tienen un HRV bajo presentan típicamente déficits de autorregulación, incluyendo escaso control atencional, poca capacidad para regular sus emociones e inflexibilidad conductual (Applehans y Luecken, 2006; Thayer y Brosschot, 2005). Se han observado variaciones en el HRV con los movimientos oculares empleados en EMDR (Sack, Lempa y Lamprecht, 2007; Sack et al., 2008; Frustaci et al., 2010; Schubert, Lee y Drummond, 2011; Farina et al., 2015). Lo que no se ha valorado hasta la fecha es si el estado autonómico previo, medido en base al HRV basal, puede influir en el procesamiento de los recuerdos, o si existen diferencias entre los sujetos en base a sus variaciones en el HRV y la efectividad del procedimiento empleado en EMDR.

Una terapia como EMDR en la que el componente corporal está claramente incluido, y en la que puede verse clínicamente cómo una parte importante del procesamiento se produce a nivel somático, necesita entender la contribución de estos elementos. Dado que el análisis del procesamiento emocional se ha estudiado más en cuanto al procesamiento cognitivo y el análisis de las emociones como fenómenos psicológicos, probablemente en los próximos años podamos tener una mayor comprensión de la interconexión cuerpo-mente o, como la define Porges, cuerpo-cerebro.

Capítulo 10
Estrategias de regulación emocional

Para definir el modo en el que se produce la regulación de las emociones en su modalidad más cognitiva e intencional se ha hablado de estrategias reguladoras. Aldao, Nolen-Hoeksema y Schweizer (2010) revisan las distintas estrategias de regulación emocional en los trastornos mentales y definen seis estrategias fundamentales: **aceptación, evitación, resolución de problemas, reformulación, rumiación y supresión**. Algunas de estas estrategias tienen una influencia positiva, como la aceptación, la resolución de problemas y la reformulación, mientras que otras son estrategias desadaptativas y su presencia influye negativamente: la evitación, la supresión y sobre todo la rumiación. En su metaanálisis la estrategia más vinculada a la patología es la rumiación, seguida por la evitación, la resolución de problemas (la falta de capacidad para ello) y la supresión. Los autores también señalan que es más problemático que se presenten estrategias disfuncionales como la rumiación, que el que no se presenten estrategias funcionales como la reformulación.

Esta distinción entre estrategias adaptativas y no adaptativas ha sido destacada por diversos abordajes. Las estrategias adaptativas más señaladas son la reformulación (Gross, 1998), la resolución de problemas y la aceptación. Aunque la **resolución de problemas** no es un intento directo de regular las emociones, sí influye sobre éstas modificando o eliminando los estresores y evitando futuras situaciones generadoras de emociones abrumadoras. El entrenamiento en resolución de problemas es un componente de las terapias cognitivo-conductuales para diversos trastornos (Beck et al., 1979; Fairburn et al., 1995; Marlatt et al., 1988). En los últimos años se ha puesto énfasis en la **aceptación** como mecanismo de regulación adaptativo, a través de las intervenciones basadas en mindfulness (Gratz y Roemer, 2004). La aceptación es la conciencia del estado emocional eliminando todo juicio y análisis, centrado en el momento presente, asumiéndolo por completo tal y como es (Kabat-Zinn, 1990; Segal et al., 2002; Shapiro y Schwartz, 1999). El trabajo con regulación emocional basado en mindfulness forma parte de orientaciones como la terapia dialéctico conductual, orientada a pacientes con desregulación emocional severa como es el caso de los pacientes límite (Linehan, 1993; Lynch et al., 2007). Desde la terapia EMDR se ha planteado que una posición de atención plena y aceptación de las emociones y sensaciones podría ser uno de los mecanismos que contribuyen a la efectividad del procesamiento de recuerdos con EMDR (Solomon y Shapiro, 2008; Zangwill y Kosminsky, 2002). El uso de la aceptación como estrategia reguladora parece relacionarse con mejores evoluciones en terapia (Hayes y Lillis, 2012; Heffner et al., 2003) aunque esto no ha sido evaluado en terapia EMDR. Sin embargo, un elemento que sí ha mostrado ser clave para que el procesamiento con EMDR sea eficaz es la **atención dual** (Lee y Cuijpers, 2013), es decir, la capacidad para estar a la vez en el presente y en contacto con las emociones del recuerdo pasado. Cuando imaginamos esta capacidad de observar con distancia en una sesión de EMDR, realmente estamos pensando en un individuo que mira el recuerdo sin recriminarse por lo que pasó de modo despiadado, y que se permite sentir toda la gama de emociones con muy distintas intensidades, dejándolas venir, dejándolas fluir y dejándolas marchar. De hecho, entre las estrategias que proponemos a los pacientes cuando no pueden hacer esto están las maniobras de distanciamiento, consistentes en ver proyectado el recuerdo en una pantalla o imaginarse en un tren que avanza mirando por la ventanilla cómo las cosas se acercan y van quedando atrás. De modo implícito en estas estrategias de la pantalla o del tren está el observar sin interferir ni controlar lo que viene, al igual que no lo haríamos viendo las escenas de una película o el paisaje que contemplamos sentados en un tren, cuyos mandos no nos planteamos siquiera manejar. Pero, como comprobamos muchas veces los que trabajamos en clínica con EMDR, esta no es la situación que nos encontramos en los pacientes más complejos.

La evitación y la supresión han sido consideradas desde hace tiempo estrategias de regulación claramente desadaptativas. Gross ha destacado los problemas asociados a la **supresión**, señalando que reduce la expresión de las emociones, y posiblemente su experiencia subjetiva a corto plazo, pero resulta ineficaz y contraproducente a largo plazo (Gross, 1998; Gross y Thompson, 2007; John y Gross, 2004). Cuando la supresión se convierte en la estrategia predominante de modo crónico, impide la habituación a los estímulos emocionales, y hace a la persona mucho más sensible a la depresión y a los pensamientos ansiógenos (Wegner y Zanakos, 1994; Wenzlaff y Wegner, 2000). Un paciente que tiende a suprimir sus emociones puede estar tan desconectado de ellas que ni siquiera las percibe. Al recoger la historia, afirmará frecuentemente que sus experiencias traumáticas están "superadas". Otras veces puede notar un malestar contra el que pelea, pero en modo alguno querrá mostrarlo, porque está acostumbrado a contener y disimular lo que siente.

Es evidente que al entrar en el procesamiento de recuerdos esta estrategia será más difícil de sostener, al activarse todos los elementos de la memoria de modo potente e intensificarse el contacto con ellos y con otras redes de memoria. Si, como ha propuesto Shapiro (2001) en el modelo de procesamiento adaptativo de información (PAI), la estimulación bilateral activa el sistema innato de procesamiento del paciente, es muy probable que, junto con éste, active también sus estrategias habituales de procesamiento emocional. Traducido a una situación clínica en lo relativo a la supresión, el paciente conectará con emociones que habitualmente conseguía mantener enterradas y nos dirá, por ejemplo: "No sigas con eso de los ojos, que me agobio", o esa conexión incrementará al máximo el mecanismo de supresión para anular los sentimientos y sensaciones que amenazan con asomar: "No me viene nada".

La **evitación** ha sido conceptualizada en psicoterapia mayoritariamente desde el punto de vista conductual. Según este modelo Mowrer (1947) propuso que, al evitar el estímulo temido, no se produce la extinción del miedo, y éste se mantiene a través del condicionamiento operante. Desde esta idea, la exposición se ha convertido en una estrategia terapéutica ampliamente utilizada tanto en trastornos de ansiedad y fóbicos (Barlow, Craske, Cerny y Klosko, 1989; Lissek et al., 2009; Rachman, 1993); como en el estrés postraumático (Foa y Kozak, 1986). Por su parte Hayes et al. (1999) han puesto el énfasis en la evitación de la experiencia psicológica, incluyendo pensamientos, emociones, sensaciones, recuerdos e impulsos. El intento de evitar estos elementos, suele llevar paradójicamente a un incremento de los mismos (Wenzlaff y Wegner, 2000), al tiempo que deja los problemas sin solucionar (Hayes et al., 1996, 2012). El autor propone la aceptación como alternativa a la evitación, planteando éste como uno de los elementos de la terapia de aceptación y compromiso (ACT; Hayes et al., 1999). En el trabajo con EMDR la evitación entra en juego tanto a la hora de recoger la historia: "No he venido aquí a hablar del pasado", como al conectar con los componentes emocionales o al acceder a determinados recuerdos. Esta evitación se presenta con niveles muy distintos de conciencia y de implicación activa.

a) Algunos pacientes se dan cuenta de sus mecanismos evitativos, y contribuyen activamente a apartarse de elementos que puedan funcionar como disparadores, tanto internos como externos. Estos individuos acuden a terapia queriendo que mejoren sus síntomas, pero no quieren pasar por afrontar las circunstancias que los generan, incluyendo los recuerdos alimentadores: "No quiero que me toques el tema de mi padre".

b) Otras personas son muy poco conscientes de sus mecanismos, mostrándose dispuestos o incluso muy interesados en abordar sus experiencias más dolorosas, pero surgen constantemente problemas cotidianos que demoran su abordaje, faltan a las citas donde se planteaba trabajar sobre aquellos recuerdos, o durante el procesamiento de las situaciones perturbadoras, su mente va constantemente a elementos irrelevantes sin que ello parezca reflejar un auténtico procesamiento.

Al contrario que la evitación y la supresión, en la **rumiación** la persona se hiperfocaliza en su experiencia emocional, sus causas y sus consecuencias (Nolen-Hoeksema et al., 2008; Trapnell y Campbell, 1999; Watkins, 2008). Los individuos que hacen esto se preguntan una y otra vez "¿por qué?", supuestamente tratando de entender sus problemas (Papageorgiou y Wells, 2003). Sin embargo, estos porqués están lejos de ser preguntas, sino que tienen que ver más bien con autoculpabilización, o con una negativa a aceptar aquello a lo que se le da vueltas. Aunque la persona que pregunta ¿por qué se portaron así conmigo?, y está convencida de estar tratando de comprender su historia, la pregunta no refleja ninguna actitud comprensiva hacia sí misma, ni facilita la salida emocional de la situación (Ward, Lyubomirsky, Sousa y Nolen-Hoeksema, 2003) Lo que subyace a esta pregunta es un "no puedo asumir que no me quisieran, porque eso significaría que no soy querible". La rumiación es equivalente a una autotortura continua, girando en círculos en torno al mismo punto una y otra vez. Durante el procesamiento de recuerdos con EMDR vemos a estos pacientes no "dejando que venga lo que tiene que venir", sino "peleando todo el tiempo con cualquier cosa que venga".

Lo cierto es que *trabajando con trauma vamos a encontrarnos inevitablemente con diversos problemas en la regulación emocional, que se presentarán con distintos niveles de gravedad, predominancia y persistencia*. Seligowski et al. (2015) revisaron la relación entre la desregulación emocional y los síntomas postraumáticos y encontraron los mayores efectos para un factor general de desregulación emocional, la rumiación, la supresión de pensamiento y la evitación experiencial. La supresión de la expresión emocional y la preocupación mostraron efectos medios. Sin embargo, no encontraron efectos significativos para la aceptación o la reformulación.

La regulación emocional parece un aspecto importante en las terapias de trauma, y por extensión en EMDR, pero esto no implica que este aspecto no pueda resolverse con los procedimientos estándar de tratamiento. En muchas ocasiones, intervenciones básicas como la vuelta a la diana, la focalización en algún elemento específico de lo que le viene al paciente, las verbalizaciones del terapeuta o los entretejidos cognitivos, pueden ayudar a la persona a mantener la perspectiva, tomar conciencia de las sensaciones subyacentes, disminuir la rumiación o superar la evitación. Otras veces, cuando estas estrategias son más intensas o persistentes, la interferencia en el procesamiento puede suponer un desafío.

A nivel clínico, parece que distintos tipos de problemas en la regulación emocional podrían tener una influencia diferente en cómo se desarrolla el procesamiento de los recuerdos y en cómo evoluciona el paciente. Sin embargo, esto está lejos de estar claro y no ha sido todavía estudiado en profundidad. En este libro plantearé reflexiones que de momento están en el campo de las hipótesis, y que habrán de ser contrastadas con la evidencia. Algunos estudios realizados en otras terapias de trauma (Sharma-Patel y Brown, 2016) parecen mostrar que determinados aspectos relacionados con la regulación emocional, como el nivel de desregulación general basal o la tendencia a la autoculpabilización, son factores que se asocian con peores evoluciones en dos terapias de trauma: la terapia cognitivo-conductual focalizada en el trauma, y la TCC alternativa para familias. Hasta la fecha no existen estudios equivalentes en EMDR.

A lo largo de los próximos capítulos, me iré centrando en algunas estrategias específicas, cómo aparecen en la terapia EMDR, y plantearé algunas propuestas terapéuticas para abordarlas. Una breve viñeta de estas estrategias se refleja en la siguiente imagen:

Estrategias disfuncionales:

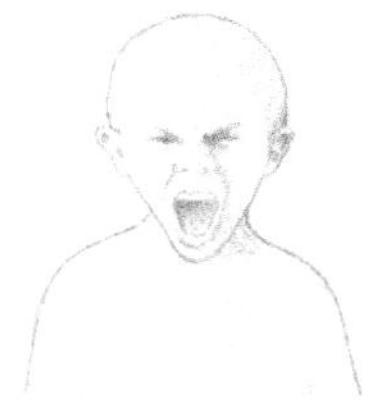

Ausencia de regulación

Evitación

Rumiación

Preocupación

Control

Supresión

Distracción

Disociación-compartimentalización

Disociación-distanciamiento

Capítulo 11

La evitación de la emoción

La evitación ha sido más estudiada dentro del área de las estrategias de afrontamiento, y se ha categorizado como parte de una *polaridad entre aproximación y evitación,* tanto respecto a los problemas como a las emociones propiamente dichas. Skinner et al. (2003) analizan distintos constructos incluidos como respuestas de afrontamiento, que serían *la búsqueda de ayuda, la rumiación, la resolución de problemas, la negación o la reestructuración cognitiva.* Comentan los propios autores que no hay consenso entre los estudiosos del campo en cuáles son estas categorías, o incluso en la propia definición de afrontamiento, planteando que se trata de un constructo sobre los muchos modos en que lidiamos con experiencias estresantes, y que no es una dimensión única. Evalúan gran número de artículos analizando estrategias de afrontamiento, y exponen que la distinción entre aproximación y evitación permite agruparlas y estudiarlas de un modo más coherente. Cuestionan que la evitación sea siempre patológica, y afirman que la alternancia entre evitación y afrontamiento puede ser funcional. También parece que, aunque categorizar así los estilos de afrontamiento puede dar una visión global, son muchos los matices que deja fuera y muchas estrategias no son fácilmente clasificables.

La evitación como estrategia de afrontamiento ha sido muy analizado en el TEPT, viéndose que se asocia con la severidad de los síntomas en este trastorno (Boeschen, Koss, Figueredo y Coan, 2001; Bryant y Harvey, 1995; Burgess y Holmstrom, 1978), mientras que el afrontamiento se ha relacionado con menos malestar psicológico en personas expuestas al trauma (Frazier y Burnett, 1994). También se ha relacionado el uso de la evitación con un amplio rango de problemas clínicos como la depresión (Polusny et al., 2004) y la ansiedad (Craske y Hazlett-Stevens, 2002).

Muchos otros autores han explorado los mecanismos de evitación, aunque en su mayoría se han centrado más en la evitación conductual. Sin embargo, cuando un sujeto con ansiedad evita los lugares en los que se produjeron sus crisis, tenderá también internamente a evitar la ansiedad en sí y todos los elementos que puedan activarla. De hecho, podríamos decir que *lo que evita realmente no es el lugar, sino la sensación que tiene cuando va a ese lugar*, y evita ir allí para no tener que sentir eso. Los sujetos que sufren estrés postraumático tienden a evitar las situaciones que les conectan con los acontecimientos traumáticos, pero también los recuerdos y los procesos internos relacionados con esas experiencias. Lo que más nos interesa para el trabajo con EMDR es esta **evitación emocional**. Cuando una persona evita mirar para adentro o pensar o hablar sobre situaciones que les generan malestar, es complicado ya no solo hacer EMDR, sino cualquier forma de psicoterapia. Sin embargo, la dificultad con EMDR es mayor porque el paciente ha de estar por la labor de conectar intencionadamente y en profundidad con experiencias perturbadoras, a veces con una intensa carga emocional negativa, y permanecer en contacto con esas sensaciones en varias sesiones. Un paciente que tienda a evitar el malestar tendrá más dificultades para implicarse en el proceso terapéutico, o para procesar los recuerdos de un modo productivo.

Desde otras orientaciones se ha analizado el papel de la evitación emocional. Por ejemplo, Cloitre (1992) explora la evidencia sobre la evitación en lo que respecta a prestar atención a la información emocional dolorosa o amenazante, así como a analizarla y recodarla, y analiza los procesos cognitivos relacionados con la evitación emocional. Amstadter y Vernon (2009) encuentran que la supresión de pensamiento, la evitación emocional y la evitación de los problemas están interrelacionados, y proponen que todas ellas implican evitación. Más recientemente la terapia de aceptación y compromiso ha destacado la evitación emocional como una de las áreas fundamentales de trabajo, considerándola un proceso de regulación emocional de gran relevancia en los trastornos de ansiedad (Hayes, Strosahl y Wilson, 1999). Desde esta orientación se usará el término evitación experiencial. La persona que recurre a la evitación intenta cambiar la forma o frecuencia de experiencias internas aversivas, como pensamientos o sensaciones corporales, y lo hace de un modo rígido, inflexible, e independiente del contexto (Hayes et al., 2004). En el trabajo con el trastorno límite de personalidad desarrollado en la terapia dialéctico-conductual de Marsha Linnehan (1993) la evitación emocional se considera uno de los problemas a trabajar. Linnehan describe que sus pacientes con TLP son emocionalmente fóbicos, no solo a las emociones negativas, sino incluso a las positivas. El trabajo para mejorar la tolerancia a las emociones es uno de los ejes de este modelo terapéutico.

Un elemento importante respecto a la evitación es su carácter intencional vs automático. Compas y colaboradores (Compas et al., 1997; Compas et al., 2001) señalaron que las respuestas al estrés no incluyen solo estrategias intencionales, controladas, voluntarias y que suponen esfuerzo, sino que hay otras que son automáticas, involuntarias y que han sido programadas experiencialmente. Algunos autores subrayan que, si nos referimos a estrategias de afrontamiento, debería reservarse el término estrategia solo para las respuestas que impliquen esfuerzo (Lazarus y Folkman, 1984; Compas et al., 1997). Podríamos entender que existen diversos niveles de voluntariedad y esfuerzo en las respuestas evitativas. Algunos autores denominarán supresión a un tipo de evitación experiencial con mayor componente voluntario. En este libro voy a plantear una distinción por sus implicaciones clínicas entre los pacientes que evitan de modo predominantemente automático y movidos por el miedo (restringiré a este grupo el término evitación) y aquellos que hacen esfuerzos por suprimir pensamientos o emociones a través de la contención (hablaré aquí más de supresión y control emocional). Aunque no todos los autores lo plantean así, creo que a nivel de intervención es útil definirlo de modo diferente. En el primer grupo (con tendencia a la evitación), habremos de hacer lo automático consciente, y el trabajo pasará en primer lugar porque el paciente pueda identificar cuándo se pone en marcha esta respuesta evitativa, para luego poder modificarla. En el segundo grupo (con tendencia a la supresión y al control), más consciente de la energía que pone en eliminar la emoción - sobre todo los controladores - el trabajo es más de cuestionar esta estrategia, entender sus orígenes, y proponer alternativas. Podríamos entender que existe un tercer grupo, en el cual la supresión se produce casi sin conciencia por parte del paciente, la emoción es anulada antes de ser percibida o intuida, como ocurre en los sujetos alexitímicos o en algunos pacientes disociativos, que también requieren un manejo clínico distinto. Hablaré de este subgrupo en el capítulo sobre el paciente desconectado.

Siguiendo con el tema de la evitación, los pacientes con trastornos de pánico son un buen ejemplo de este mecanismo. El paciente con ansiedad es consciente de su tendencia a evitar y del miedo que le produce su propia ansiedad. Por el contrario, el paciente con tendencia a la supresión, dirá más bien que la situación no le afecta (si es alexitímico), aunque experimente un malestar visible, o se dirá a sí mismo que no tiene por qué sentirse como se siente (si tiene tendencia al control). Por supuesto, esta distinción no es nítida en muchos pacientes, pero podríamos decir que, en el caso del paciente con ansiedad y evitación hemos de trabajar con el miedo, y en el paciente con tendencia a la supresión hemos de trabajar con la conexión o con el control.

Pero volvamos a la evitación, que es el tema que nos ocupa en este capítulo, y a los trastornos de ansiedad. En ellos, es típico el evitar situaciones y sensaciones que quedaron asociadas a la ansiedad (Levitt et al., 2004). A nivel externo se denominará agorafobia, y a nivel interno algunos autores han utilizado el término evitación interoceptiva (Barlow, 2002). Según algunas teorías, se produciría una respuesta condicionada de miedo frente a la experiencia de algunas sensaciones físicas típicas de la ansiedad, y al repetirse el estado de pánico y los correlatos somáticos de la ansiedad, las sensaciones físicas se quedarían asociadas al ataque de pánico, y funcionarían como disparadores (Bouton, Mineka y Barlow, 2001). Los pacientes con ansiedad típicamente se asustan de estas sensaciones y tratan de evitarlas. Esta tendencia a evitar las sensaciones, la dificultad para permanecer un contacto con determinadas experiencias privadas - sean sensaciones corporales, emociones, pensamientos, memorias o tendencias conductuales - enlaza con el concepto de evitación experiencial de la terapia de aceptación y compromiso (Hayes, Strosahl y Wilson, 1999), y con lo que en la teoría de la disociación estructural se define como fobia a las acciones mentales (Van der Hart et al., 2006). *Podríamos decir que la evitación de las emociones tiene que ver con una reacción fóbica a éstas, mientras que la supresión, como decía antes, estaría más relacionada con el control*. Al menos así lo voy a plantear en este libro.

Evitar empeora las cosas en las respuestas postraumáticas. Por ejemplo, en mujeres que han sufrido una agresión sexual, la evitación experiencial era un predictor de mayores síntomas de depresión, ansiedad y somatización, incluso cuando se controlaba la influencia de la sintomatología de TEPT y la historia de eventos traumáticos (Tull et al., 2004).

Aunque la tendencia evitativa se presenta en casos con muy distintos diagnósticos, algunos autores como Joyanna Silberg (2013) han propuesto que *la evitación del afecto es un mecanismo central en la traumatización crónica temprana.* Determinados estados emocionales basados en experiencias traumáticas pueden emerger, activados por múltiples disparadores, trayendo consigo emociones como el terror, la humillación o el asco, que son difícilmente tolerables y generan una respuesta evitativa. El niño desarrollará así una fobia a la activación de esos afectos, que se vuelve un mecanismo automático. Estas emociones tendrían que ser las que diesen color a las interacciones y ayudasen a tener un sentido unificado de conciencia; por el contrario, al convertirse en estímulos disparadores de evitación, obstaculizarían la integración del self (Damasio, 2000).

Como comentaba antes, este aspecto es relevante para trabajar con una terapia orientada al trauma como EMDR. Algunos autores subrayan la importancia de tener en cuenta estas fobias a los aspectos internos (Gelinas, 2011). Las dificultades no se plantean solo en el procesamiento de los recuerdos, sino muy al principio, cuando el paciente llega a consulta, o incluso antes. Un individuo con una tendencia altamente evitativa, probablemente evite hacer terapia, sobre todo con un terapeuta que trabaja con traumas. Quizás esté dispuesto a aprender técnicas de relajación, o a participar en terapias más verbales, centradas en aspectos más periféricos, pero si le proponemos afrontar sus emociones, que es lo que más teme, será reacio. En caso de que acepte, porque se trate de una persona con mucha tendencia a complacer y a acatar lo que se le dice, la evitación se manifestará indirectamente, con faltas de asistencia o llegadas tarde, o millones de motivos para "no trabajar hoy en este tema", sin expresar directamente el temor que esto le causa. Aunque algunos estudios han referido que la evitación no correlaciona negativamente con la efectividad de EMDR (Kim, 2014; Leiner et al., 2012), estos pacientes estarán probablemente infrarrepresentados en los estudios sobre EMDR en TEPT y en otras patologías, ya que cuando se le plantea a un paciente con una fuerte tendencia evitativa si quiere entrar en un estudio sobre terapias orientadas al trauma, y se le explica en qué consiste esto, es muy probable que rechace participar. Sin embargo, las consultas de los terapeutas están llenas de pacientes que muestran una ambivalencia hacia el proceso terapéutico y tienen su propia idea - a veces poco realista - sobre lo que puede conseguirse en una terapia. En ocasiones las personas llegan a terapia precisamente porque quieren ayuda para evitar emociones desagradables, o aceptan trabajar lo que les ocurre ahora, pero no están dispuestos a hablar de su pasado o no quieren tocar determinadas memorias. Los que tienen claro que quieren trabajar en sus recuerdos, que son los que aceptan participar en los estudios, no son los que plantean mayores desafíos a los clínicos. En los frecuentes debates entre clínicos e investigadores, es importante tener en cuenta las diferencias entre las muestras con las que trabajamos.

Por ejemplo, un adolescente vino a mi consulta a regañadientes por problemas conductuales. Su capacidad de pensamiento reflexivo era muy baja, y era reacio a hablar de aspectos emocionales. Fue poco a poco entrando a hablar de su relación con sus padres y con su hermana, pero donde estaba teniendo dificultades realmente serias era a nivel escolar. Cuando la conversación derivaba hacia ese tema, o yo trataba de introducirlo, el paciente planteaba que estaba cansado y que quería terminar la sesión. Probablemente su evitación mejoraría si hubiésemos podido abordar las experiencias que estaban en la base de su problema, pero para poder hacerlo, teníamos que encontrar un modo de superar la evitación. No era posible plantear ningún procedimiento para trabajar sobre algo que el paciente no quería ni mirar. Este tipo de casos pueblan la consulta de muchos terapeutas que trabajan con poblaciones específicas caracterizadas por mayores niveles de traumatización, rasgos patológicos de personalidad y problemas conductuales graves.

Cuando tenemos pacientes evitativos en terapia, el trabajo a realizar durante la fase de preparación consiste en *convencer al paciente respecto a los beneficios de afrontar frente a evitar*. Tuve ocasión de tratar a varios pacientes que fueron víctimas del mismo accidente, y el que tuvo una peor evolución fue precisamente el que presentaba una respuesta evitativa más potente. Al compañero que me derivó el caso le costó mucho trabajo convencer al paciente de que viniera a verme y, cuando lo hizo, estaba aterrorizado por la posibilidad de que le preguntara por el suceso. Incluso cuando le prometí que no hablaríamos de ello si él no sacaba el tema, su reacción siguió siendo de enorme activación, ya que anticipaba que en algún momento tendría que plantearse la cuestión. Durante un tiempo, tratamos de trabajar con EMDR el solo hecho de venir a sesión, ya que esto obstaculizaba todo trabajo que pudiéramos hacer. Cuando bastante tiempo después el paciente accedió a trabajar el evento traumático, la tendencia evitativa seguía presente, y el procesamiento fue equivalente a meter el acelerador con la estimulación bilateral mientras él tiraba del freno de mano con todas sus fuerzas. En una de las sesiones, a través de un floatback, el paciente conectó con episodios de maltrato físico de su padre, al que tenía enormemente idealizado. Dedicó grandes esfuerzos después de esto a justificar al progenitor, y se sintió muy culpable por hablar de aquellas situaciones, porque pensaba que ofendía la memoria de su padre. Las sesiones de terapia no resultaron productivas, porque el estilo de procesamiento del paciente las convertía sistemáticamente en una tortura. Le propuse participar en terapia grupal, e interrumpir por un tiempo el trabajo con EMDR, y se benefició de este trabajo, pero luego prefirió no retomar las sesiones individuales de EMDR y seguir con una terapia de apoyo con su terapeuta habitual.

Otros pacientes consiguen avanzar más en este proceso, pese a presentar tendencias evitativas marcadas, pero el ritmo de la terapia irá marcado en gran medida por la necesidad de una aproximación progresiva a los contenidos traumáticos. En ocasiones vienen a terapia por tandas, consiguiendo hacer periodos de tratamiento, pero tomándose otras etapas de descanso en los que poder desconectar un tiempo de nosotros y del trabajo de afrontar sus historias. Lo complejo de estos casos es encontrar un ritmo de abordar de los recuerdos que el paciente pueda mantener, porque salir de una tendencia evitativa es en cierto modo como nadar contracorriente. La persona ha de seguir una ruta que va en una dirección diametralmente opuesta a su tendencia más arraigada; por ello los argumentos que les demos han de ser convincentes y hemos de trabajar en ellos durante mucho tiempo.

Es importante ayudar a cada paciente a ver los inconvenientes de evitar para su caso particular. Algunos sufren ansiedad, que normalmente se retroalimenta con la evitación. Otros tienen recuerdos que les atormentan, y que son más insistentes cuanto más tratan de apartarlos. El evitador solo puede pensar en lo malo de afrontar, y hemos de ayudarle a tener presente qué tiene de beneficioso, así como también a ser consciente de los graves efectos secundarios de la evitación. Yo suelo explicarles que la evitación es como una droga, ya que el alivio que se siente cuando uno aparta algo que le angustia o lo deja para más tarde es inmediato y enorme. Los pacientes suelen reconocer bien esa sensación. Sin embargo, los beneficios de afrontar requieren de un acto de fe, ya que solo se ven después de tiempo de ir en dirección contraria a la tendencia. Como algunos pacientes evitadores tratan de sentir control sobre la ansiedad a base de evitar los disparadores, les reformulo el problema como que el miedo los tiene esclavizados y controlados, y que han de reconquistar el terreno perdido y recuperar el control. Otra reformulación que puede ayudar es que vean el miedo como una emoción tan primaria, que funciona como un bebé. Dejar que el miedo nos domine es equivalente a dejar que un bebé alterado conduzca el coche en el que vamos: la solución es que tomemos el volante, por mucho que grite el bebé, y que planifiquemos una dirección. Más tarde o más temprano, el bebé se acabará calmando.

Dado que se trata de una reacción muy inmediata y bastante automática, tomar conciencia en directo cuando se está produciendo es imprescindible para poder

modificarla. Este es un trabajo continuado que podemos hacer en sesión, ya que vamos a estar observando si se activan las tendencias evitativas mientras el paciente habla de algún tema, cuando le preguntamos algo, o más tarde cuando estemos procesando un recuerdo. Pararnos ahí a que el paciente tome conciencia de lo que ha ocurrido, analizando los elementos que lo han disparado y buscando otras alternativas, va dando a la persona herramientas para manejar los estados emocionales que antes activaban la evitación. Este trabajo no se configura como una técnica puntual sino como una intervención dinámica que se implementa en los momentos de la sesión en los que es necesario y se va desarrollando poco a poco, a lo largo de meses o años. Es uno de esos trabajos "de siembra" que se hacen en terapia, y que producen efectos de modo progresivo y acumulativo.

Dentro de este trabajo más amplio, podemos usar estimulación bilateral para potenciarlo. Diversos autores desde el campo de EMDR han propuesto protocolos específicos para superar la evitación, o que pueden ser aplicables a ello. Knipe (2009a) hablando de la procastinación, la conceptualiza como una forma de adicción, y propone un protocolo para trabajar sobre ello basado en las propuestas de trabajo con adicciones. En este procedimiento se instalan como recursos los beneficios que se obtendrán con el afrontamiento, y se procesa el impulso de evitar. El mismo autor desarrolla un protocolo similar relativo a la evitación en sí misma (Knipe, 2009b).

La evitación puede surgir **con respecto al procesamiento de los recuerdos**, o de algunos de ellos, y para contrarrestar esta tendencia, se han presentado diversas propuestas. Ostacoli y Bertino (2010) proponen un trabajo con dibujos que permite externalizar los elementos internos y tomar distancia de ellos, previniendo así la evitación. La integración de recursos en el procesamiento puede también ser útil para permitir al paciente abordar los contenidos traumáticos de modo más graduado y balanceado (Leutner y Cronauer, 2010). Otros autores (Browning, 1999) han propuesto trabajar de entrada con "lo peor que puede pasar si hago EMDR", ya que esta anticipación negativa podría bloquear el procesamiento de cualquier diana que se plantee. Más recientemente Manfield y Engel (2018) han propuesto la técnica flash como un modo de reducir la evitación de determinados recuerdos particularmente dolorosos. Según estos autores, algunos recuerdos se han asociado a una expectativa implícita, no consciente, a nivel subcortical. La persona siente que, si tiene cualquier contacto consciente con ese recuerdo, literalmente se va a morir. Se pide al paciente que haga un contacto extremadamente breve y muy poco detallado con el recuerdo, y esto se repite entre 6 y 12 veces. El objetivo no es modificar el recuerdo en sí, sino la asociación que se ha hecho entre traer esa memoria y algo absolutamente letal. Al repetir este ejercicio, esta expectativa se desmonta, y muchas veces según los autores el nivel de perturbación disminuye, ya que era el pánico asociado a recordar lo que generaba dicha perturbación, y no la memoria propiamente dicha.

Esta proliferación de protocolos y propuestas indica que la evitación es un mecanismo de regulación emocional patológico que produce una interferencia en el trabajo terapéutico. Aunque algunos autores afirmen que no hay evidencia de que la desregulación emocional sea un problema para trabajar con EMDR y que la fase de preparación es innecesaria (De Jongh et al., 2016), el problema de la evitación sí debe plantearse en la clínica con suficiente frecuencia como para que diversos autores hayan visto preciso plantear intervenciones al respecto. Sin embargo, la tendencia a solucionar los problemas clínicos a través de protocolos creo que ha excedido sus límites, y que en la actualidad hemos desarrollado cierta "adicción a los protocolos". Probablemente ninguna otra terapia tiene cinco voluminosos tomos única y exclusivamente de protocolos para todo tipo de problemas, y pareciera que la única manera de abordar realmente una dificultad y de darle legitimidad dentro de EMDR es desarrollar un protocolo con nombre propio. Afortunadamente, el trabajo de los terapeutas en el día a día está bastante lejos de ser una simple articulación de protocolos, y muchos autores han desarrollado propuestas en este sentido. Por ejemplo, Andrew Leeds (2018) plantea el proceso terapéutico como un acompañamiento, en el que el terapeuta ha de decidir momento a momento cuándo dejar fluir el procesamiento espontáneo y cuándo y cómo intervenir. Creo firmemente que la terapia EMDR ha de avanzar hacia una definición de cómo gestionar el proceso, dejando los protocolos como una herramienta puntual, adicional y secundaria. Más allá del protocolo básico y sus fases, lo que necesitamos son adaptaciones muy diversas en función de diversos elementos. Uno de los aspectos que han de guiarnos en esta adaptación del procedimiento de EMDR es todo lo relacionado con el procesamiento emocional.

Veamos un caso de una paciente con una alta tendencia a la evitación emocional. Una parte importante del proceso psicoterapéutico previo se basó en trabajar la motivación para abordar recuerdos de abuso sexual que, al estar rodeados de vergüenza, la paciente no quería afrontar - y menos delante de otra persona - y otros recuerdos de la temprana muerte de su madre, que evitaba por el dolor asociado a la pérdida. En este momento del tratamiento, la paciente tenía ya claro que había de abordar esos recuerdos, pero pese a su voluntad de hacerlo, durante el procesamiento la tendencia evitativa se seguía manifestando, de un modo más involuntario y automático. Mi trabajo se centró en pararnos, tomar conciencia, y buscar modos de ayudar a que el procesamiento pudiese continuar. El recuerdo que trabajamos en esta sesión fue el de la muerte de su madre.

Terapeuta: ¿Cuál fue el momento peor relacionado con la muerte de tu madre?

Paciente: El peor supongo que... Bueno, ya que nos dijera que se iba a morir.

T: ¿Qué te viene cuando piensas en eso?

P: Me digo "tienes que parar eso". Tenía que aparentar que todo iba bien.

T: A lo mejor no es tanto que tú ahora no te permitas sentirlo, sino que tenías que aparentar en aquel momento que no pasaba nada, y a veces uno no sabe cuándo dejar de hacerlo, cómo soltarlo. Vamos a trabajar ese recuerdo, y si notas esa sensación de bloqueo, vamos a entenderla como parte del recuerdo, probablemente tenga que ver (...).

T: Simplemente deja que las cosas sean como son, no trates de cambiarlas. ¿Qué te viene? ¿Qué estás notando ahora mismo?

P: Estoy más tranquila.

EB.

T: ¿Qué te viene ahora?

P: Es que no quiero.

T: Vuelve a pensar en el recuerdo, dime ¿cómo te viene ese momento? ¿qué notas ahora?

P: Es que viene y es como si se fuera, no consigo fijarlo.

T: No hace falta que lo fijes, tú obsérvalo tal como es y dime qué notas.

P: Esa angustia, ese como temor.

T: Vale pues simplemente nota eso, tal como lo notas. Simplemente sentir lo que sientes, lo que estas notando ahora.

EB.

P: Estoy más tranquila.

EB.

T: ¿Qué notas ahora?

P: Que estoy más tranquila, pero que hay esa cosa ahí.

T: Nótala, no pelees con ella ni trates de que se quite, simplemente déjate sentirla.

EB.

¿Qué te viene?

P: Sigue eso ahí…

EB.

T: ¿Y Ahora?

P: Más tranquila.

T: Nota tus sensaciones tal y como son. ¿Qué te viene ahora?

P: Es que me noto más tranquila, pero sigue ese como temor no sé cómo explicarlo.

Como vemos, no hay un proceso gradual de reducción o cambio de la emoción. La perturbación va y viene, y la paciente no parece estar observando y dejando fluir. Cuando dice "sigue eso ahí", en el fondo no quiere que la sensación esté, y esa tendencia a evitar la sensación no deja que ésta se procese. Su reacción inicial cuando su madre murió fue suprimir su respuesta emocional y aparentar externamente que no pasaba nada. Esta tendencia sigue y, cuando la emoción emerge, la paciente la evita sin demasiada conciencia de hacerlo. Hemos trabajado en la terapia que ella pueda adquirir una mayor conciencia, y por tanto mayor control voluntario, de sus respuestas evitativas. En este momento, también hemos de pararnos a entender lo que ocurre.

T: ¿Entiendes a qué es el temor?

P: Supongo que a soltarlo todo.

T: Simplemente nótalo. ¿Qué te viene? Hiciste un gesto así con la mano…

P: Hice un gesto como si me fuera.

T: ¿Como si te fueras?

P: Sí.

T: Explícame un poquito

P: No sé, tuve la sensación esa de que me fui a otra parte.

T: ¿Y a dónde te fuiste?

P: A ningún lado en concreto, me fui simplemente.

T: ¿Qué te viene ahora? ¿Cómo estás?

P: Tranquila.

T: Vuelve otra vez al recuerdo dime ¿cómo te viene? ¿qué notas?

P: Como más pausado, pero es que es eso tampoco puedo fijarlo

T: Pero no intentes fijarlo, tú no tienes por qué volver a ver la misma imagen de antes, tú simplemente recuerda que pasó eso y observas que sensación te produce.

P: Estoy más tranquila.

T: Vale, mira si queda perturbación.

P: Sí.

T: ¿Dónde la notas?

P: Por aquí.

La paciente no se fija en el malestar a menos que le preguntemos por él. Es necesario, para que pueda procesarlo, que aprenda a quedarse sintiéndolo.

T: Coloca las manos sobre esa zona, sin presionarla, solo como si le prestaras atención a esa sensación y la cuidaras, como si te dijeras "hoy puedo pararme y ocuparme de esto". Quédate un minuto notando eso, notando las manos cuidando de la sensación… Observa lo que notas ¿Qué te viene?

P: Como esa sensación que está más… pero tengo la sensación de como si subiera… no sé.

T: Sigue cuidándola, deja que este por donde quiera estar, simplemente nótala.

EB.

T: ¿Qué te viene?

P: Que está como más calmada.

T: Sigue cuidándola.

EB.

¿Qué te viene?

P: Más calmada.

T: Y si vuelves a pensar en la situación, ¿cómo te llega ahora ese recuerdo?, ¿qué notas ahora?

P: Vuelve como esa sensación de como aquí, no sé, bloqueo.

T: Vale, vuelve a cuidarla, déjate sentirla, déjala estar ahí, simplemente cuídala mucho.

EB.

T: ¿Qué te viene? ¿Qué notas?

P: Estoy más tranquila.

T: Simplemente nótalo, nota lo que sientes por dentro, nota tu respiración.

EB.

T: ¿Qué te viene?

P: Es que esa sensación es eso, es como si (hace un movimiento del pecho a la garganta).

T: ¿Saliera para arriba?

P: Sí.

T: Pues nótala.

EB.

T: ¿Ahora?

P: Nada.

T: ¿Observas algo? ¿Queda algo de sensación? ¿Qué notas ahora?

P: No, nada.

T: Vuelve al recuerdo, ¿qué notas al recordar eso ahora?

P: Que me viene pero que ya no me noto desbordada.

T: Simplemente date cuenta de eso.

EB.

T: ¿Qué te viene?, ¿la sensación?

P: Tengo un poco, pero es mucho menos.

T: Vale, simplemente cuídala, obsérvala.

EB.

T: ¿Qué te viene?

P: Más tranquila.

T: Simplemente observa la sensación, nótate por dentro, nota la respiración, nótate cuidando de tus sensaciones como si las abrazaras (hemos de ayudar a la paciente a pararse a notar con detenimiento sus sensaciones).

EB.

T: ¿Qué te viene?

P: Que estoy más tranquila pero aún queda un poco esa sensación como de miedo. Es como una montaña rusa, esa sensación va y viene.

T: No intentes que se vaya, cuando aparezca simplemente cuídala. ¿Qué te viene?

P: Está más tranquila.

T: Si durante estos días la notas, haz esto. Simplemente la notas, la cuidas, la dejas estar ahí. Si vas practicando en casa nos será más fácil después ¿vale?

P: Vale.

T: De todas formas, ¿ves cambios respecto a la última vez?

P: Sí.

T: El bloqueo y la desconexión fueron sistemas que utilizaste con el recuerdo, y se reactivan cuando se activa el recuerdo.

P: Normal, ¿no?

T: Sí, claro, es un mecanismo que utilizamos para protegernos, si la situación nos supera, nuestra cabeza hace lo que puede para ayudarnos. ¿Te has fijado en que cuando te quedas en la sensación y le prestas atención la sensación tiende a subir?

P: Sí.

T: Generalmente cuando pasa una situación y tenemos que desconectarnos de lo que sentimos, podemos estar así mucho tiempo. Si más adelante nos podemos parar, estar un rato con nosotros mismos, o hay alguien que nos lo facilita, podremos permitirnos sentir todo aquello, y entonces las sensaciones salen y se van. Si no nos paramos a notarlas, porque llevamos desde siempre metiéndolas para dentro, las sensaciones no se pueden ir, y entonces se quedan con nosotros para siempre. Lo que hemos de hacer es abrirles la puerta, las emociones saben salir solas. Tú ves que ahora si te paras, lo primero que surge en automático es la desconexión, pero si nos paramos un poco más y seguimos ahí las sensaciones negativas aparecen, porque ellas saben perfectamente para donde tienen que ir. Es importante que practiques esto en casa, cuando notes esas sensaciones simplemente quédate sintiéndolas, con esa idea de cuidarlas y quedarte con ellas, sin forzarlas para que se vayan o para que cambien. Ya verás cómo ellas solas saben por dónde tienen que ir, ¿sí?

P: Sí.

El trabajo con esta paciente es muy gradual, y requiere de una supervisión continuada de la sesión, encauzando el procesamiento, ayudándola a tomar conciencia de su regulación disfuncional y dándole estrategias momento a momento. De hecho, le llevó muchos años venir a consulta, y más aún implicarse realmente en el proceso terapéutico. Ahora sí lo está haciendo, pero muchas de sus estrategias regulatorias disfuncionales son muy automáticas, aunque se ha incrementado su conciencia de cuando se producen.

El trabajo con la evitación tiene más de este proceso continuado de ayudar al paciente a entender y encauzar su sistema de procesamiento, que del uso de protocolos específicos. Sin embargo, en ocasiones podemos potenciar este trabajo a través de procedimientos en los que se aborda la evitación en sí. Podemos ver un ejemplo del trabajo con la evitación en el caso de Noa que describiré al final del libro. En esta paciente algunas sesiones puntuales, incluyendo una orientada a procesar la evitación, fueron importantes en el proceso terapéutico. En la mayoría de los casos, sin embargo, el trabajo habrá de ser más lento, continuado y progresivo. Aún en aquellos pacientes en los que tenemos sesiones que suponen un punto de inflexión, muchas veces ese cambio no podría haberse producido sin todo el trabajo realizado en las demás sesiones, pero podemos caer en el error de atribuirlo todo al procedimiento empleado ese día. En general la evitación requiere de muchas intervenciones, dedicadas a mejorar la motivación para afrontar y a implicar al paciente en avanzar hasta los aspectos más difíciles, en lugar de alejarse de ellos. La estimulación bilateral puede ayudarnos a potenciar este trabajo, aunque los mayores resultados solo serán visibles a medio-largo plazo.

Capítulo 12

Orientación de la atención en el trabajo con EMDR

Un mecanismo relacionado con la evitación - pero diferente - es la orientación atencional, en la que diferentes procesos atencionales son reclutados para dar forma a la experiencia afectiva (Wadlinger y Isaacowitz, 2011). Gross (1998) definió tres estrategias principales de orientación atencional: la *distracción*, la *concentración* y la *rumiación*. Todos estos fenómenos pueden conducir a diversos problemas en el procesamiento emocional y, cuando se convierten en estrategias predominantes en un paciente, podría ser activados por la estimulación bilateral en la fase de desensibilización.

1) La distracción

La distracción implica cualquier cambio del foco de atención de uno de los aspectos de una situación a otro, o el salirse por completo de la situación (Gross, 1998). Hasta cierto grado, la distracción puede ser una capacidad reguladora funcional y positiva que nos permite disminuir las emociones perturbadoras. Pero en su versión disfuncional (que también ha sido llamada *distracción de desconexión*), constituye un mecanismo de filtrado que se produce en las primeras etapas del procesamiento cognitivo de la información emocional, e impide que pueda llevarse a cabo el proceso elaborativo (Sheppes et al., 2011). Discriminar entre la distracción funcional y la no funcional no es fácil en la fase de desensibilización de EMDR, donde la asociación con elementos a veces sin aparente relación forma parte del proceso asociativo típico que vemos en las sesiones de procesamiento. Decimos que en la fase 4 de desensibilización, el paciente va asociando de modo fluido recuerdos, pensamientos, emociones, etc., hasta llegar a asociaciones positivas o neutras que representan el final de un canal. Hasta aquí todo bien, pasar de un tema a otro es parte de un buen procesamiento.

Sin embargo, cuando un paciente pasa de repente de estar sintiendo una emoción muy perturbadora a imaginar algo agradable y tranquilo, se distrae con el ruido ambiental, o se va a su lugar seguro, probablemente está usando distracción como un mecanismo de regulación menos funcional. Este mecanismo de distracción no es muy productivo porque no permite que se elabore el recuerdo y se procese la emoción, pero resulta útil temporalmente para "dar un respiro" a la persona ante una sensación que le estaba resultando abrumadora. A veces, simplemente volviendo a la diana y empezando un nuevo canal, es suficiente para que el procesamiento se encauce de nuevo tras haberse procesado un poco de material. Al ir disminuyendo la perturbación, desconectar a través de la distracción resultará innecesario. A diferencia de la evitación, en la distracción no se observa - ni el paciente identifica - temor ante lo que está sintiendo. La distracción también se activa porque lo que la persona está sintiendo es molesto, pero es como si sucediese antes de que el individuo llegue a percibirlo. Los límites entre ambas tendencias no son claros, y no es mi intención plantear múltiples categorías que lleven a que el terapeuta se pierda en ellas, sino ver matices en las respuestas emocionales y en el procesamiento de la emoción.

La distracción, como comentaba, no es necesariamente disfuncional. En esta línea, algunos estudios muestran que el uso de la distracción como estrategia reguladora puede estar en función de la intensidad de la emoción a regular (Shafir et al., 2016). En EMDR, los pacientes pueden tender de entrada a distraerse, pero cuando la EB va haciendo que baje el malestar, pueden empezar a surgir otras estrategias, con suerte más funcionales. La versión más patológica de la distracción se produce cuando este mecanismo está tan automatizado en el sistema, que puede aparecer una constante distracción durante la desensibilización. También puede ocurrir de modo puntual con una memoria específica, que genera emociones que en su momento se sintieron como inasumibles, y se gestionaron a través de la distracción; al acceder a ese recuerdo, la distracción viene con el resto de los elementos asociados al mismo. En cualquiera de estos dos últimos casos, al no permanecer el paciente el tiempo suficiente con la emoción, el procesamiento de ésta no puede completarse.

Algunos pacientes con trastorno por déficit de atención con hiperactividad (TDAH) funcionan de modo habitual con altos niveles de dispersión atencional. Esto no significa que sean evitativos, pero es cierto que no suelen regular bien sus emociones. De hecho, la desregulación emocional es un elemento nuclear del TDAH, y se manifiesta en entre un 30 y un 70% de los pacientes. Entre los problemas que estas personas presentan en la regulación de sus emociones están las dificultades para orientarse a los estímulos emocionales, para reconocerlos, y para redirigir la atención hacia ellos (Shaw et al., 2014), así como las dificultades para reconocer los estados emocionales y las alteraciones en la activación de las áreas reguladoras prefrontales, sobre todo para los estímulos negativos (Passarotti, Sweeney y Pavuluri 2010).

En lo que respecta al trabajo con personas con una tendencia marcada a la distracción y la dispersión atencional, hemos de entrenar en ellos la capacidad de focalizar. El terapeuta ayudará al paciente a tomar conciencia de su funcionamiento, a encauzarlo y a dirigirlo.

En la evitación el trabajo con el miedo a enfrentar es un elemento fundamental, y en ocasiones tiene sentido procesar ese miedo. En cambio, una persona muy dispersa y que no focaliza, puede que no lo haga necesariamente porque no quiera enfrentar, sino porque tiene ese estilo cognitivo, y usar en este caso un protocolo para procesar la evitación no aportará beneficios sustanciales. Podemos ensayarlo si sospechamos que hay una evitación subyacente, pero no tiene sentido si lo que vemos es una tendencia a la distraibilidad.

2) Concentración

El otro polo de la distracción, es la concentración, en la que los recursos cognitivos se focalizan en una actividad. Esta estrategia de regulación se utiliza en técnicas de meditación, por ejemplo, dirigir la atención hacia la respiración, sonidos o estímulos visuales (Brefczynski-Lewis et al., 2007). Algunas personas tienden a hiperfocalizarse de modo habitual, lo cual puede ser una distorsión en un procedimiento como EMDR, basado en "dejar que venga lo que tenga que venir". Estos pacientes pueden rechazar los movimientos oculares, precisamente porque no les permiten seguir centrados en el detalle del recuerdo, como hacen habitualmente. Pueden interpretar literalmente el "céntrate en eso" esforzándose en mantener una imagen o una emoción, y desechando otras cosas que les vengan a la cabeza porque las consideran irrelevantes. Una estrategia de concentración relativamente frecuente (y disfuncional) durante la desensibilización es que el paciente se pone a contar el número de movimientos, o presta atención a sus características de ritmo, regularidad, etc. Un paciente con síndrome de Asperger fue incapaz de seguir el movimiento ocular porque los movimientos de mis dedos hacia la derecha y hacia la izquierda diferían en segundos o mi mano no seguía una línea completamente recta. Este tipo de problemas para dejar que se produzca un procesamiento fluido también puede tener que ver con la rigidez, y presentarse en personalidades de perfil obsesivo, o con el empleo del control emocional como estrategia predominante. La tendencia al control de las emociones podemos verla en pacientes obsesivos, pero puede presentarse también en sujetos muy traumatizados con mucha alexitimia o cuadros disociativos, que mantienen una estabilidad precaria a través de un continuo ejercicio de control emocional, muy vinculado a la supresión o la disociación. Sin embargo, no todos los sujetos que se hiperfocalizan lo hacen porque necesiten control.

3) Rumiación

Un subtipo particular de hiperfocalización, que resulta extremadamente patológico, es la rumiación. La persona piensa de forma recurrente en sus emociones y problemas. La rumiación, sobre todo en torno a emociones negativas, es una estrategia disfuncional presente en muchas patologías (Nolen-Hoeksema et al., 2008). En el tratamiento con EMDR, los individuos altamente rumiativos tienden a tener dificultades para permitir que el proceso asociativo fluya o se conecte con información positiva. Cuando el terapeuta le pregunta al paciente ¿qué te viene ahora? éste suele responder desde su bucle de funcionamiento habitual.

Debido a que la rumiación puede estar asociada con estados depresivos (Nolen-Hoeksema y Morrow, 1993), el tratamiento con antidepresivos podría reducir los problemas en la fase de desensibilización del EMDR a través de una disminución de las rumiaciones. Una observación clínica frecuente en la terapia EMDR es que las personas severamente deprimidas suelen presentar interminables cadenas de asociaciones negativas, que no tienden a una resolución adaptativa. Solo cuando el estado de ánimo mejora con la medicación, las asociaciones consiguen llegar a elementos positivos o neutros. Hay dos estudios que comparan EMDR con antidepresivos (Van der Kolk et al., 2007; Arnone et al., 2012), pero no hay ningún estudio que analice el papel de los antidepresivos como potenciadores de la eficacia de la terapia EMDR en personas depresivas. Hablaré en el próximo capítulo un poco más sobre la rumiación.

La distracción y el trabajo con EMDR

En este capítulo voy a centrarme más en los aspectos más relacionados con la distracción. Veamos un ejemplo de procesamiento en un paciente con Trastorno por Déficit de Atención con Hiperactividad (TDAH). En él podemos observar varios aspectos relacionados con el procesamiento emocional:

a) Los pacientes con TDAH pueden tener un *pensamiento disperso*, como se observa en este paciente. Entre tandas, tiende a entrar en un discurso divagatorio, le cuesta focalizar. Esto puede observarse también durante la conversación espontánea.

b) Otro aspecto tiene que ver no ya con el TDAH en sí, sino con las experiencias asociadas a éste. Cuando tiene las asociaciones normales que suelen producirse con EMDR, el paciente las entiende como un problema y tiende a descartarlas como irrelevantes. Esto puede venir de que su distracción siempre fue etiquetada como algo negativo.

c) Además de sus dificultades atencionales, presenta *evitación* de los contenidos emocionales desagradables, lo cual puede tener otras raíces. En su infancia y adolescencia experimentó muchas dificultades con su rendimiento académico, por las cuales su padre, una persona muy crítica, autoritaria y con rasgos narcisistas, le recriminó muy duramente. No pensar en ello fue la única salida que pudo encontrar su sistema hasta que sus padres se separaron y aún después, cuando tenía que convivir con su padre. Evitar estos temas fue un recurso en aquellas etapas, que se mantuvo posteriormente como un automatismo.

d) Aparte de esta tendencia a la evitación, el paciente llegó con frecuencia a *suprimir* emociones, hasta el punto de no tener acceso a ellas. Cuando acudió a consulta por primera vez, lo único que podía notar era cansancio. Muchos recuerdos de episodios de agresividad verbal grave del padre ni siquiera estaban accesibles a su conciencia. Cuando le preguntaba "¿qué notas en el cuerpo?" me miraba con extrañeza, no entendía lo que significaba la pregunta, lo que reflejaba su dificultad para autoobservarse. En esta sesión, tras varios años de terapia, esta tendencia se había modificado en parte, pero todavía no podemos decir que hubiese un pensamiento reflexivo desarrollado.

Terapeuta: Hagamos una prueba ¿vale? Tú simplemente concéntrate en esa imagen de verla a ella cabreada contigo y dime qué notas en el cuerpo.

Simplifico el procedimiento, porque con la tendencia a la dispersión del paciente, pretender extraer todos los elementos de la fase 3 es inviable. Estamos trabajando sobre un evento reciente, un enfado de la madre, que le hizo sentir muy mal. En el pasado habíamos abordado recuerdos diversos, incluyendo situaciones con los padres, los problemas en el colegio, y algunas situaciones con parejas. El procesamiento nunca fue fluido, Pedro solía interrumpirlo hablando, sin que se tratara de una elaboración reflexiva, sino volviendo una y otra vez a temas recurrentes y resultaba difícil encauzarlo. Sin embargo, la relación está bien establecida, de modo que voy adoptando una actitud más directiva, que creo que necesita para poder procesar con más profundidad el material perturbador.

Paciente: El tema es que no entiendo por qué cuando me fui a otra ciudad mi madre estaba bien y ahora vuelve a estar así.

T: ¿Me dejas que hagamos esto primero y luego hablamos?

P: Sí.

En el inicio de la sesión, la *dispersión atencional* es el problema. Es difícil centrar su relato, y que se focalice en una diana. Esto nos lleva un rato, pero aun cuando parece que lo vamos consiguiendo, la cosa no es fácil.

T (tercer intento): Piensa en la imagen y dime qué notas en el cuerpo.

P: No noto nada.

T: Fíjate bien, ¿pensar en ella enfadada es lo mismo que pensar en la esquina de esa mesa?

P: Sí.

T: Párate unos minutos antes de contestarme, observa la sensación. ¿Te resulta agradable verla enfadada?

P: No, no me resulta agradable.

T: Pues si no te resulta agradable, ¿cuál es la sensación?, ¿qué es lo que notas?

P: No saber por qué se enfada ahora.

T: Eso es un pensamiento, pero ¿dónde notas que es desagradable?, ¿qué sensación te dice que es desagradable?

P: No lo sé.

T: Fíjate en lo que notas por dentro. A veces me contestas tan rápido que no te da tiempo a pararte a notar nada. Tú piensa bien en esa situación y dime si la respiración va igual de rápido, más rápido o más lento...

P: Va igual.

T: Pedro, es que eres demasiado rápido, no te da tiempo, uno no nota las sensaciones tan deprisa. Dedícate un minuto, con sus sesenta segundos, a pensar en ella enfadada y mira que notas por aquí.

P: No noto nada.

T: Es igual pensar en eso que pensar en cualquier otra cosa.

P: Sí.

T: Vale, entonces hagamos una cosa, pon las manos aquí. Vas a pensar en la cara de tu madre enfadada, y mientras piensas en eso vas a notar tu respiración ¿vale?

P: No quiero pensar en mi madre enfadada.

T: ¿Por qué?

P: Porque no.

T: Pero ¿por qué?

P: Porque no.

T: A ver, explícamelo.

P: Porque no, porque tengo miedo de que nuestra relación se vaya deteriorando y acabe como con mi padre. Por eso no quiero pensar.

Aquí vemos que no es su dificultad para notar sensaciones, porque están tan abajo que no las percibe (supresión), ni que se distraiga con otros pensamientos, sino que lo que se pone en marcha es una respuesta de *evitación*. De modo que trato de ayudarlo a afrontar.

T: Pero no querer pensar en algo no hace que se solucionen los problemas, ¿me explico?

P: Es que no sé por qué nos pasa.

T: ¿Me dejas ayudarte?

P: Sí.

T: Pues tienes que pensar en ello. Porque si no quieres pensar en ello y hay alguna dificultad, no la vas a poder solucionar ¿me explico? La solucionarás marchándote a otra ciudad (es lo que ha hecho en los últimos años), pero no lo arreglarás de verdad.

P: Ya, bueno, sí.

T: Prueba, deja que te vengan las cosas a la cabeza, deja que te ayude. Pensar en los problemas no los empeora, hace que podamos entenderlos. Y al entenderlos, los podemos solucionar. Si no los miramos, no los arreglamos, ¿sí? Piensa en tu madre enfadada, nota tu respiración, no juzgues nada ¿vale?, tú solamente observa las sensaciones que te vienen.

P: Vale.

EB.

P: Nada, se me va la cabeza.

T: ¿Y a dónde se te va?

P: Yo que sé, a cuando discutía con mi padre.

T: Quédate con eso, deja que se te vaya ahí.

P: Discutí el otro día, muy fuerte, hasta le di un golpe a su coche.

T: ¿Y qué sensación notas al pensar en eso?

P: No noto nada.

T: Nota la respiración. Quédate un rato, simplemente notándola.

EB.

T: ¿Qué te viene?

P: No, nada se me vienen otras cosas a la cabeza, pero no...

T: ¿Qué otras cosas te vienen?

P: Nada, tonterías.

Aquí, como vemos, descarta la asociación que le está viniendo porque ha tenido muchas veces la vivencia de que distraerse es un problema y algo siempre negativo, que se le ha recriminado en infinidad de ocasiones. En este caso, el procesamiento asociativo funcional que se produce en la sesión de EMDR, el paciente *lo equipara a una distracción, y por ello lo etiqueta como negativo*.

T: A ver, dime que son.

P: Nada, tonterías.

T: Pedro...

P: No sé, yo creo que estoy paranoico últimamente.

T: A ver ¿qué se te ha venido?

P: Nada, cosas, tonterías que no tienen nada que ver.

T: Déjame ver si tienen que ver o no. Todo lo que te viene a la cabeza es importante, tu cabeza lo conecta por algo.

P: Yo que sé, hay veces que parece que no me hago respetar por la gente.

T: Y ¿por qué no va a tener que ver?

P: Pero bueno, es paranoia mía.

T: Bueno, es lo que tú notas. Lo que tú notas es importante ¿sí? Pon las manos en esta zona (le señalo el pecho), piensa en eso que te ha venido, y nota tu respiración.

Tapping.

T: ¿Qué te viene?

P: Nada, no me viene nada.

T (notando el lenguaje no verbal): Pedro, algo te ha venido.

P: No, que me quiero largar a nadar, es lo único, es lo que me viene.

T: Estas cosas se te hacen difíciles ¿te fijas cuánto te escapas? Un poco más y te tengo que atornillar a la silla, ¿entiendes lo que quiero decir? Pero trabajar esto es importante. Tiene sentido que tu cabeza conecte las discusiones con tu madre con tus problemas con tu padre. Puede pasar que por eso reacciones tanto cuando ves a tu madre enfadada, porque lo asocias con tu padre.

P: Sí.

T: Con tu madre puedes discutir o podréis tener un mal día o lo que sea, pero es una persona que no tiene nada que ver con tu padre, ¿no es cierto? Tu cabeza hace esa conexión, pero si tú no te paras a pensarlo no te das cuenta, y todo eso actúa en automático. Entonces tú vas a reaccionar ante lo de tu madre de una manera que tiene más que ver con tu padre que con tu madre, porque fíjate que tu cabeza lo ha asociado a la discusión con tu padre. Eso se te conecta en la sesión, y tú no crees que esté relacionado, pero tiene muchísimo que ver. También tiene sentido que lo asocies con lo de que no te das a respetar, y que no te sientes respetado, porque tu padre no te respetaba.

P: Pero es que sigo teniendo esa sensación.

T: Claro, pero es que tiene sentido, porque si tú eres un niño y tu padre no te respeta, tú a tu padre no le puedes responder. Esa capacidad de reaccionar se te puede quedar bloqueada.

P: Sí.

T: Eso probablemente explica porque no te das a respetar. Y aunque me digas que no notas nada, yo creo que las sensaciones están ahí y que son complicadas. Por eso lo siguiente que te viene es marcharte.

P: No sé.

T: Pedro, es lo que te ha venido, tu cabeza hace esas asociaciones por algo. Hace esas, y no hace otras, y todas tienen sentido, pero tú no le das valor a lo que te viene a la cabeza. Cuando nos veamos me tienes que dejar trabajar esto. Porque si no tu cabeza va a hacer estas conexiones, aunque tú no te des cuenta. Y entonces, por ejemplo, vas a tener un problema con tu madre donde no tiene por qué haberlo ¿me explico? Te daba miedo pararte a pensar en el enfado de tu madre, por si se estropeaba la relación, pero eso no ha pasado. Simplemente has entendido que está conectando tu cabeza.

P: ¿Qué no quiero que me pase como me pasó con mi padre?

T: Exacto, y tiene sentido. Tú ten en cuenta que durante muchos años ni siquiera recordabas muchas cosas de las que te habían pasado con tu padre. Tu cabeza bloqueó esos recuerdos por completo. Y luego los has ido recordando. Esto lo tenemos sin terminar de trabajar, pero hoy hemos hecho un pedacito pequeño, aunque te cuesta muchísimo, porque te fías de mí. Y creo que esto te va a ayudar más que solo hablar de ello. Si no, fíjate lo que te pasó en Burgos (estuvo estudiando fuera y tuvo una pequeña descompensación). Si esperamos a que te encuentres mal, luego ya la cosa se complica. Es mejor que trabajemos las cosas antes de que se conviertan en un problema.

P: Sí, hubiese sido mejor.

T: Hubiese sido diferente. Yo creo que el disparador ha sido el tema de los estudios, porque con los estudios tuviste que aguantar a tu padre echándote la bronca muchísimas veces y lo pasaste muy mal, ¿sí? Pero los recuerdos que enterramos es como si fueran residuos nucleares, ¿me entiendes lo que quiero decir? Como si tuvieses en el jardín minas sin desactivar, y cuando tocas ahí se activan las sensaciones, pero no entiendes lo que está pasando. Los cabreos de tu madre no son un problema, porque con tu madre las cosas las puedes hablar, y las puedes resolver. Te darás cuenta de que a veces ni siquiera tendrá que ver contigo, estará ella mal también por sus historias o por lo que sea.

P: ¿Sabes de lo que me di cuenta? Empecé a notar que a mi madre le cambió mucho el carácter cuando se jubiló. Ya me lo dijo también mi hermana, que desde que se había jubilado estaba muy cascarrabias.

T: Claro, y cuando trabajemos más lo de tu padre, tú simplemente verás a tu madre malhumorada y dirás "Pobre, ¡qué mal lo lleva!" Fíjate que hoy hemos hecho solo un trozo, y has hecho cuatro conexiones, pero las cuatro tienen mucho sentido. Se conectan los cabreos con tu madre, con los cabreos con tu padre, con el tema de no darte a respetar, y con cómo ahora puedes hacer las cosas de otro modo. Si no los trabajamos un poquito dejas ahí una carga de profundidad y además no entiendes lo que te pasa. Además, si trabajamos eso bien vas a poder dejar de una vez la medicación, si no siempre la tenemos que tener ahí un poquito, y es una pena, eres muy joven para tener que estar con medicación permanente.

P: Ya, ¿cuántos años llevo con la medicación?

T: Un montón. Por eso, si desbloqueamos los recuerdos yo creo que tú te vas a defender mejor, y me parece que aún hay muchos recuerdos sin desbloquear.

P: Ya.

T: Entonces tú cada vez que nos veamos déjame hacer un trocito de esto, aunque no sea mucho ¿vale?

P: Sí.

Me pareció importante dedicar tiempo en la sesión a dos aspectos. El primero, es que él pueda entender sus mecanismos de regulación emocional y lo que ocurre durante el procesamiento. Tomar conciencia ayuda con las tendencias automáticas como la dispersión atencional, de ese modo podemos pasar lo automático a manual, y aumentar el pensamiento reflexivo y la autoobservación. El segundo aspecto es que se dé cuenta de los beneficios de conectar con lo que le agobia y analizarlo, ya que hay también un intento de evitación, en este caso más consciente y con más componente voluntario. Por ello, el trabajo aquí es más cognitivo, explicando las consecuencias negativas de evitar y las consecuencias positivas de pararse a sentir lo que siente. Esto último va muy dirigido a sus metas: llevar mejor la relación con su madre, saber hacerse respetar, entender sus reacciones.

En resumen, que el paciente focalice en exceso su atención o que no se centre en absoluto puede también influir en que se puedan procesar adecuadamente los recuerdos. Aunque estos patrones de funcionamiento no aparezcan en estado puro en los pacientes, tenerlos en cuenta puede ayudarnos a orientar las intervenciones en cada momento de las sesiones, y también a hacer un trabajo previo de preparación dirigido de modo específico a los elementos más disfuncionales.

Capítulo 13
Rumiación y preocupación

Vamos a detenernos un poco en el tema de la rumiación, dado que es una estrategia muy relacionada con diversas patologías, y en su forma extrema puede interferir con el adecuado procesamiento de los recuerdos. *La rumiación es una forma de hiperfocalización en la que la persona piensa de forma recurrente y repetitiva sobre sus preocupaciones y problemas.* Cuando experimenta síntomas, da vueltas alrededor de ellos diciendo constantemente: "¡No lo soporto!" o "¡Qué mal estoy!". Estos pacientes durante el procesamiento de recuerdos no dejan lugar a un proceso asociativo fluido, sino que giran en círculos en torno a los mismos elementos.

Pascual-Leone et al. (2016), analizando los niveles de complejidad en la regulación emocional con la escala CERS, encontraron en los pacientes, frente a los sujetos sin patología, una menor tendencia a hacer cosas para calmarse. Los pacientes, ante el malestar, adoptaban en ocasiones una actitud pasiva: "No puedo hacer nada con lo que siento". La pasividad de los individuos depresivos puede tener un componente evitativo (Campbell-Sills y Barlow, 2007), o ser una especie de rendición, un "dejarse ir" ante el malestar, un autoabandono. Pero el no hacer nada con el malestar no es el único problema - y probablemente no el peor - que se puede presentar a nivel de regulación. Como veíamos al hablar del TEPT disociativo y no disociativo, se puede generar un problema tanto por déficit de funcionamiento de las áreas reguladoras, como por exceso. Los pacientes que no hacen nada para calmarse, dejan rienda suelta a su activación. Otros hacen grandes esfuerzos por lidiar con esa activación, pero sus estrategias son disfuncionales y contraproducentes. Estas serían según Pascual-Leone et al. (2016) estrategias desadaptativas (lo que hago empeora aún más las cosas), como tender a una autoculpabilización extrema, aferrarse a creencias disfuncionales, hacer comparaciones no saludables, hacerse autolesiones físicas u otra conducta equivalente, presentar ideación suicida recurrente o centrarse en el odio y la venganza sin ir hacia una acción reparadora. Pascual-Leone estudia estos aspectos desde los modelos de procesamiento emocional, mientras que la rumiación se ha propuesto y analizado más desde las teorías de regulación cognitiva de la emoción, pero existen muchos paralelismos entre estos conceptos. La autoculpabilización extrema, el "¿por qué a mí?", el rencor y la fijación con la injusticia o las creencias repetitivas, encajan en la definición de rumiación. La rumiación se ha descrito como un pensamiento negativo repetitivo, como un estilo de pensamiento respecto a los problemas (y las emociones) o a los recuerdos pasados, que es reiterativo, al menos parcialmente intrusivo, y del que al individuo le resulta difícil desengancharse (Ehring et al., 2011)

Muchas veces la persona no tiene conciencia de lo disfuncional de este mecanismo, ni tampoco cree tener otra opción. La percepción subjetiva de los pacientes que se enganchan en la preocupación (angustiarse por lo que puede venir) o la rumiación (dar vueltas y vueltas a lo que les pasa o lo que les ocurrió en el pasado), es que están haciendo grandes esfuerzos por sentirse mejor. Cuándo se preguntan una y otra vez "¿cómo puedo estar así?", creen estar realmente intentando entender lo que les ocurre. Sin embargo, *estos "porqués" no están basados en la curiosidad y la autoobservación, sino que funcionan como una autotortura*. Es como si la persona se cogiera por las solapas y se sacudiera, diciéndose que no tiene ningún motivo legítimo para estar así, y presionándose para ponerse bien de una vez.

Muchos estudios han estudiado el papel de la rumiación como *mecanismo mediador entre el trauma y la depresión*, es decir, el trauma generaría mayor rumiación, y esta tendencia rumiativa daría lugar a un cuadro depresivo. Por ejemplo, O'Mahen et al. (2015) vieron esta relación en mujeres con historia de trauma infantil, y Raes y Hermans (2008) también encontraron que la rumiación era un mediador potente entre la historia de abuso sexual y el número de episodios de depresión mayor en una muestra de mujeres. Drost et al. (2014), en una muestra mixta, vieron que la rumiación era un mediador parcial en la relación entre maltrato emocional y depresión. La tendencia rumiativa podría estar incrementada en determinados recuerdos de mayor complejidad, como ocurre en el abuso sexual (Millon, Chang y Shors, 2018). La vergüenza juega un papel más relevante que la culpa en la sintomatología depresiva, y esta relación viene mediada en buena parte a través de la rumiación (Orth, Berking y Burkhardt, 2006). Es decir, la rumiación no ha de entenderse desde el plano cognitivo, sino que se trata de un fenómeno más complejo que incluye aspectos emocionales y, a su vez, influye en la evolución de los mismos. Ante emociones y sensaciones inasumibles, el sujeto trata de resolver dando vueltas desde lo cognitivo, de un modo completamente improductivo, lo que lleva a un aumento de la emoción perturbadora, en un bucle de retroalimentación positiva (más rumiación ↔ más perturbación).

En mi experiencia, los pacientes con un estilo rumiativo suelen tener más dificultades durante el procesamiento, y requieren una preparación específica en la fase 2. Yo suelo explicar a los pacientes depresivos que hay muchas maneras de deprimirse, y que es importante aprender a "deprimirse bien". El que se deprime bien ve que está bajo de ánimo (percibe su estado emocional); lo acepta (no se pelea con lo que siente), no se exige funcionar como si estuviera bien, es consciente de sus límites y se adapta a sus posibilidades; deja de hacer lo que le hace mal (no empeora aún más las cosas), y trata de buscar cosas o personas que le ayuden, es capaz de buscar ayuda y de dejarse ayudar. Por el contrario, el que se deprime mal no nota que está decaído hasta que no puede más; cuando percibe tristeza o cansancio no quiere aceptarlos y se exige seguir funcionando igual que siempre ("no puedo estar así, no tengo motivos, tengo que ser fuerte"); se culpa duramente cuando no lo consigue, las cosas que hace cada vez lo complican todo más (se aísla por completo, se abandona, bebe alcohol, deja el tratamiento...); pone las cosas difíciles a los que tratan de ayudarle, y no quiere reconocer que necesita ayuda. Los que se deprimen de esta última manera "consiguen" que su estado depresivo dure mucho más tiempo y sea mucho más duro. El trabajo terapéutico, por tanto, es que aprendan a tratarse bien, y a tratarse aún mejor cuando se están sintiendo realmente mal. Solo cuando consigan hacer esto, podrán empezar a sentirse mejor. Esta es la propuesta terapéutica que les planteo a nivel muy general, hablaré de sistemas para trabajar en el autocuidado a lo largo de diversos capítulos. Esta idea encaja también con los planteamientos de varios autores, procedentes de distintos abordajes. Por ejemplo, algunos estudios han mostrado que el trabajo en autocompasión, un concepto estrechamente relacionado con el de autocuidado, puede revertir la rumiación (Odou y Brinker, 2014).

Sin un trabajo específico sobre estos patrones de regulación, es muy probable que el procesamiento con EMDR sea ineficaz. Cuando el paciente accede a material perturbador, tiende a entrar en este bucle de pensamientos recurrentes, ya que es su estilo habitual para manejar el malestar. En casos no demasiado marcados, llevar a la persona a centrarse en la sensación corporal, en lugar de en los pensamientos y en lo que viene a su mente, puede permitir que se procese el malestar. Sin embargo, cuando esta tendencia es extrema, es como si la rumiación añadiese más perturbación de lo que la estimulación bilateral es capaz de procesar. Tenemos un motor de achique para sacar agua de un barco, mientras su propietario, que nos ha pedido ayuda para mantener el barco a flote, no para de echar cubos de agua en su interior.

Con los pacientes altamente rumiativos, el trabajo de autocuidado no se limita al trabajo con el niño interior. En mi experiencia, es necesario también *abordar el autocuidado desde una perspectiva cognitiva.* La rumiación se establece a nivel del pensamiento, y trabajar en reconvertir este patrón de pensamiento incide de modo directo sobre el problema. Por supuesto, es importante explorar los elementos subyacentes, como la vergüenza, o la interiorización de una figura crítica u hostil de la historia del paciente (el paciente repite internamente lo que esa figura le decía), pero muchas veces el patrón está tan establecido, que se precisa incidir en el bucle rumiativo en sí mismo. Les explico a los pacientes que es como si les hubiesen dado una bicicleta con el manillar al revés, y ahora tuvieran que aprender a andar con el manillar colocado en la otra dirección. Lleva meses cambiar un patrón así, y por ello les planteo una tabla de ejercicios mental (Gonzalez, 2018):

1. ¿Qué me digo a mí mismo cuando me siento...?
2. ¿Dónde lo aprendí?
3. ¿Me ayudaba cuando esas personas me lo decían?
4. ¿Me ayudaría que los que me rodean ahora me dijeran esas cosas?
5. ¿Le diría eso a una persona a la que quiero y que me importa que se sintiera como me siento yo?
6. ¿Qué me ayuda ahora que me digan cuando me siento así?
7. ¿Qué me ayudaría decirme a mí mismo?

El paciente se va haciendo y contestando estas preguntas, parándose siempre a pensar la respuesta, aunque ésta sea obvia. Suele ser necesario repetirlo muchas veces en consulta, hasta que la persona va entendiendo el proceso. Luego se plantea como terapia para casa, aunque resulta extrañamente complicado que estos pacientes, que son tan insistentes en sus pensamientos negativos, sean igual de persistentes en hacer cosas para modificarlos. Me ha ido mejor grabando un vídeo con los pasos, y sugiriéndoles que cada día lo visualicen de forma pausada y reflexiva. De ese modo, el pensamiento va perdiendo rigidez, y la persona va aprendiendo a decirse "lo que le ayuda". El vídeo está accesible en YouTube (¿Qué me digo a mí mismo? Aprendiendo autocuidado).

Otro tipo de hiperfocalización que algunos autores engloban dentro del concepto de rumiación es la **preocupación**, pero esta tiene como matiz diferencial que está habitualmente proyectada al futuro. Cuando la persona se angustia con cosas terribles que podrían ocurrir, con anticipaciones catastróficas, estaríamos ante un funcionamiento preocupado. La rumiación es más característica de la depresión y la obsesividad, y la preocupación está más presente en los trastornos de ansiedad. Se han propuesto trabajos específicos con EMDR para trabajar con la preocupación, como es el procedimiento flashforward (Logie y De Jongh, 2014), en el que, cuando persisten miedos irracionales tras haber trabajado los recuerdos nucleares del pasado, se aborda como diana la anticipación catastrófica.

Aparte de este trabajo puntual sobre las anticipaciones de futuro, es importante encontrar el origen de la metacognición subyacente (Fisher y Wells, 2009), es decir, qué le dice al paciente que la preocupación le sirve para protegerse. En los entornos de apego preocupado, la preocupación se confunde con cariño y protección, pero las personas preocupadas no están más preparadas para lo que venga, ni protegen mejor a sus hijos. Muchas veces estas creencias son normas familiares no escritas, que se han transmitido transgeneracionalmente.

La rumiación y la preocupación pueden tener diferentes niveles e intensidades, que guardan relación con las dificultades para trabajar con el paciente en terapia. Un paciente con una tendencia rumiativa o hacia la preocupación, sobre todo cuando es marcada y persistente, supone un desafío importante no solo para el procesamiento de recuerdos, sino para cualquier trabajo terapéutico. Estos aspectos han de abordarse específicamente, ayudar al paciente a tomar conciencia de ellos y cuestionar su eficacia como estrategias de regulación. Dado que la persona está dirigiendo su energía a dar vueltas improductivamente al pasado o a los problemas presentes, podemos plantear nuestra intervención como un cambio en la dirección de esa energía. Yo suelo hablar a los pacientes de aprender a "bajarse de la noria", y usar su fuerza para empujar hacia delante, en lugar de girar en círculos o escarbar hacia abajo. Un modo de hacerlo es identificar qué nos decimos a nosotros mismos, entender de dónde viene lo que nos decimos, y pasar a decirnos algo que realmente nos ayude, siguiendo los pasos que mencionaba antes.

Suelo enmarcar el trabajo con la rumiación dentro del trabajo con patrones de autocuidado, que describíamos ya en el libro *EMDR y Disociación: El Abordaje Progresivo* (Gonzalez y Mosquera, 2012). Este trabajo empieza pidiendo al paciente que cubra la escala de autocuidado (Gonzalez-Vazquez et al., 2018), y enlazando la información que aporta con la historia temprana, en base a la entrevista que describía en el capítulo 6. Se trata de que la persona tome conciencia - de un modo general - de cómo se cuida y se regula, y de cómo se relaciona esto con cómo fue cuidado y regulado en su infancia y en las relaciones más significativas de su vida. Nos paramos tiempo en este trabajo, que supone una completa reformulación de la historia y la demanda del paciente, más o menos en esta línea:

"El problema no es que ahora estés mal, y que lleves mal desde que tu marido empezó a maltratarte. El problema es que hace muchos años que no vives con tus padres, y tú a ti misma te tratas mucho peor de lo que ellos te trataron (previamente el paciente ha de tener cierta conciencia de que su crianza fue disfuncional). Te insultas internamente por estar mal, te abandonas, te cuesta dejarte ayudar incluso por las personas que sabes que te aprecian. A veces incluso has pensado en asesinarte (uso intencionadamente esta palabra, en lugar de suicidio). Si todo esto le pasara a tu mejor amiga, ¿le dirías lo que te dices a ti misma?, ¿le aconsejarías hacer lo que tú haces? (la respuesta suele ser un no rotundo). Entonces, si tú te tratas igual o peor que las personas que peor te trataron, ¿cómo vas a ponerte bien? Yo no conozco a nadie que se trate mal y que mejore, es como si tuvieras una herida y vinieras a pedirme que te la cure, mientras tú arañas la herida hasta llegar al hueso. Lo que yo puedo hacer es trabajar contigo para que aprendas a cuidarte mejor, eso es lo que yo he visto que realmente ayuda a las personas que están en tu situación".

El paciente reflexiona sobre esta idea, y base a ella establecemos una especie de contrato terapéutico. La rumiación es entendida desde aquí como un patrón de autocuidado disfuncional: cuando lo que me digo a mí mismo ante determinados estados emocionales me hace sentir aún peor, he de cambiar esto que me suelo decir, por lo que me ayudaría decirme a mí mismo. Además de esto, si ha habido una historia de apego disfuncional (algo bastante frecuente en estos pacientes), es necesario un trabajo psicoeducativo en profundidad, y podemos complementarlo con un trabajo simbólico con el niño interior, que fue lo que inicialmente describimos en el capítulo de autocuidado del libro del abordaje progresivo (Gonzalez y Mosquera, 2012).

El trabajo con los recuerdos que están en la base de la rumiación o la preocupación es también muy útil, siempre que hayamos conseguido neutralizarla mínimamente como para poder llegar a un procesamiento efectivo de dichos recuerdos. Esto suele resultar más sencillo cuando estas verbalizaciones internas negativas se inician en la edad adulta. Por ejemplo, un maltrato de pareja prolongado puede dar lugar a un patrón rumiativo y a una frecuente culpabilización y autodegradación de la paciente, repitiendo lo que ha vivido con la persona maltratadora. Si la historia de apego temprano fue medianamente saludable, o si buena parte de la sintomatología empieza a raíz del maltrato, el identificar y procesar recuerdos relacionados con el inicio del problema, puede ser enormemente productivo de cara a la rumiación. Esto no es lo más probable, ya que con frecuencia llueve sobre mojado, y solemos encontrar un apego temprano disfuncional en víctimas de violencia de pareja. Veamos un ejemplo que revisé con una compañera.

Terapeuta: ¿Cómo estás?

Paciente: Estoy como enfadada conmigo misma, me siento mal. No consigo arreglar las cosas y ya hace 3 años, todo me sale mal.

T: El otro día me comentabas como fue tu relación de pareja con este hombre (la paciente está actualmente en proceso judicial por maltrato). ¿Te das cuenta de que te enfadas contigo misma todo el tiempo? En el fondo te estás tratando igual de mal que te trataba él.

P: Yo me siento culpable de todo.

T: Es bueno echarnos la culpa de aquello de lo que somos responsables, pero echarnos la culpa de cosas que no fueron responsabilidad nuestra solo sirve para machacarnos.

P: Yo tengo la culpa de todo lo que pasó, de lo que estoy pasando, no tenía que haber vivido con esa persona, mira todo lo que pasaron mis hijos.

T: Cuando uno echa la vista atrás todo parece muy claro, pero en aquel momento no veías más opciones ¿no?

P: Sí, es cierto.

T: Si hubieras sabido que ese hombre iba a darte esa vida ¿te hubieras casado con él?

P: No, él no era así, era otra persona.

T: Sin embargo, no tienes esto en cuenta ¿Te das cuenta de que te machacas continuamente?

P: Pero no lo puedo evitar.

T: A veces nuestro peor enemigo somos nosotros mismos, es importante que tomes conciencia de lo que tú te dices a ti misma, de qué pensamientos pasan por tu cabeza, porque si estás todo el día diciéndote cosas negativas es normal que te sientas fatal. Es importante que cambiemos esto, a la vez que vamos trabajando con los recuerdos.

P: Sí, te entiendo, pero hay momentos que me vengo abajo.

T: Y es en esos momentos en los que es más importante que te trates bien y te cuides mejor.

P: Pero esto no pasa (llora), yo no consigo nada, me siento una inútil, voy para atrás, yo intento hacer algo y sale mal.

T: ¿Te das cuenta de cómo te estás tratando ahora? ¿Le dirías algo así a alguien a quien quieres, si lo vieras en tu situación?

P: No, claro que no.

T: ¿Por qué?

P: Ya, ya lo entiendo, no la ayudaría.

T: Pues eso, es importante que aprendas a decirte cosas que te ayuden. De ese modo el malestar mejorará un poco, en lugar de hacerlo crecer aún más.

P: A veces tomo pastillas para dormir, eso me ayuda.

T: Si es bueno para ti, es una manera de cuidarte. Pero es importante que aprendamos más maneras, y para eso es fundamental que entendamos por qué ahora tienes tanta tendencia a hacer esto. Dime, cuando tú eras pequeña ¿cómo te cuidaron a ti tus padres?

P: Bien, éramos pobres, pero nunca me falto cariño. Mi padre era un poco seco, pero bien. Mi madre era muy cariñosa.

T: ¿Por qué crees tú que ahora te cuidas tan mal?

P: Antes de esa relación yo me cuidaba bien; después de él, cambió mi vida.

T: ¿Y no te parece que estás siendo muy injusta? Ya te llegó vivir tantos años con una persona que te trataba mal. Antes sufrías por lo que él te hacía, pero ahora sigues tratándote como te trataba él y eso te hace sentir mucho peor, ¿te das cuenta?

P: Nunca pensé en lo que me estás diciendo.

T: ¿Pero crees que tiene sentido para ti?

P: Sí. Antes escuchaba voces, como que me estaban gritando.

T: ¿Era la voz de él?

P: Sí, me decía "ven aquí bruja".

T: ¿Cuánto hace que no escuchas esas voces?

P: Como 1 año, yo antes me escondía, ahora ya no. Aún sigo teniendo miedo, entonces procuro estar con gente o estar con el teléfono en la mano.

Aunque ha oído voces en el pasado, lo que puede entenderse como un síntoma disociativo, la paciente no tiene otra sintomatología de este tipo que nos lleve a modificar el abordaje del caso. Estas voces parecían ser reproducciones literales de frases que el ex-marido le decía con frecuencia, más que partes de la personalidad con autonomía mental importante. Además, son como una versión extrema y más disociada de la autoculpabilización rumiativa actual, que ahora es un pensamiento que la paciente vive como más egosintónico (lo siente más como parte de su propio proceso mental, que como algo que venga de fuera). A lo largo de su evolución ha habido una tendencia a la integración de este elemento previamente disociado. Probablemente sería distinto si este problema se derivara de experiencias más tempranas con los cuidadores primarios, o si hubiera habido más problemas con respecto a esto. En ese caso, tendríamos que explorar esto como una parte disociativa, y buscar algún tipo de diálogo con esas voces.

T: ¿Dónde sientes ese miedo?

P: En el estómago, y me dan ganas de esconderme.

T: Es normal, porque al notar miedo, lo asocias con el peligro que viviste. ¿Sientes que hay peligro aquí, ahora?

P: No.

El terapeuta le propone un ejercicio de cuidar la sensación, y le recuerda ejercicios de relajación a través de la respiración que había aprendido en una terapia anterior. Pero probablemente lo que más la puede ayudar con ese miedo es trabajar las situaciones de agresión vividas. Explora con la paciente si se ve preparada para ello.

P: No, si no te importa, mejor otro día.

T: Podemos hacerlo otro día, si eso es mejor para ti, pero explícame: ¿Por qué no quieres hacerlo ahora?

P: Porque siento mucha tristeza en el corazón.

T: Entonces igual no trabajar ese recuerdo no es lo mejor que puedes hacer por ti. Si procesamos ese recuerdo, te puede ayudar con esa sensación; si no lo hacemos, te la vas a llevar puesta.

P: Bueno, si tú ves que es mejor, lo hacemos.

T: Con la tristeza no tiene sentido pelearse, es normal que con ese recuerdo te pongas triste.

P: Triste, y también siento vergüenza.

Es importante que la paciente haya podido manifestar esta emoción a la terapeuta. Es un buen indicador, y vemos que también es capaz de hacer cambios en su modo de regularse a raíz de las sugerencias de la terapeuta. No hay indicios que contraindiquen un trabajo con el recuerdo. Se trata de un momento en el que el ex marido le dio una bofetada delante de todos los que estaban en el bar. Se preguntan los elementos de la fase 3, y se empieza la desensibilización:

P: Me viene todo lo que pasó.

EB.

P: La dueña del bar.

EB.

T: ¿Qué te viene?

P: Miedo de contárselo a mis hijos.

EB.

P: Tenía que haber contado todo esto.

EB.

P: Tenía que haberlo dejado ¿Por qué no lo hice?

EB.

P: Aguanté demasiado, siento peso.

T. ¿Dónde notas ese peso en el cuerpo?

P: En el corazón.

EB.

P: Era débil.

EB.

P: Realmente aguanté tratando de ser valiente, intentando que mis hijos no supieran lo que estaba pasando.

EB.

P: Tendría que estar orgullosa de mí, y no lo estoy.

EB.

P: Tengo que ser fuerte, y sacar eso de dentro de mí.

EB.

P: Tengo que quitar este daño de dentro de mí, tengo que sentirme mejor.

T: EB.

P: Me merezco una oportunidad.

EB.

T: Si traes ese recuerdo a la cabeza, ¿cuánto malestar sientes?

P: Me siento fuerte porque fui capaz de salir de allí.

T: Del 0 al 10, ¿cuánto malestar notas? Nota tu cuerpo.

P: Un 6, yo tengo que seguir luchando.

T: Quédate con esa sensación.

EB.

P: ¿Cómo voy a sacar ese miedo que aún me queda dentro?

EB.

T: ¿Qué te viene?

P: Que no soy una inútil, que yo puedo (llora).

T: EB (pasa a tapping, tanda más larga, la paciente llora durante unos minutos y la perturbación va bajando).

La paciente, como vemos, sigue intentando pelear, sigue centrada en resistir, en el "soy fuerte". Esto fue lo que puso en marcha en toda la etapa del maltrato, aunque en lugar de protegerla, la hizo aguantar demasiado. Cuando atravesamos una situación difícil solo podemos centrarnos en salir adelante. Un entretejido en este sentido, quizás hubiese acortado esta cadena asociativa. De todos modos, siguiendo con la EB la paciente consigue conectar con la tristeza subyacente y dejarla salir.

P: Tranquilidad.

T: Del 0 al 10 ¿cuánto malestar notas?

P: 0.

EB.

P: Ahora mismo me siento aliviada, me vino un recuerdo muy bueno. Cuando me vine a esta ciudad conseguí un trabajo muy bueno; hace unos días me encontré a una señora a la que había atendido, y me dijo que había sido la mejor que había trabajado allí.

T: ¿Te das cuenta de todas las cosas que haces bien?

No sabemos si la sesión hubiese podido evolucionar igualmente hacia elementos positivos, si no se hubiera introducido previamente la idea de cambiar el discurso interno por uno que ayudase más a la paciente. Tampoco podemos saber si reintroducir esta idea durante el procesamiento hubiese sido de ayuda. Me inclino a pensar que sí. La solución para que el dolor se vaya no es centrase en ser fuerte, eso es lo que hay que hacer para sobreponernos cuando no podemos pararnos a ver cómo nos sentimos. Una vez salimos de la situación, es necesario aprender a ser débil, darnos cuenta de que nos sentimos mal y entenderlo, cuidar y regular nuestras sensaciones, y apoyarnos en los que nos puedan aportar alguna ayuda. Esto es lo que a esta paciente le estaba costando.

Seguramente, si su historia temprana hubiese sido también complicada, si como tantas veces en el maltrato de pareja fuese solo una de muchas experiencias relacionales adversas, probablemente las tendencias disfuncionales de regulación emocional estarían más arraigadas y serían más rígidas. También hay personas que por su estructura temperamental tienden ya a la rigidez, a la ansiedad, o a determinados estilos de regulación, lo que puede ser potenciado o atenuado por factores ambientales. En estos casos, el trabajo para cambiar lo que la persona se dice a sí misma cuando se siente mal, requiere mucho más tiempo y esfuerzo. Como sabemos, la fase 2 de preparación en EMDR habrá de ajustarse a las necesidades de cada paciente, y este aspecto es relevante para poder conseguir más adelante un procesamiento eficaz.

La idea de estas intervenciones no es corregir por completo las disfunciones en la regulación afectiva antes de pasar al trabajo con el trauma. En las primeras etapas el tema se introduce y se trabaja hasta cierto punto, pero se van empezando a procesar recuerdos en cuanto sea posible.

El plan terapéutico

El orden en el que abordamos los recuerdos traumáticos y el modo en el que nos aproximamos a este material es un proceso complejo de toma de decisiones. La regulación emocional es uno de los elementos que han de incluirse en la ecuación:

- *Si tenemos un patrón de regulación patológico,* es conveniente abordar primero los recuerdos que puedan haberlo generado o alimentado; de ese modo desmontaremos ese patrón desde la base al tiempo que vamos ayudando al paciente a identificarlo y modificarlo.
- *Si el paciente no está en condiciones de abordar recuerdos traumáticos,* podemos trabajar desde el autocuidado, tanto a nivel cognitivo (qué me digo a mí mismo) como somático (cuidar la sensación) o simbólico (trabajo de regulación del adulto que es hacia el niño que fue).
- *Si la persona tuviera disociación-compartimentalización significativa,* mucho de este trabajo se estructuraría teniendo en cuenta las partes disociativas, empleando intervenciones específicas.

Incorporar la estimulación bilateral ayuda a profundizar y desbloquear el sistema de un modo más potente, y no tiene sentido demorarlo innecesariamente. Si alargáramos la fase 2 hasta que el paciente normalizara su estilo de regulación esta se haría demasiado extensa, prolongando innecesariamente el sufrimiento del paciente. En no pocos casos, no podría conseguirse modificar el estilo de regulación de paciente en profundidad sin abordar los recuerdos que están en la base de esos patrones. Ir entrelazando ambos elementos parece por tanto lo más realista y productivo.

La estructuración del plan terapéutico teniendo en cuenta la regulación emocional se describe en el siguiente gráfico:

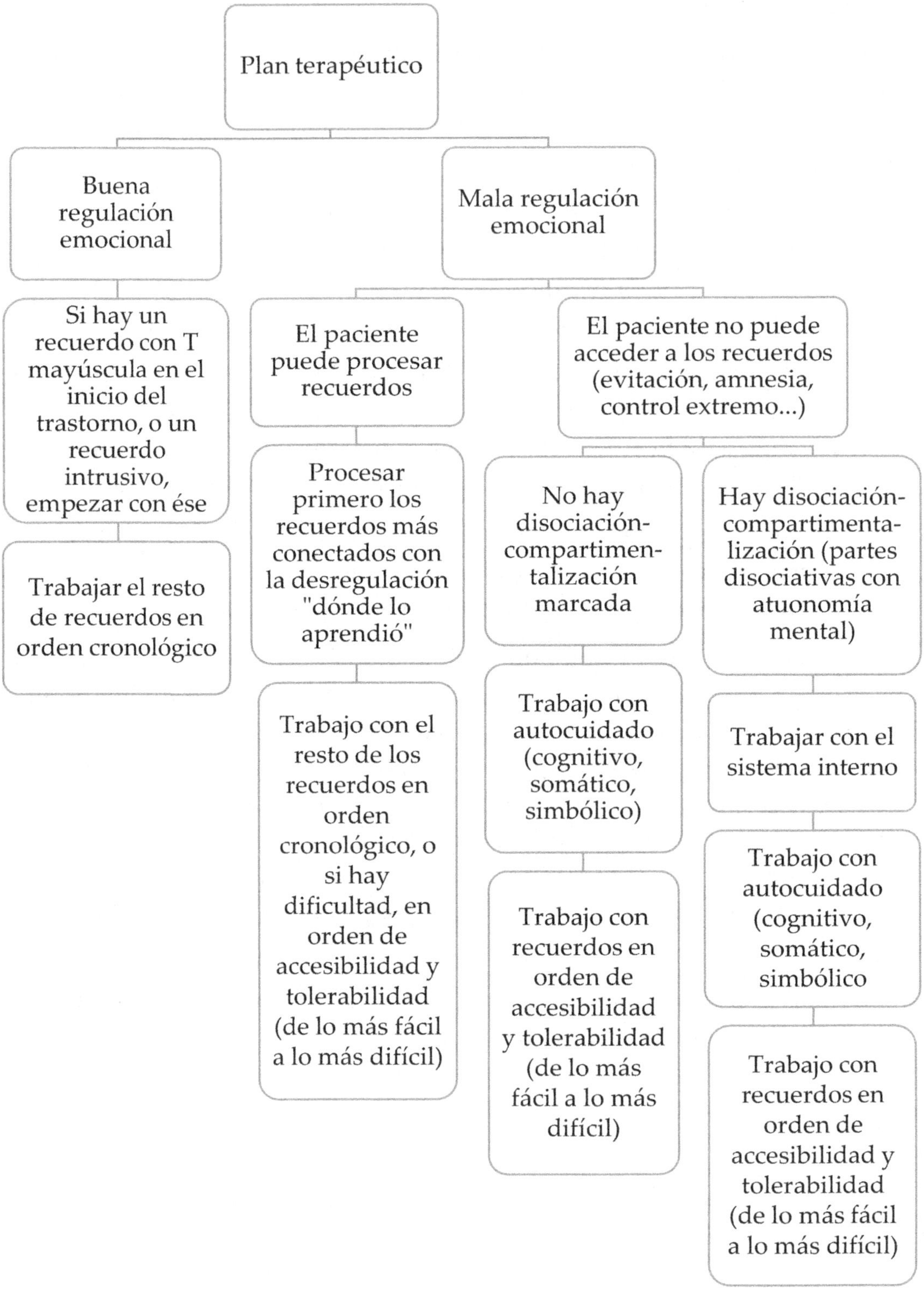
Plan terapéutico
Buena regulación emocional
Mala regulación emocional
Si hay un recuerdo con T mayúscula en el inicio del trastorno, o un recuerdo intrusivo, empezar con ése
Trabajar el resto de recuerdos en orden cronológico
El paciente puede procesar recuerdos
Procesar primero los recuerdos más conectados con la desregulación "dónde lo aprendió"
Trabajo con el resto de los recuerdos en orden cronológico, o si hay dificultad, en orden de accesibilidad y tolerabilidad (de lo más fácil a lo más difícil)
El paciente no puede acceder a los recuerdos (evitación, amnesia, control extremo...)
No hay disociación-compartimentalización marcada
Trabajo con autocuidado (cognitivo, somático, simbólico)
Trabajo con recuerdos en orden de accesibilidad y tolerabilidad (de lo más fácil a lo más difícil)
Hay disociación-compartimentalización (partes disociativas con atuonomía mental)
Trabajar con el sistema interno
Trabajo con autocuidado (cognitivo, somático, simbólico
Trabajo con recuerdos en orden de accesibilidad y tolerabilidad (de lo más fácil a lo más difícil)

Capítulo 14
Estrategias de infra y sobrerregulación

Como hemos visto, los conceptos que se han incluido dentro del campo de la regulación emocional son muy variados, y se han propuesto muchos modos diferentes de clasificarlos. La polaridad entre mucha y poca emoción es solo una de las categorizaciones posibles, como se describía en el capítulo sobre la ventana de tolerancia. Otra de las formas de entender la regulación emocional es analizarla en función de *lo que el paciente hace con la emoción*. En relación con esto, en los estudios sobre neurobiología de la emoción y de los circuitos implicados en los procesos regulatorios, se ha dado un papel muy relevante al córtex prefrontal. El funcionamiento óptimo de estas áreas se alcanza en los niveles medios de activación, presentándose problemas tanto por hiper como por hipoactivación prefrontal (Del Río-Casanova et al., 2016a). Esto guarda cierta relación con el nivel de arousal, pero no es en absoluto equivalente.

A nivel general podemos hablar de estrategias de **infrarregulación** (hago poco o nada con mis emociones) o de **sobrerregulación** (hago demasiado). Ambos patrones disfuncionales se han relacionado con los estilos de apego inseguro. Los pacientes con apego ansioso/preocupado presentan una alta activación emocional que no regulan por sí mismos, sino que buscarán una regulación externa bien en otras personas ("son los demás los que me tienen que calmar, yo no puedo"), o a bien través de una regulación instrumental (drogas, autolesiones o conductas). Por el contrario, los sujetos con apego evitativo/distanciante tenderán a sobrerregular sus estados emocionales, poniendo distancia con el otro y desarrollando una autosuficiencia extrema y patológica (Dozier et al. 1999; Brennan y Shaver 1995; Mikulincer et al. 1993).

Estas estrategias tienen sus raíces en las primeras etapas de la vida y en la interacción con los cuidadores principales, aunque circunstancias posteriores graves y crónicas pueden generar patrones persistentes de funcionamiento. Los eventos traumáticos se entremezclan con las experiencias en las relaciones de apego, produciendo efectos multiplicativos. Por ejemplo, el maltrato infantil genera una activación emocional extrema, que queda asociada a la memoria de la agresión (Van der Kolk et al., 1996), pero se asocia también a rabia, vergüenza y tristeza, que se experimentan como abrumadoras. El individuo estará de adulto en alerta permanente, ya que su sistema se configuró así, o experimentará sentimientos persistentes de vergüenza, rabia, inseguridad o no valía (Herman, 1992). Ante estos sentimientos desbordantes, el individuo puede "borrarse de la ecuación" y no intentar siquiera ningún tipo de regulación (infrarregulación), o irse al otro extremo e intentar controlar por todos los medios a su alcance esas sensaciones (sobrerregulación).

En este capítulo, me centraré en la comprensión de estos dos estilos de infra y sobrerregulación, sus bases neurobiológicas y su relación con los trastornos postraumáticos. Dedicaré después dos capítulos más a cada uno por separado, centrándome más en sus implicaciones clínicas.

El papel de las áreas prefrontales

El córtex prefrontal parece tener un papel clave en la regulación de las emociones. Un hallazgo muy replicado es la existencia de dos circuitos interconectados: uno dorsal relacionado con el control ejecutivo o *sistema ejecutivo frío*, y uno ventral que se ocupa del procesamiento emocional o *sistema emocional caliente*:

- El sistema *dorsal (sistema ejecutivo frío)* incluye regiones cerebrales como el córtex prefrontal dorsolateral y el córtex parietal lateral, que son áreas clave para el mantenimiento de la información orientada a metas en la memoria de trabajo.
- El sistema *ventral (sistema emocional caliente)* incluye a la amígdala, el córtex prefrontal ventrolateral y el ventromedial.

También tienen relación con estos sistemas el córtex orbitofrontal y el occipitotemporal (Iordan et al., 2013). Ambos sistemas compiten por los recursos atencionales, y son claves en el control cognitivo de las emociones (Yamasaki et al., 2002).

Traducido a un lenguaje más cotidiano, nuestras áreas prefrontales más desarrolladas se dedican a la planificación y ejecución de tareas (sistema dorsal) o a la regulación de las emociones (sistema ventral), y la atención se orienta más a uno u otro aspecto según los requerimientos de la situación. Cuando nuestras emocionas se desbordan, toda nuestra atención ha de focalizarse ahí, y estamos en peores condiciones para ser resolutivos. Cuando estamos centrados en resolver y solucionar, no podemos pararnos tanto a ver cómo nos sentimos. Algunas personas recurren a esto como un "truco" para no tener que lidiar con emociones que les resultan menos manejables: se mantienen ocupados, se centran en la acción, y procuran no pararse nunca a observar cómo se sienten. Lo ideal es que podamos ir hacia uno u otro sistema de modo flexible y adecuado a la situación.

El córtex prefrontal (CPF) no es ni mucho menos un área simple, sino que está compuesto de distintas zonas con funciones diversas pero interrelacionadas. Junto al lóbulo prefrontal, se han relacionado otras áreas con aspectos de regulación emocional en relación con el trauma y la disociación:

a) El **córtex prefrontal dorsolateral** tiene que ver con el control cognitivo, con los procesos de inhibición y la selección de información (Wager et al., 2008) y también con la expectativa emocional (Ochsner y Gross, 2005; Dolcos et al., 2008). Cuando nos distraemos de una emoción, esta área se desactiva.

b) El **córtex prefrontal ventromedial** se ha relacionado con tres circuitos neurales:

- Junto a la *amígdala*, regula las emociones negativas (Phelps et al., 2004; Milad et al., 2006; Rauch et al., 2006).

- Junto al *estriado ventral*, está implicado en el refuerzo y el valor dado a las recompensas (McClure et al., 2004; O'Doherty, 2004, 2011).

- Junto al córtex prefrontal dorsomedial, el cingulado posterior/precuneus, y el córtex parietal lateral inferior, integran la *red neural por defecto*, que se ha asociado a la conciencia de uno mismo y a la rumiación (Buckner et al., 2008; Qin y Northoff, 2011; Whitfield-Gabrieli et al., 2011).

c) El **córtex orbitofrontal** ejerce un control inhibitorio y juega un papel en la integración del procesamiento cortical con el originado a nivel subcortical y troncoencefálico (Forrest, 2001; Fuster, 2001).

d) El **córtex cingulado anterior** también intervendría en la regulación emocional, y se conecta con el *núcleo mediodorsal del tálamo*, responsable de funciones de regulación autonómica (Lanius et al., 2014).

Se ha propuesto que las áreas prefrontales y límbicas se contrarrestan. Cuando se está analizando el significado emocional de un estímulo, aumenta la actividad de la amígdala y el córtex orbitofrontal, y disminuye el CPF ventrolateral derecho. A la inversa, cuando la persona está poniendo nombre a ese estímulo, las áreas límbicas bajan su actividad, lo que se conoce como *supresión cognitiva de la emoción* (Hariri et al., 2000; Robinson et al., 2013). Fijémonos lo interesante de estos datos. El tiempo que dedicamos a explorar la creencia negativa - que es mucho más que una cognición, es el significado emocional profundo de la experiencia - podría estar ayudando a activar la amígdala y el córtex orbitofrontal, y ayudarnos así a acceder al material asociado al recuerdo. De hecho, lo que hacemos en esta fase del protocolo es *acceder* al recuerdo, es decir, activarlo en el sistema nervioso para que pueda luego ser procesado. En cambio, cuando le pedimos feedback a un paciente durante la fase 4 de desensibilización y le preguntamos al paciente "¿qué te viene?" o "¿qué notas?", quizás no estamos únicamente obteniendo información los terapeutas sobre lo que el paciente experimenta internamente y sobre cómo evoluciona el procesamiento; puede que al describir lo que le viene o lo que nota, el paciente esté contribuyendo a disminuir la activación límbica y a regular la emoción que está sintiendo. Probablemente, la evolución de las técnicas de neuroimagen nos irá dando una información más precisa del efecto de cada una de las cosas que ocurren en las sesiones de reprocesamiento.

Las estrategias de infrarregulación y sobrerregulación en los cuadros postraumáticos

Las estrategias de infra y sobrerregulación que se describen en este capítulo tienen también que ver con estos mecanismos. En la infrarregulación, el prefrontal no puede calmar a la amígdala, que está disparada. En la sobrerregulación ocurre lo contrario: el prefrontal ahoga a la amígdala, que presenta una actividad muy disminuida.

Vamos a ver estos patrones en los distintos trastornos postraumáticos. Aunque numerosas patologías se han vinculado con experiencias traumáticas previas, hemos propuesto que el estrés postraumático, el trastorno de personalidad límite, y la disociación psicomorfa y somatomorfa, serían patologías en las que la contribución de dichas experiencias sería mayor (Del Río-Casanova et al., 2016). Estas patologías se asociarían a un equilibrio frontolímbico alterado, tanto por exceso como por defecto.

Como veíamos en el capítulo sobre la ventana de tolerancia, incluso *dentro del TEPT* se presentan dos patrones contrapuestos. El más general es la hiperreactividad amigdalar con escasa actividad de las regiones frontales, parietales y del córtex cingulado (Simmons et al., 2011; Blair et al., 2013; Stevens et al., 2013; Bremner et al., 2004; New et al., 2009; Aupperle et al., 2012; Esterman et al., 2013). Sin embargo, el subtipo disociativo de TEPT incluido en el DSM-5 se caracteriza por lo contrario, una baja activación autonómica junto a una excesiva activación prefrontal (Griffin et al., 1997; Lanius et al., 2010; Lanius et al., 2010b). Hopper et al. (2007) ha propuesto un modelo en el que ambos patrones de infra y sobrerregulación estarían en los extremos, y la evitación se situaría en un punto intermedio.

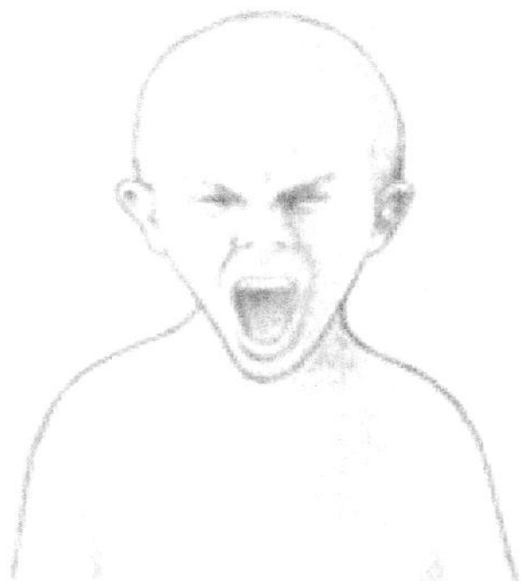

Infrarregulación
"No puedo hacer nada con lo que siento"
"No me puedo controlar"
"Soy incapaz"

Sobrerregulación
"No quiero sentir esto"
"No debería sentirme así"
"Esto no me va a afectar"
"Soy fuerte"

En los pacientes con *trastorno límite de personalidad* se ha visto un equilibrio frontolímbico similar al patrón más frecuente del TEPT, con una hiperactividad límbica (Donegan et al., 2003; Krause-Utz et al., 2012; Domes et al., 2009) y una conectividad frontolímbica disminuida (Grant et al., 2007; New et al., 2007). Esto también parece presentarse con algunos síntomas disociativos (Ebner-Priemer et al., 2009; Limberg et al., 2011; Krause-Utz et al., 2012; Barnow et al., 2012).

En los *cuadros disociativos psicomorfos y somatomorfos* se han visto patrones muy diversos, en función del tipo de síntoma predominante. No me extenderé aquí en una descripción pormenorizada de estos hallazgos (ver Del Río-Casanova et al., 2016 a y b). Lo más importante a tener en cuenta es la enorme *variabilidad en la respuesta*. Por ejemplo, los casos más complejos de trastorno de identidad disociativo pueden oscilar entre una hiperactivación, hipoactivación o ausencia de modificaciones en el estado basal frente a un paradigma relacionado con el trauma (Putnam et al., 1990; Reinders et al., 2006; Dale et al., 2008; Schlumpf et al., 2014). Las estrategias de infra y sobrerregulación pueden alternar, a veces en un breve lapso de tiempo.

¿Por qué nos interesa todo esto a la hora de trabajar en terapia? En los estudios sobre neuroimagen en TEPT antes y después de hacer EMDR, se ha visto cómo este patrón de hiperactividad amigdalina y prefrontal hipofuncionante se revertía tras la terapia. No sabemos si esto es simplemente una consecuencia de la mejoría sintomática, o si estas áreas están directamente implicadas en el efecto de la estimulación bilateral. Si los estudios que muestran que los movimientos oculares disminuyen la activación amigdalina (ej: De Voogd et al., 2018) estuvieran reflejando un efecto directo del movimiento ocular sobre la amígdala, ¿qué ocurriría en los cuadros postraumáticos con más disociación, donde la amígdala está hipoactivada? Es decir, hemos visto que con MO la amígdala disminuye su hiperfunción previa, pero ¿incrementarían los MO la activación en una amígdala hipofuncionante? ¿podemos trasladar automáticamente los resultados obtenidos en el TEPT clásico al patrón opuesto que se presenta en el TEPT disociativo? Aunque algunos estudios parecen reflejar un efecto de EMDR similar en el subtipo disociativo del TEPT (Zoet et al., 2018), este aspecto está empezando a estudiarse. Tampoco podemos trasladar los resultados del TEPT con sintomatología disociativa a los casos de trastornos disociativos más complejos. Más aún, los resultados obtenidos en el TEPT no pueden generalizarse sin más a todas las estrategias de infra y sobrerregulación. Lo que pretendo con esta explicación es que tomemos conciencia de la complejidad de estos mecanismos, y de que las conclusiones que saquemos de los fascinantes estudios con neuroimagen que se han ido publicando en las últimas décadas sean cautas. Distintas presentaciones clínicas pueden mostrar respuestas diferentes, y hay muchos aspectos de los que todavía sabemos bien poco.

¿Cómo influyen estos aspectos en el trabajo terapéutico?

Dejando aparte los estudios de neuroimagen, el manejo clínico parece ser diferente en pacientes con infra y sobrerregulación. Ante pacientes con altos niveles de activación, que no parecen poner en marcha estrategias para regularse - lo que indicaría una escasa actividad prefrontal - el procesamiento con EMDR puede funcionar a veces sin demasiados obstáculos, como veíamos en el ejemplo de caso que se describía en el capítulo de la ventana de tolerancia. Por el contrario, mi impresión es que los pacientes que están "haciendo de más", en lo que a regulación se refiere, los que tratan de controlar sus emociones o las anulan por medio de la supresión o la disociación, son un caso bien distinto.

En el siguiente cuadro puede verse un esquema de estas situaciones y las diferencias en el manejo clínico. Por supuesto, esto es un diagrama que surge de la intuición clínica, pero que desde mi punto de vista tiene sentido si miramos lo que la investigación en neurobiología nos va dibujando respecto al papel de las áreas prefrontales en las respuestas postraumáticas.

Trastornos	Alteraciones	En terapia
Infrarregulación (no hago nada)	Prefrontal ↓ Amígdala ↑	Cuando "sigue con eso" no basta para procesar la emoción
TEPT TLP TD con hiperactivación (síntomas positivos, arousal elevado)	Hiperemocionalidad El paciente no sabe qué hacer con sus emociones Estrategias compensatorias: evitación, regulación externa (drogas, autolesiones…)	El terapeuta hace de "entrenador prefrontal", introduciendo estrategias de regulación adaptativas Prevención y toma de conciencia de estrategias compensadoras
Sobrerregulación (hago de más)	Prefrontal ↑ Amígdala ↓	Cuando "sigue con eso" no basta para procesar la emoción
TEPT Disociativo TLP con síntomas disociativos TD con más desconexión Disociación somatomorfa	Amígala hiper o hipofuncionante (arousal muy alto o muy bajo) Prefrontal hiperactivado (intento de control o anulación de la respuesta emocional)	El terapeuta promueve la conexión y modula la estrategia cognitiva sobre las emociones (evitando que el paciente haga demasiado o emplee estrategias contraproducentes como la rumiación)

En resumen, cuando el paciente está haciendo mucho control cognitivo sobre la emoción, hemos de ayudarle a no hacerlo, a "dejar que venga lo que tenga que venir". Cuando está dejando que la emoción se desborde sin hacer nada, "borrándose de la ecuación", hemos de ayudarle a tomar las riendas y a hacer algo productivo para regularla. En este último caso no se trata solo de que el terapeuta transmita que está presente, sobre todo en pacientes con tendencia a buscar la regulación en los demás, sino de ayudarle a adoptar una posición activa a la hora de modular sus emociones. Veremos más en detalle las diferencias del trabajo entre ambos patrones en los siguientes capítulos.

Capítulo 15

El trabajo con pacientes infrarregulados

La infrarregulación está relacionada con una creencia de base: "No puedo hacer nada con mi emoción". La persona ve sus estados emocionales como fenómenos atmosféricos fuera de su alcance y fuera de su control, como algo que va "por libre" y ante lo que no intenta siquiera influir en ningún modo. En ocasiones, esto va asociado a una constante búsqueda de la regulación por parte del otro, como si el paciente diera por sentado que no puede regularse por sus propios medios si no hay otra persona que haga esa función. Esto suele generarse en escenarios más relacionados con el apego preocupado, aunque no es siempre el caso. En el ejemplo que veremos a continuación, la paciente está constantemente buscando que otro la regule, y esto es también lo que aparece espontáneamente en el procesamiento, debido a que la figura de apego central - que para ella fue su abuela - dejó de estar ahí en un momento temprano de su vida. Sus padres eran emocional y físicamente abusivos, pero la dejaron los primeros años al cuidado de sus abuelos. Mientras vivió con ellos se sintió querida y protegida. Con 8 años sus padres la llevan con ellos, y rompen toda relación con los abuelos. Dos años después su abuela muere. De algún modo, esta ruptura la deja atascada en una posición infantil, como si siguiera buscando a la figura de apego perdida.

Otras veces la infrarregulación tiene que ver con modelos reguladores ausentes. El segundo caso es una mujer que crece en un desierto emocional, con una madre mentalmente muy enferma, con nula afectividad, y una infancia que transcurrió en medio de carencias afectivas y materiales severas. No hubo hostilidad por parte de los cuidadores, sencillamente no hubo nadie. Esta mujer no pone en marcha estrategias de regulación disfuncionales, pero cuando se siente mal, no es capaz de activar ninguna estrategia de regulación funcional. No busca que el otro la regule, aprendió desde muy pronto que no habrá nadie ahí cuando esté mal.

Veamos algunos fragmentos de una sesión de la primera paciente. La terapeuta no adopta una posición activa en la sesión, intentando dejar el procesamiento a su curso espontáneo, de modo que podemos observar qué es lo que surge con un "sigue con eso".

Paciente: Mi padre me humillaba, me daba donde más me dolía, me decía "eres una foca, estás gorda".

Terapeuta: Y qué notas tú.

P: Soledad.

EB.

P (llora desconsoladamente): Me gustaría pegarle.

EB.

T: ¿Qué te viene?

P: Que no entiendo nada, no entiendo por qué.

EB.

P (llora): Me viene mi madre.

EB.

P (llora): Necesito que me abracen, que me defiendan.

EB.

T: ¿Qué te viene?

P: Que tengo la culpa.

T: ¿Dónde lo notas?

P: En la barriga.

EB:

P: Me siento desvalida, estoy sola.

EB.

P: Necesito a mi hermana.

EB.

P: No me habla.

EB.

P: Tengo un gatito.

T: Quédate con eso.

P: Estoy con él, se llama Mino y es él el que me cuida.

EB.

P: Estoy con Mino, estoy tranquila.

EB.

P: Sé que cuando me levante y me vaya de aquí va a ser otra vez lo mismo.

EB.

P (llora): Necesito a mi abuela.

EB.

P (llora, suspira): Me niego, no quiero aceptar que no está... la necesito.

Cómo esto la lleva a entrar en el duelo de la abuela, y no queda mucho de sesión para entrar en un recuerdo tan doloroso (que además se había intentado procesar sin éxito a lo largo de varias sesiones), la terapeuta trata de cerrar con una imagen positiva.

T: Trae a tu cabeza una imagen agradable, que te transmita calma.

P: Estar con mi pareja en la playa.

Como vemos, en cuanto aparece cualquier emoción perturbadora, la paciente piensa en otro que la regule, pero esto no parece llevar a un procesamiento productivo. Hay mucho que trabajar con ella para restaurar un sistema de regulación emocional que funcione de modo más eficiente. También será necesario trabajar en el duelo de la abuela, y en la aceptación de la pérdida. Otro aspecto que va a haber que abordar específicamente es la relación terapéutica, ya que como es lógico la paciente busca en el terapeuta un regulador externo como acostumbra a hacer, borrándose ella de la ecuación, lo cual no hace más que mantener la disfunción. Aquí trabajar los recuerdos que están en la base de sus problemas de infrarregulación no parece que sea suficiente.

Veamos el caso de la segunda paciente. Claudia tiene una historia compleja, con múltiples eventos traumáticos graves. Su madre padecía un trastorno mental severo, lo que supuso para ella situaciones de carencias graves tanto emocionales como materiales. Sufrió abuso sexual, trabajó en la prostitución, perdió a un hermano con el que tenía un fuerte vínculo, uno de sus hijos murió trágicamente, su hija tiene muchos problemas de salud, y vive en una relación de pareja en la que no se siente entendida ni respetada. En ocasiones ha tenido síntomas psicóticos, que se controlaron con antipsicóticos a dosis bajas. Pese a ello es una mujer que afronta los problemas y busca soluciones. Se las arregla sola, como siempre ha hecho, pero le cuesta buscar ayuda y dejarse ayudar; de hecho, le costó poder confiar e implicarse en la relación terapéutica. A nivel de estrategias de regulación no tiene tendencias evitativas, ni a nivel conductual ni respecto a sus emociones; tampoco trata de controlar lo que siente ni se desconecta. Hemos procesado situaciones del presente, lo que la ha ayudado a sentirse mejor, pero no se ha visto capaz de trabajar ningún recuerdo pasado. Comparto su decisión en este sentido, tiene a día de hoy demasiados frentes abiertos y nos está costando regular su medicación por múltiples alergias a fármacos. De modo que optamos por seguir de momento trabajando los disparadores del presente, en la línea del protocolo invertido (futuro, presente, pasado) propuesto por Hofmann, (2009). Sin embargo, en esta sesión, la EB no produce el efecto de otras veces. La diana es un momento en el que ella se siente sola, notando una sensación de desasosiego. Quizás - me planteo - esto la está haciendo conectar con el abandono de la infancia, y el abandono siempre es un sentimiento complejo de trabajar. Muchos pacientes viven la sensación de abandono como un abismo.

En la sesión puede verse un estilo terapéutico diferente. Considero que con una mujer que ha crecido con carencias afectivas tan graves, yo como terapeuta he de estar muy presente, y he de procurar ayudar en su regulación momento a momento, sin esperar que surja de modo espontáneo. Que no hubiese nadie fue lo más grave de su historia, espontáneamente no venía nada de los demás, al menos nada bueno. Lo más probable es que con un "sigue con eso", lo que venga sea lo que siempre vino: nada, o al menos nada bueno.

Paciente: Esa sensación la tengo casi siempre.

Terapeuta: ¿La notas ahora mismo?

P: Sí.

T: Vamos a procesarla un poco (hacemos tapping, nunca ha tolerado bien los movimientos oculares).

P: Se me agarrota el pecho.

T: No te asustes de la sensación, déjala estar ahí (EB).

P: Es que siento que me falta la respiración.

T: Estás aquí conmigo, no voy a dejar que te pase nada. El aire va a seguir entrando siempre, es una sensación.

Esta explicación, que muchas veces ayuda a los pacientes cuando están conectando con la ansiedad, no parece llegarle a Claudia. Me mira asustada.

T: Te prometo que no te vas a quedar sin aire.

P: Es que hasta el pecho me duele.

T: Es desagradable la sensación.

P: Sí, sí, es muy desagradable, muy desagradable.

Trato de llevarla más hacia lo cognitivo, y ayudarla a no meterse por completo en la emoción.

T: La emoción que sientes ¿es miedo? ¿es tristeza? ¿es rabia?

P: No, rabia no, ahora mismo no noto. Es una sensación como de impotencia, de... (tapping) a veces pienso que se me va a salir el pecho, de tanta taquicardia que tengo...

T: O sea, sientes miedo y sientes impotencia ¿qué notas más ahora?

P: Ahora es miedo.

T: Nótalo un poco (tapping).

P: ¿Podemos parar? Me están empezando a sudar las manos.

T: Paramos, no te voy a forzar a seguir. El problema de parar es que te quedas con la sensación así. Para que esto mejore es importante que no te asustes de sentir eso.

P: Es que me pongo a temblar.

T: Lo sé, pero ese miedo lo podemos deshacer. ¿Qué te da miedo?

P: Es que ese es el problema, no sé lo que me da miedo. Se me pone el pecho así, se me agarrota la garganta, y no se hacer las cosas.

Le propongo entonces un *ejercicio para regular la emoción.* La idea es que la paciente piense en la emoción, no como algo que va contra ella y de lo que ha de defenderse, sino como algo a lo que cuidar, a lo que regular. Para ello, le pido a la paciente que ponga la mano sobre la zona donde nota la sensación, y que imagine que la sensación la tiene un animalito o un bebé, algo que sepa que a la paciente le despierta ternura. En el caso de Claudia, sé que tiene un par de gatos, y he visto la cara que pone cuando habla de ellos, así que le digo directamente que piense que esa sensación la tiene un gatito, y que ella lo está cuidando.

T: ¿Te puedes imaginar que es un gatito, esta sensación que tienes aquí? Imagina que es un gatito pequeño y está muy asustado. Y tú lo coges, y le hablas, y lo vas calmando, cuidando, tranquilizando... (le digo esto en un tono de voz, y con una cadencia, que da a la paciente un posible modelo de regulación) ¿Cómo lo harías con el gatito?

La paciente entra bien en el ejercicio, y empieza a abrazar la sensación, diciéndome "lo cogería así, le haría así...", acaricia al gato imaginario, alojado en el pecho, donde estaba notando la sensación perturbadora.

T: Quédate un rato con el gatito ahí, el gatito está muy asustado.

P: Sí... (conecta con su emoción, pero a la vez acaricia la sensación), le daría unos mimitos así...

T: Quédate ahí unos minutos, cuidándolo. Imagínate al gatito, y cuídalo.

P (más regulada): Sí, pero se me escapan.

En este punto la paciente se ha ido un poco de la sensación, pero hemos dejado asociado un gesto de cuidado. Compruebo cómo se encuentra.

T: ¿Cómo estás ahora?

P: Un poco me relaja (pero hace un gesto de incomodidad, vuelve a conectar con cierto malestar que queda ahí).

T: Vuelve a imaginar que la sensación que notas aquí, es el gatito el que la tiene. Tú lo cuidas, a veces se escapará, pero luego vuelve. Tú notas cómo se siente, y sabes cómo ayudarlo. Lo sientes ahí contigo y lo cuidas mucho.

La paciente va siguiendo lo que digo, abrazando la sensación, y acariciándola.

P: Yo lo cuido, le paso la mano, así... (sonríe) y me ronronean... Sí, y le doy cosas que le gustan.

T: Sabes cómo cuidarlos, cómo calmarlos.

P: Sí, se vienen conmigo para la habitación, me ponen la cabecita aquí (sigue acariciando la sensación del pecho).

T: ¿Cómo te sientes ahora?

P (sonriente, calmada): Mejor, mucho mejor.

T: Mira a ver si este ejercicio te ayuda en casa, en esos momentos. Imagina que la sensación que notas es un gatito, y que tú lo cuidas, lo acaricias... así la sensación se va calmando ¿ves?

P: Sí. En casa tengo uno que se me pone aquí en el cuello, y se pone a chuparme la oreja, como si fuese el pecho de su madre (sonríe)... Y con la patita me hace así, y me agarra.

T: Sí, podemos hacer lo mismo con las sensaciones. Si las cuidas como cuidas de los gatitos, las sensaciones se calmarán.

Si la hipótesis que me hice al principio de la sesión es cierta, y Claudia estaba conectando con experiencias muy tempranas de soledad y abandono, ver la emoción en un cachorro al que ella cuida introduce un elemento de reparación. El que ella asocie al gatito que le chupa la oreja, como si fuera el pecho de su madre podría ir en esa línea. En todo caso, son hipótesis que no tomo como verdades, pero quedan ahí como trazos en el boceto de un mapa aún incompleto que estoy dibujando con esta paciente.

El hecho en sí de imaginarse regulando la emoción en otro permite además entrenar uno de los elementos clave del trabajo con EMDR: la atención dual. Podemos usar otra terminología y hablar de metaemoción o de regulación cognitiva de la emoción, al separar la percepción de la emoción en sí (simbolizada en el gatito) de lo que hace con ella. Pero a la vez, este ejercicio también promueve la conexión de abajo a arriba, al localizar en el cuerpo la emoción, y potenciar los gestos físicos de ternura y cuidado hacia la sensación.

Este es un ejemplo de un momento de infrarregulación, en una paciente que no muestra este rasgo de modo persistente ni marcado. Ha ocurrido en esta sesión porque la emoción con la que está conectando - relacionada con la experiencia de abandono - le resulta menos tolerable que otras sensaciones desagradables e intensas que experimentó anteriormente en la terapia. Esta intervención resultó útil durante la sesión, y creo que aportó más de lo que lo hubiese hecho el simplemente parar cuando ella me lo pidió.

Otros pacientes tienden a la **infrarregulación como estrategia predominante**. Típicamente podemos ver esto en los pacientes límite, que presentan frecuente desbordamiento emocional, y que parecen dejarse arrastrar por sus estados afectivos, como si no tuviesen capacidad alguna para modularlos.

Obviamente, en estos casos hemos de intervenir en más modos y con más frecuencia, de cara a que el paciente aprenda y utilice otras estrategias. El riesgo aquí es que nosotros tomemos las riendas, haciéndonos cargo de regular al paciente, mientras este "se borra de la ecuación". *El paciente, sobre todo cuando presenta rasgos marcados de dependencia emocional, puede traernos su malestar para que se lo "quitemos" o calmemos, declarándose incapaz de hacerlo por sí mismo, pero sin hacer ningún intento ni plantearse que pudiera aprender.* Hacer lo que el paciente nos pide, aunque de entrada pueda parecer que funciona, a la larga hará que el individuo siga buscando la regulación en los demás, con todos los problemas que de ello se derivan. Además, como las sensaciones internas solo consiguen regularse adecuadamente en adultos a través de procesos complejos de autorregulación, lo más probable es que cada vez la dependencia del paciente sea mayor, haciéndonos demandas crecientes hasta sobrepasar los límites de lo posible y lo sostenible. Tengamos cuidado en estos pacientes con las instrucciones que leemos en la fase 7 de "si se siente mal, llámeme", y adaptemos el procedimiento a lo que cada persona necesita en función de sus características. Pese a que no sea lo que el paciente pide, y probablemente se resista a aceptarlo, la única opción es plantear desde el principio un trabajo basado en dar a la persona herramientas para una autorregulación cada vez más efectiva.

Otra versión de la infrarregulación tiene más que ver con la **pérdida de atención dual**. Algunos pacientes se meten tanto en el recuerdo, que lo reviven y lo experimentan con un elevado nivel de literalidad. El pasado ES presente para ellos. Aquí el énfasis ha de ponerse en el AHORA.

Terapeuta: Mírame un momentito y mira donde estamos.

Paciente: Sí, estoy aquí contigo.

T: ¿Qué estás notando?

P: ¿Te digo la verdad?

T: Claro.

P: Los golpes.

T: Recuerda que no está pasando. Pon las manos aquí. Mírame a mí... ¿Puedes darte cuenta de que eso es un trozo del recuerdo?

P: Sí, pero no debía de hablar mal de él... o debía de hablar y no sé... (se va metiendo más en el recuerdo, parece estar allí).

T: Habla de lo que tengas que hablar. Nota eso.

EB.

P: Yo sé que cuando hablo después me enfado conmigo misma mucho.

T: ¿Pero ahora no te estás enfadando contigo misma verdad?

P: Ahora mismo no.

T: Vale, pues ahora nótalo así. Recuerda eso tal como lo recuerdas, nota las cosas tal como las notas, pero mírame.

Cuando la paciente cierra los ojos, se va más al recuerdo. Por eso trato de potenciar la conexión con el presente y conmigo.

T: No hay golpes aquí ¿verdad?

P: No (dudando).

T: ¿Cuantos años hace de eso?

P: Mucho tiempo, pero parece que aún me están doliendo las costillas.

T: Notas la sensación, pero no está pasando. Son dos cosas muy diferentes. Sentir dolor no significa que nos estén haciendo daño, sentir miedo no significa que haya peligro.

Estos entretejidos recuerdan al paciente información que parece obvia, pero que no lo es en absoluto.

T: Si te permites notar esa sensación, el recuerdo se podrá procesar, se podrá deshacer. Déjalo estar ahí, se irá yendo, déjalo suelto.

EB.

T (hablando durante el tapping, para mantener a la paciente conectada): Recuérdate que eso pasó hace años, tu cuerpo todavía lo nota, pero ya no está pasando.

EB.

T: Tú no dejaste que siguiera pasando, te divorciaste de él, acabaste con eso.

P: Y después para quitar la denuncia se hizo el bueno…

La paciente termina conectando con su capacidad de reacción ante la situación en el pasado y con su situación presente. Pero en este caso, el terapeuta ha estado constantemente potenciando la orientación al presente, introduciendo información adaptativa y manteniendo la conexión con la paciente.

Capítulo 16

El trabajo con pacientes sobrerregulados: el problema del control

Una respuesta frente a las emociones que no pueden ser moduladas es la desconexión y el control. Desde distintos modelos y distintos paradigmas de investigación se ha hablado de conceptos como alexitimia, supresión, control emocional, o distanciamiento de la emoción.

Mientras que la evitación de las emociones se ha catalogado dentro de las estrategias de afrontamiento, desde el terreno de la regulación emocional, se han propuesto la *supresión emocional* y la *reformulación* como las estrategias de regulación principales (Gross y John, 2003). Un concepto relacionado, aunque más centrado en los aspectos cognitivos es la *supresión de pensamiento* ("no quiero pensar más en esto"), una estrategia desadaptativa que media la relación entre la emocionalidad negativa y el desarrollo de psicopatología (Rosenthal et al., 2005). La tendencia a emplear la supresión de pensamiento como una estrategia de regulación se asocia con una mayor severidad en los síntomas de TEPT (Ehlers, Mayou y Bryant, 1998).

Los análisis sobre la influencia de la supresión se basaron en estudios experimentales como el de Wegner y Ralph (1992), en el que encontraron que la instrucción de suprimir un pensamiento llevaba paradójicamente a una preocupación mucho mayor con dicho pensamiento, y que la sensibilidad a estos contenidos aumentaba la emocionalidad. Esto se manifestaba en intrusiones recurrentes y mayores respuestas electrodérmicas. En estudios posteriores se vio que la tendencia a suprimir pensamientos no deseados parecía ser un precursor de reacciones patológicas como las obsesiones, la depresión y la ansiedad (Wegner y Zanakos, 1994). Esto también se ha encontrado en sujetos expuestos al trauma (Wenzlaff y Wegner, 2000; Amstadter y Vernon, 2006; Shipherd y Beck, 1999, 2005).

Ya dentro del área de la regulación emocional, la supresión de las emociones ha sido una de las más estudiadas, probablemente en relación con las propuestas de Gross (1998, 2007). Su relación con el trauma se ha evidenciado en muchos estudios. Por ejemplo, Roemer et al. (2001) vieron en una muestra de veteranos de la guerra de Vietnam que los que sufrían TEPT usaban más la supresión emocional, y que ésta correlacionaba con la severidad del TEPT.

Dimaggio et al. (2010) señalan las *dificultades que supone tratar de promover cambios en sujetos autosuficientes, con problemas para desvelar su interioridad, a los que les cuesta describir y expresar sus emociones* y que plantean numerosos desafíos en la relación terapéutica. Los individuos con rasgos evitativos, narcisistas u obsesivos tienen dificultades para entender y describir sus estados mentales y para conectar con sus emociones negativas. También entrarían en este grupo los pacientes disociativos con mayor desconexión y sintomatología de predominio somatomorfo (Del Rio Casanova et al., 2016b). Como es evidente, el trabajo con EMDR, basado en identificar y procesar las experiencias adversas vividas por el paciente, se verá obstaculizado por las dificultades de estos sujetos para mirarse para adentro, entenderse, conectar con su vulnerabilidad o sus emociones más debilitantes y exponer todo ello frente a otro ser humano. Más allá de la complejidad que supone la relación terapéutica en sí, con este perfil de pacientes el trabajo con el trauma - y en particular con EMDR - presenta múltiples desafíos.

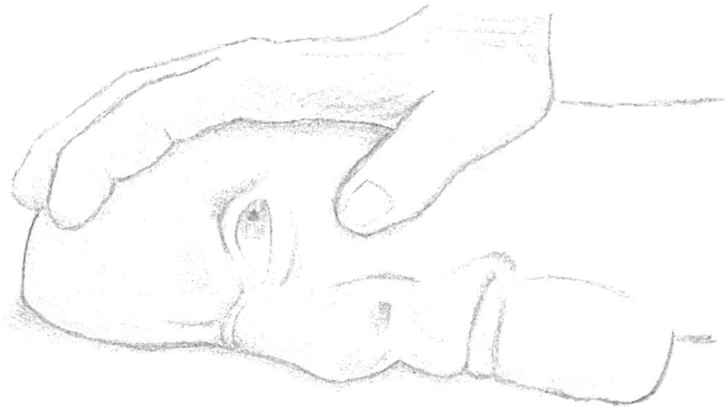

Veamos cómo en este procesamiento, cuando la paciente empieza a conectar más con sus sensaciones difíciles, aparece la supresión y es como si la emoción se "metiese para dentro". Se trata de una paciente con depresión recurrente y tendencia al autoabandono. Sus creencias negativas son persistentes y en ocasiones parece hasta aferrarse a ellas, empeñándose en afirmar que "es así, porque lo siente así". Se está intentando trabajar un recuerdo del primer día de colegio, en el que se sintió rechazada, pensando que nunca formaría parte de aquel lugar.

Terapeuta: En concreto, cuando piensas en ese recuerdo, ¿qué notas?

Paciente: Ahora no me siento de ninguna manera.

A nivel no verbal se la ve tensa, la terapeuta pregunta el SUDs.

P: 7, 8… no me gusta, es desagradable.

T: Entonces no te sientes bien, cuando piensas en el recuerdo. ¿Qué emociones sientes?

P: Tristeza.

T: ¿Dónde lo notas en el cuerpo?

P: Una sensación desagradable aquí.

EB (movimientos oculares).

T: ¿Qué te viene, qué notas?

P: Enfado, por todas las cosas que me dijeron en ese sitio (se refiere a situaciones de rechazo y burlas que vivió en ese colegio, posteriormente al recuerdo inicial).

EB.

T: ¿Qué te viene, qué notas?

P: No sé.

T: ¿Notas la sensación desagradable?

P: No noto nada.

La paciente se ha desconectado de modo inmediato de la sensación desagradable. No se ha distraído hacia otra cosa, no está intentado evitar el recuerdo. Simplemente, la emoción de tristeza que inicialmente le costaba notar, parece haber vuelto a meterse bajo la superficie. La terapeuta trata de ayudarla de nuevo a conectar.

T: Intenta mirar a la niña a los ojos, ¿cómo crees que se siente?

P: Nerviosa.

EB.

P: Tengo miedo a estar haciéndolo mal, no sé, no sé… Nada, no sé… hoy estoy rara…

T: Mira el cuerpo, ¿qué notas?

P: Aquí.

EB.

P: Son cosas que me vienen a la cabeza, no noto nada.

T: ¿Qué te viene?

P: Mi madre y…

T: ¿Te viene algún recuerdo con tu madre? (Se hace una pausa, la paciente no contesta) ¿Qué estás pensando?

P: Es que se me pasan… Estoy pensando que… que estoy cansada y que con poder sacar a mis hijos para adelante… ya me conformaba…

T: Bueno, eso ya lo estás haciendo… Vamos a volver al recuerdo, intentamos reprocesar un poco, ¿te parece?

P: Si, lo siento, es que me cuesta… lo siento.

T: No me tienes que pedir disculpas, haces lo que puedes, está bien, no te esfuerces.

Volviendo al recuerdo.

P: Es desagradable.

EB.

P: No, es que no siento nada...

T: No hay nada que tenga que pasar, simplemente observa lo que pasa en ti, lo que sientes, notas, observas... sea lo que sea... y me lo cuentas.

P: Es desagradable y se me va la imagen.

EB.

P: No siento nada.

T: ¿Intentamos volver al recuerdo?

P: Siento rechazo por esa niña.

EB.

P: Rabia, rechazo, cuando veo a mi hijo el mayor me veo a mi de pequeña y me produce rechazo...

P: No siento nada.

T: Si volvemos al recuerdo ¿qué notas?

P: Que era una estúpida.

T: ¿Qué notas en el cuerpo?

P: Rabia, aquí.

Podemos entender esto como una oscilación entre suprimir las sensaciones de modo casi automático, y rechazar de modo más explícito e intencional la imagen de la niña, como rechazando la conexión con las emociones abrumadoras que representa. La tristeza que aparecía inicialmente, no ha podido emerger.

P: No me viene nada.

Un paciente que "no siente nada", al que "no le viene nada", es un auténtico desafío para el trabajo con EMDR. El diagnóstico diferencial del "no me viene nada" es complejo, y no se limita a la supresión emocional.

Por ejemplo, el paciente puede decir que no le viene nada porque está esperando tener un pensamiento revelador o que vengan recuerdos, y el cambio que ha experimentado en la sensación no le parece relevante. Otras veces, la persona dice que no le viene nada porque experimenta un cierto bloqueo, que a su vez puede tener múltiples orígenes. O también, puede haberle venido algo que le avergüenza comentar a su terapeuta. Hemos de explorar qué subyace al "no me viene nada" de esta paciente.

T: ¿Significa que no sientes nada? ¿O que no sabes muy bien lo que sientes? ¿O que te vienen cosas, pero no son las que tú piensas que te deberían de venir?

P: No es que no te quiera contar algo, es que no hay nada.

T: ¿Qué quieres decir con "nada"?

P: Que no siento nada especial.

Vemos que en este caso la paciente tiene dificultades - que ya se habían manifestado previamente - para conectar con sus emociones y sensaciones y para ponerles nombre. Hemos de darle un cierto "menú de opciones" para facilitar este paso, importante en la regulación emocional, que esta paciente no es capaz de dar sin ayuda.

T: Cuando hemos empezado sí sentías rabia, tristeza, luego rechazo. Si vuelves a mirar al recuerdo ahora, ¿cómo te sientes? Para ver si te resulta más fácil, cierra los ojos, e intenta explicarme lo que notas, aunque no sea nada especial…

P: Me da pena, pero por otro lado me da rabia.

T: Y eso ahora sí lo puedes notar, ¿no? ¿Dónde lo notas?

P: Me pongo tensa.

EB.

P: Estoy tranquila, pensar en todo eso no me produce tanta angustia o tanta tristeza como antes. Me deja indiferente, no sé…

Está claro que esto no significa que se haya procesado el malestar. La paciente necesita algo más de ayuda. Dado que esta dificultad para verse, para mirarse para adentro, procede de experiencias de no haber sido vista en el sentido profundo de la palabra, se propone una intervención de autocuidado, en la que se le pide que mire desde la adulta que es a la niña que fue. En este procedimiento es importante introducir lo que faltó en la historia de apego de la paciente, y en la regulación emocional temprana por parte de sus cuidadores.

T: Pero te sigue perturbando un poco, ¿no? No vamos a forzarlo, es un recuerdo que seguiremos trabajando poco a poco. Mira a la niña y dime cómo está.

P: Triste.

T: ¿Puedes entender por qué está triste?

P: Por todas las burradas que le digo.

EB.

P: Nada.

T: Pregúntale que podrías hacer para ayudarla un poco con su tristeza. ¿Qué te dice?

P: Me da asco.

T: ¿Pero ella qué te dice?

P: Nada, no quiero hablar con ella.

T: No quieres preguntarle, te resulta muy difícil, ¿no?

P: Me resulta violento.

T: A veces hay algunas emociones que nos parecen muy difíciles de manejar, y tenemos que tratar de apartarlas.

P: En el fondo sé que esa niña soy yo... pero no puedo evitar que me de asco.

La paciente habla de la niña porque la terapeuta le ha planteado ese ejercicio de mirar a la niña del recuerdo. Sin embargo, esto no significa que esta niña sea una parte infantil con autonomía mental. Es una posibilidad, pero no siempre que hay rechazo a mirar la imagen del niño que fuimos, hemos de dar por sentado que estamos ante un trastorno disociativo propiamente dicho. En este caso, lo que parece claro es que hay un intenso rechazo a conectar con emociones que tienen que ver con el dolor y la vulnerabilidad. Veríamos en otras sesiones que, aparte de la tristeza, había un problema muy importante con la vergüenza y con el asco. La terapeuta continúa trabajando desde el autocuidado, intentando rescatar un mínimo cambio positivo para cerrar la sesión, y ayudar al menos a la paciente a ser consciente del origen de sus dificultades en la regulación de las emociones.

T: ¿Puedes decirle a esa niña que te gustaría encontrar la manera de verla de otra forma? Si puedes, dile que te está resultando muy complicado, que hacer esto te despierta muchas emociones difíciles de manejar ahora mismo; pero que quieres encontrar la manera de mirar de frente todo eso, de dejar salir todas esas sensaciones, para que se puedan marchar, pero que no sabes cómo hacerlo. ¿Le puedes decir todo esto? (la paciente asiente) ¿Qué pasa cuando se lo dices?

P: Un poco de miedo... Es desagradable...

T: ¿Crees que a ella le ayuda que le digas todo esto?

P: Sí, supongo que sí.

T: Eso es importante.

El tema del control tiene que ver en parte con la estrategia de supresión, pero aunque en la investigación sobre regulación emocional no se recoge como tal, me inclinaría a pensar que no es exactamente lo mismo. La supresión es desde luego un mecanismo de control, la emoción se quiere hacer desaparecer, pero esto ocurre en su mayor parte de modo automático. Cuando hablo de un paciente que trata de controlar lo que siente, me refiero a una persona que ejerce un control con más componente voluntario. Se trata de personalidades más rígidas, que no quieren dejar fluir, que se niegan a que aparezcan determinadas emociones y se exigen sentir otras "por real decreto".

En cierto modo podríamos entender esto como una polaridad dentro de la estrategia de supresión. En un extremo se presentaría una reacción más automática, no consciente, no voluntaria, en personas de perfil alexitímico, con una escasa percepción de lo que sienten; estas personas pueden suprimir las emociones cuando aparecen o directamente estar como anestesiados y ni siquiera notarlas, o percibir solo un malestar indefinido que no saben si es psicológico o somático. *Muchas veces no se dan cuenta de que no se dan cuenta,* son como ciegos de nacimiento que siempre han percibido el mundo de ese modo. En el otro extremo estarían personas que sí identifican sensaciones, pero no quieren sentirlas y las rechazan activamente. Estas últimas son personas más autoexigentes, rígidas, de perfil obsesivo. No son ciegos, pero cierran los ojos con todas sus fuerzas para no ver. Es para este grupo para el que reservaré el término de control emocional.

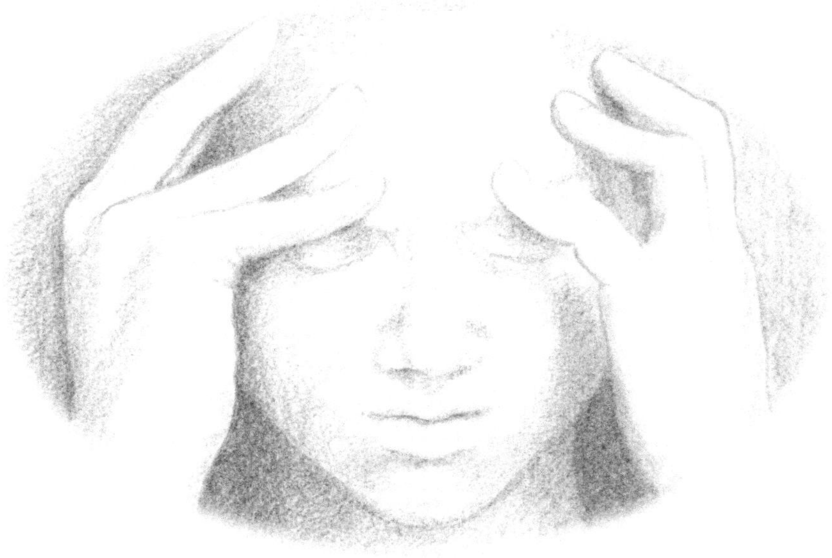

Habría por lo tanto un gradiente de automatismo y conciencia sobre el mecanismo que se está poniendo en marcha:

- En los pacientes con mecanismos de supresión *más automáticos* y no conscientes, tomar conciencia es el eje del trabajo terapéutico: pasar de automático a manual.
- En los pacientes con mecanismos de *control más consciente,* el cuestionamiento de estas estrategias y el aprendizaje de otras más funcionales, les permite mantener la sensación de control que tanto necesitan, pero de un modo mucho más productivo.

El control sobre los procesos emocionales puede ejercerse a distintos niveles, como vemos en el siguiente gráfico:

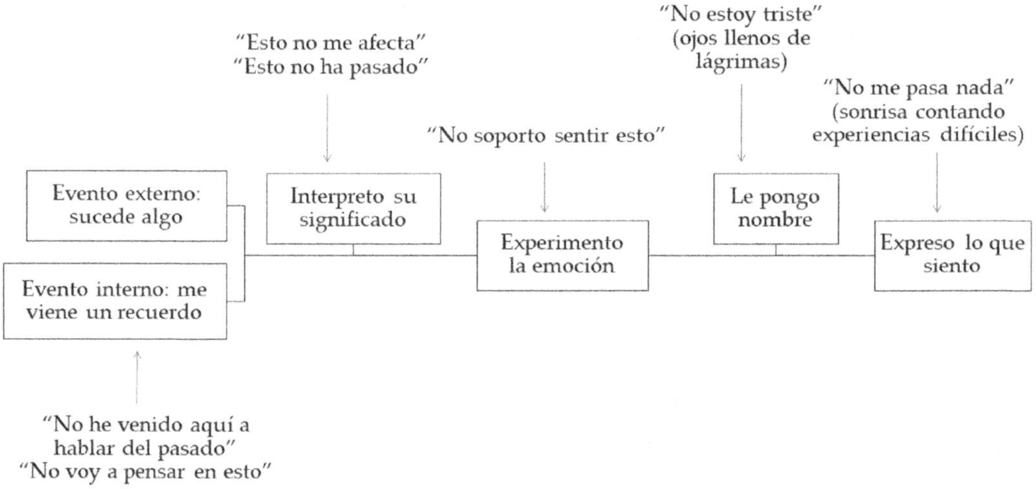

Una persona puede intentar controlar los recuerdos, los potenciales disparadores o las percepciones internas; no querer reconocer qué emoción es, o cuál es su relación con los recuerdos o los disparadores que la han evocado, o puede controlar la expresión verbal o no verbal de su estado emocional. En el procesamiento con EMDR, este control puede interferir en la fluidez de las asociaciones con otros recuerdos, en la evolución de los estados emocionales que van surgiendo y en lo que el paciente nos refiere cuando le preguntamos "¿qué te viene?" Una situación frecuente, relacionada con esto, es cuando el paciente nos dice al volver al recuerdo que está bien, pero el terapeuta lo nota tenso o nervioso. A veces, al preguntar el SUDs, un "bien" se traduce en un SUDs=5; otras veces, es necesario transmitir al paciente que nos da la impresión de que le vemos algo tenso o inquieto, para que pueda reconocer que no está del todo bien.

En el capítulo sobre el paciente desconectado hablaré un poco más del primer subtipo, el paciente que no identifica sus emociones o no encuentra significado a sus sensaciones. Aquí me voy a centrar en el paciente que ejerce un control más voluntario sobre sus emociones, tratando de eliminarlas. Por supuesto, como suelo explicar a los pacientes, las emociones lo que suelen hacer es rebelarse ante esa dictadura emocional, y no aceptan muy bien que la persona intente marcar lo que tiene que sentir, y lo que no debe sentir.

En algunos casos, esta tendencia al control aparece como una distorsión puntual en el procesamiento, que puede encauzarse con simples entretejidos o pequeñas intervenciones psicoeducativas. Como siempre, es útil haber identificado esta tendencia al control emocional en la fase 1, y explorar de dónde viene y por qué se desarrolló. El paciente ha de tomar conciencia de ello y entender que es una estrategia poco interesante para regular sus emociones ya que, tarde o temprano, las emociones se acaban escapando a nuestro control. También es importante en la fase 2 ayudar al paciente a entender que es importante aceptar las emociones como son, lo que se puede decir a sí mismo cuando las siente para regularlas y encauzarlas, qué cosas le sirven para sentirse mejor y cuáles son realmente contraproducentes y aportarle recursos de regulación que no pasen por el control.

Veamos un ejemplo de cómo el control aparece dentro de las cadenas asociativas a pequeño nivel:

Al volver a la experiencia inicial.

Paciente: Les sigo viendo las caras, pero ahora también veo dónde estoy, el pasillo, la puerta. Ya no noto la presión.

EB.

P: Noto que está ahí, pero no pasa nada.

EB.

P: Parece que aquí se calmó, aquí, pero aquí no, pero no soy capaz de concentrarme, ahora me viene otra cosa a la cabeza.

Aunque a un paciente con tendencia al control le digamos que "deje que venga lo que tenga que venir", la frase le es tan ajena, que ni siquiera la registran.

T: No intentes controlar lo que pasa, deja que pase lo que tenga que pasar, aunque sea otra imagen, que no tiene nada que ver con eso. ¿Qué te viene?

P: Unas escaleras y una mano, la casa de mi abuela, miro para arriba y veo un pasamanos y unas manos.

EB.

P: Es como si estuviese metida dentro de una cabina telefónica y no quepo, y quiero salir y no soy capaz, una presión…

La paciente se agobia, porque no entiende lo que le viene, lo que lógicamente, dado su perfil, no le gusta mucho.

T: Aquí puedes abrir los brazos, tienes espacio…

P: Pero me pesan…

EB.

P: Cansada.

Vuelta a la experiencia inicial:

T: Puede pasar que aparezcan sensaciones nuevas o…

P: Como si me están presionando, peso… como si me pusieran pesas aquí y aquí, como si estuviera atada… Y el estómago, me hace daño, pero es como que yo lo controlo a él, pero no puedo…

T: Simplemente nótalo.

P: Es como que si… yo soy la que mando en él, pero después cuando…

T: Se rebela.

P: ¡Sí! Se rebela, pero muchísimo. Es como si no fuera mi estómago. ¿Qué es lo peor que puede pasar, que me dé un ataque de ansiedad o algo así? ¿Es normal que tenga esas sensaciones? No me gusta sentir esto.

T: Es importante que dejes estar la sensación, si peleas con ella, no la podemos procesar. ¿Crees que puedes dejarla estar ahí?

P: Estoy bien, estoy muy tensa, me parece…

T: Nota esa tensión, pero no trates de cambiarla, no te asustes de lo que sientes.

P: Sí, estoy nerviosa, sí.

EB.

T: ¿Qué notas ahora?

P: Algo mejor.

En este caso vemos que simplemente explicando a la paciente que tratar de controlar la emoción no ayuda a que se procese, es capaz de tomar conciencia y dejar fluir el procesamiento. Otros pacientes presentan una tendencia al control muy marcada y persistente, y no es tan sencillo modificarlo. El siguiente caso es una paciente con trastorno de personalidad que presenta rasgos límite y narcisistas muy extremos. Desde el inicio, el trabajo relacional ha sido el área central de trabajo, ya que presenta gran tendencia a controlar las relaciones. Hemos hablado de ello, puesto sobre la mesa su dinámica en la terapia, y establecido un estilo de trabajo más cooperativo. En esta paciente, este ha sido el trabajo de preparación más importante. En esta sesión estamos abordando la enfermedad terminal de uno de los pocos amigos que tiene. Por supuesto, el procesamiento no es fluido, y es necesario una constante intervención por mi parte para encauzarlo

Terapeuta: ¿Qué te viene ahora?

Paciente: La incertidumbre, que no...

T: Es algo que no tienes controlado. Es normal que no te sientas cómoda con eso, tu vienes de una familia donde hay mucho control. Si creces en una familia donde hay mucho control, tiendes a hacer lo mismo con las relaciones y con tus propias emociones. El problema es que cuando ocurre algo que se sale de nuestro control, y esto en la vida pasa muchas veces, lo llevamos muy mal. Es importante llevar bien la incertidumbre, porque la vida es así.

P: Sí, no me gusta nada no saber qué va a pasar.

T: Nota que llevas mal la incertidumbre porque vienes de mucho control, porque así fue tu infancia y buena parte de tu vida.

P: Siento como si me faltara el aire.

EB.

P: Angustia.

T: Es normal que te cueste.

EB.

T: ¿Qué te viene?

P: Como si me fuera a dar una crisis.

La paciente está muy metida en la emoción, me interesa sacarla, que pueda ver su estado emocional con perspectiva y de modo reflexivo.

T: ¿Cómo es la sensación que tienes cuando te va a dar una crisis?

P: Parestesias, y empiezo a hiperventilar, y me empiezo a cerrar, y me agarro las manos… (se retuerce las manos mientras lo dice).

T: ¿Y qué piensas cuando notas eso?

P: Cojo dos o tres ideas y les doy vueltas, vueltas y vueltas.

T: Giras en torno a lo mismo.

P: Sí.

T: Y eso está pasando ahora.

P: Sí.

T: ¿Cuáles son esas ideas?

P: Que no lo estoy cuidando, que tengo que estar más a su lado, que no quiero que muera (la paciente se va mostrando más angustiada conforme va diciendo esto).

T: Si te presionas para hacer algo que no puedes hacer, en lo que no tienes influencia, te desesperarás. Esto no lo vas a poder controlar.

P: No.

T: Y eso lo llevas muy mal.

P: Mucho.

T: Fíjate que por eso el control no sirve para todo, en estas situaciones que no se pueden controlar, solo hace que nos desesperemos más.

P: Pero yo tendría que poder estar con él y ayudarlo, no tengo derecho a sentirme así, tengo que estar bien y animarlo.

T: Estas con él a veces.

P: Sí, pero no se deja, no nos lo permite.

T: Entonces, haces lo que puedes.

P: Supongo.

T: Y en estos casos, que haya alguien ahí, es muy importante ¿te das cuenta? Aunque no estés todo el tiempo con la sonrisa puesta, porque la situación es dura. ¿Crees que siente que te importa? ¿Qué hay alguien ahí a quien le importa?

P: Creo que sí.

T: Pues eso es lo más importante de todo, y ves que no tiene nada que ver con el control. Solo es estar. Pensando en esto y en la situación ¿puedes decirte, aunque sea un poco, "estoy haciendo lo que puedo"?

P: No, porque podría hacer más.

T: Hacer lo que podemos no significa hacer el 1000%, porque hacer imposibles, controlarlo todo, hacer más de lo que nos da la energía o de lo que nos dejan, es pedirnos más de lo que es posible, más de lo que podemos.

P: Ya.

T: ¿Qué le dirías a una persona a la que quieres, que se sintiese como tú ahora respecto a un amigo?

P: Que está haciendo bastante.

T: Pues imagínate diciéndote a ti misma justo eso, lo que le dirías a una persona a la que quieres.

EB.

P: No me quiero mucho ¿verdad?

T: Tenemos que trabajar en este tema.

Veamos otro paciente. Se trata de un hombre de mediana edad, que vivió en medio de un conflicto armado, y pasó unos 2 años en prisión, durante los cuales sufrió graves torturas. Tras salir de la cárcel, presentó sintomatología de trastorno por estrés postraumático y trastorno de identidad disociativo. En un periodo inicial trabajamos más la sintomatología disociativa, estableciendo contacto con las voces hostiles que escuchaba, que le empujaban a conductas agresivas y que en ocasiones tomaban el control de su conducta. Esta sintomatología ha ido disminuyendo, y estamos ahora en la fase del trabajo con los recuerdos. Samir ha recurrido siempre al control como estrategia predominante para manejar sus síntomas, apartar las voces y alejar de su mente los continuos flashbacks de imágenes de la cárcel y de la tortura. Le resulta muy difícil dejar de hacer esto durante el procesamiento de los recuerdos.

Terapeuta: Recuerda, nota la sensación, pero no estés intentando quedarte en el recuerdo todo el tiempo. Solo al empezar.

Paciente: Me concentro, pero me agarra esa sensación.

T: Solo nótalo al principio, ¿vale? Después dejamos que la mente vaya a donde quiera. Vas ahí, notas eso, y luego dejas que tu mente vaya para donde quiera.

P: No he llegado a ver la imagen, pòrque me da tanto miedo que no...

T: ¿Notas el miedo?

El paciente asiente.

EB (hacemos tapping, es incapaz de seguir los dedos para hacer el movimiento ocular).

T: Son recuerdos de cosas muy antiguas, de hace muchos años.

P: Me duele mucho la cabeza y no lo soporto.

T: ¿Quieres que pare?

P: Sí, porque no puedo más.

T: Paramos siempre que tú quieras. Quiero que mires alrededor, a la ventana, a las personas que estamos aquí.

P: Siento que las imágenes salen por la derecha, y cuando ya no las veo, hay otras que vienen por la izquierda.

T: Es normal porque son muchas, pero hay un momento en que iremos limpiando todo y no vendrán más.

P: Pero eso da un dolor muy grande.

T: ¿Cómo lo notas?

P: Ahora no está. Solo me viene cuando miro las imágenes. Al principio las veo, luego no las veo tan bien porque son imágenes lejanas.

T: Pero no estás esforzándote por verlas.

P: Un poco sí.

T: Eso aumenta la presión, si las dejas sueltas, es más fácil. Solo las miramos el primer minuto. Si luego no nos vienen las imágenes, no vamos a buscarlas.

P: Al principio veo las imágenes. Luego soy yo mismo el que intenta bloquearlas para que no pasen.

T: No hay que intentar bloquearlas, ni hacer que se vayan, ni forzar a que vengan.

P: Después las dejo pasar, y cuando las dejo pasar las veo muy lejos.

T: Y si es así, no has de esforzarte por verlas. Cuando hacemos EMDR, estamos metiendo un acelerador en el cerebro. Si tu estas tratando de controlarlas, estas metiendo el freno. ¿Tú sabes lo que le pasa a un coche si metes el acelerador y el freno a la vez?

P: Explota.

T: Exacto, eso es lo que le pasa a tu cabeza.

P: Es verdad, la primera imagen va bien, pero las otras son lejos y muy rápido.

T: Y así hay que dejarlas ir, porque el cerebro lo estamos acelerando para que vaya más rápido.

P: Después, cuando me empieza el dolor de cabeza, veo las imágenes muy rápidas y al revés.

T: Y si las dejas ir así, no pasa nada. Es como si está el agua en el lavabo y empieza a girar para irse por la tubería. No le ponemos el tapón, porque si no, no se va el agua.

P: Sí, sí.

En un fragmento de otra sesión con el mismo paciente podemos ver los frecuentes entretejidos y verbalizaciones que se necesitan para intentar ayudar a Samir a aflojar el control sobre sus procesos mentales y a dejarlos fluir.

T: Recuerda ese momento y mira lo que notas en el cuerpo. ¿Qué te viene?

P: Miedo.

Tapping.

P: Dolor de cabeza.

T (haciendo tapping): No te preocupes por las sensaciones, cuantas más salgan, más se van. ¿Qué te viene?

P: La cabeza, la cabeza.

T (haciendo tapping): Deja las sensaciones sueltas.

P: Mi cabeza se mueve mucho.

T: Déjala que se mueva, deja que vaya donde quiere ir. ¿Qué te viene?

P: No está bien.

T (haciendo tapping): No intentes quitar la sensación, déjate sentirla.

P: Un dolor que sube de los pies a la cabeza.

T: Lo dejamos suelto, no me peleo con la sensación (haciendo tapping). Afloja los brazos, deja las sensaciones sueltas. Deja ir a la cabeza para donde quiera ir.

P: El dolor es muy fuerte.

T (haciendo tapping): Lo estamos deshaciendo. Si sale para afuera, se irá deshaciendo y se marchará. Hay que darle tiempo. ¿Qué te viene a la cabeza?

P: Lo mismo.

T: ¿Qué cosa en concreto?

P: Solo el dolor.

T: ¿Dónde lo notas ahora?

P: La cabeza y los ojos.

T: ¿Qué emoción sientes?

P: No sé.

T (en ese momento tiene una expresión triste, estábamos trabajando con el recuerdo de los compañeros de prisión que murieron): ¿Hay tristeza?

P: Sí.

En pacientes con dificultad para conectar con las emociones, sea un patrón habitual o una situación puntual, puede ser necesario que el terapeuta traduzca a palabras el lenguaje no verbal del paciente. Creo que, en este caso, sin este "entretejido telepático", esta emoción no hubiese podido ser procesada, porque espontáneamente el paciente no terminaba de conectar con ella.

T (haciendo tapping): Déjala salir. ¿Qué te viene?

P: Un poco de dolor ahora.

T (haciendo tapping): Nota las emociones que hay debajo.

P: El dolor ha bajado a un pie.

T (haciendo tapping): Lo notamos. Se va moviendo, porque se va deshaciendo.

P: Está bien, se fue.

T: Vienen momentos de sensación fuerte, si la dejamos estar, se va deshaciendo y se va. Hoy lo has hecho mucho mejor porque no has estado peleando con la sensación. La dejamos estar y se va.

P. Habitualmente viajo, salgo de mí mismo, esta vez no.

T: Y por eso se procesa mejor. ¿Cómo es esa sensación de salirte de ti mismo?

P. Cuando salgo de mi mismo es una sensación de bienestar para mí.

T: Pero al desconectarte, se queda el dolor dentro. Al quedarnos, se nota más tiempo y es desagradable, pero entonces se deshace mejor. Si tengo algo que se me hace muy duro, el cerebro se desconecta. Pero es como si en casa tengo conectadas demasiadas cosas y saltan los plomos. Al saltar los plomos no se sobrecarga el sistema, pero la corriente no puede seguir fluyendo y nada funciona. Cuando tu mente se desconecta también consigue que dejes de sufrir, pero el problema no se soluciona, por eso es importante aprender a quedarse en las sensaciones. Así se resuelven de verdad y podrás sentirte mejor. Ahora, si vuelves a pensar en aquel momento, ¿qué te viene?

P: Me da miedo.

Tapping.

P: Igual que antes.

Tapping.

P: Antes era peor.

Tapping.

P: Va bajando la intensidad.

T: Dime si quieres que hagamos otro trozo, o lo dejamos aquí.

P: Tengo la cabeza que me da vueltas ahora. Quiero parar, pero ¿por qué me da vueltas la cabeza?

T: Hoy hemos procesado un buen trozo, deja que asiente todo. No lo compliques dándole vueltas a por qué te da vueltas...

El paciente sonríe y asiente.

Como vemos, esta última sesión ha sido más productiva. Este paciente ha seguido un proceso desde las primeras sesiones hasta las actuales, en el que ha ido aprendiendo a dejar fluir en lugar de controlar, a observar lo que le viene en vez de asustarse, a fiarse de su sistema de procesamiento en lugar de presionarse, obsesionarse y evitar sus contenidos mentales. Fue completamente inviable procesar de modo integral un solo recuerdo durante el primer año de tratamiento, pero poco a poco las experiencias han ido perdiendo fuerza, la sintomatología disociativa está menos presente, los síntomas de TEPT han mejorado y su funcionamiento global es mucho más adecuado. Creo que el acompañamiento en la sesión - que en realidad se ha limitado a repetir muchas veces las instrucciones básicas que damos a todos los pacientes, y a estar presente y transmitir calma y expectativas de recuperación cuando el paciente estaba asustado y desesperado - ha contribuido a esta mejoría.

El paciente no verbalizaba explícitamente que está tratando de controlar sus sensaciones, imágenes mentales y emociones, pero esto era visible en su comunicación no verbal: decía que no con frecuencia con la cabeza cuando le venía algo o estaba notando una sensación, y sus comentarios: por ejemplo cuando decía que "no soportaba" una sensación, que no miraba la imagen porque tenía miedo, o decía "no se va", "no está mejor" (mostrando que estaba esperando que se fuese o que mejorase, y que sus imágenes o sus sensaciones no seguían el guion que él esperaba que siguieran). El terapeuta en estos casos ha de explicitar estas situaciones, ayudando al paciente a observar cómo funciona, reflexionar sobre ello y modificarlo.

Cuando los pacientes que tienden al control emocional van aflojando dicho control, lo mismo que ocurre con los pacientes con niveles de desconexión importante (no siempre generada por el control), irán conectando con emociones que hasta ese momento mantenían - con mayor o menor éxito - apartadas. Es importante anticipar este momento cuando dibujamos como será progreso terapéutico y la recuperación. De otro modo, el paciente se sentirá asustado o desbordado, y sin el recurso del control, no sabrá qué hacer con eso. Si hemos hablado previamente de que un día dejará salir estas sensaciones, y gracias a eso se podrán marchar para siempre, podremos reformular la situación actual de sentir más emociones perturbadoras como la esperada buena noticia, aunque el paciente no lo vea del todo así. La preparación de este momento ha de formar parte siempre de la fase 2 de estabilización, en pacientes con tendencia marcada al control. Éstos necesitan más información, saber a qué atenerse, qué pueden esperar y cómo se producirán los cambios. Alguien que funciona desde el control, no suele tener mucha tolerancia a la incertidumbre o a las sorpresas.

Capítulo 17
La regulación de los estados de baja actividad o baja activación

La regulación de las emociones no se relaciona solo, como ya comentaba anteriormente, con bajar una alta intensidad emocional hasta niveles manejables. También se asocia a **cómo gestionamos los estados de baja activación o inactividad**. Cómo nos estimulamos, activamos y motivamos cuando estamos decaídos, cansados o aburridos va a influir en cómo estos estados se procesan y evolucionan. En este sentido, podemos ver una tendencia a la *infrarregulación* (cuando estoy cansado "el cuerpo manda" y no hago nada que me saque de ese estado) o la *sobrerregulación* (no me permito estar cansado, ignoro las señales y me fuerzo más allá de mis límites, o me enfado conmigo mismo por ser incapaz de hacer más). Otras dificultades tienen que ver con que un estado emocional siempre lleva a una acción, esa acción permitirá cubrir una necesidad subyacente, y así regular ese estado; en ocasiones, sin embargo, *bloqueamos esta acción*. Por ejemplo, estoy cansado, pero no me permito descansar, o si paro me torturo por hacerlo y no me sirve de descanso.

Algunos problemas con los estados de baja activación o inactividad no tienen que ver tanto con esos estados, como con sus **orígenes**. Por ejemplo, si hemos tenido que estar durante tiempo sin salir por una larga enfermedad, o hemos estado bloqueados por una situación, al terminar esos problemas el organismo puede no volver al estado anterior, ha estado tanto tiempo en la situación de inacción que ya entiende ésta como el estado basal, como el punto de equilibrio al que volver. Hemos de reentrenar a nuestro organismo para energizarse y aumentar la actividad, pero para hacerlo necesitaríamos tener los recursos de los que disponíamos cuando estábamos más activos, así que se convierte en un bucle sin solución. En otros casos, la situación problemática anterior produjo un bloqueo en el sistema, que no podrá superarse sin trabajar en esa experiencia. Siempre es interesante explorar qué situaciones precipitaron el estado de apatía o cansancio, ya que en esos eventos encontramos frecuentemente información clave para entender su significado.

En otros casos, el tema clave no está tanto en el origen como en el **afrontamiento futuro**. La persona se queda estancada en una situación que no le gusta, por temor a potenciales consecuencias negativas de las acciones que no realiza. "Si no me presento a los exámenes, si ni siquiera voy a clase ni consigo estudiar, no tendré la experiencia de fracaso que me resulta inasumible". "Si no salgo de casa y no conozco gente, no se producirá una situación de rechazo, que no podría soportar". Siempre hay algo en el pasado que sienta las bases para ese temor, pero el miedo a una nueva experiencia futura similar (y la evitación a toda costa de esa posibilidad) es lo que da lugar a una hipoactivación protectora. Esto puede no ser evidente, el niño que teme fracasar en los exámenes puede presentarse como un vago o aparentar estar desmotivado, y la persona que no se relaciona para evitar el rechazo, puede tener un diagnóstico de fobia social, depresión o agorafobia, o simplemente decirse a sí misma que le gusta la vida que lleva, porque esa es su forma de ser.

Discriminar a qué nivel está el problema es importante para diseñar una intervención. Es por ello que no bastaría con tener un "protocolo para el cansancio", porque el estancamiento en un estado de apatía puede tener orígenes muy diversos:

a) Si el problema central es una **experiencia en la que el sujeto se quedó bloqueado**, procesar esos recuerdos llevará probablemente a un cambio directo en el estado actual.

b) Si la persona tiene una tendencia a la **sobrerregulación** que ya viene de atrás, procesar el evento que activó la sintomatología probablemente no sea suficiente para modificar el patrón en el presente. Por ejemplo, un paciente tiene unos padres con alto nivel de exigencia, a los que durante muchos años se ha acoplado, tratando de complacerlos. Sin embargo, al entrar en la universidad su sistema colapsa, y la autoexigencia que ha interiorizado y forma ya parte de su modelo interno de funcionamiento juega en su contra; cuánto más cansado y bloqueado se ve, más se machaca por ello. Aquí, o cambiamos este diálogo interior, ayudamos al paciente a entender cómo se originó éste en la exigencia parental temprana y procesamos estos recuerdos más relacionados con el apego, o no podremos ayudar al paciente a salir de su estancamiento.

c) Si el individuo tiene la tendencia opuesta, hacia la **infrarregulación**, la situación es similar al apartado anterior, hay un patrón rígido que hay que abordar específicamente a mayores del procesamiento de recuerdos. Por ejemplo, cuando la persona entra en un estado de cansancio, se deja ir, se autoabandona. El origen de este funcionamiento pueden ser experiencias tempranas de abandono, que generan sensaciones difíciles de elaborar y de tolerar - por sus propias características, no hubo nadie que aportara ayuda o consuelo - y que conducen además frecuentemente a una respuesta de autoabandono (precisamente lo contrario de lo que la persona necesitaría). Aquí el terapeuta ha de estar muy presente, ayudando al paciente a tomar las riendas de su situación, pero sin caer en la trampa de tratar de "sacarlo" de ese estado. Como bien dice Judith Herman (1992) el terapeuta no ha de hacerse cargo de la responsabilidad de la recuperación, esto resta poder al superviviente, y será perjudicial para él aunque se haya tratado de hacer en su beneficio. El paciente puede aprender a ver el bucle de retroalimentación abandono-autoabandono, y a cuestionar su creencia de que "no puede" hacer nada por salir de ese estado. En los grupos de pacientes de trauma complejo solemos prohibir la frase "no puedo" permitiendo únicamente que la persona diga "me cuesta". Esta metacognición de "no puedo regularme" cierra la puerta a cualquier intento o a cualquier aprendizaje.

d) Cuando el problema está en el temor a las sensaciones que podrían venir si se actúa en el futuro, y en el manejo de éstas desde la **evitación**, el trabajo terapéutico ha de focalizarse en la tendencia evitativa. Aunque disponemos de protocolos para la evitación o la procastinación como los propuestos por Knipe (2015), solo tienen sentido cuando son aplicados con una comprensión global del caso, que incluya los orígenes de la tendencia evitativa y las razones para su mantenimiento. En el caso que se expone en el último capítulo puede verse un buen ejemplo de cómo este mecanismo de evitación se genera a partir de diversos factores y cómo se perpetúa, y también cómo se puede abordar de una manera integral.

Más allá de esta distinción general, los estados de falta de activación o de inactividad no se limitan al cansancio, la apatía o la procastinación, y tienen numerosos matices. Ver estos matices nos puede ayudar a conceptualizar los casos y a hacer una planificación específica de la terapia. Por ejemplo, hemos de tener en cuenta si este problema puede deberse a:

- Determinadas patologías que predisponen a déficits de motivación y a una menor activación.
- Cómo nos tratamos cuando estamos desanimados, decaídos o cansados.
- Cómo gestionamos el esfuerzo.
- Cómo nos llevamos con el aburrimiento.
- Nuestra capacidad para explorar el entorno.
- Cuánta energía consumimos en una gestión emocional improductiva.
- Las respuestas pasivas y la disociación en la traumatización compleja.

Veremos a continuación un poco más sobre cada una de estas situaciones.

1. Determinadas patologías que predisponen a déficits de motivación y a una menor activación

La falta de motivación está presente con distintos matices en diversos trastornos. Uno de ellos es el trastorno por déficit de atención con hiperactividad (TDAH), que se ha relacionado con una hipoactivación de los sistemas dopaminérgicos. El *neurotransmisor dopamina* se ha relacionado con la focalización, la curiosidad, la búsqueda, la excitación, la esperanza y la idea de empezar de nuevo. Cuando hay poca actividad dopaminérgica, los sistemas de recompensa no funcionan adecuadamente y el sujeto tiene dificultades en las conductas orientadas a metas; o presenta una especie de desasosiego, que le lleva a buscar algo diferente, convirtiéndose en un "buscador de sensaciones" (LePera, 2011; Mercer y Eastwood, 2010). Otras veces, esta baja actividad dopaminérgica puede ser un efecto indeseado de fármacos, como los antipsicóticos, pudiendo potenciarse así la sintomatología negativa en la esquizofrenia y los trastornos del espectro psicótico.

El consumo crónico de cannabis también puede dar lugar a un *síndrome amotivacional* (Lac y Luk, 2017) en el que el paciente cae en una especie de inercia y falta de interés generalizado. También en los cuadros depresivos la persona puede experimentar un estado de astenia y anhedonia predominantes, sin que la tristeza sea evidente de entrada. Estos cuadros depresivos, incluso aunque estén generados por circunstancias vitales adversas, pueden precisar de un tratamiento farmacológico para que la psicoterapia con EMDR sea productiva.

Aunque estos aspectos puedan haber sido potenciados por factores ambientales, que es sobre lo que trabajamos con EMDR, es importante que seamos conscientes de las dificultades intrínsecas que algunas patologías presentan en estas áreas. De ese modo nuestra planificación terapéutica será realista, e incluirá un trabajo específico y/o medicación para el TDAH o la depresión, intervenciones de rehabilitación para los cuadros psicóticos defectuales, o estrategias para disminuir el consumo en el abuso de sustancias. El trabajo desde la perspectiva del trauma no ha de llevarnos a un *reduccionismo traumático* que niegue los factores socioculturales, familiares o biológicos. Un tratamiento eficaz requiere de la integración de todos estos abordajes.

2. Cómo nos tratamos cuando estamos desanimados, decaídos o cansados

Aparte de lo que comentaba en el párrafo anterior sobre la conveniencia del tratamiento antidepresivo en algunos casos, para facilitar el proceso terapéutico y mejorar a corto plazo el estado del paciente, la regulación emocional va a tener que ver con el desarrollo y prolongación de los estados de decaimiento. Como explicaba en el capítulo 12 al hablar sobre la *rumiación*, este mecanismo disfuncional de regulación se asocia muchas veces con depresión y con una mayor cronicidad de la misma. Una persona que cuando se siente triste se enfada consigo mismo por estar así, no se permite tomarse un tiempo para recuperarse, no busca ayuda ni se deja ayudar, o incluso hace cosas que empeoran aún más su estado - como beber, dejar la medicación, o autoabandonarse - tardará mucho más en recuperarse. Esta tendencia rumiativa también va a dificultar el procesamiento de los recuerdos con EMDR ya que, aunque la estimulación bilateral pueda disminuir la perturbación, la rumiación constante durante el procesamiento está incrementándola aún más.

Otro ejemplo es lo que mencionaba antes sobre el cansancio, que puede ser resultado de una *sobrecarga sostenida* a la que el sistema se ha visto sometido. Por ejemplo, una persona que se autoexige mucho, o que tiende a cuidar y responsabilizarse de todos los que le rodean - pero no atiende sus propias necesidades - más tarde o más temprano acabará por sobrecargarse. Cuando lógicamente se note cansada no se lo permitirá, y solo parará cuando una enfermedad se lo impida. En ocasiones la presencia de una patología física será considerada una coartada válida para no hacer nada, pero otras veces la sensación de debilidad y de necesitar ayuda y cuidado se le hará intolerable a una persona que ha salido adelante desde el "soy fuerte" o el "puedo con todo".

En ambos ejemplos, el problema no es tanto el estado emocional o físico (tristeza o cansancio) como *lo que hacemos con él*. Entender de dónde vienen no solo la tristeza o el cansancio, sino el rechazo a sentirlos o la dificultad para percibirlos hasta que llegan a hacerse inmanejables es, como hemos visto, lo más importante en el abordaje con EMDR. Que la persona conecte su reacción ante el cansancio o el decaimiento con su historia es fundamental para ampliar su perspectiva respecto al problema, y para preparar el procesamiento posterior de esas experiencias. Puede ayudarnos explorar el autocuidado a través de la escala de autocuidado (Gonzalez-

Vazquez et al., 2018) y trabajar con los procedimientos de autocuidado cognitivo, somático y simbólico (Gonzalez, 2019), ayudando al paciente a entender qué se dice a sí mismo cuando está decaído o cansado, dónde lo aprendió y cómo cambiarlo; a conectar con sus sensaciones desde una actitud de cuidado; y por último, a través de la representación de la interacción entre el adulto que es y el niño que fue, modelar una nueva forma de relación con el self.

3. Cómo gestionamos el esfuerzo

Los estados de inactividad disfuncionales pueden tener que ver, no solo con cómo son modulados estos estados, sino también con las dificultadas para gestionar el esfuerzo que implicarían las actividades a las que la persona no se dedica. Para poder esforzarnos en algo hemos de creer en el objetivo, pero también hemos de poder ver el esfuerzo como una sensación gratificante. Aunque el esfuerzo no es en sí placentero, muchas personas lo asocian con una sensación de autosuperación y logro; para ello han de conseguir llegar - al menos en ocasiones - a alcanzar sus objetivos gracias a ese esfuerzo.

En el periodo de crianza, hemos de haber tenido la experiencia de afrontar desafíos con el apoyo, ánimo y confianza de las personas que nos rodean. Si se nos facilita todo, hasta el extremo de no tener que esforzarnos nunca, no podremos aprender a modular esa sensación, ni experimentar los beneficios que nos puede proporcionar esforzarnos. También la situación contraria puede generar problemas; por ejemplo, cuando al niño se le encomiendan tareas que están más allá de lo que corresponde a su etapa evolutiva. Algunas experiencias de fracaso o una presión excesiva pueden llevarnos a evitar el esfuerzo porque, si no lo intentamos, anulamos la posibilidad de fracasar de nuevo. En que se generen estos problemas relacionados con el esfuerzo, el fracaso y la exigencia van a influir, no solo las dinámicas familiares, sino también los profesores o las disciplinas deportivas o artísticas estrictas, como pueden ser la danza o aprender un instrumento. Tanto el exceso como el defecto, sobre todo dependiendo de las características particulares del niño y la etapa evolutiva en la que sucede, pueden acabar generando una gestión patológica del esfuerzo. Veamos dos ejemplos.

Manuela tiene un trastorno bipolar, que también presentó su madre durante toda su infancia. Ella no ha trabajado nunca, salvo un par de meses tras bastante tiempo de abordar esto en terapia. La experiencia fue muy gratificante para ella, se sintió por fin útil y satisfecha de tener cierta autonomía económica. Ahora por fin se plantea empezar de nuevo otro trabajo, pero tiene dificultades para levantarse y pasa un número desproporcionado de horas durmiendo. Cuando intentamos explorar qué pasa cuando suena el despertador, ella dice que realmente le gusta estar en cama, y que lo que hay fuera no le motiva. Pensando en ese momento, localiza una sensación incómoda en el estómago, y a través de un floatback conecta con el recuerdo de pasar en cama de niña muchos días, en los que simplemente no se levantaba y no iba al colegio. Su madre, demasiado enferma, y su padre, demasiado ocupado cuidando de su madre, ni siquiera prestaban atención a lo que le pasaba a ella. Trabajando este recuerdo, Manuela toma conciencia de que ese estar en cama era en parte un grito de ayuda que nadie oyó, y en parte una reproducción consigo misma del abandono en el que creció. Entendió - gracias a intervenciones psicoeducativas entretejidas con el procesamiento - la conexión entre el abandono vivido y el autoabandono al que tendía de adulta. Al procesar este recuerdo fue capaz de levantarse a una hora que le parecía razonable, y aumentar su nivel de actividad.

Lucas tiene 21 años y lleva una larga temporada sin estudiar ni trabajar, sumido en una especie de estado depresivo que no responde a los fármacos. Inició una carrera y a los dos años la abandonó sin ser capaz de tirar desde entonces en ninguna dirección. Esto sorprendía mucho a sus padres, ya que había sido un "niño modelo, que nunca había dado problemas". Su hermana mayor, por el contrario, tuvo una adolescencia muy difícil y sus padres estuvieron siempre preocupados por ella. Lucas sentía que sus padres ya tenían bastante con su hermana, y trató de no darles más disgustos. Con ello fue negando sus necesidades, gestionando solo su malestar, o incluso negándolo. No se creía con derecho a reclamar la atención de sus padres, aunque la necesidad de recibir esa atención estaba ahí, como en todos los niños, y el resentimiento se fue acumulando. Eligió hacer derecho como su padre, la carrera que creía sería más valorada por éste, pero que poco tenía que ver con sus propias inquietudes y habilidades.

Dado que Lucas no tenía mucha conciencia de todo esto, estos lastres acabaron impidiéndole seguir, sin que él se diese cuenta del significado de lo que le ocurría. Además, su depresión le proporcionó por primera vez la sensación de ser el foco de atención de sus padres, lo que era su más profunda y negada necesidad. Todo esto ocurría fuera de su conciencia y era vehiculizado a través de una enfermedad, que le aportaba una razón legítima para su incapacidad de funcionar. Pese a ello, no estaba tranquilo con su situación, pero tampoco era capaz de moverse de ella.

El trabajo con Lucas llevó mucho tiempo. No podemos entrar a procesar con EMDR experiencias de las que el paciente no es consciente, y fue necesario dedicar meses a un trabajo de análisis conjunto de su historia, a identificar y comprender sus estados emocionales y a prestarles atención. Tras un tiempo de trabajo en esta línea, Lucas empezó a tener cierta conciencia de su resentimiento, y pudimos empezar a reforzar - a través de la instalación de recursos - momentos en los que podía pedir lo que necesitaba o mostrar su desacuerdo. También fue provechoso trabajar los momentos en los que su hermana se alteraba en casa cuando eran pequeños, porque Lucas podía ver claramente estas situaciones como problemáticas, aunque todavía le costaba identificar y reconocer en su totalidad sus sentimientos hacia sus padres.

En algunas sesiones le resultó útil, para desenmarañar el nudo emocional que sentía dentro, representar su contradicción y ambivalencia a través del trabajo con partes. Lucas pudo ver al niño que necesitaba atención y que renunció a ella por los problemas en casa, y también al Lucas enfadado que no se permitió ser (eso hubiese representado para él ser como su hermana). Ante la ausencia de lo que necesitaba, surgió su tendencia a cuidar él de las figuras paternas, invirtiendo roles, y más recientemente su estado depresivo, que le colocaba en la única situación en la que uno podía recibir atención en su familia: siendo un problema. Desplegar cada uno de estos elementos sobre la mesa, representado con una figurita, le aportó a Lucas una cierta perspectiva global sobre su sistema de funcionamiento y sobre las tendencias contradictorias que sentía en su interior; esta metaconciencia le aportó una mayor capacidad para regularlas. Se trabajó también con sus padres en promover cambios en las dinámicas familiares. Conforme su comprensión de todos estos elementos mejoraba, fuimos avanzando hacia un procesamiento estándar de todos los recuerdos que habían ido generando su problemática actual.

4. Cómo nos llevamos con el aburrimiento

El aburrimiento es un sentimiento difícil de definir en positivo, ya que tiene que ver más con la falta de estimulación (Svendsen, 1999). Puede derivarse de la repetición, de la saciedad (tener demasiado) o de la falta de desafíos. Algunas personas se dejan absorber por esta sensación, incluso la disfrutan y la asocian al descanso, mientras que para otras tiene una connotación negativa y dedican grandes esfuerzos a evitarla. Para algunos individuos, el aburrimiento tiene relación con la falta de significado de la vida y el mundo, y se conecta con sensaciones de vacío. Al tratarse de un sentimiento complejo, es importante ver cuál es la percepción que cada persona tiene de él, y qué tendencias de acción genera en cada una.

El aburrimiento se ha considerado como una emoción (Damrad-Frye y Laird, 1989; Izard, 1977; Scherer, 1984). Algunos autores hablan del estado de aburrimiento que, a diferencia de un rasgo de carácter o una tendencia a aburrirse, sería una emoción transitoria con un carácter negativo. Eastwood et al., (2012) lo definen como un estado aversivo caracterizado por querer implicarse en actividades, pero sentirse incapaz de ello. Westgate y Wilson (2018) revisan las conceptualizaciones del aburrimiento y destacan que, aunque el aburrimiento suele manifestarse como inactividad, el estado fisiológico subyacente puede ser hipoactivación, hiperactivación o una mezcla de ambos, en función del significado que el sujeto le atribuye a ese estado emocional. Los orígenes del aburrimiento pueden tener que ver con situaciones en las que el sujeto no puede moverse hacia una actividad estimulante porque las circunstancias no lo permiten o porque el propio sujeto se lo limita; déficits atencionales que dificultan la orientación, implicación y el mantenimiento del foco en una actividad; o estar implicado en una tarea que se vive como poco significativa para el individuo.

El aburrimiento puede llevar a la creatividad (Baird et al., 2012; Harris, 2000; Schubert, 1977, 1978), y en ese sentido funcionaría como un motor en positivo. Sin embargo, si esa tendencia no ha sido potenciada o ha sido censurada en el pasado, y por ello la persona no se la permite, se puede convertir en una sensación para la que no se ve salida. Como decía en los primeros capítulos, una emoción lleva implícita siempre una acción, nos lleva hacia algo. Cuando esta tendencia se bloquea, surge la patología. Esto no significa que la salud mental signifique dar rienda suelta a todas nuestras tendencias. Hemos de encontrar un equilibrio entre tenerlas en cuenta y encauzarlas adecuadamente.

Otra posible complicación del aburrimiento es la incapacidad para tolerarlo. Como cualquier emoción o sentimiento que la persona no se permite sentir, el hecho de tratar de evitarlo generará complicaciones en el funcionamiento psicológico. Cuando el aburrimiento se siente como intolerable, puede llevar a buscar sensaciones intensas, priorizando esa intensidad frente al hecho de que sean beneficiosas (Bench y Lench, 2018). Por ejemplo, algunas personas pueden recurrir a consumir drogas para anular el aburrimiento (Lee, Neighbors y Woods, 2007), a jugar compulsivamente (Mercer y Eastwood, 2010), o incluso a autolesionarse (Chapman y Dixon-Gordon, 2007). En sujetos con estas patologías, es particularmente interesante valorar cómo es la gestión emocional del aburrimiento.

¿Dónde se aprende a modular el aburrimiento? Como sabemos, es una sensación frecuente en la infancia. Los niños, que por su estadio evolutivo están explorando el mundo y se alimentan de estímulos, verbalizan con frecuencia el "me aburro" como algo displacentero. Esta búsqueda de novedades puede ser funcional a estas edades, moviendo al niño hacia la exploración y el juego para que su sistema nervioso se desarrolle. Como todos los estados emocionales de la infancia, la respuesta de los cuidadores a esta sensación del niño modulará su futura regulación. El niño manifiesta su "me aburro" como algo que sus padres han de solucionar; éstos pueden reaccionar ignorándolo y dejando que el niño se busque la vida; intentando eliminar esa sensación de forma inmediata ("toma el móvil"); ayudando al niño a buscar estrategias para divertirse, compartiendo momentos de disfrute, y también ayudándole a demorar esa gratificación y a tolerar un poco el aburrimiento. Esto está sujeto a cambios culturales, en el que los más destacables en las sociedades occidentales podrían ser el cambio de formas proactivas de buscar estímulos (salir a jugar) hacia formas pasivas (ver la tele); y la menor presencia de los padres en la casa por motivos laborales que puede tratar de compensarse con una apretada agenda de actividades extraescolares, que a veces lleva a niños sobreestimulados y padres "transportistas".

Según sea la percepción del aburrimiento de cada persona y los orígenes de su modo de reaccionar ante él, habremos de incluirlo o no entre los objetivos a procesar. Por ejemplo, alguien que tenga experiencias de ***falta de estimulación*** en la infancia puede asociarlas a algo displacentero, y esos recuerdos de "falta de" se asociarán a perturbación y podrán ser procesados. Otra posibilidad es que esta falta de estimulación se experimente como "lo normal"; en este último caso, solo a través de un trabajo psicoeducativo previo podremos trabajar en estas experiencias como dianas. Estas personas probablemente no sabrán distraerse o entretenerse, porque no han tenido experiencias de disfrute compartido, y este tipo de actividades habrán de ser potenciadas y reforzadas en el presente como recursos. Por el contrario, los que hayan sido *sobreestimulados* para cubrir todos los momentos de ocio en su infancia, probablemente toleren mal el aburrimiento y habrán de aprender a habituarse un poco a esta sensación en muchas situaciones ordinarias, que requieren continuidad y repetición para producir un resultado productivo. En este último caso, el aburrimiento podría instalarse como un recurso.

5. Nuestra capacidad para explorar el entorno

La inactividad puede no ser en algunos casos el problema primario, sino las dificultades para realizar actividades que se salgan de lo habitual o que el sujeto no siente que domine. Estas actividades pueden tener que ver con la capacidad para explorar el entorno. En la teoría del apego se consideran centrales dos sistemas (Elliot y Reis, 2003): *el sistema de apego* que empuja al niño a aproximarse al cuidador para que le proteja del daño, y *el sistema de exploración* que le anima a aprender sobre el entorno, potenciando su sensación de seguridad y de capacidad de funcionar de modo efectivo. Ambos sistemas se equilibran, y el niño usará a la figura de apego como una base segura desde la que explorar (Ainsworth et al., 1978).

White (1959) define la motivación para la efectividad como el deseo de tener interacciones efectivas y competentes con lo que le rodea, y entiende esto como una tendencia innata que empuja al individuo a investigar, manipular y dominar su entorno. La tendencia natural en la infancia hacia el juego de investigar y explorar sería la manifestación prototípica de esta motivación para la efectividad. Esta actividad produce una experiencia placentera, un sentimiento de competencia, que puede verse claramente en un niño que consigue por fin colocar un bloque sobre otro, para en seguida tirarlo todo y poder así volver a sentir lo mismo de nuevo. Esta sensación es mucho más potente si se acompaña de un cuidador que hace fiestas al niño cuando lo consigue y que le anima a seguir explorando. Según White, cuando los cuidadores no responden o son inconsistentes, activarán sensaciones de hambre, miedo o inseguridad, que son incompatibles con la experiencia de exploración.

Elliot y Reis (2003), revisando a diversos autores, señalan que la motivación para sentirse competente se desarrolla a partir de la emergencia del concepto del self, el desarrollo de capacidades de razonamiento elaboradas, la adquisición de habilidades de autorregulación y metacognitivas, y de encuentros repetidos con experiencias de éxito y fracaso (y la respuesta de los demás ante ellas). Algunas personas expresarán esto de adultos en forma de deseos y aspiraciones, y en otros se reorientará hacia la autoprotección y la evitación. Así algunos individuos pueden focalizarse en buscar el éxito o lograr sus metas, mientras que otros sienten mayor vergüenza con los fallos y se centrarán en evitar el fracaso.

Estas tendencias se verán influidas por los tipos de apego. En las personas con apego ansioso, la preocupación por la aceptación y el rechazo puede hacer que se centren más en la evitación del fallo. La seguridad en el apego lleva a que los individuos se focalicen en los desafíos inherentes a la tarea y que se sumerjan en la actividad sin estas preocupaciones con el éxito o el fracaso. Los de apego evitativo tendrán menor tendencia a buscar la sensación de dominar una tarea y el desafío que ésta supone, y además sentirán miedo al fallo, al igual que los de apego ansioso.

A la hora de trabajar situaciones relacionadas con la falta de motivación, o la gestión del esfuerzo, como comentaba antes en este mismo capítulo, puede sernos útil ubicar esto dentro del estilo de apego del paciente, y explorar como transcurrían las situaciones de exploración en el contexto de las relaciones de apego primarias. En el *apego preocupado/ansioso/ambivalente* la exploración se penalizará debido a la inseguridad del cuidador, que suele agobiarse por todo lo que le pueda pasar al niño, transmitiendo a éste sus temores. Éste niño, que funciona desde la co-regulación con el adulto, no confiará en su propia capacidad de autorregulación y autonomía, por lo que tenderá a moverse dentro de un círculo muy reducido de seguridad. Desde aquí podemos entender por qué algunos pacientes empiezan a tener síntomas cuando se alejan del núcleo familiar, por ejemplo, para empezar unos estudios, sin que se haya producido ningún problema aparente. En el *apego evitativo/distanciante,* el niño puede explorar porque nadie se preocupa, pero puede verse por ello expuesto a más situaciones de riesgo que influirán en su tendencia a seguirse aventurando en el futuro. Al estar además en menor contacto con sus propias emociones y necesidades, tampoco desarrollará metas claramente conectadas con sus propias tendencias, lo que puede conllevar una menor motivación para lograr objetivos significativos para la persona. En el *apego desorganizado* podremos ver una mezcla de ambos patrones. La comprensión de estos factores es importante para la selección de blancos a procesar.

6. Cuánta energía consumimos en una gestión emocional improductiva

Baumeister et al. (1998) proponen un modelo que denominan de depleción del ego; este modelo sugiere que el autocontrol consume energía que, al no ser ilimitada, deja menos recursos para el funcionamiento posterior. Martijn et al. (2003) señalan que dos actos consecutivos de autocontrol afectan negativamente al desempeño, aunque esto está mediado por las expectativas del individuo. Cuando el autocontrol se activa repetidamente, incluso esta energía residual se agota. El autocontrol lleva así paradójicamente a la incapacidad para seguir teniendo control. Esto es lo que hemos de explicar a los pacientes con alta tendencia a controlar sus emociones, que generalmente solo son conscientes de lo que este sistema les aporta a corto plazo, pero no tanto de sus consecuencias negativas a medio y largo plazo. Muraven et al. (1998) observaron que los sujetos a los que se les pedía que controlaran sus reacciones emocionales ante una película triste, obtenían peores resultados en una tarea posterior, frente a aquellos a los que se les permitía mostrar sus emociones.

Richards y Gross (2000) proponen que los costos cognitivos de la regulación emocional varían en función del tipo de estrategia que se utilice. Si se ha podido disminuir la intensidad emocional a través de cambiar la perspectiva o distraerse de lo que la genera, no hará falta dedicar tanta energía al autocontrol cuando éste sea necesario, por ejemplo, para demorar una gratificación. La regulación a través de reformular la situación (verlo desde otro punto de vista) consumiría pocos recursos, mientras que la supresión de la emoción sería más costosa y supondría más problemas en el funcionamiento posterior. La evitación emocional también representa un problema para el funcionamiento del individuo, incrementando los niveles de estrés y la psicopatología (Wolgast, Lundh y Viborg, 2013). Este exceso de activación lleva no pocas veces al agotamiento y la claudicación, pudiendo coexistir ambos fenómenos.

A la vez, el agotamiento mental dificulta la regulación emocional (Grillon et al., 2015). Además, algunos pacientes entran en estados de agotamiento porque se alimentan mal, no duermen lo suficiente, no dedican tiempo al descanso o a actividades agradables, o están más volcados en satisfacer las necesidades de los demás que las propias, como parte de su patrón de autocuidado negativo (Gonzalez-Vazquez et al., 2018). Esta evaluación de los patrones de autocuidado es interesante en todos los pacientes, junto a sus estilos de regulación emocional, y nos puede ayudar a identificar estas situaciones y a abordarlas.

7. La tendencia a respuestas pasivas y la disociación en la traumatización compleja

Se ha propuesto que las respuestas disociativas se van desencadenando en una cascada en cuyo extremo estarían la parálisis, el desvanecimiento y el colapso (Schalinski, Schauer y Elbert, 2015), todas ellas respuestas pasivas. Es decir, a mayor gravedad del peligro, menor respuesta, en contra de lo que en teoría parecería lógico. Pero esto tiene un sentido para la supervivencia.

La respuesta ante las situaciones de amenaza se ha descrito como un reflejo de orientación, en el cual se interrumpen los procesos perceptivos y conductuales para prestar atención a los estímulos potencialmente peligrosos (Graham y Clifton, 1966; Sokolov, 1963). Si el estímulo es amenazante se activa el sistema nervioso simpático y se libera adrenalina, para preparar al organismo para la lucha o la huida. Si la amenaza es grave esta respuesta de lucha/huida puede no ser adaptativa, y el organismo pasa a una respuesta de terror y de inmovilidad tónica (con tensión) (Bracha, 2004; Porges, 1997; Galliano et al., 1993). Después de esto, sobre todo cuando el peligro se aproxima más y se acaban las opciones, tiene lugar el desvanecimiento y el colapso (Johnson, Pike y Chard, 2001). Aquí se produce una menor entrada de estímulos sensoriales, la parálisis muscular, las alteraciones de la conciencia y la dificultad para escuchar o hablar. El organismo experimenta una caída global de todos los sistemas, gestionada por el parasimpático dorsovagal (como veíamos al hablar de la teoría polivagal), lo que da lugar a un enlentecimiento del ritmo cardíaco, una bajada de la tensión arterial y la dilatación de los vasos sanguíneos (Scaer, 2001). Más que una reacción de lucha/huida tiene lugar una respuesta de parálisis/desvanecimiento/colapso, ya que en esa situación extrema es la única posible.

Estas respuestas son las más adaptativas ante un peligro inexorable. Cuando se produce una respuesta de parálisis el individuo puede pasar más desapercibido y no generar estímulos que activen al agresor, al igual que en el medio natural, donde los animales que no pueden enfrentarse al depredador se quedan inmóviles, esperando que otro objeto en movimiento llame su atención. Inicialmente puede haber tensión, activación interna, se contiene la respiración, no se hace ruido, tratando de no ser un estímulo para el atacante y minimizar así el daño. Posteriormente se pasa a una fase de inmovilidad en la que se afloja por completo la tensión, el sistema colapsa, la presión baja para disminuir la pérdida de sangre periférica si se produce una lesión, y se entra en un estado de shock y de reserva de energía. En este estado se experimenta una especie de autoanestesia tanto física como emocional para disminuir el sufrimiento, y los procesos mentales y la memoria se desconectan o se reducen drásticamente.

Estas respuestas pasivas de parálisis o apagamiento de los sistemas del organismo pueden luego automatizarse y volverse condicionadas (Bolles y Fanselow, 1980). Algunos pacientes gravemente traumatizados pueden tender a presentar respuestas de colapso, experimentar un cansancio súbito, venirse abajo y entrar en estados de baja energía. Las respuestas de protección activas (lucha/huida) fueron anuladas tantas veces que, ante cualquier situación que el sujeto vive como abrumadora (si el umbral es muy bajo, se vive así casi todo), el organismo entra en mínimos y en control de daños.

En muchos pacientes con traumatización grave estas respuestas pueden presentarse durante el procesamiento de los recuerdos con EMDR, al entrar en contacto con determinadas experiencias o emociones. Estas respuestas pasivas, al tener un distinto correlato neurofisiológico, podrían condicionar una respuesta diferente a la estimulación bilateral. Así, ésta puede ser positiva, cuando el sujeto presenta internamente un estado de activación simpática, o ninguna, si el organismo está en un estado de hipoactivación parasimpática dorsovagal, como plantea la teoría polivagal.

Otra posible situación en los pacientes disociativos con mayor compartimentalización (o fragmentación mental) es que el conflicto interno entre partes, el esfuerzo que ha de dedicarse a controlar los recuerdos, las emociones o las relaciones, podría dar lugar como comentan Van der Hart et al. (2006) a una baja eficiencia mental. La persona puede tener una baja capacidad para funcionar, para gestionar la vida diaria y los procesos mentales, ya que toda su energía ha de dedicarse a mantener el equilibrio inestable que representa este tipo de funcionamiento mental no integrado.

Estas dos situaciones, que no son incompatibles, requieren intervenciones diferentes, que serán analizadas en mayor detalle más adelante:

- En el primer caso, cuando hay una propensión a **respuestas de colapso**, lo más importante es identificar qué las desencadena. Como todas las respuestas automáticas, un paso imprescindible para modificarlas es tomar conciencia de cómo se producen y de su función. Si el paciente puede darse cuenta de que al hablar de determinados temas empieza a experimentar cansancio, va a ir comprendiendo la dureza de esas experiencias (quizás antes las minimizaba desde su desconexión emocional), y a aproximarse a ellas de modo más gradual. El cansancio se puede convertir así en un sensor, con el que el paciente puede estar diciendo al terapeuta "se me está haciendo mucho la sesión de hoy". Al poder comentarlo explícitamente estará manejando la situación a través de una respuesta activa, en lugar de ir automáticamente a una reacción de último recurso, con lo que indirectamente estamos modificando el patrón disfuncional, y no dejando que la cascada disociativa llegue a desencadenarse.
- En el segundo caso, cuando hay **compartimentalización y conflicto interno**, el abordaje pasa por explorar ese sistema y disminuir el conflicto. Trabajar con las partes para entender su función durante el trauma y cuál puede ser su evolución futura, en la línea que describimos en el abordaje progresivo (Gonzalez y Mosquera, 2012), podría ayudar no solo a mejorar el funcionamiento del paciente, sino a que disponga de más energía para la vida cotidiana. Por ejemplo, cuando se trabaja con una parte agresiva, que dirigía su rabia contra las otras partes a través de amenazas, insultos y empujando al paciente a conductas autolíticas o consumos, esta parte pasará a poder llevar a cabo conductas proactivas en el mundo externo. La rabia en su origen está en el organismo para ayudarnos a defendernos

activamente, a pedir lo que necesitamos, decir que no y pelear por lo que queremos. Si hay partes autónomas basadas en esta reacción de lucha, cuando dejan de repetir los modelos traumáticos (expresar la rabia como lo hacía el cuidador agresivo) pueden empezar a funcionar como motores para actividades más funcionales y adaptativas. En esta etapa, la estimulación bilateral puede incorporarse al trabajo con el sistema interno para procesar fobias, instalar recursos compartidos entre distintas partes, potenciar el autocuidado y la autorregulación o para procesar fragmentos limitados de material perturbador. Más adelante, procesar los recuerdos propiamente dichos contribuirá mucho más a mejorar el nivel de funcionalidad del paciente.

Capítulo 18

No todas las emociones son iguales

Cada persona tiene distintos niveles de tolerancia hacia cada estado emocional específico (Bernstein y Brantz, 2013) y diferentes umbrales en lo que respecta a la necesidad de regular cada uno de ellos. La estrategia de regulación empleada puede variar momento a momento en función de muchos factores. Uno de ellos es el tipo de emoción, así como su intensidad. Dixon-Gordon et al. (2015) señalan que las emociones intensas suponen un desafío mayor, y hacen que el individuo tenga que poner en marcha todos sus recursos de regulación. Comparando las emociones de tristeza, ansiedad y rabia encuentran que, ante una emoción de tristeza - sobre todo si es intensa - es mucho más probable que las personas recurran a la supresión emocional. Si pensamos en la terapia EMDR, esto puede significar que podemos ver estrategias disfuncionales de regulación que bloquean el procesamiento, que solo se activan ante algún tipo de recuerdos más asociados a una emoción específica. Aunque en este estudio se analizaban aspectos generales a todos los sujetos, encontramos en la práctica clínica individuos con mayores dificultades para acceder y dejar fluir un tipo concreto de emoción, lo cual cobra sentido a la luz de su historia biográfica.

Greenberg y Paivio (1997) señalan que existen algunos *esquemas emocionales nucleares desadaptativos*, que pueden influir en cómo se procesan los estados de alta activación emocional. Estos esquemas disfuncionales tienen que ver según los autores con *el miedo, la vergüenza y la rabia mezclada con impotencia o rechazo*. Es decir, aparte de que puedan surgir emociones intensas difíciles de manejar, cuando están asociadas a unos componentes determinados, serían más difíciles de procesar. Podría traer a mi mente muchas sesiones de EMDR, en las que la persona entra en pánico, aparece la vergüenza, el individuo siente impotencia, o surgen sentimientos de rechazo, y el procesamiento se queda atascado en ellos. Añadiría a la lista otros estados emocionales de los cuales a mis pacientes suele costarles salir, como por ejemplo el *abandono*, que la persona vive a menudo como un abismo, en el que parece no ver otra opción que dejarse ir.

Esto está por investigarse en profundidad, pero a nivel individual podemos observar estos aspectos en nuestros pacientes y ver qué papel juegan en su respuesta a la terapia. Además, aunque algunas respuestas pueden ser típicas de una emoción en concreto (por ejemplo, la vergüenza suele ser una emoción que, por sus propias características, tiende a ocultarse o evitarse), es importante entender el funcionamiento particular de cada persona con las distintas emociones. Si hay emociones que no identifica bien o que rechaza, las raíces de esto estarán en su historia relacional, y es fundamental explorarlo y trabajarlo antes de entrar a procesar recuerdos. Es evidente que, de no hacerlo así, la posibilidad de que el procesamiento se atasque al surgir esa gama de emociones será mayor.

No todos los pacientes son conscientes de con qué emociones tienen problemas. A veces la culpa es insoportable, pero esto no resulta evidente para el sujeto y permanece oculta bajo otras emociones como la ira, o es exteriorizada, por ejemplo, culpando a otros en vez de sentirse culpable (Stuewig et al., 2010). Cuando la persona está focalizada en culpar a los demás, puede traernos una larga lista de aparentes agravios para procesar, pero tendrá dificultades en conectar con la creencia negativa nuclear de "soy culpable". Es posible incluso que tenga problemas con cualquier cognición negativa autorreferente. Al estar este elemento oculto y poco accesible puede funcionar como una creencia bloqueante, dificultando el procesamiento.

La *vergüenza* es también una emoción que lleva al bloqueo. La persona avergonzada no tiende a hacer, sino a dejar de hacer, lo que ha generado la emoción. Algunos estados emocionales como la rabia o el miedo llevan en sí a respuestas proactivas, la lucha en el caso de la rabia o la huida en el caso del miedo. Es cierto que tanto la rabia como el miedo pueden bloquearse cuando la respuesta natural a la que se asocian no puede llevarse a cabo, lo que ocurre típicamente en situaciones en las que no hay salida ni opciones, como sucede muchas veces en la infancia. Sin embargo, la vergüenza va acompañada de una tendencia a esconderse, bajar la cabeza, encogerse y bloquearse. Los recuerdos con mucho componente de vergüenza influyen en la sintomatología depresiva debido a que la persona no quiere permanecer notando estas sensaciones y trata de evitarlas o de controlarlas (Dinis et al., 2015), lo que complica mucho más su estado.

Dependiendo de todos estos aspectos, cuando surgen las emociones que para el sujeto resultan más problemáticas durante el trabajo con EMDR podemos ver cómo se presentan estrategias de regulación disfuncionales que hasta ese momento el individuo no había activado en sesión y que no son muy predominantes en su sistema de funcionamiento. Por ejemplo, un paciente puede describir con detalle la rabia, la angustia y la impotencia que le genera un recuerdo de abuso sexual; pero es al entrar a procesar ese recuerdo, y surgir la vergüenza, el asco y la culpa, cuando la persona empieza a recurrir a la evitación o al control.

Aparte de los factores intrapsíquicos relativos a cómo se lleva la persona con su emoción, también entran en juego los factores relacionales. El paciente va a mostrar - u ocultar - las reacciones emocionales que experimenta al contar su problema y al relatar su historia. Cuando empecemos a procesar recuerdos habrá de estar centrado en su proceso, sin modificar sus reacciones emocionales para adaptarse al terapeuta. Esto sabemos que no es fácil para muchas personas. A veces el paciente descarta contarnos algo que le ha venido porque cree que no es apropiado o lo oculta porque cree que le juzgaremos o despreciaremos si sabemos lo que tiene en su mente en ese momento. La persona puede contener sus emociones porque eso es lo que ha aprendido a hacer toda su vida o porque se siente demasiado expuesto mostrando su debilidad al otro (por mucho que se suponga que eso es lo que se hace en una psicoterapia). Es importante tener en cuenta estos aspectos interactivos de las distintas gamas de emociones en el contexto de la sesión de EMDR y explorar la relación de estas tendencias con la historia de apego del paciente.

A nivel general, Campos, et al. (1994) plantean que la regulación de algunas emociones concretas tiene relevancia social, ayudando a mantener o a romper las relaciones. Izard (1990, 1991) señala que cada emoción específica tiene una función social adaptativa diferente y genera una reacción distinta en el otro, lo cual puede diferir en función del estilo de apego del individuo. Por ejemplo, la rabia puede disminuir las conductas negativas en los demás y mantener la proximidad al atraer la atención, pero cuando conlleva desesperación debilita las relaciones y hace que los demás se alejen (Bowlby, 1973; Mikulincer, 1998). La expresión de tristeza comunica al otro que se necesita ayuda y apoyo, y la expresión de preocupación manifiesta la necesidad de protección (Brenning y Braet, 2013).

En cuanto a los distintos estilos de apego, Clear y Zimmer-Gembeck (2017) encuentran que en el *apego ansioso* se presenta una mayor desregulación de la tristeza, la preocupación y la rabia, pero también se observa una supresión de la rabia. En el *apego evitativo/distanciante,* se ve más supresión de la tristeza y la preocupación, pero más desregulación de la rabia. Tiene sentido, ya que el apego ansioso/preocupado tiende a buscar al otro para regularse, y mostrar al máximo sus emociones puede activar en los demás esa respuesta. Por el contrario, el apego evitativo/distanciante anula la respuesta emocional que dice "necesito ayuda" y solo deja que salga la rabia, pero esta vez para alejar al otro. Solo el apego seguro tendría la mejor regulación de las emociones a la vez que vería a los demás como fuentes de apoyo. El problema es que las personas con apego seguro no suelen ser las que llenan las consultas de los psicoterapeutas.

Entender las rutas que cada emoción sigue de forma natural para procesarse puede ayudarnos a buscar intervenciones específicas cuando por algún motivo se presentan problemas con una emoción en particular. El modo de trabajo en EMDR se inspira de hecho en este tipo de análisis, viendo cómo transcurre habitualmente el procesamiento espontáneo al aplicar la estimulación bilateral, introduciendo todos los elementos necesarios para facilitar que sea así, y ayudando a desbloquear el sistema cuando los cambios adaptativos dejan de producirse. Por ejemplo, en la fase 3 introducimos todos los elementos de los distintos niveles de procesamiento (percepción, emoción, creencia/significado y sensación corporal) para facilitar el acceso; también dibujamos la creencia positiva que es el cambio adaptativo en el significado del recuerdo para la identidad del sujeto, para facilitar la conexión con una perspectiva más funcional y con las redes positivas. En la fase 4 introducimos entretejidos para superar bloqueos y volver el procesamiento a su cauce, aceleramos el procesamiento cuando no avanza y ayudamos al paciente a distanciarse cuando se ve demasiado inmerso en la experiencia y pierde atención dual. La idea que planteo en este capítulo, es hacer lo mismo teniendo en cuenta los aspectos más relevantes del procesamiento emocional de cada emoción particular, y lo mismo trataré de hacer en cada capítulo en relación con otras áreas de la regulación de las emociones y su procesamiento.

Por ejemplo, en momentos de perturbación extrema, si la persona está en pánico, puede necesitar una estrategia regulatoria *más inmediata y simple,* que le ayude a crear distancia con la emoción (usar la metáfora de la pantalla o el tren), o a desconectar de modo rápido (llevar al paciente al lugar seguro), si consideramos que hay que interrumpir el procesamiento. El objetivo aquí es bajar este nivel tan elevado de emoción que lo hace todo inmanejable, para poder continuar con la desensibilización o estabilizar al paciente al final de la sesión. Sin embargo, si una persona está notando una tristeza profunda y está inmersa en un estado depresivo por una pérdida, podría serle más beneficioso usar alguna intervención relacionada con *el autocuidado* (Neimeyer y Currier, 2009). El pánico necesita una salida, el dolor necesita consuelo y también encontrar sentido a la experiencia. Lo importante a nivel de salud psicológica es la flexibilidad a la hora de usar las distintas estrategias (Kashdan y Rottenberg, 2010) y la capacidad de recurrir a aquella que encaja mejor con la emoción que necesita ser regulada y con la situación en la que ésta se genera.

Cuando el paciente no es capaz de hacer esto espontáneamente, el terapeuta puede intervenir para facilitarlo. *Lo difícil es encontrar un equilibrio entre dejar que el procesamiento fluya y el sistema del paciente encuentre el modo de resolver a su manera, e intervenir cuando es necesario.* En general, es mejor ver en las primeras sesiones a dónde lleva el proceso dejándolo a su libre discurrir, porque quizás encuentre una resolución particular mejor que la que a nosotros se nos había ocurrido. Si vemos bloqueos, o nos da la sensación de que el procesamiento no ha sido completo, tendremos que intervenir, siempre buscando la mayor simplicidad y minimalismo. *Una excepción destacable es cuando trabajamos con personas que fueron niños no vistos,* que vivieron situaciones difíciles sin que nadie se diese cuenta de lo que significaba para ellos. *Aquí la presencia del terapeuta es excepcionalmente importante, ya que la experiencia de un otro que pueda verlos a un nivel profundo, entendiendo sin juzgar, puede resultarles algo completamente desconocido.* Si pueden procesar la experiencia junto a la sensación de que ahora hay alguien, el efecto puede ser mucho más relevante. No hace falta una intervención sofisticada, pero el decir mientras se hace la estimulación bilateral "recuerda que ahora estás aquí conmigo" o el expresar que entendemos lo duro que tuvo que ser aquello para el paciente, no es lo mismo que permanecer en silencio. Hemos de discriminar - en base a la información que hemos recogido en la fase 1 - cuándo hemos de estar en silencio, acompañando el procesamiento, y cuándo es necesario decir algo para reforzar el contacto con el paciente de cara a ayudar a este a mantener la atención dual y a poder procesar de modo efectivo la información.

Veamos algunas consideraciones sobre determinadas emociones específicas, y su posible influencia en el trabajo con EMDR

El miedo

La emoción de *miedo* tiene mucho que ver con el trabajo con casos de TEPT, en los que el individuo típicamente se ve expuesto a una amenaza vital. Foa y Kozak (1986) describen los elementos implicados en el procesamiento del miedo. El miedo, dicen los autores, está al servicio de un programa para escapar del peligro o evitar el daño, y forma parte de una estructura en la memoria que ha de ser modificada para que la emoción pueda procesarse. La emoción de miedo está muy presente en el TEPT y el protocolo estándar de trabajo con EMDR está muy orientado a recuerdos en los que el miedo está muy presente. El ejercicio del lugar seguro, que se propone como preparación básica, tiene todo su sentido si pensamos en él para neutralizar situaciones de peligro. El miedo tiene además mucho que ver con la hiperactivación de la amígala, que se ha visto que se revierte con la estimulación bilateral (De Voogd et al., 2018). Tiene también relación con una activación del sistema nervioso simpático, que la estimulación bilateral ayudará a disminuir a través de la activación parasimpática que genera (Farina et al., 2015; Sack et al., 2008, Frustraci et al., 2010). Se ha visto una mejoría en el aprendizaje de la extinción del miedo tras la terapia EMDR (Rousseau et al., 2019). Todos estos aspectos podrían no ser equiparables al funcionamiento de la estimulación bilateral con estados emocionales con distintos correlatos neurofisiológicos.

La rabia

Desde EMDR, diversos autores han presentado propuestas para el manejo de emociones específicas. Por ejemplo, Nickerson (2013) plantea un trabajo para la rabia patológica y la hostilidad. Señala Nickerson que la conducta violenta es muchas veces una reedición del trauma, en la que la persona quiere hacer que los demás se sientan como él se sintió, y que es necesario trabajar la motivación del paciente para el cambio. También habla de la regulación de otras emociones y del desarrollo de habilidades, el uso de un procesamiento limitado y de protocolos y entretejidos específicos. Veerbeek (2013) propone un protocolo para trabajar con la rabia, el resentimiento y la venganza.

Pero yendo más allá de los protocolos, hemos de tratar de entender cómo se presentó esta emoción en la historia temprana del paciente. En el capítulo sobre pensamiento reflexivo, podremos ver el caso de un paciente que tendía a conectar predominantemente con la rabia durante el procesamiento y que en sus cadenas asociativas predominaban imágenes agresivas. Este paciente, en el que la tendencia a la agresividad era uno de los mayores problemas, la rabia era la emoción hacia la que solía escaparse cuando sentía tristeza, humillación o dolor. Sentir rabia es un recurso para energizarnos cuando nos estamos viniendo abajo, pero el hacer esto de modo continuado y automático no permite que se procesen emociones más nucleares y profundas.

Otros pacientes tienen el problema inverso. No se permiten sentir rabia porque han crecido rodeados de violencia u hostilidad o porque tuvieron que anular cualquier intento de pelear por lo que necesitaban, al criarse con personas deprimidas o negligentes. Pueden tenerle miedo a su propia rabia, al igual que le tenían miedo a las figuras más agresivas con las que se relacionaron. Esta rabia que no se permiten sentir puede emerger durante el procesamiento pero será sistemáticamente bloqueada, muchas veces sin que el paciente sea consciente de ello.

La tristeza

Hay pacientes que sufren estados de tristeza profundos y frecuentes precisamente porque no son capaces de gestionar bien esta emoción. La tristeza está mezclada con otras emociones que no permiten que se procese, o la persona está constantemente tratando de suprimirla o evitarla y - precisamente por eso - acaba desbordándose. Los orígenes de este patrón pueden ser diversos, pero como ocurre con todas las emociones, tiene sus raíces en la historia relacional de cada individuo. Veamos un ejemplo.

Emilia entra con frecuencia en estados depresivos, que intenta afrontar forzándose a mantener una actividad incesante, pero a veces claudica. Entonces se enfada consigo misma por ser débil, y se juzga con extrema dureza. Sus padres fueron personas pesimistas y su madre tuvo frecuentes etapas depresivas, en las que se ponía además irascible. Desde muy pequeña Emilia, la mayor de los hermanos, tuvo que hacerse cargo de muchas cosas que no correspondían a su edad. Su familia vivía en un barrio conflictivo y pasó por situaciones de peligro grave, en alguna de las cuales fue ella la que tuvo que proteger a sus hermanos. Aprendió a ser autosuficiente, a luchar y a ser fuerte.

En esta sesión trabajamos un momento en el que se sentía impotente ante la tristeza de su hijo pequeño.

Paciente: No sé qué hacer, no soporto verlo así.

Terapeuta: ¿Qué notas?

P: Impotencia, rabia, a veces lo llevo a hacer cosas, pero ese día no sabía qué hacer.

T: Quédate con eso.

EB.

P: No puedo verlo así.

EB.

T: Siento mucha presión en el pecho.

Como vemos, el procesamiento no fluye, sino que parece irse atascando. La conexión con la historia de la paciente parece clara, pero esa información no viene por sí sola.

T: Te resulta difícil manejar la tristeza de tu hijo, también te cuesta la tuya.

P: Con la mía trato de sacarme, de hacer cosas.

T: Sí, pero eso no funciona siempre ¿verdad?

P: No.

T: Con la tristeza es importante aprender a estar, pero no pudiste aprender esto, porque tus padres no la gestionaban bien. Cuando estabas triste, ¿se lo podías contar?

P: Procuraba no estar triste.

T: Tenías que ser fuerte.

P: Sí.

T: ¿Con tu hijo puedes a veces simplemente estar, consolarlo cuando está triste?

P: A veces sí, pero me cuesta.

T: Piensa en esas veces, en cómo lo haces.

La paciente asiente. Instalo este momento como un recurso de regulación de la tristeza y volvemos al recuerdo.

P: Lo veo así y sé que está mal, me desespero.

T: Nota la sensación.

EB.

P: Quiero sacarlo de ese estado.

EB.

P: Lo cojo, y le digo que salga conmigo a dar una vuelta.

Podría dejar que el procesamiento continuara, pero la paciente aquí no está haciendo una buena regulación de la tristeza de su hijo, ni de lo que esto evoca en ella. Lo que está haciendo es poner en marcha el mecanismo por el que reguló su tristeza toda su vida: ponerse a hacer cosas para no sentir y no pensar.

T: Estás funcionando con la tristeza como si fuese miedo, como si fuese peligroso sentirla y tuvieses que rescatar a tu hijo de ella.

P: Si, eso lo tuve que hacer muchas veces con mis hermanos.

T: Claro, pero de la tristeza no nos tenemos que proteger. La tristeza hay que aprender a cuidarla, a abrazarla y a dejar que los demás lo hagan.

P: Eso me resulta muy extraño.

T: Es muy normal, no tuviste esas experiencias de pequeña.

P: No, nunca.

T: ¿Hubo alguna persona en tu vida, aunque fuese solo en alguna ocasión, con la que pudieras mostrarte triste y por la que te sintieras entendida, con la que sintieras consuelo?

P: Muy poco, no suelo hablar de mis problemas. Solo hay una amiga, quedo con ella a veces, también ha tenido una vida difícil.

T: Piensa en algún momento en que te estuvieras triste y te sintieras entendida por ella.

Instalamos esta situación como un recurso de regulación y volvemos al recuerdo.

P: Me veo más capaz de estar con él, estoy más tranquila.

A partir de este momento seguimos con el procesamiento, que fluyó sin bloqueos importantes. Se pudo procesar el recuerdo por completo e instalar la creencia positiva "puedo manejar mis emociones".

La vergüenza.

La vergüenza es una emoción que muchas veces necesita intervenciones adicionales cuando trabajamos con EMDR. Esto puede ir desde intervenciones puntuales, hasta abordajes más complejos. Veamos un ejemplo y algunas reflexiones al respecto. Amalia es una mujer de 62 años, con bastantes problemas con su marido. Trabajamos en un recuerdo de una discusión. La paciente expresa en distintos momentos del procesamiento su rabia por la actitud de su esposo y su tristeza por lo que esta relación le genera. En un momento dado el procesamiento parece atascarse, la intensidad de la emoción no baja después de varias tandas y la paciente dice "esto no lo voy a poder superar". Cuando le pregunto "¿qué estás sintiendo?", Amalia me mira y me dice "vergüenza, es que da vergüenza, todo el mundo mirándonos en la calle. Cuando él empezó a portarse así, yo no se lo contaba a nadie. A veces bebía mucho, y no se comportaba como una persona. Dejaba muchas veces de ir a las comidas con mi familia y si íbamos trataba de que nos fuéramos pronto, me ponía hasta enferma".

Una vez que Amalia es capaz de poner en palabras la vergüenza que siente, el procesamiento puede continuar. La vergüenza es una emoción que lleva consigo una tendencia a esconder. Cuando aparece en el procesamiento, el paciente puede a veces tener dificultades para desvelarlo. Además, en este caso, esta emoción abrió la puerta a una parte de la historia que hasta ahora yo desconocía, precisamente porque a la paciente le avergonzaba hablar de ello.

La resolución de la vergüenza es levantar la cabeza y dejar que le dé el aire. Si la persona se encoje y se oculta, la vergüenza se queda dentro y se va acumulando. Dado que la vergüenza tiene además mucho que ver con la humillación, el orgullo es una sensación que puede contrarrestarla. En ocasiones, estos elementos pueden usarse como entretejidos. Me ha resultado útil decir a una paciente que se está yendo hacia abajo mientras conecta con esta emoción en una situación de abuso sexual, que siga sintiendo eso, pero que levante la cabeza bien alta y que se diga a sí misma que no tiene nada de lo que avergonzarse. O reforzar a una paciente que se estaba sintiendo avergonzada por lo mal que su hija trató a su nieta en el parque, por lo orgullosa que podía estar de cómo ella cuidaba de esa nieta.

La emoción de vergüenza puede procesarse a veces simplemente con un "sigue con eso", pero muchas veces conduce a una sensación cada vez más negativa, que el paciente experimenta como "venirse abajo". Una hipótesis para explicar esto es que el estado fisiológico correspondiente a cada estado emocional puede ser distinto. Freed y D'Andrea (2015) estudiaron los correlatos autonómicos de la vergüenza en el TEPT, y describieron patrones particulares de activación relacionados con esta emoción. Los individuos con tendencia a la vergüenza tenían menor arritmia sinusal respiratoria (un indicador de variabilidad cardíaca, mediada por el parasimpático), lo que indica menor flexibilidad en la regulación autonómica, y se ha asociado a fallos generales en la regulación autonómica (Thayer y Lane, 2000). Sin embargo, no encontraron una mayor activación simpática, medida a través de la conductancia dérmica. Es decir, lo que subyace a la vergüenza no es tanto una elevación del arousal como ocurre con el miedo, sino una desregulación fisiológica que podría afectar al procesamiento emocional. En el estudio de Freed y D'Andrea (2015), los individuos con más tendencia a la vergüenza, tardaban más en recuperarse ante estímulos relacionados con el trauma. Estos son factores que podrían también explicar la variabilidad en el procesamiento de recuerdos con EMDR. Dado que se ha visto en numerosos estudios que la estimulación bilateral produce una activación parasimpática, su efecto podría ser diferente cuando predomina una emoción como el miedo, caracterizada a nivel neurofisiológico por una hiperactivación simpática, que cuando predomina otra como la vergüenza, donde esta hiperactivación simpática no está presente.

Aparte de estas consideraciones, el trabajo con EMDR nos aporta posibilidades interesantes para trabajar con los recuerdos asociados con vergüenza, como poder trabajar sobre algo que el paciente no se siente capaz de desvelar al terapeuta. Blore y Holmshaw lo estructuran en un protocolo que denominan "ciego para el terapeuta" en el cual se permite cierta evitación inicial, hasta que el paciente es capaz de elaborar el material traumático (Blore, 2009). Esto puede ser útil en algunos casos.

El asco.

No se ha dado tanta relevancia al asco en el trabajo con el trauma, pero es una emoción que puede generar respuestas evitativas potentes. Cuando sentimos asco, tendemos a expulsar o apartar aquello que nos lo genera. El problema viene cuando son nuestras propias sensaciones o recuerdos los que activan esta emoción, ya que la tendencia a evitarlos puede dificultar su procesamiento.

Como ocurre con la vergüenza, los correlatos neurobiológicos del asco son diferentes a los del miedo. Frente al aumento de la frecuencia cardíaca típicamente asociado al miedo, con el asco se observa un descenso en la frecuencia cardíaca (Schienle et al., 2002). El asco parece relacionado con la actividad de la ínsula (Stark et al., 2007) mientras que el miedo activa de modo más claro la amígdala, aunque no de modo específico (Schienle et al., 2002). Otros estímulos emocionales como la culpa, la vergüenza, o la tristeza también activan la ínsula (Lane et al., 1997). Muchas de estas emociones se activan en mayor medida en eventos como el abuso sexual, que presentan mayores tasas de traumatización y mayor complejidad en el trabajo terapéutico. El que esta gama de emociones esté más presente en recuerdos de abuso podría estar relacionada con una mayor dificultad en el procesamiento, y es preciso analizar si la estimulación bilateral podría producir efectos diferentes en función del patrón de activación neurofisiológica y las redes neurales específicamente asociados a cada estado emocional. Badour y Feldner (2016) refieren que, en comparación con el miedo, el asco parece responder peor a la terapia de exposición para el tratamiento del TEPT en pacientes con victimización sexual, concluyendo que el asco es un elemento relevante en el desarrollo, mantenimiento y tratamiento del TEPT por trauma sexual. Estos aspectos no han sido evaluados hasta la fecha en relación con el tratamiento con EMDR.

En resumen, es interesante en todos nuestros pacientes dedicar un tiempo a evaluar cómo se llevan con cada una de las emociones principales y cómo cada una de ellas fue regulada durante su historia temprana y en sus relaciones principales. Es posible que algunos problemas en el procesamiento emocional solo se vean con alguna gama de emociones y no sean patrones generales de funcionamiento. Eso puede hacer que veamos dificultades en las fases 3 a 7 con algunos recuerdos y no con otros, debido a que esos recuerdos generan de modo más potente alguna emoción específica con la que el paciente tiene una dificultad particular. Identificar estos aspectos en la fase 1 y preparar al paciente para mejorar su relación con esa emoción, nos ayudará a conseguir un procesamiento más efectivo de los recuerdos y, de no ser así, a tener preparados los entretejidos más ajustados a lo que está bloqueando el procesamiento emocional.

Capítulo 19

Mejor prevenir que curar: entendiendo las secuencias

Gross describe estrategias de regulación de la emoción (qué hago con mis emociones) como un modelo secuencial (Gross, 2015; Sheppes et al., 2015). Una persona puede seleccionar las situaciones en las que se va a encontrar, con el fin de maximizar la posibilidad de experimentar emociones deseables o minimizar la posibilidad de que surjan emociones indeseables. La persona puede adoptar una posición activa en la modificación de la situación mientras se está produciendo y redirigir la atención a una parte específica de esa situación para aumentar o disminuir algunas emociones específicas. Cuando experimenta una emoción, puede modificar la perspectiva cognitiva acerca de dicha emoción (reevaluación) y, cuando pasa, modular la respuesta final para aliviar la tensión, expresar lo que siente o participar en cualquier actividad que le pueda ayudar a regular su estado emocional. Más allá de cómo reacciona el paciente ante la emoción que está experimentando en sesión, abordar la regulación emocional de modo global requiere que el terapeuta tenga en cuenta estas secuencias. Por tanto, en la exploración de la regulación emocional hemos de ver:

a) **Qué hace el paciente antes:**

¿El paciente escoge las situaciones que promueven una regulación sana de sus emociones? Es decir, exploramos si busca situaciones agradables, compañía y apoyo de gente con la que se siente bien, o pide ayuda cuando se siente desbordado. Analizamos también lo contrario, si evita o se protege de situaciones adversas que es innecesario afrontar. Por ejemplo, si no genera enfrentamientos que no llevan a ningún fin práctico, o si no sigue en relaciones que conllevan sensaciones negativas, o bien las mantiene en un nivel más superficial, cuando por diversos motivos ha de mantener cierta relación con esa persona. Y, por supuesto, vemos si la persona hace cosas que son contraproducentes o dañinas para sí misma, incluso si lo hace por motivos de los que parece estar muy convencida.

b) Qué hace el paciente durante:

Cuando está en situaciones complejas o difíciles, ¿hace algo para que las cosas mejoren o para llevarlo mejor internamente? ¿O más bien lo que hace va poniendo las cosas aún peor? ¿O no hace absolutamente nada? Muchos pacientes no se sienten con recursos para modificar el curso de los acontecimientos, dejando que se desencadenen, como si estuviesen bajo una tormenta y ni siquiera se pusieran a cubierto ni echaran mano de un chubasquero. Otras veces, saben que lo que están diciendo o haciendo empeorará la respuesta del otro, y que al final se sentirán fatal, pero creen que no pueden parar (y por tanto, no intentan hacerlo). Pueden hiperfocalizarse en lo que más les molesta, sin tratar de pasar por alto los puntos que más les disparan para no desbordarse y poder salir cuanto antes de la situación. A otros les cuesta "ir al grano", sin dejarse arrastrar por disparadores que les acaban metiendo en el bucle negativo de siempre, y no logran centrarse en resolver del mejor modo posible.

c) Qué hace el paciente internamente:

Cuando están experimentando emociones de diversos tipos e intensidades ¿qué hace la persona con ellas? ¿Nada en absoluto? ¿Se dice que no puede controlarlo y deja las emociones en "manos libres"? Y si hace algo, ¿qué efecto produce? ¿se dice cosas que empeoran su estado emocional, o que le ayudan a calmarse y adquirir perspectiva?

d) Qué hace el paciente después:

Cuando ha pasado una situación que generó emociones intensas, ¿la persona analiza lo ocurrido tratando de extraer los aprendizajes útiles para saber qué hacer en futuras ocasiones? ¿suprime la emoción y hace como que no ha sucedido? ¿se culpa recurrentemente de lo que hizo o dejó de hacer? ¿se pregunta improductivamente por qué ha sucedido o por qué el otro hizo lo que hizo? ¿evita todo lo relacionado con lo que pasó? ¿habla con alguien o gestiona solo sus emociones? ¿cuánto tiempo continúa el estado emocional después de que la situación ha terminado?

La versión disfuncional (arriba) y la más saludable (abajo) se esquematizan en el siguiente gráfico:

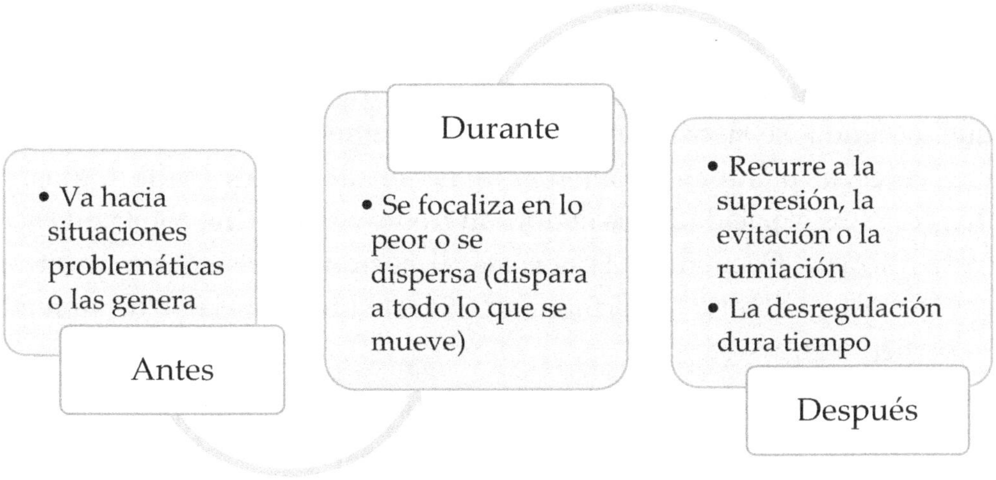

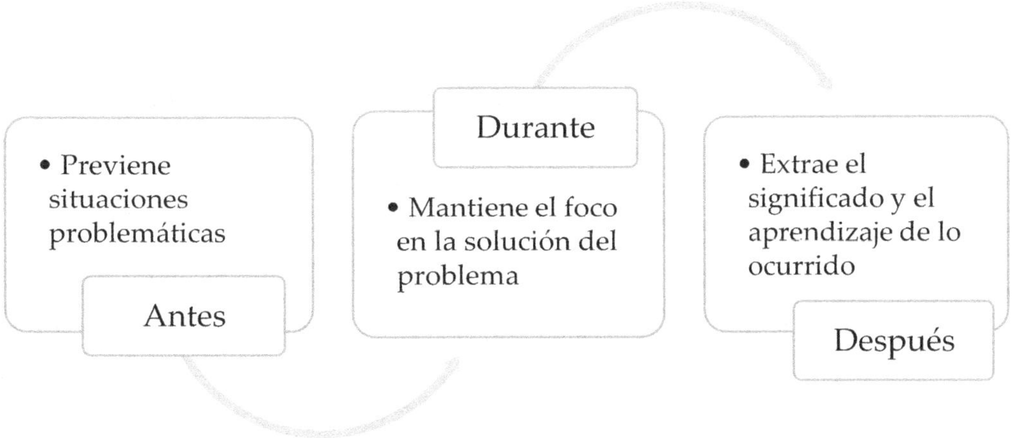

Estos aspectos no solo nos ayudan a entender cómo funciona el paciente con sus emociones en medio de un proceso dinámico e interactivo, sino que nos da una idea de lo que nos podemos encontrar trabajando con EMDR durante el procesamiento en las fases 3 a 8, y por tanto, qué elementos tendremos que preparar durante la fase 2. Un paciente que se mete de cabeza en situaciones problemáticas todo el tiempo hará que tengamos que dedicar sesiones a apagar fuegos, a menos que nos focalicemos en neutralizar esta tendencia. Un paciente que durante las situaciones de alta carga emocional no consigue regular la emoción como para poder pensar qué hacer, es más fácil que se vea desbordado con el procesamiento. Un paciente que se desregula durante días cuando le pasa algo perturbador, es posible que necesite un trabajo adicional para el cierre de la sesión y ayuda para mantenerse estable entre sesiones.

Veamos esto traducido a un caso práctico. Una paciente nos plantea que su objetivo en la terapia es sentirse diferente con su madre. Teresa tiene 42 años y funciona de un modo eficiente en su trabajo. Es encargada de una pequeña tienda, se siente con recursos para manejar a los clientes, que no pocas veces le plantean problemas o tienen actitudes inadecuadas. Sin embargo, estas capacidades se evaporan frente a su madre, con la que acaba discutiendo con frecuencia. Tras estas discusiones se siente mal durante días y le cuesta volver a la normalidad. Ha tratado de alejarse de su madre, pero se siente atrapada.

Cuando analizamos una de estas situaciones remontándonos a varios días antes de la discusión con la madre, vemos que Teresa depende de ella a nivel práctico en muchos aspectos. Su hija de 8 años va a casa de la abuela al salir del colegio, hasta las 7 de la tarde cuando Teresa sale de trabajar. Muchas de las discusiones que Teresa y su madre tienen tratan de las discrepancias entre madre y abuela sobre diversos aspectos de la crianza. Teresa se siente cuestionada como madre, pero a la vez considera estar en deuda con su propia madre por la ayuda que ésta le presta, y también se siente culpable por no estar más tiempo con su hija.

Curiosamente, en medio de esta situación, Teresa le comenta a su madre los problemas que constantemente tiene con el padre de la niña. Como ha ocurrido desde que Teresa era pequeña, su madre no es sensible a lo que Teresa siente o necesita y tiende a centrarse en estas conversaciones en señalar a Teresa en qué se ha equivocado respecto a este hombre, empezando por no haber hecho caso de su madre cuando le dijo que no se casara con él. Estas son las peores discusiones, en las que Teresa se siente enormemente incomprendida y dolida y le reprocha a su madre que nunca la entiende. Se da cuenta de que no tiene ningún sentido contar sus problemas a alguien que sabe de sobra que no va a poder entenderla ni ayudarla, pero aun así siempre lo hace: "¿A quién le voy a contar las cosas si no? ¡Es mi madre!"

Aunque es obvio que en el trabajo de procesamiento hemos de incluir recuerdos tempranos de no sentirse entendida por esta madre, es importante también romper el círculo vicioso que se sigue produciendo en el presente. Las discusiones con su madre desestabilizan a Teresa y es necesario dedicar cierto tiempo en las sesiones a estos temas. De no intervenir el terapeuta, las sesiones de hecho se centrarían en amargas quejas consistentes en diversas variantes de "¿por qué mi madre se comporta así conmigo?" Aunque la paciente cree que lo que necesita es desahogarse, lo cierto es que una intervención preventiva tendría mucho más sentido. Esto incluiría no plantearse a su madre como opción a la hora buscar a quién contar un problema y aumentar su red de interlocutores válidos (personas que saben escuchar). También podríamos ir más atrás y ver cómo gestiona su relación con su ex marido. Podemos trabajar en esto analizando la situación con la paciente, entrenando e instalando recursos de asertividad y solución de problemas, o procesar las situaciones - tanto pasadas como presentes - que estén más conectadas con el problema.

Es interesante enmarcar este trabajo dentro del patrón de autocuidado disfuncional de la paciente. Cuando Teresa cubre la escala de autocuidado, se da cuenta de que no suele buscar situaciones o relaciones positivas, lo cual hace que los problemas con su madre pesen mucho más en su balance global de relaciones. Además, puntúa los ítems relativos a que los demás no están ahí cuando los necesita (de nuevo, en referencia a su madre), lo que nos sirve para introducir la diferencia entre ser una niña (si tus padres no te entienden, estás perdida) y ser una adulta que ya no depende - si sus temas emocionales de la infancia están resueltos - de los adultos que la cuidaron. Si el paciente tiene elementos nuevos para entender lo que le ocurre, y los cambios que ha de hacer tienen sentido desde esta nueva reformulación del problema, tendrá mayor motivación para ir dando los pasos necesarios para solucionarlo.

Teresa decidió contratar a una persona para que se ocupase de la niña cuando ella llegaba tarde del trabajo. Permitió a su madre verla cuando quisiera, pero ya no se sentía atrapada por el agradecimiento, por lo que se vio más libre para decir las cosas. La madre de Teresa reaccionó muy mal cuando ésta contrató a la niñera, incluyendo las muy diversas estrategias de manipulación emocional que se habían mantenido a lo largo de años de tortuosa relación. Le dijo que "qué madre prefiere dejar a un hijo con un extraño, en vez de con alguien de su sangre", le sacó mil defectos a la nueva niñera, mostró sus mejores caras de disgusto y rechazo siempre que se cruzaba con Teresa, y dejó caer frecuentemente comentarios sobre "las madres de ahora, que ponen el trabajo por delante de sus hijos". Teresa instaló múltiples recursos para ayudarse a afrontar estas situaciones: las muchas ocasiones en las que había tenido que manejar clientes exigentes o impertinentes, su capacidad para sacar adelante un negocio de la nada, los momentos bonitos con su hija, etc. Pese a los reproches de su madre comenzó a quedar con amigos y muchas veces se llevaba a su hija con otras mujeres y sus hijos. Dejó de compartir con su madre los problemas que tenía con su ex-marido, esquivando la conversación o cambiando de tema y, por el contrario, fue hablando cada vez más con gente de su entorno con los que se sentía más entendida. Cuando se activaba su creencia de "no soy suficientemente buena" con los comentarios de su madre, pudo tomar conciencia de que eran sus redes infantiles las que se activaban, y con el tiempo fue procesando los recuerdos que alimentaban esa creencia. Cada vez se fue sintiendo más adulta y pudo ver a su madre como una mujer amargada e insatisfecha, fruto de su propia historia. Probablemente este trabajo hubiese sido más costoso de no haber hecho Teresa cambios en la secuencia repetitiva con su madre, al tiempo que íbamos procesando los recuerdos con ella.

En ocasiones, estos cambios se producen espontáneamente conforme se van procesando las memorias que estaban en la base de los mecanismos disfuncionales. Otras veces, estos patrones de funcionamiento están tan arraigados que resulta difícil moverlos, aunque las experiencias pasadas ya no tengan peso en el sistema. Cuanto más compleja y grave es la traumatización, más probable es que el sistema presente esta inercia a mantener su disfunción. Por ello *es conveniente plantear la terapia desde el principio como una sinergia entre la actitud proactiva hacia el cambio por parte del paciente y el procesamiento de las memorias que bloquean su capacidad para hacer cambios efectivos,* y sobre todo para sentirse diferente. El cambio fundamental que yo planteo a todos los pacientes es el cambio en el autocuidado: **no es posible mejorar si al tiempo que hago terapia para ponerme bien, yo me trato mal**. Si yo no voy aprendiendo a cuidarme mejor, desbloquear lo que me enseñó a cuidarme y a regularme así producirá un efecto menor o no conseguirá mover lo suficiente las cosas. La escala de autocuidado es una guía de las áreas en las que es importante aprender a cuidarnos mejor. La terapia es cuidado, de modo que mejorar el autocuidado ha de ser un objetivo central.

Otro aspecto relacionado con las secuencias, es cómo se encadenan diversos estados emocionales. Por ejemplo, un paciente que se asusta ante la amenaza de perder a la figura de apego (a veces por un disparador menor, como que la pareja no llame por teléfono a la hora esperada), puede pasar inmediatamente a sentir enfado. El enfado le resulta una sensación desagradable, porque creció con figuras que solían expresar hostilidad, de modo que esa emoción hace que la persona se sienta incómoda. Ante esta mezcla de emociones que se le hace complicada de manejar, opta por salir a bailar y beber hasta aturdirse. Después de esto el estado emocional es mucho peor que al inicio. Lo importante es identificar cuál es el disparador y cuál es la primera emoción que se activa, así como su significado para el individuo. Y remontándonos aún más atrás, es importante comprender si la selección de pareja que ha realizado ha propiciado que se presenten precisamente estas situaciones.

En los pacientes con trauma complejo, como parte del trabajo para mejorar su capacidad de pensamiento reflexivo, me ha sido útil trabajar con tarjetas que representan distintos estados emocionales. La persona puede así observar estas secuencias y adquirir cierta perspectiva. Una vez delante de ellas, es importante que se plantee qué le ayudaría realmente hacer para regular la primera emoción que surge. Esto que le ayudaría hacer lo podemos entender como un recurso, y podríamos reforzarlo a través del protocolo de instalación de recursos (Leeds, 2001). También podríamos trabajarlo desde el autocuidado cognitivo, ayudando al paciente a buscar lo que le ayudaría decirse a sí mismo. Esto sería algo similar a lo que le diría a alguien a quien quiere si se sintiera así, o lo que le ayudaría que otros le dijeran.

Es importante que entendamos que los estados emocionales van cambiando y que observemos si se suelen activar en secuencias similares. Esto puede ser relevante también durante el procesamiento de los recuerdos. Por ejemplo, un paciente puede pasar siempre que siente tristeza primero a la rabia y de ahí al bloqueo. Identificar esto nos ayuda a trabajar sobre la tristeza, comprendiendo de dónde viene la dificultad del paciente, y aportándole modelos más saludables para regular esa emoción.

Capítulo 20

Los niveles de complejidad en la regulación emocional

La experiencia emocional es compleja, puede entenderse desde múltiples niveles de significado y en ella intervienen aspectos biológicos, culturales, psicológicos e interpersonales. Aparte de todo esto, el nivel de complejidad en los procesos que tienen que ver con la emoción es en sí una de las dimensiones desde las cuales podemos explorar el área de la regulación emocional. En ella podemos encontrar desde procesos muy básicos hasta fenómenos más sofisticados y evolutivamente más desarrollados.

Eugene Gendlin (1973) propone una teoría de las emociones, en la que distingue tres tipos de experiencias emocionalmente relevantes: *emociones rutinarias, emociones situacionales y significado sentido*, que van de menor a mayor amplitud y complejidad. Estas experiencias emocionalmente relevantes son siempre corporales, interactivas y orientadas al futuro (metas). Gendlin (1996) desarrolla una forma de terapia de procesamiento emocional que denomina "focusing", cuestionando las teorías "energéticas" de la emoción que reducían los complejos y sutiles esquemas emocionales a la experiencia más simple y concreta de la emoción y proponían como terapia la catarsis. Afirma Gendlin que es absurdo pensar que la rabia es una especie de fluido de hostilidad que se acumula en la gente y que tiene que ser expulsado mediante descarga. En su abordaje es esencial la atención a los procesos más complejos de la emoción, como son el significado sentido y el notar la emoción sin reprimirla ni reaccionar para poder ver todas las facetas que implica. Esta idea de observar la emoción está también presente en muchas otras terapias, incluyendo EMDR, aunque en esta última el terapeuta no es tan activo en la búsqueda de significado, sino que esto es algo que se produce espontáneamente en el procesamiento debido, entre otros factores, al efecto de la estimulación bilateral.

Pascual-Leone, et al. (2016) plantean que dentro de los distintos aspectos que se han incluido bajo el concepto de regulación emocional, habría que distinguir entre una reacción inmediata y otra a largo plazo.

1. La regulación emocional a **corto plazo** tendría que ver con adquirir distancia ante el malestar (Linehan, 1993; Gendlin, 1996) y sería como usar el mando del volumen para regular el nivel de activación o arousal. Esta regulación a corto plazo tiene que ver con una variación cuantitativa del nivel de intensidad emocional.
2. La regulación emocional a **largo plazo** (Holodynski y Friedlmeier, 2006) tiene que ver con un proceso cualitativo más complejo de cambio en la emoción. Para que se produzca este proceso tienen que entrar en juego funciones mentales superiores, incluyendo una mayor conciencia de las emociones y la capacidad para diferenciar las emociones propias o ajenas, reformulándolas o transformándolas. Siguiendo la metáfora anterior, aquí no se trataría de subir o bajar el volumen, sino que las estrategias más complejas tienen que ver con la capacidad para cambiar de canal (manejando el mando, no de modo automático), realizar una transición gradual entre una melodía y otra, filtrar o procesar el sonido, o realizar mezclas entre distintas pistas de música.

Inicialmente, cuando sentimos dolor, hemos de modularlo para poder continuar funcionando. Esto sería la regulación emocional inmediata, que se basaría en ajustar la intensidad emocional. Sin embargo, esa experiencia habrá de ser elaborada (Stern, 1997) y para ello pensamos sobre lo ocurrido, lo hablamos con otras personas, lo relacionamos con otras situaciones. Tanto la primera regulación inmediata como su elaboración posterior estarán alteradas en las situaciones adversas y traumáticas con las que trabajamos en EMDR.

La distinción clásica que se hace en EMDR entre T mayúscula y t minúscula podría tener que ver hipotéticamente con estos dos tipos de regulación. Los eventos de T mayúscula son los que se recogen en la definición de TEPT como exposición a la muerte, lesión grave o violencia sexual. A mayores de estas situaciones, se incluirían aquí recuerdos asociados a procesos de duelo, ya que el impacto de la pérdida de alguien significativo, reúne características parecidas. Los eventos de t minúscula no estarían incluidos en la descripción de los criterios del TEPT y tienen más que ver con la traumatización interpersonal, pero pueden producir consecuencias similares. Podríamos definir las situaciones de T mayúscula como eventos externos al self, que bloquean el sistema de procesamiento por el propio impacto del acontecimiento, y las situaciones de t minúscula como eventos que afectan al desarrollo del self. Veamos ambos tipos a continuación.

Las situaciones de grave peligro o impacto, como un accidente repentino, una agresión o una muerte, generan en sí mismas un nivel de activación muy intenso para el que el paciente no está preparado. La capacidad del individuo para modular el nivel de activación puede verse desbordada y, por tanto, ningún proceso posterior podrá desarrollarse fácilmente. Aquellas personas más capaces de autorregularse podrán disminuir este nivel de activación en un plazo no muy largo e ir volviendo a su estado basal. Para ello, podrán hacer uso no solo de sus recursos internos, sino también de buscar el apoyo de los demás para regularse antes de que sus capacidades individuales se vean sobrepasadas. Otros individuos tendrán problemas para buscar o aceptar ayuda y el modo en el que gestionarán su situación irá empeorando las cosas.

Pero pensemos en las situaciones de t minúscula. El tamaño de la letra no implica una menor importancia. Las t minúsculas tienen que ver con muchas situaciones relacionadas con el apego, con las pequeñas - pero extremadamente relevantes - interacciones cotidianas con las figuras significativas con las que crecemos o convivimos. Aquí es posible que no siempre sea la intensidad de la emoción lo que genera un bloqueo, sino la imposibilidad de elaborar lo que sucede. ¿Cómo puede un niño dar sentido a una experiencia, si los adultos que están a su alrededor no son conscientes de lo que está sintiendo? ¿A quién contar lo que ocurre en el medio familiar, si el niño recibe la consigna de que las cosas de casa no se dicen a nadie? ¿Cómo compartir con la familia o amigos que nuestra pareja nos está maltratando, si esto nos genera una enorme vergüenza que nos empuja a ocultarlo? Estas experiencias se viven como inasumibles, como sin sentido, y muchas veces llevan consigo un profundo sentimiento de desvalimiento, indefensión y abandono.

Dicho de otro modo, en las T mayúsculas se produce un bloqueo debido al impacto y la intensidad de la experiencia. En las t minúsculas todo es más complejo y a través de experiencias disfuncionales en las relaciones significativas - siempre con múltiples matices y niveles de significado - se irán configurando creencias nucleares y una visión distorsionada del self. Podríamos decir que más que bloqueos, las t pequeñas generan patrones disfuncionales a varios niveles. Volviendo a los tipos de regulación que Pascual-Leone et al. (2016) definían, podríamos hipotetizar que en los recuerdos de T mayúscula se produciría un problema en la regulación emocional a corto plazo, debido a la intensidad de las emociones generadas por el impacto del evento, mientras que en los recuerdos de t minúscula, el problema que el sistema tiene para procesar la experiencia se produciría más tardíamente, y tendría que ver con niveles de procesamiento más complejos.

T	t
Bloqueo por el impacto de la experiencia	Experiencias relacionales que no pueden ser asimiladas
Se generan bloqueos	Se generan patrones
Alteración en la regulación a corto plazo por la intensidad de la emoción inmediata	Alteración en niveles más complejos de procesamiento

Pensemos ahora en el trabajo con EMDR a partir de esta hipótesis ¿sería el proceso totalmente equivalente en los recuerdos con T y t? En el primero de los casos - un recuerdo que no se pudo elaborar porque la intensidad repentina de la emoción fue tal que sobrepasó la capacidad de nuestro sistema para modularla - basta con que accedamos de nuevo en la sesión a esa memoria y ayudemos al sistema a reprocesarla a través de la activación parasimpática derivada de la estimulación bilateral (y cualesquiera que sean los mecanismos adicionales subyacentes a ésta). La segunda situación obviamente será más compleja, y ello coincide con la observación clínica de que los recuerdos con T mayúscula suelen requerir de mayor intervención del terapeuta. Quizás de entrada el nivel de SUDs no sea tan alto, pero habremos de introducir elementos relacionados con dar significado (entretejidos), con el efecto regulador del consuelo (autocuidado), con la capacidad de mirarse (en atención dual) y entenderse (modificando la autoculpabilización y la rumiación), es decir, todo lo que no pudo ocurrir cuando hubiera sido necesario. En los casos más graves, estas experiencias de comprensión y consuelo le son completamente ajenas al paciente, no solo con respecto a la situación que se está trabajando, sino en general en toda su historia relacional. Es en estos casos en los que la fase 2 de la terapia EMDR ha de incluir aprender a mirarse para adentro (autoobservación y autoconciencia), a entenderse (psicoeducación interactiva), a regularse a través de la implicación social (trabajo en la relación terapéutica) y la interiorización de esta regulación diádica para dar lugar a patrones más saludables de autorregulación y autoconsuelo (trabajo de autocuidado). De hecho, si pensamos en nuestros pacientes, probablemente todos preferiríamos trabajar una memoria de T mayúscula que una de t minúscula, y la impresión general de los terapeutas es que el efecto de la estimulación bilateral es más claro, rápido y sencillo en los recuerdos de T mayúscula.

Pascual-Leone, et al. (2016) señalan que la complejidad de una estrategia de regulación emocional viene definida por:

a) La tendencia de acción y el nivel de esfuerzo que lleva consigo.
b) El nivel de disfunción al que tiene que hacer frente.
c) El nivel de conciencia de las propias necesidades personales.
d) La capacidad mental para generar significados personales que ayuden a lidiar con el malestar.

En base a estas características, podemos clasificar los niveles de complejidad, siguiendo parcialmente el esquema descrito en la escala CERS (Pascual-Leone y Gillespie, 2007), en los grupos descritos a continuación. A mayor uso de estrategias complejas, mayor capacidad de regulación tendrá el paciente. El uso de estrategias de baja complejidad no es patológico, pero sí lo sería que fueran predominantes, persistentes o que las estrategias más complejas no estuvieran desarrolladas. Estas estrategias de regulación se manifiestan desde la recogida de historia, y son uno de los aspectos que es importante registrar, al tiempo que tomamos nota de los recuerdos que nos interesará procesar:

1. El paciente no hace nada para regular sus emociones

Podemos encontrarnos con dos situaciones. En la primera, está presente la metacognición "no hay nada que yo pueda hacer para sentirme mejor", o "no puedo influir en lo que siento". Este paciente se coloca ante sus emociones en una posición de absoluta falta de opciones, se siente incapaz de manejar lo que siente. En ocasiones, esto forma parte de un patrón de dependencia emocional, en el que la segunda parte es esperar que sea el otro el que regule. Estos pacientes vienen a terapia trayéndonos su sufrimiento, con la expectativa de que se lo "quitemos", como si fuésemos cirujanos que pudiesen extirparlo o anestesistas capaces de dormirlo.

En un segundo caso, menos problemático, el paciente deja estar la emoción sin hacer gran cosa con ella. Se siente capaz de estar triste y de sentir esa emoción mientras dure. Puede llorar o enfadarse con los que causaron el problema, o pensar en lo que sucedió, pero sin reiteración ni insistencia. Por decirlo de algún modo, "lo deja estar". Este paciente no es tan problemático como el anterior y al menos no complica las cosas, pero puede que, en algunos estados emocionales más difíciles, o en conexión con algunas experiencias en particular, simplemente no hacer nada no baste para regular la respuesta emocional.

En cualquiera de las situaciones, si la estimulación bilateral ayuda de modo directo a disminuir la perturbación, el procesamiento podrá realizarse de modo eficaz. Incluso, a través de las sesiones, el paciente irá aprendiendo, como decía Coubard, a autoobservarse y a aumentar su pensamiento reflexivo, lo cual le irá dando recursos regulatorios sanos de mayor complejidad.

2. El paciente emplea medios simples, a corto plazo, para regular la emoción

La persona puede recurrir a la distracción, haciendo algo que aparte la atención de las emociones perturbadoras, tratando de pensar en otra cosa, interrumpiendo la conversación o el procesamiento, prestando atención a estímulos ambientales o evadiéndose hacia la fantasía. Veamos algunos ejemplos:

- *Distracción*: durante la recogida de historia, el paciente cambia de tema.
- *Tratar de pensar en otra cosa*: durante el procesamiento, se dice a sí mismo que también hubo cosas buenas.
- *Interrumpir la conversación*: "no he venido aquí a hablar de mi padre".
- *Prestar atención a estímulos ambientales*: el paciente se pone a contar los movimientos oculares o se focaliza en los ruidos que vienen del despacho de al lado.
- *Evasión hacia la fantasía*: durante el procesamiento, el paciente empieza a tener asociaciones oníricas, en las que se imagina que coge un coche y se va del lugar donde sufrió la agresión.
- *Acciones que apartan la emoción*: la persona se retuerce las manos mientras cuenta lo que le pasó, o mueve las piernas sin parar durante el procesamiento.

Estos mecanismos aparecen muchas veces de modo puntual en los procesamientos, y frecuentemente se solucionan con un simple "sigue con eso". La persona, por ejemplo, se distrae con los ruidos de la calle o contando los movimientos y, si lo tomamos como una cadena asociativa más, cuando vemos dos o tres asociaciones de este tipo entendemos que ya no surge material nuevo y volvemos a la diana. Si hay cambios, empezamos otro canal y el paciente empieza a conectar. Aquí la distracción ha sido solo una tendencia puntual, que probablemente ayudó al paciente a bajar un poco al malestar y a poder después entrar a procesar contenidos emocionales perturbadores. Otra situación sería que estas tendencias fueran continuadas y persistentes e incluso llevando al paciente más hacia la sensación corporal (el "¿qué notas?") estas tendencias predominasen. Aquí necesitaríamos pararnos a entender qué pasa y si el paciente se está sintiendo sobrepasado por la experiencia en la que trabaja. Que la persona pueda ser consciente de estos mecanismos también resulta útil. Por ejemplo, podemos explicarle que si está todo el tiempo apretándose las manos, puede estarse saliendo de la emoción de fondo para fijarse solo en la sensación de las manos. También podemos sugerirle que observe la sensación de fondo y que se permita sentirla cuando usamos la EB, sin hacer ningún movimiento para neutralizarla para que podamos así llegar a procesarla. Estas intervenciones muchas veces desbloquean el procesamiento y permiten al paciente mejorar su conciencia de cómo es su funcionamiento.

3. **El paciente emplea medios de más complejidad para regular la emoción y elaborar el material**

Hay autocompasión, ternura o comprensión hacia sí mismo, hay una actitud de autocuidado. El paciente se dice a sí mismo cosas que le ayudan a regular, que lo calman y lo hacen sentir mejor. Puede darse buenos consejos, imaginarse cuidándose o consolándose o recordar cómo otros lo hicieron o podrían hacerlo. También puede tomar conciencia de sus recursos, recordando situaciones en las que pudo emplearlos y aplicándolos al recuerdo que se está procesando o a situaciones presentes o futuras.

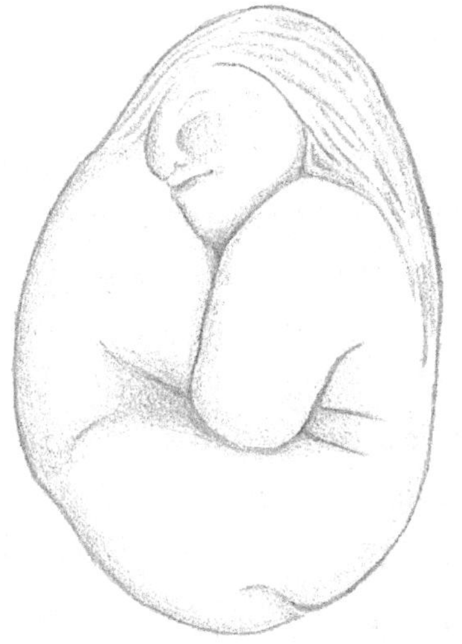

Entrarían en esta categoría el *compartir reflexiones breves, que implican elaboración y no evitación,* tanto con el terapeuta como con personas externas. Los recursos más espirituales, como rezar o hablar con Dios y sentir su perdón o su compasión, pueden también entenderse de este modo. Las comparaciones saludables, para tomar referencias o para relativizar el propio problema, son también estrategias adaptativas.

Cuando observamos el procesamiento, *no solo necesitaríamos entonces comprobar si hay cambios, sino si entre esos cambios van surgiendo estas tendencias hacia una regulación emocional compleja saludable.* Si el procesamiento aun así fluye sin problemas y el recuerdo parece completamente procesado, simplemente tomamos nota. Pero si no hay un procesamiento completo y eficaz del recuerdo, desde EMDR tenemos procedimientos que inciden sobre el desarrollo de estas capacidades de regulación emocional compleja saludable, como son la instalación de recursos personales o relacionales (Leeds, 2001) o el trabajo con patrones de autocuidado (Gonzalez y Mosquera, 2012). Una vez trabajado con el paciente, estas intervenciones pueden reintroducirse como entretejidos en el procesamiento: "¿Qué te ayudaría decirte a ti mismo ahora?", "Cómo ayudarías a alguien que se sintiera como te sientes tú en este momento?, o "¿Recuerdas otras veces en las que sí pudiste hacerlo?" Jim Knipe (2015) promueve los insights – tomas de conciencia – con preguntas como "¿De qué te das cuenta?" Muchos entretejidos, centrados en introducir información adaptativa, tienen también que ver con la comprensión del significado de las experiencias. Con los pacientes más graves, el desarrollo de recursos y la mejora en el autocuidado han de convertirse en el eje de la intervención, alargando la fase 2 por más tiempo, hasta que el paciente tenga más recursos complejos de regulación como para entrar en el procesamiento de los recuerdos.

4) Presencia de regulación emocional desadaptativa

Serían mecanismos que, si bien son de mayor complejidad, tienen un efecto contraproducente sobre la regulación de la emoción. Es decir, no se trata de si hago o no cosas productivas para regularme, sino que lo que hago lo pone todo aún peor. Estas estrategias desadaptativas serían:

- Autoculpabilización extrema.
- Aferrarse a creencias negativas disfuncionales (fusión cognitiva).
- Comparaciones no adaptativas: me culpo de hacer menos que los demás.
- Autolesión física o equivalente.
- Ideación suicida.
- Odio, venganza, satisfacción con el sufrimiento de otros: es una expresión de rabia que no es reparadora.

Los problemas que podemos encontrar a la hora de procesar recuerdos con EMDR se derivan de (1) la ausencia o desarrollo insuficiente de los sistemas complejos saludables (si la estimulación bilateral no baja directamente el malestar, no hay otros recursos), (2) la persistencia de algunos mecanismos poco funcionales demasiado tiempo (constante distracción, el paciente mueve la pierna todo el tiempo para no notar la sensación perturbadora), (3) la falta de fluidez entre unos mecanismos y otros (escasa flexibilidad en la regulación) y (4) la predominancia de mecanismos disfuncionales de regulación. Es importante registrar indicadores de estas situaciones durante la recogida de historia y trabajar en estos aspectos durante la fase de preparación, sobre todo cuando estos problemas son muy marcados o persistentes.

La complejidad sana en la regulación emocional

He hablado ya anteriormente sobre las distintas estrategias de autorregulación y se abordará más en profundidad en capítulos posteriores. Por ello me voy a centrar en este capítulo sobre lo que Pascual-Leone et al. (2016) definen como estrategias de regulación con un mayor nivel de complejidad y que tienen relación en buena parte con lo que hemos definido de modo global como trabajo con patrones de autocuidado (Gonzalez y Mosquera, 2012).

Pascual-Leone y Greenberg (2007) describen un modelo secuencial y jerárquico de procesamiento emocional, en el cual *la autocompasión y la capacidad de autocalmarse representan el modo más avanzado de procesar las emociones*. Esto permite tolerar emociones dolorosas en el nivel necesario para poder mirarnos para dentro y elaborar la experiencia, llevando a cabo procesos psicológicos complejos como superar una ruptura, explorar material doloroso (y procesarlo con EMDR) o transformar una vergüenza que no es adaptativa. Muchos pacientes recurren a estas estrategias de autocuidado cuando sufren malestar y las activan espontáneamente durante el procesamiento de los recuerdos; pero cuando no es así, hemos de ayudarles a poder hacerlo. Esto forma parte de algunos entretejidos clásicos, como el de "¿Qué pensarías de un niño de esa edad al que le hubiera pasado algo similar?"; aquí estamos activando la capacidad de compasión por alguien que sufre e introduciéndolo en el sistema mientras seguimos procesando. Pero como sabemos por experiencia, en algunos casos esto no es suficiente. Uno de los motivos es que algunos pacientes no tienen en su repertorio estas estrategias de autocalmarse, autoconsolarse y autocuidarse, que estoy incluyendo en el concepto de patrón de autocuidado sano. Cuando este tipo de estrategias de mayor complejidad están ausentes o infradesarrolladas, tendría sentido trabajar en ellas durante la fase de preparación, de cara a tenerlas disponibles al entrar a procesar los recuerdos. También parece lógico explorar estos aspectos en la fase 1, para poder elaborar un plan de trabajo que incluya aspectos relacionados con las estrategias regulatorias predominantes en cada caso.

La importancia de este aspecto se me hizo evidente hace muchos años. A raíz de las formaciones básicas empecé a trabajar con mis pacientes con EMDR, y en muchos casos el resultado fue excelente. Sin embargo, otros pacientes presentaban todo tipo de dificultades para acceder y procesar recuerdos. Una de las situaciones problemáticas, como ya he comentado, era la presencia de disociación. Sin embargo, esto no servía para explicar todos los escenarios posibles. Algunos pacientes parecían inmunes a la estimulación bilateral y seguían dándole vueltas a la experiencia, como si el movimiento ocular simplemente interrumpiera por un momento sus pensamientos recurrentes. Otros, era como si aprovecharan cualquier cosa que pasara en la sesión para conseguir nuevo material con el que seguirse torturando. Parecía que, en vez de venir a hacer terapia para ayudarse a mejorar, vinieran a mi consulta para lo que empecé a llamar "torturarse en presencia de testigos". Por ejemplo, cuando no se relajaban, empezaban a decirse "no soy capaz, lo estoy haciendo mal", o "no consigo que me venga nada, te estoy haciendo perder el tiempo". Otras veces cuando pensaban en el recuerdo, no dejaban de repetirse "¿por qué no hice nada?, ¿cómo pudieron hacerme algo así?, ¿cómo no me di cuenta?". Una tercera variante eran los pacientes que parecían empeñados en demostrar que nada funcionaría con ellos. A veces la experiencia trabajando con EMDR en una memoria se hacía equivalente a un tormento y tanto el paciente como yo descartábamos repetirlo por un tiempo o de modo permanente. Entonces fue cuando conocí a Jim Knipe.

Probablemente cualquier terapeuta EMDR que lea este libro está familiarizado con el trabajo de Knipe (2015), que ha compilado y publicado recientemente. Aparte de sus excelentes protocolos, que me abrieron a la posibilidad de un estilo progresivo de trabajo, que luego desarrollaríamos más en nuestro libro del *Abordaje Progresivo* (Gonzalez y Mosquera, 2012), me llamó mucho la atención su propuesta de trabajo con el niño interior, a la que denominaba *loving eyes* (mirar con amor). La idea era que el paciente como adulto mirara a los ojos del niño que fue, con aceptación y sin juzgarle en modo alguno, y observara la sensación que esto le generaba. La estimulación bilateral se empleaba para procesar la dificultad para establecer y *mantener esta mirada de aceptación incondicional, que Knipe considera el núcleo de la traumatización*. Empecé a usar este protocolo con mis pacientes cuando volví del Congreso y los efectos fueron increíbles. Muchos de los casos que se habían bloqueado en el procesamiento de los recuerdos hacían como un giro de 180 grados y empezaban a dejar de juzgarse, presionarse o exigirse tan duramente cuando accedían más adelante a los recuerdos. El procesamiento se hacía así más fluido y conseguíamos avanzar y terminar todas las fases del protocolo estándar.

A la luz de lo que hemos visto en los capítulos anteriores, creo que podemos entender mejor lo que ocurría al introducir el protocolo de Knipe. Por una parte, al separar simbólicamente la perspectiva del adulto y del niño o, dicho de otro modo, el presente y el pasado, estábamos entrenando atención dual. Pero era algo más. Estas estrategias de autocompasión y autorregulación, lo que luego englobaríamos en el concepto de autocuidado, estaban siendo ensayadas, la persona tomaba conciencia de cómo se trataba internamente y lo modificaba. Lo que antes estaba entorpeciendo el procesamiento, ahora estaba siendo utilizado para regular.

Desde entonces, empleo este procedimiento en las primeras sesiones, sobre todo con los pacientes más complejos. Posteriormente fuimos elaborando mucho más la intervención, como se describe en el capítulo sobre autocuidado que Dolores Mosquera y yo escribimos junto al propio Jim Knipe y Andrew Leeds. La idea central en este procedimiento es mirar, desde el adulto que somos, al niño que fuimos. En mi experiencia esto funciona como un marco general en el que introducir información adaptativa desde un plano de mucha mayor conexión emocional, a partir del cual se puede ensayar una nueva mirada interior y nuevos sistemas de regulación de las emociones. El trabajo de autocuidado tiene éste como uno de sus procedimientos fundamentales, que también incluyen el autocuidado cognitivo (explicado cuando hablaba del trabajo con la rumiación), el autocuidado sensorial (en el capítulo sobre la desconexión emocional) y el que estoy describiendo ahora, que he denominado autocuidado simbólico (Gonzalez, 2018).

Un concepto relacionado con el autocuidado es la *autocompasión* (Neff y Vonk, 2009). Por ejemplo, Gilbert (2005) propone un modelo evolutivo en el que describe tres sistemas, entre los cuales los seres humanos pueden oscilar para manejar sus emociones. Cada sistema estaría asociado con distintas regiones cerebrales y se asociaría a una distinta base neuroquímica. Estos sistemas son el de amenaza, el de los impulsos y el de autocalmarse. La perturbación se caracterizaría por un desequilibrio en estos sistemas, generalmente asociado con un infradesarrollo del sistema de autocalmarse, y propone un trabajo terapéutico basado en el desarrollo de la autocompasión.

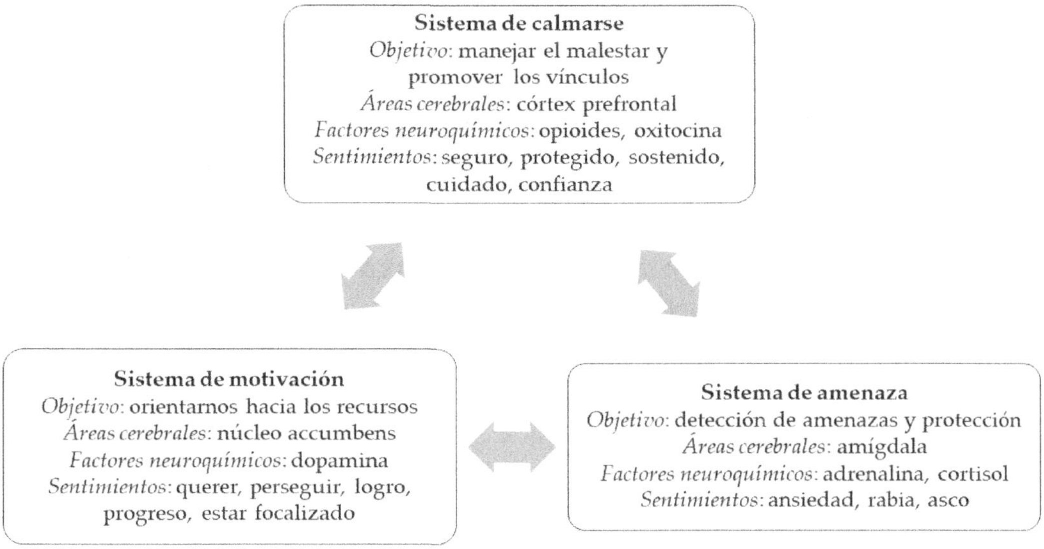

La manera en la que como adultos miramos al niño que fuimos puede por tanto ser un reflejo del modelo operativo interno, derivado del estilo de apego que tenemos, y también nos da pistas sobre el sistema de regulación emocional predominante. Alguien que no puede mirar a su niño interior, que se angustia ante las emociones representadas en él, puede estar manifestando una tendencia evitativa. Una persona que culpa duramente al niño por lo que le pasó, es probable que emplee con frecuencia la rumiación. Si quiere que el niño desaparezca de su vida y se lleve consigo todas las emociones negativas, el estilo de regulación será al menos en parte la supresión. Si directamente no ve al niño o reacciona con un "menuda tontería de ejercicio", podemos estar ante la supresión o la disociación. Este niño interior simboliza las emociones y las necesidades que éstas representan, y la forma en la que el adulto se sitúa frente a él es un reflejo del modo en el que percibe y atiende sus necesidades, y de la manera en la que regula sus emociones.

En nuestra mirada hacia ese niño estarán proyectados innumerables aspectos de nuestras relaciones significativas. Nos miraremos en gran medida como fuimos mirados. Si nadie nos vio, no sabremos vernos, ni entenderemos nuestras emociones ni nuestras necesidades (representadas en el niño). Si nos culparon de todo, no seremos capaces de mirar a ese niño sin juzgarlo. Nos miraremos con el mismo rechazo que vimos en la cara de nuestros padres, compañeros de colegio o parejas: esto es lo que realmente perpetúa el daño. Porque, al repetir internamente lo que recibimos del exterior, dentro de nosotros estamos causándonos aún más dolor y sufrimiento, generado más incomprensión y, lo que es peor, estamos bloqueando de modo importante la posibilidad de elaborar esas experiencias y convertirlas en aprendizaje.

Desde esta idea de trabajo con el niño interior, podemos desarrollar múltiples variantes. Podemos mirar desde el adulto imágenes de nuestra historia, representativas de distintos estados emocionales. Por ejemplo, es posible que seamos capaces de aceptar al niño feliz que jugaba con sus amigos, pero rechacemos enérgicamente al niño triste que encierra el dolor del que aprendimos a desconectarnos, o al niño enfadado al que los adultos reprimieron con dureza. Otra opción es hacer un trabajo de este tipo con partes disociativas más complejas y elaboradas, en casos de trastornos disociativos graves. También podemos plantear un trabajo similar con aspectos de nosotros que no son niños internos, sino partes críticas o elementos simbólicos, que representan aspectos rechazados o no integrados de nuestra personalidad. La idea central es desarrollar una mirada diferente hacia nosotros mismos, desde la cual podamos aceptar e integrar **todo** lo que hay en nuestro interior.

Veamos un ejemplo de cómo trabajar desde el autocuidado. La diana aquí no es un recuerdo, es una imagen de nosotros mismos en alguna etapa de nuestra vida o en algún estado emocional específico. Lo que se procesa es cualquier sensación disfuncional que se genera en el adulto, en la persona que somos en el momento presente, cuando mira a esa imagen de sí mismo en otro tiempo o en otro estado. Lo que se instala no es solo una creencia, es una mirada diferente y nueva hacia uno mismo. Es la mirada interior que habríamos interiorizado si hubiésemos tenido la experiencia de haber sido mirados con una mirada de amor incondicional. Aunque no haya estado ahí desde el principio, podemos trabajarla ahora desde este trabajo de autocuidado simbólico.

Le pido a la paciente que piense en una imagen de sí misma cuando era pequeña. Se recuerda con 7 años, triste y asustada.

Terapeuta: Cuando miras a esa niña ¿qué emoción es la que sientes que es más fuerte y más difícil para ella?

Paciente: La decepción tal vez.

T: ¿Qué crees que piensa esa niña sobre sí misma?

P: Que no hace las cosas bien.

T: ¿A día de hoy sigues teniendo esa sensación?

P: Solo a veces. Hubo un tiempo en la adolescencia que lo sentía siempre. Me dije, "ya que soy mala, voy a serlo de verdad". Pero ahora no me veo como mala.

T: ¿Cuándo se te activa ahora esa sensación que tenías de niña, de que no eras buena, esa decepción?

P: Cuando veo que no voy a ninguna parte, que las cosas no tienen sentido, el vacío.

T: ¿Puedes mirar ahora a esa niña que no se ve buena?

P: Sí, está rompiendo sus dibujos.

T: Y cuando miras esa imagen, ¿qué emoción te viene?

P: Furia.

T: ¿Cuánto te molesta del 0 al 10?

P: Mucho, un 8.

T: Nota eso un poquito.

EB (Tandas cortas para ver cómo tolera el malestar y para prevenir que entre demasiado en los contenidos traumáticos).

T: ¿Qué notas? ¿Qué te viene?

P: Soledad.

EB.

T: ¿Qué notas? ¿Qué te viene?

P: Vacío.

T: ¿Qué notas? ¿Qué te viene?

P: Los papeles rotos son como puzles, se pueden pegar. Pero estoy en la oscuridad.

T: Quédate con eso.

EB.

T: ¿Qué notas? ¿Qué te viene?

P: Solo tristeza y soledad. Miedo por no saber qué hacer.

Como vemos, la paciente no está poniendo en marcha mecanismos complejos de regulación. Está dejando estar su emoción, se permite sentirla, no busca que otro la regule. No está activando mecanismos desregulatorios como culparse o pensar en hacerse daño. Pero no hay autoconsuelo ni autocompasión. Estos mecanismos de regulación complejos, más evolucionados, que ayudan a dar significado, a elaborar la experiencia y a reparar, han de ser introducidos por el terapeuta.

T: Vamos a mirar a esa niña, ¿qué sientes que necesita esa niña?

P: Le hace falta decirle que va a salir de ahí y ya está. Saber qué hacer. Le falta luz.

T: ¿Qué más?

P: Solo saber por dónde tiene que ir.

T: ¿Se lo puedes dar?

P: No sé por dónde ir.

La paciente se declara incapaz de darse lo que necesita, necesita una pequeña ayuda. Antes fue capaz de describir cómo creía que se sentía la niña, lo que indica que pudo establecer cierta empatía, que había alguna comprensión. Quizás no le dé importancia a esto, pero para un niño, el que haya alguien ahí que esté presente y que entienda como se siente, es algo de enorme importancia. Cuando el paciente desde el adulto no sabe qué hacer o qué decir, o cuando no se le ocurre cómo cuidar del niño, siempre podemos recurrir a hacerle ver que estar ahí, mirar a ese niño y entenderlo, es lo más importante. Si le preguntamos a cualquier paciente que haya vivido situaciones difíciles en su infancia, qué hubiese cambiado si hubiese habido alguien que hubiese estado ahí, presente, intentándolo, y dándose cuenta de verdad de cómo se sentía, seguramente nos dirá que eso lo hubiese cambiado todo.

T: Vale. Vamos a ver esa niña, tú te das cuenta de que se encuentra triste, sola, y de que tiene miedo ¿Puedes simplemente darle la mano?

P: Sí.

T: ¿Qué nota la niña?

P: Desconfianza.

T: ¿Te deja darle la mano?

P: Aún no confío en mí misma.

T: Dile a la niña que es normal que no confíe. Los adultos con los que se crio no eran muy de fiar, pero ahora eres tú la adulta que la acompaña, ¿sí? Dile que es normal que no confíe. Que ha vivido situaciones muy duras y que nadie la veía. No podía contar a nadie lo que estaba viviendo. Incluso cuando trató de contarlo, no la creyeron, ¿cómo no le va a costar fiarse de alguien, aunque sea de ti? Dile que lo entiendes.

EB.

P: Ahora siento calor en el pecho.

T: Nota un poquito eso.

EB.

T: ¿Qué notas?

P: Tranquilidad.

T: Nota un poquito eso.

EB.

T: ¿Qué nota la niña? ¿Qué le viene?

P: Tranquilidad. Lo estoy notando yo en el cuerpo y es raro.

T: Vale, nótalo.

EB.

T: ¿Qué notas? ¿Qué te viene?

P: Solo calma.

T: Quédate con eso.

EB

T: ¿Qué notas?

P: Calma.

T: ¿Necesita algo más la niña?

P: No puede confiar del todo. Aunque tiene la mano... Entonces... Tranquilidad, está todo bien.

T: ¿Le podemos dar las gracias por haberse dejado un poquito?

P: Sí (se echa a llorar).

T: ¿Qué notas? ¿Qué te viene?

P: La imagen del armario. Y el armario dentro está oscuro. Le doy la mano, pero no puede salir del armario. Intento abrir la puerta, pero ella no quiere salir.

T: Es normal ¿no?

P: Y se la puede abrazar, pero llora.

T: Vale.

P: De pequeña lloraba, pero no en casa.

T: ¿Y por qué no lloraba en casa?

P: Pues no lo sé.

Sabemos por la información recogida en la fase 1 que la madre de la paciente era una mujer siempre angustiada y preocupada pero que, a la hora de la verdad, no la protegió de las cosas malas que le ocurrieron, ni quiso creerla cuando se las contó. Cuando el cuidador está preocupado, el niño no suele ir a contarle sus problemas, porque no se puede permitir el lujo de desregularlo más. Además, un cuidador preocupado no suele ser receptivo a los problemas del niño. Como la paciente no elabora estas ideas, ni puede dar sentido a la experiencia, la ayudo a hacerlo.

T: Quizás hubiera sido una preocupación más en casa, ¿no? ¿Hubiera servido de algo llorar en casa?

P: No creo.

T: Y ahora, ¿qué significado puede tener que se permita llorar en casa?

P: Por lo menos puede llorar.

T: Nota un poquito eso, que por lo menos puede llorar. ¿Por qué puede llorar?

P: Supongo que cree que la van a escuchar.

T: Dile que la vas a escuchar, ¿vale?

EB.

T: ¿Qué nota la niña?

P: Solo calma.

T: ¿Nota calma? Vale.

P: Pero no nota calidez ni consuelo.

T: Nota calma. ¿Antes podía notarla?

P: No, creo que no.

T: Poco a poco… Eso que vivió la niña en ese armario fue muy duro. Y supongo que ahí había mucho miedo.

P: Sí.

T: El que ahora pueda notar calma con ese recuerdo me parece importante.

P: Sin embargo, hay cierta tensión.

T: ¿Dónde notas la tensión en el cuerpo?

P: En los hombros.

T: Nótalo ¿vale? Nota solo la sensación en los hombros y dime si van aflojando.

EB.

T: No soy capaz de aflojarlos del todo.

T: ¿Necesitan moverse? ¿Necesitan hacer algo?

P: (Se mueve) Ya, está bien.

T: ¿Bien del todo? ¿Nada de tensión?

P: Sí, está bien del todo.

T: Mira a la niña, nótala contigo. ¿Cómo la sientes?

P: Mucho más tranquila.

T: Dile nada más que vas a estar ahí, que ahora está contigo, que no te vas a olvidar de ella. ¿Dónde la notas por dentro?

P: Aquí (señala el pecho).

T: Pon la mano en esa zona, nótala ahí. Quédate un ratito con ella, y dile que volveremos a trabajar en todo esto.

La paciente asiente, se emociona.

Como vemos, este trabajo tiene mucha más intervención directa del terapeuta, que acompaña, encauza, entiende y modela un nuevo modelo de autorregulación y de autocuidado. En un caso como este, en el que la paciente es capaz de hacer cambios positivos en poco tiempo, con alguna ayuda del terapeuta, esta intervención irá dando paso a un procesamiento de recuerdos más estándar, donde la intervención del terapeuta se limitará a entretejidos cuando sea necesario. El objetivo de estos entretejidos, seguirá siendo potenciar la autorregulación y el autocuidado.

Capítulo 21

Pensamiento reflexivo y regulación

La regulación no está únicamente relacionada con la emoción en sí, sino en gran parte con nuestra capacidad de autoobservación y nuestro pensamiento reflexivo. Para poder regular una emoción necesitamos poder mirarla con cierta perspectiva y ser capaces de pensar mientras la estamos sintiendo y reflexionar sobre lo que sentimos. Esta capacidad reflexiva va más allá de la simple conciencia sobre nuestro estado emocional y tiene que ver con procesos mentales de orden superior.

Fonagy et al. (1997, 2002) hablarán en este sentido de *mentalización* como la capacidad de representar internamente los estados mentales propios y de los demás. Fonagy entiende que el desarrollo del self tiene lugar en el contexto de las relaciones interpersonales cercanas. La conciencia de los estados mentales emerge en la relación de apego: el niño aprende a identificar y representar mentalmente sus propias emociones a través del interés del cuidador en la experiencia subjetiva del niño y en su representación, a través de un adulto que pone el foco en la mente y sentimientos del niño.

El trauma infantil puede inhibir el desarrollo de estas capacidades mentalizadoras, y con ello la capacidad para pensar en términos de estados internos. Ante ello, estas experiencias pueden disociarse (Liotti, 1999). La disociación facilitaría la regulación y el funcionamiento adaptativo al compartimentalizar las memorias relacionadas con el trauma, pero al precio de inhibir la mentalización (Ensink et al., 2014). También supondrá un menor nivel general de eficiencia mental (Van der Hart et al., 2006).

En un estudio con resonancia magnética funcional se vio que cuando se presentaban a los participantes imágenes perturbadoras, su amígdala se activaba. En aquellos a los que se daba la oportunidad de poner nombre a sus sentimientos, la actividad de la amígdala disminuía (Lieberman et al., 2007). Cuando en el procesamiento de recuerdos con EMDR preguntamos al paciente "¿qué te viene?", quizás estamos haciendo algo más que informarnos de cómo está evolucionando el procesamiento y, al permitir al paciente hablar brevemente sobre lo que está experimentando, le ayudamos a regular su intensidad emocional. En algunos casos, los pacientes entran en descripciones más prolongadas, que solemos ver como contraproducentes; pero probablemente es importante distinguir entre cuando el paciente necesita poner palabas a lo que está sintiendo o dar sentido a su experiencia, cuando no ha entendido el procedimiento y cree que nos lo tiene que explicar todo para que lo entendamos, o cuando la persona está entrando en una racionalización improductiva o un pensamiento rumiativo contraproducente.

Ahora bien, para algunos pacientes responder al "¿qué te viene?" es un desafío. No saben distinguir sus procesos mentales, lo que notan por dentro lo viven como una maraña informe.

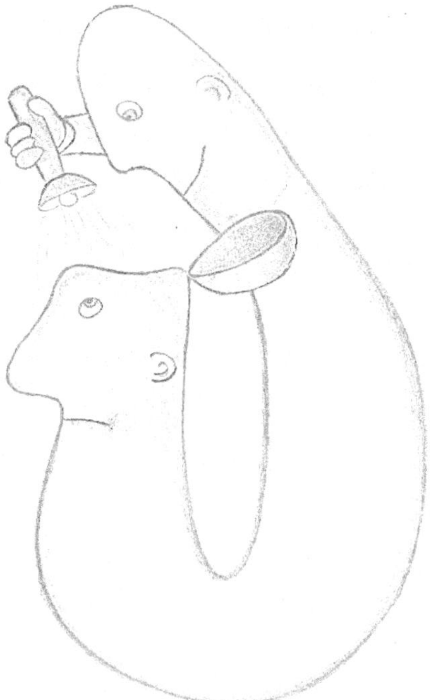

Pensamientos, emociones, percepciones y sensaciones corporales son todo lo mismo, no hablemos ya de identificar correctamente los distintos estados emocionales. Algunas personas se han pasado la vida sin mirar para adentro y, cuando lo hacen, no es tratando de observar y entender sus procesos internos, de hecho se sienten sobrepasados por ellos. La fase de preparación en estos casos ha de pasar por un aprendizaje de lo que significa reflexionar sobre lo que estoy sintiendo y expresarlo a otra persona.

Sin embargo, el pensamiento reflexivo es un concepto más complejo, que sería muy extenso describir aquí. Voy a centrarme en algunos aspectos y plantear una hipotética influencia en el trabajo con EMDR.

Pascual-Leone y Greenberg (2007) proponen un modelo de cambio terapéutico en el que se produciría un cambio desde procesos emocionales no productivos y desadaptativos a otros adaptativos. Previamente los autores (Pascual-Leone y Greenberg, 2005) habían definido la *Clasificación de Estados de Significado Emocional* (CAMS por sus siglas en inglés), como una propuesta transteórica, en la que se describe que los sujetos inicialmente experimentan un malestar indiferenciado y con escaso significado (nivel 1), que a través de la exploración terapéutica puede clasificarse en emociones desadaptativas o adaptativas.

- Las **desadaptativas** serían el *miedo* y la *vergüenza,* que se asociarían a una *visión negativa persistente de uno mismo,* y la *rabia con rechazo,* en el que la persona está inmersa en un sentimiento de victimización e impotencia; ninguno de estos estados lleva a un funcionamiento saludable.
- Las emociones **adaptativas** serían la *rabia asertiva* y el *dolor del proceso de duelo,* y consideran saludable la *autocompasión* y *sentirse agente* de los procesos internos y de la propia vida.

Si lo trasladamos a terapia EMDR, podríamos hipotetizar que la infravaloración asociada a vergüenza y miedo o la rabia que no lleva a ningún sitio, relacionada con impotencia y rechazo, son todos ellos estados que, de persistir durante la sesión, no llevarían a un procesamiento adecuado de los recuerdos. De hecho, algunos pacientes parecen quedarse en bucles compuestos por diversas versiones de estos estados emocionales.

Debajo puede verse un esquema, inspirado en el modelo CAMS,

adaptado a lo que vemos durante el procesamiento con EMDR. Cuando procesamos un recuerdo, durante la fase 4 de desensibilización es frecuente la aparición de bucles en los cuales el paciente se queda bloqueado y el procesamiento no avanza. Cuando preguntamos "¿qué te viene?" la respuesta es "lo mismo" o "nada". Aunque debajo de estas frases pueden estar ocurriendo cosas muy distintas, en ocasiones lo que nos encontramos son estos bucles en circuito cerrado, en los que el paciente parece no poder salir de lo que Pascual-Leone y Greenberg (2005) definían como estados emocionales desadaptativos.

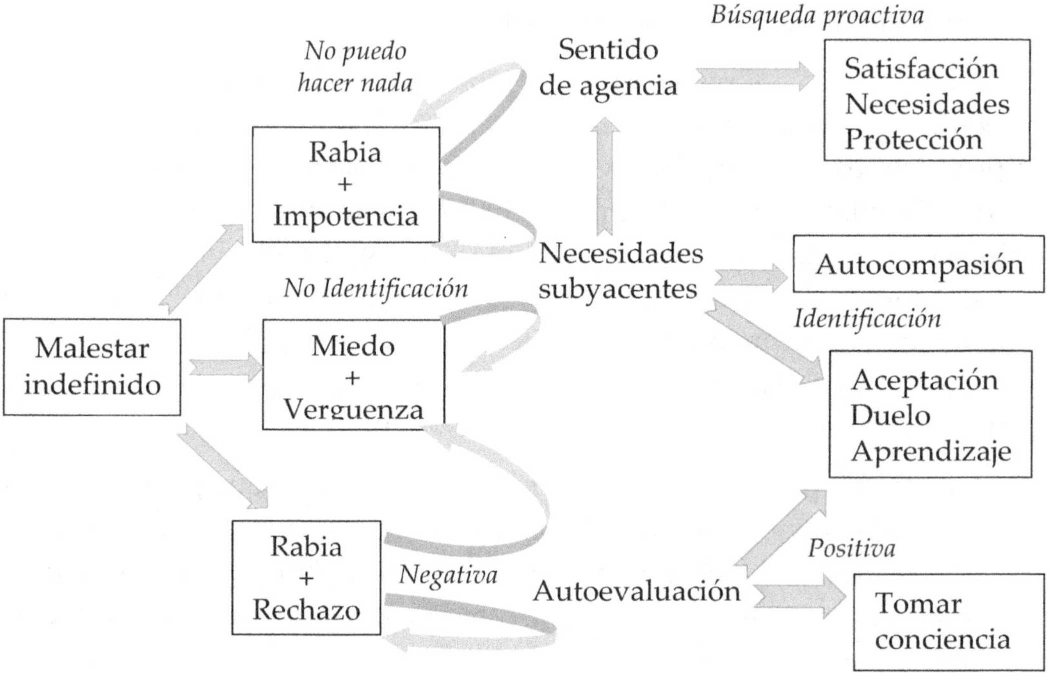

Algunos pacientes, de perfil más alexitímico, con escasa capacidad de pensamiento reflexivo, no parecen capaces de salir del estado de malestar indefinido. Cuando les preguntamos "¿qué te viene?" la única respuesta que parecen poder dar es "me siento mal". No ven matices en el malestar, y si la estimulación bilateral no tiene un efecto inmediato de disminución del nivel de perturbación (SUDs), el malestar se convierte en una ciénaga de la que la persona no puede salir con un "sigue con eso".

En otros casos, representados en la línea de puntos, la persona entra en estos bucles que antes comentaba. Por ejemplo, una persona que siente

rabia por lo que le hicieron, pero a la vez una sensación de **impotencia**, puede imaginar mil formas de descargar esa rabia, pero esto constituye únicamente una fantasía de venganza que no lleva sino a alimentar el malestar. Si el sentido de agencia (sentir que yo soy el que estoy experimentando y modulando mis procesos) no se establece en modo positivo, llevando a la persona a sentir que hay cosas que está en su mano hacer y a centrarse en ellas, se alimenta más la sensación de impotencia: "no hay nada que yo pueda hacer". Cuanto mayor es la rabia, más se retroalimenta el malestar. Otra versión de esta falta de sentido de agencia son los pacientes que esperan que la resolución venga de fuera, por ejemplo, de una sentencia judicial que condene al agresor o que les restituya lo que consideran que les fue arrebatado. En todos mis años de profesión nunca he visto a nadie que mejorara cifrando su mejoría en que "se hiciera justicia", incluso cuando después de años de interminables procedimientos judiciales, el juez dictaba una sentencia favorable. Pero esto no solo se convierte en un obstáculo a lo largo del tiempo, también parece serlo durante las sesiones de procesamiento propiamente dichas.

Otro bucle está basado en las **dificultades para identificar las necesidades subyacentes**. Tomar conciencia de ellas implica un nivel mayor de introspección, pero solo resulta productivo si esto lleva a algún lugar. Si la persona se da cuenta de lo que necesita y está segura de que puede buscar el modo de conseguirlo (tiene sentido de agencia), será proactiva a la hora de intentar cubrir esas necesidades, o cuando trate de protegerse. En caso de que esas necesidades no puedan ser satisfechas, o al menos no pueden serlo inmediatamente, la persona ha de ser también capaz de aceptarlo y hacer el duelo por lo que se ha perdido, o en todo caso aprender de la experiencia. Cuando la conciencia de esas necesidades retroalimenta el miedo y la vergüenza, porque la persona las considera pruebas de su debilidad o su no valía - en lugar de algo natural en todo ser humano - de nuevo vemos como esto se convierte en un bucle, en lugar de un procesamiento productivo. Por ejemplo, una persona que está sintiendo una profunda sensación de abandono se da cuenta de que sigue necesitando afecto, con la desesperación de un niño desamparado. Lejos de que esta toma de conciencia lleve al paciente a hacerse cargo de esa necesidad, la vive desde la más absoluta impotencia y cae en el autoabandono, sintiéndose insignificante y sin valor. Esta necesidad de afecto nunca fue reconocida ni cubierta, por lo que la ruta para alcanzarla nunca ha sido dibujada. Al no tener un modelo, la persona no reconoce la necesidad en sí, o no siente que esté a su alcance. Puede incluso que la necesidad adopte un significado negativo, entendiéndola como una flaqueza, y esto con algo malo en sí mismo. En esta situación, el procesamiento no avanza y tampoco se ven progresos entre sesión y sesión.

El tercer posible bucle tiene que ver con la **autoevaluación negativa**. En el trabajo con EMDR un punto clave es identificar una creencia autorreferente conectada con la experiencia que se va a procesar, que representa un esquema nuclear sobre el self, la seguridad básica o la capacidad de influir sobre el mundo. Si todo fluye sin problemas, la estimulación bilateral irá haciendo que el paciente vaya cambiando esta creencia negativa por una afirmación positiva sobre sí mismo, la seguridad o el control sobre las cosas. Muchos pacientes tienen problemas en este punto, por motivos diferentes. Algunos se sumergen en esas creencias negativas, experimentándolas solo desde el miedo y la vergüenza, o la rabia mezclada con impotencia y sentimientos de rechazo, lo que las intensifica en un looping recurrente. Otros no consiguen dar el paso hacia la toma de conciencia sobre lo que la experiencia les dice de negativo sobre ellos, y sin esa conciencia es más difícil que se produzca el cambio subsiguiente. Las evoluciones productivas son hacia la aceptación de nuestras limitaciones, el autoconsuelo por nuestro dolor, el duelo por lo perdido, el autocuidado y la conciencia de los recursos positivos que la persona tiene y que pueden matizar los elementos negativos.

Los fenómenos de evitación, supresión y disociación supondrían una interrupción del procesamiento emocional, y podrían aparecer a distintos niveles, que van desde lo más inmediato a lo más tardío en los procesos de gestión de las emociones:

1. Como **respuesta al malestar indefinido inicial** ("no quiero sentir"), en niños que se desarrollan en un apego distanciante y en medio de negligencia emocional, ante la ausencia de modelos reguladores, todo malestar se hace inmanejable e insostenible, por lo que es probable que se activen respuestas que interrumpan el procesamiento emocional.

2. Más tardíamente, **al surgir emociones que a ese paciente concreto le resulte difícil tolerar** ("no quiero sentir esto"), como por ejemplo la rabia impotente que, al haber crecido en entornos de violencia, es

como un eco de las agresiones sufridas; un miedo que se vive como reflejo de un peligro actual y éste como sinónimo de desintegración; una vergüenza nuclear insoportable; o un sentimiento de rechazo inasumible para un niño. En este segundo grupo, posiblemente nos encontraremos con relaciones tempranas en las que sí pasaron cosas, pero estas fueron dañinas: agresión, humillación, pérdidas, rechazo...

3. **Ante los bucles de retroalimentación negativa**, que podríamos considerar equivalentes a la rumiación, cuando esto somete al sistema a una tensión insostenible. Por ejemplo, cuando pasamos de las emociones más definidas a la identificación de la necesidad que subyace a estas, si no hay un sentido de agencia que nos haga sentir capaces de buscar cómo cubrir esa necesidad, la sensación de "no puedo hacer nada" incrementará la emoción perturbadora previa, en lugar de resolverla.

4. Es posible que se puedan presentar estas respuestas, sobre todo la disociación (la supresión y la evitación serían fenómenos más inmediatos) más adelante, al surgir la autocompasión, la conexión con recursos positivos, las tendencias proactivas, el duelo o la aceptación. Esto último sería debido, no a la disfunción en las etapas previas del procesamiento, sino a un **rechazo activo a los elementos positivos**. Por ejemplo, aceptar puede significar conectar con un dolor que no se quiere asumir; verse diciendo que no, o pidiendo lo que se necesita, puede atentar contra la identidad que la persona tiene de sí misma de ser generosa y desinteresada; la autocompasión puede vivirse como ridícula para un individuo que se ha definido toda su vida como fuerte y autosuficiente.

Podría probablemente dibujar este diagrama incluyendo otros matices, o modificando los que he incluido. La idea general que quiero plantear con esto no es aportar un esquema en el que incluir al milímetro cada caso que tratamos. Lo que quiero destacar es que *una comprensión del procesamiento emocional que se está produciendo, desde distintas perspectivas, puede darnos pistas sobre cómo desbloquear el procesamiento* cuando este no fluye de modo espontáneo hacia la desaparición de la perturbación y el malestar somático, y el cambio a positivo de las creencias autorreferentes. A nivel clínico, esto implica - desde lo que estoy comentando en este capítulo - que hemos de fijarnos en si el paciente se queda atascado en un malestar indefinido en el que no describe matices o entra en un bucle en el estadio posterior, atrapado en la rabia impotente, la vergüenza, el miedo, la desprotección, y el rechazo.

Si esto ocurre, desde este modelo que estoy planteando, los entretejidos que hacemos no han de entenderse simplemente como "cognitivos". Si nos fijamos, muchos de los entretejidos clásicos incluyen elementos del lado derecho del esquema anterior y tienen que ver con:

- La *autocompasión*: "¿qué pensarías si fuera otro niño?"
- El *reconocimiento de recursos existentes:* "fuiste capaz otras veces, ¿no?"
- La *autoprotección*: "ahora que eres adulto, ¿podrías hacer algo?"

De hecho, los entretejidos se plantean habitualmente como preguntas que mueven a la reflexión, en lo que podría entenderse como un intento de promover que el paciente ponga en marcha estilos de procesamiento emocional más adaptativos. Por ello, puede ser más clarificador pensar, si estamos ante un paciente que no supera las primeras dos etapas en este proceso de procesamiento emocional ¿cómo podemos ayudarlo a pasar a la siguiente etapa? Dos elementos esenciales son (1) la toma de conciencia de las *necesidades subyacentes*, que están por debajo del miedo, la vergüenza y la rabia, y (2) el *sentido de agencia* (sentirse agente de los propios procesos mentales): yo puedo hacer algo, así que, ¿cómo lo gestiono?

Veamos un ejemplo, en el que creo que este modelo puede ayudar a planificar las intervenciones. El paciente tiene un trastorno límite de personalidad, con síntomas disociativos relevantes como alucinaciones auditivas, que han ido mejorando a lo largo de la terapia. El síntoma más preocupante son las conductas agresivas, que se disparan en situaciones diversas y revisten cierto riesgo. En esta consulta, estamos procesando un recuerdo de maltrato físico de su madre cuando él tenía 4 años. Su madre pasó por una depresión en esa etapa, en la cual estuvo ausente emocionalmente, irritable, y ocasionalmente violenta.

Imagen: Estar agachado en una esquina, mientras me pegaba con un palo.

Creencias negativa y positiva:

T: Pensando en eso, ¿qué palabras negativas vienen a tu mente?

P: Me trataron como a un mosquito.

T: ¿Cómo lo sientes ahora?

P: Soy insignificante.

T: ¿Cómo te gustaría mirarte a ti mismo ahora?

P: No sé, como un elefante.

Esta creencia positiva no parece adecuada, pero ¿por qué lo ve así el paciente? Esto tiene mucho que ver con su sistema de funcionamiento, en el que parece estar siempre tratando de demostrarse que es superior o que puede dominar a los demás, para salir de esos sentimientos de verse insignificante que le cuesta mucho tolerar. De entrada, trato de reformular esta creencia.

T: Para estar bien no necesitamos tanto, ¿no? Si esto ya no te afectase, ¿cómo te gustaría sentirte?

P: Me gustaría sentirme fuerte.

Pero con respecto al esquema que veíamos más arriba, este paciente está centrado en la rabia. El malestar no es indefinido, es capaz de identificar una emoción, pero esta rabia está cargada de impotencia y será importante observar si el paciente es capaz de salir de ahí.

Durante la fase de desensibilización, todas las asociaciones tienen que ver con la rabia, el paciente parece atascado en la rabia y la impotencia, el procesamiento no avanza. Las asociaciones que vienen alimentan más esa rabia.

T: ¿Qué notas en el cuerpo?

P: Rabia.

T: Permítete sentirlo.

EB.

T: ¿Qué te viene?

P: Un cuchillo ensangrentado. Yo no amo a mi madre.

EB.

P: Todo se olvida, tenemos una relación buena y diferente, pero aún odio a mi madre.

T: Sigue con eso.

P: Rabia.

Algo que podemos hacer aquí es ayudar al paciente a entender las necesidades subyacentes, es una de las puertas de salida del bucle, que nos puede llevar a asociaciones más adaptativas y productivas.

T: Muchas veces surge esa rabia, pero en el recuerdo que estamos trabajando también te tuviste que sentir muy mal. Que tu propia madre te haga algo así es muy duro para un niño.

P: Sí, porque yo a mi madre todavía la temo.

T: Ok, céntrate en eso.

P: Cuando me dice cosas ahora todavía me arrugo y me encojo.

EB.

P: Miedo.

Al volver al recuerdo.

P: Impotencia, le pido "para, mamá, para", y ella me golpeaba más y más.

EB.

P: Estoy pensando en darle yo con el palo.

Como vemos, aparece el miedo, pero esta emoción está todavía en este primer bloque de diferenciación emocional y, lejos de salir hacia las respuestas funcionales, vuelve de nuevo hacia la impotencia y la rabia. Intento ayudarlo a conectar con las necesidades subyacentes.

T: Nota esa rabia en el cuerpo (tapping), ¿puedes sentir lo que hay por debajo de esa rabia?

P: Noto una sensación muy extraña. Creo que mi madre me quiso mucho, y la parte más difícil fue que actuara de esa manera conmigo, ¿entiendes?

T: Claro.

EB.

P: Es una sensación de amor y odio.

T: Nota las dos sensaciones, tiene sentido sentir eso.

EB.

T: Me viene un recuerdo, como de tener sueño y estar acostado en el pecho de mi madre, antes de que empezara su depresión.

EB.

P: Me viene a la mente un cuchillo ensangrentado.

Podríamos interpretar lo que ha pasado aquí desde muchas perspectivas. Cuando pensamos en el apego desorganizado, vemos que la necesidad de apego y la respuesta defensiva ante un cuidador atemorizante se escinden, por la imposibilidad biológica de funcionar desde ambos sistemas a la vez. Por otra parte, conectar con esa necesidad de afecto hace también que el paciente conecte con el duelo por lo que perdió cuando su madre enfermó, y esto puede generar una respuesta evitativa, volviendo a la rabia defensiva que lo aleja del dolor. Podríamos pensar que, aunque las voces agresivas ya no estén, sigue existiendo una fragmentación mental marcada. Al conectar con el niño vulnerable interno que no quiere ser - porque duele demasiado y porque si eres vulnerable te hacen daño - se activa la parte hostil centrada en la rabia defensiva. Sin embargo, pensar en esta secuencia desde el punto de vista del procesamiento emocional, sin definirlo como partes, nos da un modelo de máxima simplicidad - lo cual desde mi punto de vista es un valor en sí mismo - así como una perspectiva global en la que integrar situaciones muy diversas que se producen durante el procesamiento.

Para ayudar al paciente a ver más matices en lo que se mueve por debajo de la rabia y a conectar con sus necesidades subyacentes, le voy enseñando tarjetas con dibujos de distintos estados emocionales. El paciente selecciona como muy presentes en él, y muy conectados con el recuerdo que estamos trabajando, los de sensación de abandono y de tendencia al autoabandono. Estos dos esquemas con frecuencia se presentan juntos, llevando a un bucle de retroalimentación del tipo: la persona tiene un profundo sentimiento de abandono y esto - en lugar de llevarla a autocuidarse y autoconsolarse o a pensar en figuras positivas que la cuiden y la consuelen - la lleva a lo más contraproducente para esa sensación, que es autoabandonarse y aislarse. Al hacer esto, la sensación de abandono crece más y más. Hablamos brevemente de esto, y seguimos el procesamiento.

T: Céntrate en esa sensación y mira qué notas.

P: Tristeza.

EB.

P: Siempre fui un desastre, todo lo arreglaba tomando drogas, emborrachándome. Estoy mejor ahora, pero aún me tiendo a autoabandonar, físicamente y psicológicamente.

T: ¿Qué notas en el cuerpo?

P: Como una rebelión, frustración.

Como vemos, aquí llegamos al sentido de agencia. Ya no es solo que mi madre me abandonó emocionalmente, que aquella madre en cuyo pecho podía descansar me dejó y en su lugar vino aquella mujer furiosa a la que no parecía importarle. Ahora yo me autoabandono, soy un desastre, hago cosas que no me ayudan. Si hubiese salido por esa puerta, las asociaciones irían hacia la toma de conciencia de "ahora puedo cuidarme yo", "ahora depende de mí". Sin embargo, vuelve en un bucle para atrás, de nuevo hacia la rabia y la impotencia.

T: ¿Qué notas?

P: Una sensación muy mala.

T: ¿Me la puedes describir?

P: Es difícil para mí, espera, dame un minuto. Me estoy poniendo muy nervioso.

T: Nótalo un poco.

EB.

P: Quiero escapar, me estoy poniendo muy nervioso.

Vemos aquí un mecanismo de evitación, en este caso con bastante conciencia por parte del paciente. Conectar con estas sensaciones se le hace intolerable. Me planteo si terminar la sesión, pero decido que acabar con una respuesta evitativa no será de ayuda para el paciente. Sin pretender alargar la sesión mucho más, trato de ayudarlo a salir de este punto.

T: ¿Te da miedo ponerte nervioso?

P: Sí.

T: ¿Por qué?

P: Porque es una sensación inquietante.

T: Eso no significa que haya que tenerle miedo.

P: Tengo miedo de tener un ataque de ansiedad, de la angustia... La ansiedad se convierte en angustia, y esa sensación me da miedo.

T: Bueno, estamos en un hospital, tenemos medicación a mano si fuera es necesario.

P: ¡Cierto!

El paciente parece algo aliviado, no solo por lo que le digo sobre el tratamiento, sino que creo que el que yo esté tranquila, que le transmita que todo va a ir bien, que de un modo u otro la sensación se irá, hace que se pueda plantear afrontar en lugar de evitar. Esto conecta con el tema de la regulación interpersonal que veremos a continuación, la cual no ha sido incluida en el modelo de procesamiento emocional, pero que tiene también un papel muy significativo.

T: Es importante que puedas permitirte sentir lo que sientes, que puedes dejar estar ahí las sensaciones, sin preocuparte por ellas.

P: De acuerdo.

EB.

P: Ya estoy más tranquilo, fue solo un mal momento que tuve.

EB.

P: Estoy más relajado.

T: ¿Paramos aquí?

P: Sí, vale.

Como vemos en este ejemplo los avances, los bloqueos y las intervenciones del terapeuta, pueden entenderse en base a la gráfica planteada en este capítulo. En un caso como éste, el procesamiento completo de un recuerdo nuclear como el que se describe llevará probablemente muchas sesiones. Cada uno de los procesamientos va a incluir también un proceso de aprendizaje de regulación emocional, en la línea que comentaba Coubard (2015), pero dado que estamos en el territorio del trauma complejo y la desregulación emocional es grave, se precisarán intervenciones adicionales. Este trabajo ha de hacerse como parte de la fase 2 de preparación, e integrarlo posteriormente en el procesamiento en las fases 3 a 7, sobre todo en la fase de desensibilización. Durante el procesamiento de un recuerdo, el paciente entra en contacto emocional mucho más intenso con recuerdos nucleares y estamos viendo en directo todos los mecanismos de procesamiento emocional y sus disfunciones, por lo que podemos intervenir "en vivo". La psicoeducación no deja de ser una comprensión diferida de situaciones que la persona vive fuera de la consulta. Es muy importante, porque aporta al paciente una comprensión de lo que le ocurre y le da un contexto cognitivo para situar las intervenciones y los cambios. Sin embargo, no tiene sentido alargarla hasta que el paciente esté bien regulado, posponiendo el procesamiento de recuerdos hasta ese momento. Seleccionando bien nuestras dianas y haciendo un procesamiento estrechamente monitorizado, podemos potenciar extraordinariamente el aprendizaje de la regulación emocional y la capacidad del individuo para procesar sus experiencias.

Capítulo 22

La regulación interpersonal

Alan Schore (2009) y Daniel Siegel (1999, 2010) enfatizan en sus desarrollos teóricos el carácter interpersonal de la regulación emocional, integrando los hallazgos recientes de la denominada neurobiología interpersonal. La relación entre el niño y sus cuidadores promueve el desarrollo de las vías neurales que sentarán las bases de la regulación emocional y el sentido del self. Es la relación diádica entre el niño y el cuidador la que va generando, en un continuo feedback, los procesos que más adelante se interiorizarán y se convertirán en modelos psicológicos de funcionamiento.

Para que estos mecanismos regulatorios se desarrollen adecuadamente, es necesaria la presencia de un *cuidador sintónico y coherente*, que pueda entender la mente del niño y que responda empáticamente a sus necesidades. Si los estados emocionales del niño son detectados y validados, si el cuidador hace de espejo y se los amplifica, y si responde adecuadamente a las necesidades subyacentes, el niño aprenderá a regularse en todos sus posibles estados afectivos. Si la respuesta de los cuidadores es rígida, difícilmente se adaptará a los matices del niño y en muchas ocasiones puede reforzar patrones disfuncionales. Si la respuesta del cuidador es desregulada, será un espejo desde el que el niño interiorizará ese modelo.

Veíamos en el capítulo 5 un ejemplo de la interacción entre una madre y su hijo, y cómo algunos estados emocionales de éste eran rechazados debido a las reminiscencias que generaba en la madre la rabia del hijo, que se le asemejaba al maltrato del marido y a la agresividad de su propia madre. Otros estados afectivos, como la tristeza, no eran percibidos en absoluto. Esta relación interactiva entre madre e hijo, basada en las conexiones que en el cerebro de cada uno evocaban los estados emocionales del otro, lejos de ayudar al aprendizaje de mecanismos cada vez más efectivos de regulación, fue contribuyendo a la cronificación de los patrones disfuncionales del chico.

Fonagy et al. (2002) hablan del *desarrollo de la intersubjetividad,* explicando que el self como agente, la experiencia de un yo que lleva las riendas del funcionamiento tanto emocional como conductual, se desarrolla en el contexto de la relación de apego entre el niño y el cuidador primario. El niño se desarrollará como un sujeto independiente solo si es reconocido como tal, si el cuidador puede tener en su mente una representación de ese niño como un ser con mente, necesidades y emociones propias. Es decir, *aprendemos a vernos como somos, si hay alguien capaz de vernos como somos. Se trata de un feedback afectivo, en el que el otro sirve como espejo en el que vernos reflejados* y, a partir de esta regulación diádica, se desarrolla la sensación de seguridad interna (o se crece con ausencia de este sentimiento de seguridad básico).

Sin embargo, el carácter interactivo de la regulación emocional en los seres humanos nos lleva a reflexiones que van más allá de la génesis y desarrollo de los patrones regulatorios intrapsíquicos. La **relación terapéutica** y lo que se mueve en ella es un elemento nuclear del proceso psicoterapéutico en todos los abordajes. Farina y Liotti (2013) señalan que el mayor problema que se deriva de la traumatización es la profunda desconfianza y desamparo que obstaculizan la implicación en un proceso terapéutico reparador. En la terapia EMDR la propuesta teórica tiene un carácter predominantemente intrapsíquico y el papel del terapeuta se define como el de un observador atento, que se mantiene periférico al proceso que se produce en el cerebro del paciente, a menos que éste se bloquee. Sin embargo, *la intervención del terapeuta se va haciendo mayor cuanto mayor es la desregulación emocional del paciente,* como veíamos en muchos de los ejemplos anteriores.

Parte de las situaciones relacionales que se plantean en terapia tienen que ver con la traumatización compleja. Bowlby (1973) describía cómo la disponibilidad y la respuesta de la figura de apego ante las necesidades del niño ayudaban a desarrollar la sensación de seguridad en el apego y la percepción del mundo como un lugar seguro, así como una representación mental de sí mismo y de los demás. Cuando la figura de apego no está disponible ni da apoyo, se desarrollan estrategias de apego secundarias (Cassidy y Kobak, 1988) como la hiperactivación ansiosa y la desactivación evitativa.

Regulación emocional interpersonal y estilos de apego

La regulación interpersonal está muy relacionada con el estilo de apego de la persona, e identificar cuál es el patrón predominante nos puede ayudar a planificar cómo trabajar en la relación terapéutica y cómo manejar la regulación diádica de la emoción.

Los individuos con **apego evitativo/distanciante** intentan bloquear o inhibir las reacciones emocionales, e inhiben sus tendencias de búsqueda de proximidad, previniendo así la activación del sistema de apego (Shaver y Mikulincer, 2002). Se vuelven autosuficientes en lo interpersonal en el sentido patológico de la palabra, lo que Bowlby (1982) denominó *autosuficiencia compulsiva*. Tienden a desconfiar de las buenas intenciones de los demás y de su capacidad para serles de ayuda con su malestar. Durante el procesamiento con EMDR tenderán a la desconexión de las emociones y tendrán más dificultades para aprovechar la regulación diádica del terapeuta. Dado que han sido escasas o nulas las experiencias de conexión sensible y consuelo cuando estaban mal, no serán capaces de ver lo que necesitan ni de autoconsolarse. Esto les va a limitar el acceso a las modalidades de procesamiento emocional más complejas y saludables, que comentábamos en el capítulo anterior, como el autoconsuelo o imaginar el consuelo o la ayuda de otras personas.

Los sujetos con **apego ansioso/preocupado** tenderán a percibir sus emociones como conectadas a objetivos de apego, que siguen buscando desesperadamente. Bowlby (1982) llamaba a esta hiperactivación *protesta*, y se caracteriza por esfuerzos intensos y desesperados de obtener seguridad y protección, así como por la insistencia en que el otro se relacione con el sujeto, que esté más disponible, responda siempre y sea el que calme al sujeto. La persona puede engancharse al otro, tratar de controlarlo, ser posesivo, hacer grandes esfuerzos cognitivos o conductuales para tener contacto físico o emocional, y tener una dependencia extrema de la protección de los demás. Pueden tender a mantener o exagerar sus estados emocionales para que los demás les den lo que nunca tuvieron y sienten que todavía necesitan: atención, apoyo, protección y cuidado (Cassidy y Shaver, 2010). Estos pacientes pueden mostrar abiertamente sus emociones, pero no creen que puedan hacer nada por regularlas. En las primeras consultas nos traerán su malestar para que nosotros se lo calmemos o "quitemos" y durante el procesamiento no aparecerá en ningún momento un sentido de agencia, no sentirán que pueden hacer algo con lo que sienten, darse el consuelo que necesitan o buscar lo que les hace falta. Lo que viene entre tandas puede ser esa "protesta" que señalaba Bowlby, en forma de preguntas cómo "¿por qué no me querían?" o de una rebelión contra la injusticia que sienten haber sufrido. Puede que perciban sus necesidades, pero teñidas con miedo, vergüenza, rechazo o impotencia, lo que les llevará a entrar de nuevo en un bucle y hará el procesamiento improductivo.

En resumen, los estilos de apego disfuncionales pueden alterar, bloquear o suprimir la generación, activación y expresión de las emociones (Mikulincer y Shaver, 2018). Esto lo veremos desde la recogida de historia en la fase 1, hasta en procedimientos tan aparentemente sencillos como la instalación del lugar seguro. Cuando empecé a tratar mis primeros casos con EMDR, muchos de ellos personas con una historia de apego disfuncional, me llamó la atención cuanta gente tenía dificultades incluso para encontrar un lugar seguro. La palabra seguro parecía más un disparador traumático que una sencilla herramienta de regulación emocional: les recordaba lo insegura que había sido su infancia y les resultaba angustioso tomar conciencia de que nunca habían sentido eso. Lo mismo ocurre en las relaciones, y por tanto en la relación terapéutica. Si nuestros propios padres, las personas que nos tendrían que haber querido más que a nada, los que deberían de habernos protegido y cuidado, fueron los que nos hicieron daño, ¿cómo confiar en nadie? Y más aún, ¿cómo dejar que alguien se acerque a nuestras áreas más vulnerables, a nuestros sentimientos más íntimos e inconfesables? *La relación terapéutica se convierte así en un disparador traumático* en lugar de ser una fuente de seguridad o un lugar desde el que aprender una regulación emocional más saludable, como bien señala Giovannozzi (2016).

Aparte de estas dos respuestas que corresponden a los tipos de apego inseguro (evitativo/distanciante y ansioso/preocupado), puede resultarnos útil el concepto que Liotti (2011) definió como *estrategias controladoras* (cuidadora y punitiva), que hace referencia al **apego desorganizado**. El apego desorganizado está estrechamente vinculado a la disociación y, en este tipo de apego, el modelo operativo interno se configurará en base a representaciones incoherentes de la realidad, lo que al hablar de disociación se ha definido como compartimentalización o fragmentación. Existirán representaciones múltiples y fragmentadas del self, que no se manifestarán inicialmente en el niño de forma abierta debido a que éste trata de mantener el vínculo con los cuidadores a través de otros sistemas motivacionales, ante el fracaso del sistema de apego (no se puede encontrar seguridad en un cuidador atemorizado o atemorizante). El niño inhibirá el sistema de apego para evitar la experiencia caótica inasumible de la desorganización, y tratará de introducir coherencia. Una opción es cuidar de sus padres, activando el sistema de *cuidado*; la otra es controlar la atención y la conducta paterna a través de estrategias de dominación punitivas, activando el sistema de *jerarquía social* (Hesse et al., 2003; Lyons-Ruth y Jacobvitz, 2008; Main y Cassidy, 1988).

Los pacientes con este estilo de apego tendrán problemas para acceder y procesar experiencias que están compartimentalizadas porque se vivieron como contradictorias, y por tanto inasumibles. ¿Cómo puede un niño integrar una imagen reguladora unificada cuando sus cuidadores manifiestan actitudes a veces diametralmente opuestas? Podrá conectar con la rabia protectora, con la sensación de victimización o con un rol de rescatador, pero es difícil poder verlo todo a la vez y asumirlo en conjunto como parte de su identidad. El trabajo con este tipo de pacientes tendrá características del abordaje que empleamos con la disociación, aunque no todos los pacientes con apego desorganizado llegan a cumplir criterios diagnósticos para un trastorno disociativo. En resumen: para poder procesar una experiencia, hemos de tener un mapa de la estructura del sistema interno o, en terminología del apego, del modelo operativo interno.

Pero aparte de las dificultades intrapsíquicas, también nos enfrentaremos a problemas para el establecimiento de una relación terapéutica colaborativa y productiva. El individuo puede activar distintos estados y proyectar otros en el terapeuta, por ejemplo, sentirse como víctima y ver al terapeuta como rescatador ("solo tú puedes ayudarme"), o pasar de esta díada a la opuesta (puede profundizarse más en estas díadas relacionales en el libro del *Abordaje Progresivo*), situándose el paciente como perseguidor y victimizando al terapeuta (agresividad hacia éste). A mayores, si el paciente tuvo que recurrir a estrategias controladoras de tipo cuidadora o punitiva, puede activarlas también en la relación terapéutica, preocupándose por el terapeuta o tratando de dominarlo.

Emociones y sistemas familiares

Otro aspecto en el que hemos de hablar sobre regulación emocional interpersonal es en lo que respecta a los sistemas familiares. Más allá de las teorías sobre el apego, centradas en la díada niño-cuidador primario, la terapia familiar ha establecido hipótesis para entender de modo más amplio los sistemas familiares. Por ejemplo, Ross et al. (2016), describen dos elementos centrales de la teoría de Bowen (Kerr y Bowen, 1988): el de la diferenciación del self y el de triangulación, enlazándolos con las teorías del apego, los procesos de regulación emocional y la evitación experiencial de Hayes y Lillis (2012).

Me centraré aquí en particular en la **diferenciación del self**, que se define en lo interpersonal como la capacidad para separarse uno mismo respecto a la familia de origen, pero manteniendo una conexión emocional; a nivel intrapsíquico tiene que ver con la capacidad de diferenciar los elementos psíquicos entre sí, como poder identificar lo que son pensamientos y lo que son emociones (Bowen 1978; Kerr y Bowen 1988). Skowron y Schmidt (2003) identificaron cuatro áreas en la diferenciación:

1) *Reactividad emocional*: nivel de respuesta emocional automática de la persona.
2) *Posición autorreferente (I-position)*: habilidad para tomar decisiones propias pese a la presión externa.
3) *Fusión*: tiene que ver con la identidad, con el grado en el cual una persona desarrolla un sentido estable del self, separado del de los demás.
4) *Distanciamiento emocional*: nivel de distancia emocional que se establece con los otros.

Por tanto, un individuo con buena diferenciación es consciente de sus emociones y puede calmarlas, preserva su independencia aun implicándose en relaciones íntimas y mantiene un sentido de identidad respecto a sus emociones y pensamientos. No habrá por tanto contagio emocional, ni excesiva influencia de las opiniones y expectativas de los demás. Una buena diferenciación es un indicador de bienestar (Miller et al., 2004).

Veamos cómo se presenta este elemento en el trabajo con EMDR. La paciente está trabajando la enfermedad terminal de un amigo. No pudo estar con él todo lo que le gustaría, porque se sentía muy angustiada.

Terapeuta: ¿Qué te viene?

Paciente: Cuando lo vi tan enfermo.

T: ¿Qué notas?

P: Que absorbo, que siento lo mismo que él, es como si lo llevara conmigo.

T: Te cuesta estar ahí sin sentir el mismo dolor que siente él.

P: Si hiciera eso me sentiría egoísta.

T: Es normal que te cueste porque vienes de una familia donde se cree que todos tenéis que pensar lo mismo y sentir lo mismo. ¿Qué sensación te produciría pensar una frase como "tengo mis propias ideas y sentimientos"?

P: Me haría sentir mal…

T: Y entiendes que sería bueno que fuera así, ¿verdad? Que cada uno se sintiese cómodo pensando y sintiendo del modo que le surge hacerlo.

P: Sí, pero la lógica no funciona aquí (angustiada).

T: Claro, pero puedes quedarte con tus viejas ideas, las que arrastras desde tu infancia, o poner otras ahí. Si giras alrededor de esas ideas de siempre, la cosa se pone peor ¿verdad?

P: Sí, esa idea fue la que me llevó a tener la crisis. Pienso que si yo también sufro, puedo aliviar su dolor. No tiene lógica, ¿verdad?

T: Bueno, tiene lógica si pensamos en cómo es tu familia. Mírame Laura (la paciente está ensimismada en sus ideas). En tu familia vivís las relaciones como si todos fuerais la misma cosa. En ese modo de sentir las relaciones, lo que uno siente se transmite al otro. No es una lógica sana, pero tiene sentido con la forma de funcionar de tu familia.

La paciente asiente, pero escucha a medias, se retuerce las manos.

T: Sería importante cambiar este modelo. ¿Te enseñaban esto en casa, que el sufrimiento de uno redime al otro? ¿Pudiste aprender esto en casa?

P: Sí.

T: Pero tú no compartes muchas de sus ideas, muchas cosas que ellos te han dicho, tú las has cuestionado. Son simplemente aprendizajes.

P: De mi infancia.

T: Tu cabeza ha aprendido esto, pero puedes enseñarle otras cosas. De pequeños no tenemos elección, si nos dicen que las cosas son así, nos lo tenemos que creer. Ahora no.

P: Siempre me han hecho sentir culpable cuando pienso diferente.

T: Claro, porque si todos vivís pegados, que alguien piense diferente es una amenaza y entonces se penaliza, para que vuelvas al núcleo.

P: Pero si pienso diferente, me voy a quedar sola.

T: No, tendrás muchas más relaciones, porque si empiezas a funcionar de otra manera, te será mucho más fácil relacionarte con el resto del mundo.

La conexión de este concepto con el de apego parece clara. En el apego seguro se desarrollará una buena diferenciación, mientras que en el apego inseguro ansioso/preocupado se tenderán a amplificar los estados emocionales. Por el contrario, el apego evitativo/distanciante suele asociarse más a la supresión emocional (Cassidy y Shaver, 2010). La falta de diferenciación manifestada en el contagio emocional, las dificultades para tener clara la propia identidad y las propias emociones, el verse a uno mismo en función del otro ("sin ti no soy nada"), se presentan típicamente en los pacientes con apego ansioso (Skowron y Dendy, 2004) y suponen una interferencia importante para el trabajo con los recuerdos. Desarrollamos parte de estas ideas en el libro TLP y EMDR (Mosquera y Gonzalez, 2014), ya que en el trastorno límite de personalidad, este es un patrón que encontramos con frecuencia. En el apego evitativo encontraremos mucho más distanciamiento emocional y el apego desorganizado reviste mayor complejidad. Hablaré de ellos de modo específico en los capítulos sobre disociación y desconexión.

La diferenciación del self puede influir en el procesamiento de los recuerdos con EMDR. Esto es una impresión clínica, pero muchas veces los pacientes con baja diferenciación (y un apego ansioso/preocupado) parecen experimentar con algunos recuerdos emociones que no son enteramente suyas, y tienen pensamientos y creencias "heredados" que no se cuestionan. Inspirado en la propuesta de Litt (2007; p 314) sobre los **entretejidos de diferenciación**, orientados a promover esta capacidad, he trabajado específicamente este tema en algunos pacientes. Para ello Litt le pide al paciente que piense en el progenitor por su nombre de pila (ej: María), y no como "padre" o "madre" y se cuestionan muchas de las creencias subyacentes a los entornos caracterizados por una baja diferenciación:

- ¿Por qué es más importante la opinión de María que la tuya propia?
- ¿Qué pasaría si nadie pudiera hacer feliz a María? Si ganaras el premio Nobel y ella aún siguiera decepcionada contigo, ¿qué significaría eso?
- ¿María decepcionó a su madre? ¿Sería tu abuela la jueza final?
- ¿Te imaginas que María te mirase buscando tu aprobación? ¿Qué significaría eso?
- ¿Crees que María tuvo unos padres que la cuidaron muy bien, y que

ella aprendió de ellos cómo cuidar bien a un niño, pero que decidió no utilizar esas capacidades contigo porque tú eres diferente?

- Si María de repente pensara que tú eres perfecta y estuviera orgullosa de ti, ¿crees que serías mejor persona que ayer?
- Fíjate en la infelicidad de María, ¿de quién es el problema?

Estas preguntas y reflexiones se pueden introducir en el diálogo con el paciente, durante la fase de preparación como parte del trabajo psicoeducativo necesario para poder acceder y procesar adecuadamente los recuerdos en fases posteriores. Durante la fase de desensibilización, esto puede reintroducirse traducido a frases cortas como entretejidos cognitivos. Junto a estos entretejidos de tipo cognitivo, los autores plantean un entretejido somático. Le piden al paciente que se apoye en la pared y la empuje con fuerza "como si estuviera empujando un peso muy grande". Con o sin estimulación bilateral, esta intervención disminuye el malestar y parece reforzar los límites del yo, potenciando el distanciamiento del progenitor, pero aumentando la empatía hacia éste como individuo.

Yo he hecho con frecuencia una versión simplificada de esta estrategia. Le pido al paciente que se coloque frente a la pared y que me imagine que al otro lado está (nombre de pila de la persona en cuestión) y que note qué parte de la sensación es suya (del paciente) y qué parte es de la otra persona. Notando esto, le pido que se apoye en la pared y que empuje la parte de la sensación que siente que no es suya hacia delante, como si se la devolviera a esa persona. Mientras lo hace, le pido permiso para colocarme a su lado y hacerle tapping en los hombros. Mi experiencia con este entretejido es muy positiva y en ocasiones lo he potenciado con frases como "quédate solo con el malestar que es tuyo y pásale a María su parte" o "permítete tener tus propias opiniones y déjale a María las suyas". Algunos pacientes se sienten mal al hacer esto, como si creyeran que al pasar al cuidador la preocupación están incumpliendo leyes no escritas y sobrecargándolo. Es necesario promover la reflexión, en la línea anteriormente descrita, preguntando al paciente si su madre podría estar más preocupada de lo que siempre está, o diciéndole que la preocupación no se mide en kilos y que, al hacerse cargo de parte de ese peso, no le reduce en lo más mínimo la preocupación al otro. Si ha habido inversión de roles, la tendencia a cuidar al cuidador puede ser marcada, y ha de introducirse en el procedimiento cierta psicoeducación sobre esto. También puede ser importante explicarles que esta emoción que se absorbe de otros no puede ser regulada, porque solo tenemos influencia en nuestras propias emociones. Solo podemos modular la parte de la emoción que es nuestra.

Aparte de que determinados elementos de la dinámica familiar del paciente pueden dar luz a la comprensión de su historia, también pueden ayudarnos a entender su evolución en la terapia. Muchas veces, el paciente acude a consulta traído por otro miembro de la familia, pero no está clara su motivación para el cambio. Otras veces, la estructura familiar sigue alimentando los síntomas con lo que, pese a que el procesamiento de recuerdos pasados esté funcionando, el paciente vuelve a consulta peor. Por ejemplo, una paciente me comenta que después de nuestra última sesión de procesamiento con EMDR estuvo fatal. No pareció irse muy mal cuando terminamos, de modo que exploré con más detalle cómo estuvo en las horas siguientes y cuándo empezó a sentirse peor. Efectivamente, salió bien de la sesión, solo algo cansada, y estuvo dando una vuelta por el jardín que rodea al hospital. Al llegar a casa le comentó a su novio lo que había trabajado. Este aprovechó la coyuntura para decirle que no estaba avanzando nada y que estaba harto de verla siempre mal. "Supongo que no fue buena idea contárselo, nunca me entiende". Hasta ese momento siempre había hablado de este chico como alguien que la cuidaba, pero realmente lo que hacía era restregarle por la cara que lo hacía y que ella dependía de él para todo. Dejar a esta pareja e iniciar tiempo después una relación más sana, fue uno de los avances que la paciente pudo hacer en terapia, pero durante bastante tiempo supuso una interferencia importante. Es importante que tengamos conciencia de la influencia de estos factores a la hora de entender cómo evolucionan nuestros pacientes.

La relación terapéutica y la regulación del terapeuta

Por último, dentro de la regulación emocional relacional, es fundamental también *tomar conciencia del papel que juega nuestro propio estilo de regulación* a la hora de interactuar con pacientes severamente desregulados.

En el campo de EMDR, algunos autores han planteado cómo los factores del terapeuta pueden interferir en el trabajo terapéutico. Bruno (2006) describe cómo el escuchar historias de devastación, terror, desesperanza y traición, puede erosionar nuestra seguridad. El terapeuta recoge en no pocas ocasiones el relato de historias muy duras, con consecuencias vitales devastadoras y puede reaccionar ante ello con evitación, reacciones de rechazo o rabia cuando las situaciones relacionales se hacen complejas, o bien con hiperidentificación con la víctima. También puede llegar a tener síntomas de *traumatización vicaria,* incluyendo manifestaciones de TEPT. Roger Solomon (2012) ha expuesto el uso de EMDR en el trauma vicario y realiza con frecuencia talleres orientados al trabajo terapéutico de los propios terapeutas (Solomon, Watkins y Paulsen, 2004).

Piedfort-Marin (2018) ha expuesto cómo los pensamientos, emociones, creencias y actitudes del terapeuta pueden repercutir en la terapia EMDR. Las decisiones técnicas pueden estar influenciadas por los esquemas psicológicos del terapeuta, sus experiencias vitales, sus valores y sus rasgos de personalidad. La decisión de hasta qué punto es necesaria la estabilización y cuándo pasar al trabajo con el trauma, el tipo de dianas que se escogen, los entretejidos que se introducen, el nivel de apoyo durante los sets de estimulación bilateral, no obedecen simplemente un proceso cognitivo y neutro, sino que depende de un funcionamiento interactivo con el paciente, en el que los elementos del terapeuta son también muy relevantes.

La reflexión sobre esta área precisaría un libro en sí misma para desarrollarse. Coincido plenamente con la necesidad, no solo de este análisis, sino del trabajo personal del terapeuta. Nuestras experiencias no procesadas, nuestros estilos de regulación emocional, van a influir en nuestra manera de abordar los casos. Por ejemplo, en un estudio analizando la resiliencia emocional de enfermeras de UCI en España, la tendencia a la evitación experiencial era un predictor de burnout, agotamiento emocional y despersonalización (Iglesias et al., 2010); esto lógicamente ha de influir en cómo tratan a sus pacientes, sobre todo en el plano emocional. Si pensamos que los terapeutas de trauma trabajamos en contacto directo con experiencias muy duras y complejas, cualquier tendencia evitativa puede hacer que infrautilicemos EMDR con nuestros pacientes porque "no son apropiados para esa terapia" o que, si lo hacemos, alarguemos innecesariamente la fase de estabilización porque nunca nos parecerá que el paciente está suficientemente preparado. *Si los terapeutas tienen cierto nivel de desconexión emocional, aunque su formación teórica sea impecable, les faltará información clave para gestionar el proceso terapéutico, pero su propia desconexión les impedirá ser conscientes de ello.* Por ejemplo, pueden acceder a recuerdos nucleares prematuramente porque no perciben la dificultad del paciente para entrar ahí, simplemente porque el paciente se presiona a sí mismo para mejorar cuanto antes, y asegura al terapeuta que quiere trabajar sobre ese material en primer lugar.

Señalan Lipton y Fosha (2011) que poder generar en el paciente un sentimiento de seguridad, tanto a nivel interno como interpersonal, requiere más que un deseo e intención de hacerlo y que una comprensión intelectual de una teoría particular, incluso cuando se dominan los conceptos de la teoría del apego. Desde su propuesta terapéutica, enfatizan la comunicación de cerebro derecho a cerebro derecho para acceder a la experiencia enraizada en el cuerpo, así como intervenciones experienciales a nivel somático de abajo a arriba, de cara a mejorar la regulación afectiva y el procesamiento emocional. El terapeuta ha de estar sintonizado con el estado emocional del paciente, los marcadores somáticos y la comunicación no verbal. Dicen también Lipton y Fosha (2011), y coincido plenamente, que el proceso terapéutico no consiste en un solo acto (léase un protocolo). El terapeuta ha de estar proactivamente implicado, reafirmar al paciente, estar accesible emocionalmente para regular las emociones de la persona y organizar las experiencias confusas. Ha de identificar las resiliencias del paciente y ampliarlas para ayudar a éste a desarrollar su mejor yo.

Recordemos que EMDR es una terapia centrada en el paciente, no en el trastorno clínico, en el síntoma o en el protocolo de trabajo. Sin embargo, las características personales del terapeuta pueden hacer que se priorice el procedimiento sobre el paciente. Por ejemplo, dadas las enormes dificultades para conectar y confiar que se derivan del apego disfuncional, el objetivo de la terapia no será desmontar de entrada las defensas o resistencias del paciente, ya que lo dejaríamos desarmado ante lo que todavía percibe como caótico, peligroso o inmanejable (la relación). Esto es difícil para los terapeutas EMDR, ya que tenemos protocolos para defensas y sabemos cómo usarlos; ver una posible diana ante nosotros y no sacar nuestro protocolo del catálogo requiere a veces de un ejercicio de contención. De hecho, yo prefiero englobar muchas de estas reacciones, como por ejemplo la evitación o el control, como estrategias de regulación emocional disfuncional en lugar llamarlas defensas, porque me parece que el marco conceptual es más útil. En cualquier caso, cuando la persona recurre a la evitación, el control, la rumiación o cualquier otra estrategia disfuncional, creo que la respuesta no es usar un procedimiento puntual, pretendiendo que ésto de un vuelco a todo el sistema de procesamiento emocional. Sería estupendo que fuese así, pero es poco realista o incluso puede resultar abrumador para el paciente, sobre todo en los casos más graves en los que nos encontramos con disfunciones persistentes, generalizadas y rígidas. Pienso que los terapeutas EMDR nos quedamos muchas veces enganchados en el "síndrome del paciente aleluya"[2]. Todos hemos tenido un paciente así, en el que una sesión de EMDR supone un antes y un después en el funcionamiento del paciente. Muchas veces hemos tenido una experiencia impactante en las formaciones básicas, cuando trabajamos con EMDR por primera vez. A partir de ese momento, vamos buscando ver ese efecto espectacular y, cuando los pacientes tienen evoluciones más lentas o anodinas, nos sentimos frustrados y buscamos **el** protocolo o **la** técnica que vuelva a funcionar de ese modo mágico. Pero los cambios en la regulación emocional, cuando la desregulación es profunda y persistente, son generalmente progresivos y de ritmo lento.

En general, cuando el paciente presenta una estrategia de regulación que no es productiva, sea a través de un esfuerzo consciente o bien automática y no consciente, creo que ha de ser aprovechado como un **momento de aprendizaje** privilegiado. Estamos presentes mientras esto sucede y por ello podemos ayudar al paciente, justo en ese momento, a tomar conciencia de su sistema de funcionamiento, entender su origen y plantear y ensayar nuevas opciones. Esto, obviamente, es un trabajo paciente que ha de repetirse muchas veces, es un aprendizaje progresivo, un trabajo de siembra. Pero sembrar en el momento propicio es lo que genera, cuando llega el momento, las cosechas más productivas.

El trabajo en contacto con elementos traumáticos nucleares requiere también una presencia terapéutica especial. El paciente se siente roto por dentro y es importante que el terapeuta le haga sentir que resuena con ese dolor profundo, que muchas veces nadie ha visto ni entendido, que no tiene palabras. En lugar de vivirlo desde la vergüenza, le dará el aire y la luz. Un terapeuta que está tomando notas entre las tandas de EB, que no mira al paciente, o que repite mecánicamente "sigue con eso" para no salirse una coma del protocolo, puede ser un disparador potente para el paciente de

[2] Tomo el término "paciente aleluya" de Roger Solomon, que llama así al paciente que presenta un efecto espectacular y rápido con EMDR.

sentimientos de abandono. Por supuesto, hemos de tener en cuenta también las sensaciones negativas que nuestra presencia puede generar, como lo embarazoso que le puede resultar al paciente mostrar determinadas emociones ante alguien; la posible conexión con padres invasivos o controladores si intervenimos demasiado o a destiempo; la posibilidad de que estemos interpretando mal lo que el paciente siente y le recordemos a cuidadores que le acusaban de intenciones que no tenía, o simplemente lo amenazante que les resulta a las personas con apegos disfuncionales la cercanía y el apoyo de otros seres humanos. Hemos de estar preparados para ir ajustando, yendo adelante y atrás, calculando cuidadosamente la distancia adecuada en cada momento y reparando una y otra vez cuando nos equivocamos. Recordemos que el apego seguro, que es nuestra referencia, tiene más que ver con la reparación que con la perfección.

Capítulo 23
Disociación y regulación emocional

Putnam (1997) ha distinguido entre síntomas disociativos procesuales (despersonalización y desrealización) y síntomas disociativos caracterizados por falta de integración entre áreas de experiencia o de conocimiento, describiendo este último fenómeno como compartimentalización. Allen (2001), Brown (2006) y Holmes et al. (2005), plantean también dos manifestaciones diferentes de lo disociativo: el distanciamiento y la compartimentalización. El **distanciamiento** del self y de la realidad se relaciona con los síntomas de despersonalización/ desrealización y de trance y se produce típicamente en respuesta a emociones abrumadoras. Por otro lado, la **compartimentalización** consiste en que funciones como la memoria, la identidad psicológica y el esquema corporal, las emociones y el control voluntario del movimiento, dejan de estar integradas y conforman estados separados, dando lugar a amnesias, memorias intrusivas, síntomas conversivos y áreas de lo emocional y de la identidad que escapan al control unitario. Estos síntomas de compartimentalización serán según estos autores derivados de trauma del desarrollo y se relacionarán con una alteración en la estructura de la personalidad, lo que Van der Hart et al. (2006) denominan *disociación estructural de la personalidad*. Aquí se verá alterado nivel de conciencia y la autoconciencia, pero también el control de impulsos, el esquema y la imagen corporal, y también la capacidad para reflexionar sobre los propios estados mentales. En la siguiente tabla, modificada a partir de la descripción inicial de Brown (2006), podemos ver que algunos síntomas disociativos podrían corresponder a una u otra de las modalidades de disociación.

Disociación-distanciamiento	Disociación-compartimentalización
Síntomas conversivos (anestesia, parálisis, desvanecimientos) Embotamiento emocional, fenómenos de semitrance, estupor Sensación de desconexión de uno mismo o del cuerpo Visión del entorno como a través de una niebla o como si fuera un sueño Verse desde fuera del cuerpo Amnesia debido a un déficit en la codificación (la experiencia es abrumadora, lo que ocurre no puede registrarse adecuadamente)	Síntomas conversivos (pseudocrisis)[3] Acciones que se sienten como impuestas Síntomas egodistónicos: "no soy yo" No reconocerse en el espejo, ver la cara de otro en el espejo Verse las manos o los pies, o el entorno, de un tamaño distinto de lo habitual (se está viendo desde otro estado mental) Pensamientos o recuerdos intrusivos Alucinaciones auditivas Identidad múltiple Amnesia porque el material no está accesible, está contenido en otro estado mental
Pueden aparecer en ambos	
Confusión de identidad Desconexión emocional Control rígido sobre las emociones	

En este libro voy a hacer referencia a esta distinción entre la disociación como distanciamiento y la disociación como compartimentalización. Creo que esta distinción es muy relevante para el trabajo con EMDR y que puede explicar además parte de las discrepancias al respecto que han surgido en los últimos años. Por ejemplo, De Jongh et al. (2016) cuestiona la necesidad

[3] La presencia de pseudocrisis no implica necesariamente la existencia de una parte disociativa con autonomía mental. Muchos cuadros conversivos responden más bien a mecanismos de supresión emocional, que fracasarían en el momento de la crisis debido a un desbordamiento por acumulación o a la activación de esas emociones subyacentes suprimidas por un disparador. En otros casos, las pseudocrisis van a coexistir con una sintomatología disociativa más compleja y diversa.

de una fase de preparación en el trauma complejo, y el hecho de que la disociación haya de llevarnos a tener cautela cuando usamos EMDR con los pacientes. Sus afirmaciones, que han generado bastante polémica, se basan en diversas investigaciones en las que se observa que la presencia de mayor nivel de sintomatología disociativa no parece predecir más abandonos ni una peor evolución en los pacientes tratados con EMDR. Dado que habitualmente la disociación se mide en los estudios de investigación a través de la escala DES - que incluye tanto disociación normativa como patológica - y que recoge más la dimensión de distanciamiento que la de compartimentalización, es muy posible que estos datos no reflejen los problemas que podemos encontrar al aplicar EMDR en pacientes con partes disociativas con cierta autonomía mental. Serían preciso más estudios discriminando entre los distintos tipos de disociación y el efecto de los procedimientos estándar de EMDR en cada uno de ellos.

Schimmenti y Caretti (2014) describen un modelo evolutivo de la psicopatología, en el que la disociación se considera una variable clave en la comprensión de los trastornos que se derivan de la traumatización temprana. El trauma del desarrollo genera elementos inasumibles para el niño, tanto a nivel emocional como cognitivo, dando lugar a fragmentación y desconexión en el self, con una repercusión tanto a nivel mental como somático. Estas desconexiones pueden producirse como consecuencia directa del abuso y la negligencia - que generan desregulación emocional y falta de integración entre estados mentales - o bien desarrollarse para manejar la respuesta inadecuada del cuidador.

A un nivel hipotético y muy general, podríamos plantear que la **disociación-distanciamiento** sería más una respuesta defensiva ante el trauma, como un mecanismo más inmediato del cerebro ante una emoción extrema que se hace inmanejable. Es como si el cerebro no pudiera gestionar la sobrecarga, como si "saltaran los plomos" y se interrumpiese el procesamiento. Por otro lado, la **disociación-compartimentalización** tendría que ver más con el apego y el desarrollo evolutivo, con la configuración de la identidad y la integración de una representación mental de quiénes somos. Ante la ausencia de un cuidador coherente, sensible y sustentador, el niño no puede desarrollar una mirada de comprensión hacia sí mismo, no puede identificar ni entender sus necesidades, no se establece una sensación básica de seguridad, y en su interior se generan estados mentales desacoplados, con cierta autonomía, incoherentes, y a veces contradictorios y polarizados. Sin la mirada de un adulto que le vea (en el sentido profundo de la palabra), le acepte incondicionalmente (sea como sea, se sienta como se sienta y se comporte como se comporte) y le ayude a regular estos estados, el niño no podrá desarrollar una imagen integrada de sí mismo ni de los demás. Se llegaría a una disociación-compartimentalización marcada cuando estas situaciones son extremas y la mente siente como totalmente inasumibles esos aspectos; meterlos en un compartimento sería un último recurso para seguir funcionando.

Veamos a continuación dos viñetas clínicas para ejemplificar ambos tipos de disociación:

1. **Disociación-distanciamiento**: Laura ha sufrido un abuso sexual en su adolescencia, pero sus problemas ya empezaron antes, en relación con un apego disfuncional con sus padres. Refiere lagunas de memoria, sobre todo de periodos de la infancia, pero esto parece representar una dificultad extrema para acceder a los recuerdos de esa etapa: "necesito fotos para recordar". Le pasa también en el día a día: "tengo que pensarlo con muchas ganas, decirme que en algún sitio tuve que estar, y consigo recordarlo". También presenta una desconexión importante del cuerpo: "mi cuerpo nunca ha estado conmigo". Al preguntarle por lucha interna, me dice "no hay lucha porque no hay nada, lo que hay dentro de mí es un absoluto vacío" (empezó antes del abuso). Siente un dolor físico muy profundo "muy dentro, es como si me dolieran los huesos, como si me abriesen los músculos con las manos". En su descripción no hay conflicto, no hay fenómenos egodistónicos, ningún indicador de partes.

2. **Disociación-compartimentalización**: Patricia, que también sufrió abuso sexual, tiene episodios de ceguera que han durado horas, y en ocasiones se desconecta y habla como si fuera una niña pequeña. Tiene un nivel de desconexión emocional importante, sonriendo con frecuencia, y más aún cuando habla de las peores experiencias. En ocasiones se altera mucho con sus padres, cuando siente que no la entienden, y en esos momentos funciona como una adolescente caprichosa que se empeña en salirse con la suya. Muchas veces no recuerda lo que ocurre en esos periodos.

El siguiente esquema de Kennedy (2013) muestra los distintos puntos en los que se puede generar una respuesta disociativa, que representarían la imposibilidad del sistema para procesar la experiencia. Este tipo de respuestas van más allá del bloqueo del sistema de procesamiento que se produce ante la mayoría de experiencias adversas o traumáticas, son síntomas que se producen ante vivencias más abrumadoras. *El procesamiento no es incompleto o disfuncional, directamente se interrumpe.* En la despersonalización/desrealización (1) esta interrupción ocurriría en las etapas iniciales del procesamiento de un estímulo. Los elementos que componen un estado emocional pueden a su vez estar desintegrados (2) y no poder conformar un conjunto unificado de creencias, emociones, sensaciones fisiológicas y conductas. Cuando hablamos de disociación-compartimentalización (3) tendríamos distintos estados emocionales (denominados también partes disociativas o modos, según el marco teórico que manejemos), cada uno de ellos asociado a distintas creencias, emociones, sensaciones fisiológicas y conductas. Estos estados emocionales pueden estar relacionados con los mismos eventos, y representan aspectos de la experiencia que no pudieron ser asimilados juntos, porque el sujeto los sentía como incompatibles.

De los casos anteriores, Laura sería un ejemplo de despersonalización

(1), Patricia presentaría distintos compartimentos relacionados con la experiencia (3) y en el capítulo 24, al hablar del paciente desconectado, veremos casos de desconexión entre los elementos del recuerdo (2), como, por ejemplo, la dificultad para conectar los pensamientos sobre un suceso con la emoción o sensación asociadas, o con la tendencia de acción a la que conducirían.

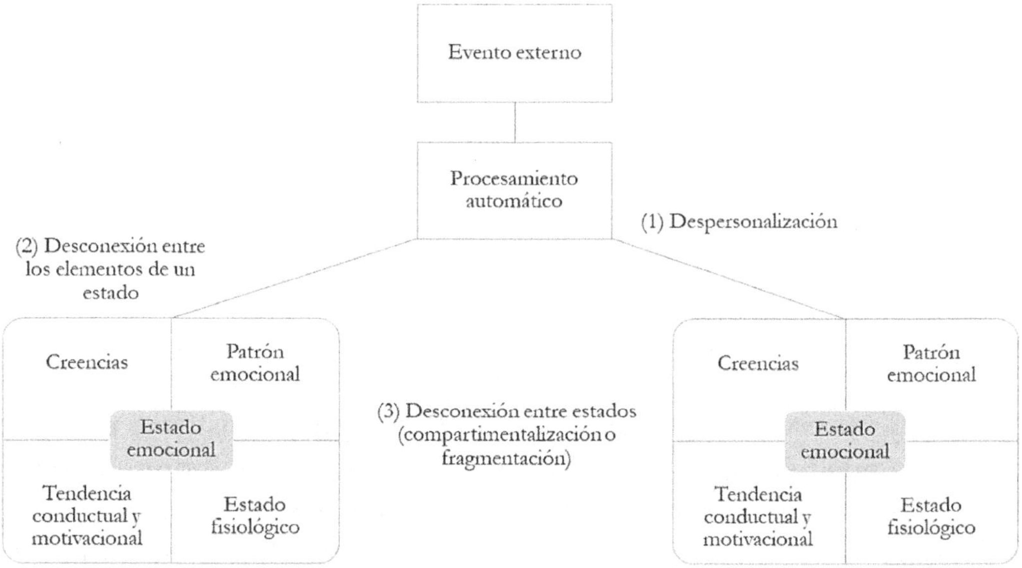

Tomado de Kennedy (2013).

¿Qué representa esto para el trabajo con EMDR? En el primero de los casos, en la disociación-distanciamiento, regular el nivel de activación y aportar herramientas para regular la emoción de modo inmediato es lo más importante. Muchas veces en pacientes con despersonalización como síntoma predominante, podemos empezar a trabajar recuerdos antes de que esta sintomatología esté resuelta, y la estimulación bilateral puede incluso ayudar a modularlo al disminuir la perturbación. Por ejemplo, en el caso de Laura, tras una entrevista inicial de valoración, se pudo procesar un recuerdo importante, relacionado con el cambio de país que había hecho su familia cuando ella era pequeña, y a partir del cual se había vuelto más retraída en las relaciones. El tema del abuso le pareció demasiado duro para ser el primer recuerdo a procesar, pero no tuvo problema en hacerlo con otras memorias y aceptó abordar el abuso más adelante. El trabajo de preparación consistió en algunas lecturas sobre trauma y EMDR, y la participación en un grupo psicoeducativo centrado en la regulación emocional, el autocuidado y la mejora en el pensamiento reflexivo. El lugar seguro no se instaló porque la paciente no pudo localizar ninguna experiencia en la que hubiera sentido seguridad y calma, que no se asociase a ningún elemento negativo. Sin embargo, el trabajo con el recuerdo del cambio de país se procesó por completo en una sesión, sin bloqueos y sin que fueran necesarios entretejidos, llegando a SUDs=0, VOC=7 y un chequeo corporal sin perturbación. El estado posterior fue positivo.

Veamos otro ejemplo. Se trata de una paciente con sintomatología de disociación-distanciamiento importante, sobre todo despersonalización y desrealización. No hay partes disociativas claras, ni síntomas egodistónicos o conflicto interno. Tampoco se objetivan tendencias evitativas ni rumiación. La paciente y yo hemos decidido trabajar el recuerdo de una agresión sexual, pese a que nota el recuerdo como embotado y algo distante, y se siente bastante desconectada al pensar en ello. En general hay un cierto grado de desconexión emocional, la paciente habla sonriendo de temas graves, sin una expresión emocional del todo congruente, aunque sí verbaliza malestar con algunas situaciones.

Terapeuta: Piensa en el recuerdo de abuso sexual que habías tenido, el último, cierra los ojos y mira la sensación que te produce. Observa si estás preparada para meterte a fondo en ese recuerdo.

Paciente: Sí, me siento humillada pero sí.

T: Hazte la pregunta de todos modos y quédate un ratito más largo notando si hay algo en tu interior que te diga que no es buena idea.

P (tras una pausa larga): Sí.

Esta pregunta es importante. Muchos pacientes, sobre todo si hay niveles marcados de desconexión emocional, dicen estar preparados para trabajar un recuerdo, o incluso están ansiosos por abordarlo, pero no se paran a notar sus claves internas. Su desconexión les lleva a respuestas no reflexivas, ya que sus sensores no pueden darles información. Pedirles que se paren a notar, con detenimiento, sin prisa, puede prevenir en parte esta tendencia. También es importante explicar al paciente que, aunque no note emociones intensas inicialmente, es previsible que vengan después.

T: Generalmente te vas a encontrar con más sensaciones de las que te parece. Tienes tendencia a desconectarte, y al irte conectando más, notarás cosas. Esto es bueno, porque al salir las emociones para fuera, las podremos procesar y se podrán ir. Pero si tú ves que te sobrepasa me haces una señal y paramos.

P: Vale.

…

T: Cuando miras el recuerdo y las palabras "soy débil", ¿cómo lo notas?

P: Es como si estuviese viendo una película.

T: ¿No notas nada?

P: Sí, por aquí.

T: ¿Y cómo es de fuerte esa sensación esa sensación de 0 a 10?

P: 7.

T: Toma la imagen, las palabras soy débil y nota la sensación. Dime cuando la estás notando.

P: Sí.

EB.

T: Déjalo todo suelto. ¿Qué notas?

P: Me siento mareada.

T: ¿Quieres que sigamos?

P: Sí.

T: Deja las sensaciones sueltas, simplemente nótalas.

EB.

T: ¿Qué viene?

P: Como más recuerdos del momento.

T: Déjalos pasar, observa las sensaciones.

P: Me siento enfadada, muy enfadada.

T: Permítete sentirlo, nótalo. Nótalo en el cuerpo.

EB.

T: ¿Qué te viene?

T: La imagen otra vez. No puedo evitar volver otra vez.

T: No intentes evitar nada, vendrán y se irán, si se te hace mucho paramos.

P: No, puedo.

T: Vete al recuerdo, ¿Qué te viene ahora?

P: Enfado.

T: Permítete sentir eso.

EB.

T: ¿Qué te viene?

P: Posibles respuestas que debería haber hecho.

T: ¿Qué notas? Descríbeme la sensación.

P: Me siento triste.

T: Permítete sentirlo, es normal sentirlo, deja que se suelte.

EB.

T: ¿Qué te viene?

P: Mi pareja de ahora a la cabeza.

EB.

T: ¿Qué viene?

P: Mi pareja otra vez.

T: Cuándo vuelves al recuerdo ¿qué notas?

P: Así un poco los golpes y eso.

EB.

P: Ahora mi padre.

T: ¿Qué te viene sobre tu padre?

P: Como si le hubiera decepcionado, algo así.

EB.

T: ¿Ahora?

P: Mi padre.

T: ¿Y qué notas?

P: Me dan ganas de llorar.

T: Nótalas, permítete sentirlo.

EB.

P: Ahora mi mejor amigo.

T: ¿Qué sensación te da?

P: Buena.

T: Si vuelves ahora al recuerdo, ¿cómo lo notas?

P: Como que no lo puedo controlar, más directo, antes podía verlo y controlarlo.

Este cambio es positivo, aunque la paciente no se siente del todo cómoda perdiendo la distancia y el control que su disociación le permitía tener sobre el recuerdo. Está más conectada, pero lo puede tolerar.

T: ¿Y la sensación?

P: La noto continuamente ahora.

T: ¿Y de intensidad de 0 a 10?

P: 7.

T: Nótala y déjala suelta.

EB.

T: ¿Qué te viene?

P: Me viene el momento romántico del principio, antes de que me sintiera engañada.

T: Deja que venga, solo nótalo.

EB.

T: ¿Qué te viene?

P: Los golpes otra vez.

EB.

P: Estoy ahí.

EB (durante los MO le digo "recuerda que no está pasando otra vez"). ¿Qué te viene?

P: Estoy un poco aliviada, pero está ahí eso.

T: Nótalo.

EB.

T: ¿Qué te viene?

P: Nada.

T: ¿Cuál es la sensación?

P: Más calmada, un poquito.

Volvemos al recuerdo.

P: Ahora es como si fuera yo él, soy yo la que pega. Estoy superenfadada.

T: Permítete sentirlo.

EB.

T: ¿Qué viene?

P: Cuando le dije que parase.

EB.

T: ¿Ahora?

P: Mi sobrina.

T: ¿Cómo es la sensación?

P: Buena.

T: Si ahora vuelves al recuerdo, ¿Cómo lo ves? ¿Qué notas?

P: Lo veo con más detalle, antes me sentía humillada y no quería. Ahora me enfada mucho más.

T: ¿Y cuanta perturbación te provoca?

P: Menos. Estoy intentando convencerme de que no es para tanto, que no es tan importante.

T: Eso de quitarle importancia es un mecanismo que utiliza tu cabeza, lo ha usado con otras cosas seguramente.

P: Sí.

T: Mira si es demasiado, porque si te sientes enfadada y triste y tu cabeza utiliza un mecanismo que suele emplear cuando te ves desbordada, quizás es que se te está haciendo mucho.

P: Es que hay una de las partes a la que no puedo llegar, el resto puedo verlo todo y pensar en ello, pero eso no. Es de otra etapa de mi vida.

T: ¿Es otro recuerdo?

P: Sí, es de otra situación, intento pensar en ello, pero no soy capaz.

T: No tienes que esforzarte en recordar nada, solo deja que venga lo que tenga que venir. Llevas mucho tiempo conteniendo, ahora te has conectado más, te has permitido sentirte triste, enfadada, y soltar un poco más. Puede que por hoy sea suficiente.

P: Vale.

P: Tuve una ocasión, hace mucho tiempo, hubo un chico que me forzó y me venía ese recuerdo que siempre he estado apartando y ahora, en algunos momentos, me venía éste como si fueran la misma persona.

T: Tu cerebro está buscando conexiones. Algunas son muy obvias y otras parece que no tienen nada que ver, pero entenderlas hace que el nudo se vaya deshaciendo un poquito.

Después de esta sesión, la paciente empezó a sentir sensaciones que antes no percibía. Muchas de ellas no eran positivas, por lo cual se sentía afectada y en ocasiones triste. Estuvo más conectada con su rabia y con su capacidad de protección, aunque en ocasiones esto fue un poco problemático: "Durante esa semana empecé a caminar por sitios que me producen desconfianza, como calles oscuras sin gente, y deseaba que me agredieran para poder darles su merecido". También empezó a tener más recuerdos de agresiones previas a los 13 años por otro chico, y de otras humillaciones. Tuvo una ilusión perceptiva, veía un agujero mientras estaba dando una clase, pero lo pudo manejar sin alterarse. También tuvo sueños relacionados con los contenidos trabajados: "Alguien me empujaba a las vías del tren y ahí había un hombre con los brazos abiertos esperando a que yo cayese. Yo no quería caer en sus brazos", y otros que tenían que ver con la relación con sus padres.

En algunos momentos aparecieron síntomas, pero pudo entender la conexión: "Empecé a tener vértigo cuando salía de casa, cruzando la calle y sobre todo cuando bajaba las escaleras, me hizo recordar cuando mi novio tiró una cosa sin mucho cuidado y me había hecho caer, es muy torpe y descuidado, a veces también conmigo. En cuanto lo hablamos dejé de tener vértigo en las escaleras... He tenido muchos cambios de humor. Estuvimos tres días casi sin hablarnos y todavía no sé por qué. Es posible que fuese porque me vi obligada a aguantar a su madre en el pueblo y yo no sé fingir... Fue la primera vez que dije que no a una idea suya en las relaciones sexuales. Consideré que él no me estaba prestando la suficiente atención y no pude seguir. En cualquier otro momento solo habría pensado en complacerlo."

Se dio cuenta de la relación que tenían sus reacciones con los hombres con la necesidad que sentía de niña de complacer a su padre, una persona siempre amargada e insatisfecha. También fue capaz de poner distancia con una amiga con la que tenía una relación que consideraba muy tóxica. Todavía había sentimientos que surgían y que no entendía bien, y muchas cosas que trabajar. Dedicamos la siguiente sesión a elaborar todo el material que había surgido entre sesiones. En general, podemos considerar que la sesión había sido productiva, que se habían movido cosas en un sentido positivo para la paciente y estaba más conectada emocionalmente, aunque todavía no sabía muy bien qué hacer con todo aquello. Aunque el trabajo terapéutico no se limitó en adelante al procesamiento de recuerdos, esto continuó siendo una de las intervenciones centrales del tratamiento.

En cambio, en presencia de **disociación-compartimentalización**, cuando existen partes disociativas en conflicto y fobias marcadas a determinados estados mentales, el trabajo se vuelve más complejo. En este último caso, la terapia va orientada a reintegrar esos aspectos disociados de la personalidad, a incorporar lo que está en compartimentos separados a la definición global del self. El estilo de trabajo en este territorio tiene mucho más que ver con lo que estoy englobando como autocuidado y estará relacionado con lo que Pascual-Leone et al. (2016) denominan estrategias de regulación emocional con mayores niveles de complejidad (saludable). Si la compartimentalización se genera en el apego temprano y en la ausencia de un cuidador que nos mire con amor incondicional (Knipe, 2015), la recuperación precisa de algo más que de procesar los recuerdos de esas situaciones relacionadas con el apego y necesitará de la introducción en los procesos de regulación emocional de autoaceptación, autoconsuelo y formas de calmarse a uno mismo, algo que no pudo aprenderse en las etapas tempranas del desarrollo. La intervención del terapeuta no se limita a conseguir que el paciente esté orientado al presente y se mantenga dentro de su "ventana de tolerancia", lo que sin embargo podría ser de utilidad en situaciones en las que se presentan síntomas disociativos más relacionados con la desconexión. Por ejemplo, en el caso de Patricia fue necesario más tiempo de preparación para que ella adquiriese conciencia de sus distintos estados emocionales. Se pudieron trabajar con EMDR situaciones cotidianas que generaban niveles bajos de perturbación, con beneficio clínico para la paciente. Fue difícil identificar recuerdos pasados en las primeras etapas de la terapia, debido a su marcada desconexión emocional. El tema del abuso no pudo abordarse de modo estándar porque la paciente perdía atención dual y cambiaba al estado infantil, sintiéndose asustada como si estuviese pasando otra vez; el trabajo con este recuerdo tuvo que articularse a través del trabajo con partes. Más adelante, se trabajó con la parte adolescente y a raíz de esto la paciente conectó con recuerdos de maltrato físico y emocional del abusador hacia su abuela y hacia ella, que se trabajaron también desde las partes. Posteriormente, la paciente empezó a conectar con sus emociones y pudo ser consciente de más elementos de su historia y de lo que le iba sucediendo en la actualidad.

La manera en el que estas dos formas de disociación, el distanciamiento y la compartimentalización, se relacionan con la regulación emocional es compleja y abarca muchos aspectos diferentes. Cuando trabajamos con pacientes severamente traumatizados que tienen niveles marcados de disociación, hemos de ir haciendo una valoración momento a momento de lo que está ocurriendo y modificar nuestras intervenciones de modo dinámico. El trabajo que precisa de mayores adaptaciones y cambios de estrategia es el que hemos de hacer ante una compartimentalización marcada, cuando hay partes disociativas con mucha autonomía mental como ocurre en el trastorno de identidad disociativo o en algunas formas incompletas del mismo.

En el caso que describiré a continuación, veremos cómo algo en principio muy simple, como es una psicoeducación básica sobre las distintas emociones y sus funciones, nos puede ayudar a abordar la fragmentación mental presente en un caso extremo de compartimentalización: un trastorno de identidad disociativo grave.

Terapeuta: ¿Cómo has estado estas semanas?

Paciente: Estuve bastante mejor. El domingo regular, porque un amigo mío estuvo muy enfermo. No era capaz ni de levantarme de la cama.

T: ¿Cómo están las voces?

P: Bastante más calladas, desde que salió "la mala" en la última consulta. Salió "la mala", ¿verdad? No me ha insultado ni me han acribillado tanto.

T: Tenemos que rebautizar a esta parte. ¿No crees que llamarla mala es un insulto? Es verdad que a veces hace cosas que no te gustan, que no te ayudan...

P: Esa es la señorita Rottenmeier. Pero "la mala" es mala de verdad.

T: ¿Por qué no le preguntas cómo te gustaría que le llamáramos?

P: "La mala".

T: ¿A ella le gusta ese nombre?

P: Sí, no lo entendéis. La que es así seria, exigente... es la señorita Rottenmeier. Pero esta es mala.

T: Todas esas partes son lo que tú eres. Y si hay algunas llenas de rabia, nuestro objetivo es entenderlas de verdad, ver su función. Si simplificamos tanto no lo podemos entender. Si hay partes en ti, cada parte tiene un sentido y no lo podremos entender si simplemente las clasificamos en buenas o malas. Si vamos entendiendo qué función tiene cada una, podemos ir mejorando. Y cada una tiene cosas importantes, por algo llevan ahí desde hace tanto tiempo. Cada parte tiene un recurso, una capacidad tuya que no pudo evolucionar.

P: Claro, no me dejaron evolucionar de ninguna manera.

T: Las partes con más rabia suelen ser defensivas y si no pueden sacar esa rabia, se bloquean. Si la rabia no se puede expresar, si no puede salir para fuera, se va para dentro. Nos machacamos, nos hacemos daño. Pero la rabia en sí no es un problema, es solo una emoción más. Piénsalo, ¿qué problema tendría una persona que no siente rabia?

P: Tendría paz y tranquilidad. Estaría feliz. ¿No estaría feliz?

T: ¿Para qué sirve la rabia?

P: Para enfadarse.

T: ¿Y por qué se enfada uno?

P: Porque algo no te gusta.

T: ¿Y qué pasaría si hay algo que no te gusta y no notas rabia?

P: Sería un robot.

T: Eso es. La rabia es un indicador de lo que no nos gusta. Si nuestro sensor funciona bien, sabemos identificarlo y hará que nos protejamos. La rabia nos va a ayudar a elegir con quién relacionarnos, nos ayudará a ver lo que no nos dan y a saber pedirlo. Te interesa que tu rabia trabaje contigo para que te enseñe lo que no te gusta. Es importantísima, como todas las emociones.

P: O sea, ahora tengo que identificar cuándo tengo rabia.

La rabia que la paciente no percibe desde el estado en el que me está hablando, está por el contrario muy presente en otros "compartimentos": la parte a la que llama "Señorita Rottenmeier" - como la famosa institutriz déspota y autoritaria de la serie infantil Heidi - y la parte más hostil a la que llama "la mala".

T: La parte enfadada es la que tiene la rabia, ella te puede avisar. Y si la escuchas, te ayudará. Mucha de la rabia que tiene es muy antigua, pero también se puede activar con cosas de ahora. Tenemos que tratar de entenderla y no juzgarla. Necesitamos la rabia en versión 3.0. La versión original seguramente habrá copiado modelos con mucha rabia, que eran los que había, pero también habrás tenido modelos de gente que se ponga firme de una manera elegante, personas que manejan muy bien su rabia. Esos pueden ser tus nuevos modelos, es muy importante aprender de la gente que lo hace mejor. Así esa parte podría evolucionar y desarrollar su potencial.

En el trabajo con partes hemos de estar siempre hablando a varios niveles. En este caso, le estoy diciendo a la personalidad principal, que es la que me habla directamente, que necesita la rabia que la otra parte tiene para ayudarla a protegerse y conseguir lo que necesita; pero también le estoy diciendo subliminarmente a la parte agresiva que es importante, que puede manejar su rabia cada vez mejor, que si no lo ha hecho antes es porque tuvo malos maestros y tiene mucho acumulado.

P: Consigo ponerme firme por ejemplo con mis niños. Pero cuando soy yo la que he fallado, me cuesta más.

T: Lo bueno es que ya tienes la experiencia de hacerlo con los niños. Solo que con nosotros mismos cuesta más tiempo, hay que tener más paciencia… ¿Tus niños juegan con videojuegos?

P: Sí.

T: Pues esto de lo que estamos hablando es como pasar al siguiente nivel. Lo mismo que decimos de la rabia, ocurre con el resto de las emociones. Todas tienen sentido, todas son importantes. Por ejemplo, ¿para qué sirve el miedo?

P: Para escapar, para protegernos.

T: ¿Notas que hay partes que tienen más que ver con el miedo?

P: Sí, la mayoría. La mayoría tienen que ver con el miedo y la culpabilidad.

T: Y esas partes, cuando evolucionen, ¿cómo van a funcionar?

P: Me ayudarían. Cuando tenga miedo y pueda enfrentarlo, me ayudará a tomar decisiones.

T: Eso es. Nos alerta del peligro. Es como ver no solo los pros, sino también los contras de las cosas, así es como planificamos las cosas de manera realista. Todos necesitamos tener algo de miedo. ¿Qué pasa si un niño no tiene miedo?

P: Se puede caer, hacer daño…

T: Eso es. Necesitamos el miedo suficiente para ser prudentes y tener sentido común, pero no tanto que se nos dispare, porque eso nos bloquea. Lo mismo con otras emociones y sentimientos. Por ejemplo, ¿para qué sirve la culpa?

P: Esa no sirve para nada.

T: Todas las emociones sirven para algo.

P: Para que no asesines, para que no hagas barbaridades.

T: Y si no se siente culpa, ¿qué pasaría?, ¿cómo son las personas que no sienten culpa?

P: Son psicópatas.

T: Son muy dañinos. También hay gente que como nunca sienten que tienen la culpa, se la echan siempre a los demás.

P: Como mi madre.

T: Entonces, ¿para qué nos sirve? Para aprender de los errores. Lo normal es que las cosas nos salgan mal muchas veces. Y lo que hacemos a veces es bueno para unos y no tan bueno para otros. Si no tengo algo que me frene un poquito, no calculo. Entonces sentirnos culpables nos sirve para ser mejores personas y para darnos cuenta de que fallamos. Por eso tu madre no podrá evolucionar bien, porque no se da cuenta de lo que hace mal ni lo reconoce. Necesitamos la culpa, pero a un nivel pequeño, simplemente para que nos diga que igual hay una manera mejor de hacer las cosas…

P: Pero yo no me siento culpable.

T: La estructura que tú tienes es muy radical. A veces ves las cosas desde una parte y luego cambias y pasas a verlas desde otro lado muy distinto. Tú no te sientes culpable, pero hemos visto que hay algunas partes que sienten muchísima culpa. Algunas partes sienten más unas emociones que otras, pero la realidad no es blanca o negra, tiene matices. Cada parte tiene algunos de esos matices, y cuando seas capaz de ver desde todas esas perspectivas, será mejor. Creciendo con una madre muy crítica, lo de la culpa no es fácil, pero si tu crítica interna baja será más sencillo: simplemente te darás cuenta cuando te equivoques, lo reconocerás y le pondrás solución. Cometer errores no será el fin del mundo, será lo normal, todos cometemos errores.

P: Me cuesta entender que yo tenga derecho a eso.

T: En principio naciste en este planeta, ¿no? Pues lo de los derechos humanos, rige para todos. ¿Por qué no van a poder regir contigo?

P: Eso es lo que no sé.

T: Cuando no sepas qué pensar respecto a algo tuyo, plantéate esta pregunta: ¿qué harías con una amiga que estuviera sintiendo lo que tú sientes? ¿Qué le dirías si comete un error? ¿La entenderías, la ayudarías?

P: Supongo que sí.

T: Claro, sigamos con las otras emociones ¿Para qué sirve la tristeza?

P: No veo que sirva. Viene y la tienes.

T: Si el organismo ha ido desarrollando emociones son para algo. La tristeza es equivalente al dolor físico. ¿Qué le pasa a la gente cuando no siente dolor?

P: El dolor hace que espabiles.

T: ¿Sabes que hay gente que nace sin dolor y que no puede sobrevivir? El dolor es un indicador de que algo va mal. Imagínate que no pueden sentir una herida o que tienen apendicitis y no lo notan... La tristeza, el dolor emocional, es un indicador de que nos falta algo. Es como una especie de pegamento: cuando tenemos algo que nos interesa, nos sentimos apegados. Los seres humanos nos vinculamos con la gente y cuando se van, al perderlos, nos ponemos tristes.

P: ¿Y cuando viene porque sí?

T: Nunca viene porque sí. Lo que pasa es que, si apartamos la tristeza o si la enterramos o la bloqueamos, es como si a un río le pusiéramos un dique; tarde o temprano, si empieza a llover mucho, acabará saltando por encima e inundándolo todo. La tristeza fluye, sigue su cauce como si fuera un río y llega al mar. Si le ponemos un dique porque creemos que no la vamos a soportar, porque no hay nadie con quien compartirla, al final se desborda. O puede que aparezca y no entendamos de dónde viene, porque siempre ha estado detrás del muro. Pero la tristeza sabe cuál es su camino, si la dejamos seguir su cauce, se irá recolocando sola.

P: Ya.

T: No hay emociones buenas o malas, todas tienen un sentido ¿Para qué sirve la vergüenza?

P: Para no hacer ciertas cosas.

T: Eso es. Para encajar, ser adecuados a lo que nos rodea, para protegernos de no exponernos excesivamente. ¿Cómo es la gente que no siente vergüenza?

P: Más alegre.

T: ¿Y qué problemas tiene?

P: A lo mejor sí que tienen problemas…

T: ¿Hay alguna parte que tiene más vergüenza?

P: No sé… Vergüenza es una palabra muy fea.

T: La emoción en sí misma no lo es. A veces lo que pasa es que sentimos vergüenza de cosas que tendrían que sentir otros.

P: Pero yo no tengo vergüenza.

T: Seguro que sí. Porque los humanos tenemos todas las emociones. Pero si alguna se nos hace muy difícil, la enterramos. Entonces es otra parte la que la siente y tú te desconectas de esa emoción. Pero fíjate que a veces sentimos vergüenza, por cosas de las que no tiene sentido que nos avergoncemos (digo esto porque sé que la paciente sufrió un abuso sexual intrafamiliar y en estos recuerdos típicamente la vergüenza es intensa, por mucho que los adultos sepamos que un niño que sufre esta situación no ha hecho nada malo). A veces la vergüenza es parecida a la culpa. Si un adulto no asume la culpa y te dice que la tienes tú, al final te acabas creyendo que la tienes tú.

P: Yo no siento vergüenza (aquí la paciente cambia de estado mental, empieza a mirar más desafiante, se muestra molesta).

T: La vergüenza es muy difícil. Cuéntame qué pasa.

P: La-la-la-la (canta).

T: Una forma de que la vergüenza…

P: No tengo.

T: ¿Te das cuenta de que en este momento te estás activando, que tienes más rabia?

P: No tengo rabia. No tengo rabia ni vergüenza.

T: Yo lo que creo es que no tienes nada de lo que avergonzarte. Nada de lo que has vivido es para avergonzarte. Y entiendo que hay cosas de las que te cuesta hablar. Y ahora estamos hablando de algo que te cuesta. Pero la manera de que la emoción disminuya es mirarlo de frente, sabiendo que no has hecho nada malo. ¿Eso lo sabes?

P: Sé que las cosas no salieron como tenían que salir.

T: Es cierto, eso a veces pasa. Pero lo más importante es que no te culpes ni te avergüences de ti misma, que te mires y simplemente te entiendas. Si una amiga tuya sintiera lo que estás sintiendo ahora, ¿qué le dirías?

P: Que si se quiere ir, lo entendería.

T: Lo entenderías. ¿Y qué más le dirías?

P: No sé.

T: Que lo entiendes y que para ti es importante pase lo que pase y haga lo que haga. Que estás ahí, ¿no? ¿Qué te ayudaría que te dijesen a ti ahora?

P: Que esto se va a acabar pronto.

T: Que todo va a pasar, que te vas a sentir diferente.

P: Que se va a acabar.

Por la manera en la que la paciente está hablando, entiendo que está hablando de suicidio. Está claro que hablar de la vergüenza la ha hecho conectar con sensaciones inasumibles. Pese a que la rabia parecía representar una emoción muy disociada, que se almacenó en el compartimento de la parte crítica y la parte agresiva, la paciente podía tolerar hablar de ella y plantearse su finalidad adaptativa. Lo mismo ocurría con el miedo, la tristeza, o incluso la culpa. Sin embargo, la vergüenza, en parte por las características de esta emoción, y en parte por su conexión más directa con los recuerdos de abuso, ha disparado todos los mecanismos disfuncionales, activando partes protectoras más basadas en la rabia, yéndose hacia la desconexión: "no siento nada" y volviendo la rabia contra sí misma. Lo que sea con tal de no sentir eso.

T: Hay distintas maneras de acabar. ¿Las que piensas son en hacerte daño?

P: Sí. Tomándome pastillas, con el coche…

T: Piensa en una forma que no te implique hacerte daño.

P: No hay nada que me haga no sentir.

T: Sí. Sí que hay. Funciona bien, puede hacerse, solo que no va a ser rápido… ¿Te acuerdas de lo que decíamos de la tristeza? Una de las maneras de ayudar a nuestras emociones a procesarlas es notarlas, dejarlas seguir su camino y que se vayan.... Si además se van desbloqueando los recuerdos, aún será más fácil. Sé que es complicado para ti todo lo que hemos ido hablando, pero poquito a poquito lo podemos ir haciendo. La idea es ir sacando los diques, abrirlos un poquito y que lo de dentro se vaya yendo, para que ya no te produzca dolor. Esa es la idea de lo que podemos hacer en la terapia. Y con las cosas que se atasquen, podemos trabajar con EMDR. Cuando vayamos trabajando así los recuerdos, podrás mirar tu historia sin que te lleguen sensaciones dolorosas. No tendrás que desconectarte, no tendrás que apartarlas, simplemente dejarán de estar, se irán. No es tan rápido como cuando te desconectas, pero es mucho más sólido.

P: Ahora mismo siento mucho miedo y no sé de qué.

T: Recuerda lo que hablábamos del miedo, nos ayuda a tener precaución, a tener cuidado. Quizás nos está diciendo que ya hemos hecho mucho hoy, quizás hasta un poco de más, y que es mejor que lo vayamos dejando.

P: Sufro menos haciéndome daño que sintiendo.

T: Claro, sentir es duro, pero no es cierto que sufras menos, porque al final el daño aumenta, y el sufrimiento también. Es como la pescadilla que se muerde la cola. ¿Notas mucho malestar ahora?

P: No.

T: ¿Las voces quieren decir algo?

P: Ahora mismo no saben por qué estoy aquí. Me dicen que no estoy tan mal.

T: Es el modo que has encontrado de protegerte, decirte que el problema no existe, que no sientes, y que no pasa nada. Y ahora mismo es lo mejor, me parece a mí. Es bueno meternos un poco en los problemas para poder solucionarlos, pero es igual de importante saber cuándo tomarnos un descanso y dejar de pensar en el problema. Así que tiene sentido lo que te han dicho las voces. ¿Qué estás pensando ahora?

P: Lo que dice ahora mi cabeza es que no entiende por qué estoy aquí. Pero algo me dice que es porque estoy tomando un tratamiento.

T: Pues escucha a las dos partes. A veces necesitas desconectar para hacer tu vida, para salir de aquí y coger el autobús, por ejemplo. Así no te despistas y llegarás a casa sin problemas.

P: ¿Y si realmente tengo más problemas de lo que yo pienso?

T: ¿Qué tal sería saber que tienes problemas y apartarlos al archivo, dejarlos ahí para otro momento?

P: Bien, porque ahora mismo no quieren hablar del problema. Porque no sé cuáles tengo y cuáles no. Seguro que no me gusta hablar de los problemas.

T: Eso es. ¿Qué te parece si cuando estés con los terapeutas puedes hablar de los problemas, pero después apartarlos para poder seguir con tu vida?

P: Esa me parece una buena idea.

Como vemos, el manejo de una simple intervención psicoeducativa sobre las emociones, puede revestir una enorme complejidad en casos de disociación-compartimentalización, porque el efecto de lo que decimos resuena distinto en cada uno de esos compartimentos y se pueden producir reacciones sobre las que el paciente no tiene conciencia ni control. Imaginemos lo que hubiera pasado si - sin pararnos a evaluar la disociación primero - intentamos acceder y procesar el recuerdo del abuso sexual, que es claramente muy importante, pero está encerrado en una cámara acorazada dentro del compartimento mental más recóndito. Los problemas que podemos encontrar en la disociación-distanciamiento son de otro calibre, podemos encontrar dificultades para acceder al recuerdo y para que se procese efectivamente, pero no es tan probable que se generen situaciones de riesgo dentro o fuera de la consulta.

La distinción entre ambos tipos de disociación no es sencilla, y en ocasiones pacientes con altos niveles de desconexión, y síntomas predominantes de amnesia o despersonalización, pueden tener partes disociativas marcadas de las que no tienen conciencia inicialmente. A veces ni siquiera podemos deducir su existencia a partir de indicadores indirectos como las conductas no recordadas, el conflicto interno o los síntomas egodistónicos. Esto puede hacer que entremos a trabajar un recuerdo y los resultados sean escasos, complejos o negativos. Por ello es interesante hacer inicialmente pruebas limitadas y explorar el funcionamiento del sistema y el resultado dentro y fuera de la sesión cuando usamos estimulación bilateral. De ese modo, siempre podremos recolocar y reparar y podremos aprovechar lo que ha ocurrido para avanzar en la comprensión del funcionamiento del paciente.

Capítulo 24

La disociación como compartimentalización: trabajando con la fragmentación mental

Putnam (1997) propone una teoría evolutiva para comprender la disociación, según la cual los "estados conductuales discretos" que presentan los bebés (pasan de estar contentos a llorar o a dormirse, a veces sin transición) se van flexibilizando y complejizando con el desarrollo normal (Wolff, 1987). Sin embargo, en el niño traumatizado se desarrollarían estados basados en el miedo, que pueden estar vinculados a memorias aisladas asociadas a ese estado emocional. En los niños crónicamente traumatizados, estos estados emergerían ante situaciones que conectan de algún modo con esa memoria y necesitarían imperiosamente ser regulados, pero ante la imposibilidad de hacer esto, se tratarían constantemente de apartar. Adicionalmente, estos niños no podrán desarrollar las capacidades metacognitivas e integradoras que les irían ayudando a contrarrestar esta falta de integración de los estados emocionales basados en el trauma, al carecer de un cuidador sensible que les vaya ayudando a entender y elaborar lo que les ocurre.

Aunque se han propuesto muchas teorías sobre la disociación, no voy a tratar aquí de describirlas todas. En este capítulo me centraré en la disociación-compartimentalización y en cómo se relaciona con la regulación emocional y el trabajo con EMDR. La mayor parte de las teorizaciones y de la investigación sobre regulación emocional se refieren, o bien al tipo de estrategia que el individuo activa en un experimento para regular su emoción frente a un estímulo específico, o bien a cuándo se presenta una tendencia marcada en los sujetos hacia una de dichas estrategias y su asociación con la patología. Sin embargo, la presencia de disociación-compartimentalización supone un tipo particular de problema en la regulación emocional, que tiene más que ver con la **variabilidad en el tipo de respuesta** que con la presencia de tendencias predominantes hacia uno u otro tipo de regulación emocional. Cuando la persona tiene una personalidad muy poco integrada y hay distintos estados mentales que alternan en respuesta a disparadores externos o internos, lo que se produce es una oscilación entre respuestas emocionales que pueden ser diametralmente opuestas. Por ejemplo, puede en un momento mostrarse indiferente ante un evento, para instantes después meterse en una emoción y revivirla hasta el punto de perder orientación al presente, y acto seguido pasar a una reacción de hostilidad defensiva, que es el modo en el que habitualmente se protege de las emociones de indefensión y vulnerabilidad. Podríamos decir que, *a la vez que cambia el estado mental, se activan también estrategias muy diferentes de regulación emocional* y el funcionamiento del paciente no puede explicarse en base a un único estilo de regulación predominante.

Veamos un ejemplo. En este caso estamos procesando un recuerdo traumático con EMDR en una paciente con partes disociativas claras. En principio, todas las partes estaban de acuerdo en procesar este recuerdo.

Terapeuta: Trae la imagen, las palabras "soy estúpida" y esa sensación. Sigue mis dedos, sin mover la cabeza.

EB.

T: Haz una respiración profunda, déjalo ir... Dime qué te viene a la cabeza, qué notas.

Paciente: Siento... calma, noto... El cuerpo está relajado. Es como si... ¡Ya no soy estúpida nunca más!

Por muy potente que sea la estimulación bilateral, obviamente una única tanda no puede bajar a cero la perturbación e instalar la creencia positiva por completo. De modo que exploramos con el sistema qué ha ocurrido.

T: Si vuelves al recuerdo, pregúntale a la voz si tiene parte de las sensaciones del recuerdo...

Antes de que pudiera terminar la pregunta, la paciente presenta una reacción de colapso y pierde por un instante el conocimiento.

T: Vuelve Laura, quiero que estés tú aquí también, ¿vale?

P: ¡Me he mareado!

T: Lo sé, has perdido un poquito el conocimiento. Vamos a ver qué ha pasado, ¿sí? Habla con la voz, porque cuando estábamos trabajando con el recuerdo, tú notaste un cambio, pero nos interesa también entender qué notó ella.

Como vemos, la paciente pasó de desconectar de la emoción y sentirse bien (algo que podríamos entender como supresión, ya que no hubo temor/evitación frente a lo que sentía, ni un intento de controlarlo, directamente desapareció), a presentar una reacción de colapso, algo que según Porges se presenta ante vivencias de amenaza extrema. Esta reacción se produjo cuando le pregunté a la voz si tenía alguna parte del recuerdo. Si nos manejáramos desde la metáfora de la ventana de tolerancia, la sesión de EMDR tendría que haber acabado aquí porque la paciente se habría salido de la suya. Pero si entendemos que un aspecto central en este caso es la presencia de una compartimentalización marcada en la mente de esta paciente y un posible mecanismo de supresión emocional, es desde aquí desde donde hemos de articular la intervención y lo que ha de guiar nuestra toma de decisiones.

Decíamos también que el tema de la intensidad emocional no era necesariamente un problema para el trabajo con EMDR, dado que la estimulación bilateral en sí puede contribuir a disminuirla. Cuando un paciente está muy angustiado o entra en pánico, el tema importante no es solo que la intensidad emocional se salga de la famosa ventana, sino que la persona pierde la capacidad de autoobservar - y por tanto regular - sus estados emocionales. Traducido a terminología EMDR podríamos decir que pierde *atención dual,* algo que como sabemos es un ingrediente activo esencial en este abordaje (Lee, Taylor y Drummond, 2006). Por tanto, en este caso, si somos capaces de reestablecer la atención dual podremos plantearnos seguir procesando. Sin embargo, la atención dual en un sistema compartimentalizado no consiste simplemente en pensar en el recuerdo sabiendo que estamos en el presente. En este caso necesitamos que la paciente, desde la personalidad principal (o parte aparentemente normal en la teoría de la disociación estructural), y la parte disociativa (o parte emocional) que contiene los elementos perturbadores del recuerdo, puedan ser co-conscientes.

T: Pregúntale si quiere que trabajemos con EMDR, si no quiere, no lo haremos.

P: Sí, sí que quiere. Pero tengo un poco de calor, ¿puedo abrir la ventana?

T: Claro, y mi compañera (presente en la consulta) se pondrá aquí contigo por si te mareas. ¿Está bien así?

P: Sí.

T: Es la misma idea que antes, pero ahora sería la voz la que tendría que trabajar.

P: Vale.

T: Entonces, pídele que piense en el mismo recuerdo y que mire qué nota.

P: Vale… Ella nota… (habla internamente con la voz) ¿Qué me dices? Ella solo nota cosas negativas.

T: ¿Y quiere trabajar con sus sensaciones?

P: Sí, sí que quiere.

T: Ok, solo necesita decirme cuándo lo está notando.

P: Vale… Lo está notando (hablando con la voz) dime… dice que ella solo nota las cosas negativas.

T: ¿Y quiere trabajar con esas sensaciones?

Con esta paciente ya hemos trabajado con EMDR, integrando la estimulación bilateral en el trabajo con partes. Básicamente, mi modo de hacer esto está descrito en el libro del abordaje progresivo (Gonzalez y Mosquera, 2012), y consiste en usar fragmentos cortos de estimulación bilateral sobre dianas muy específicas, que ayuden a potenciar la comunicación y superar los bloqueos en el trabajo con partes. Se puede usar estimulación bilateral para procesar la fobia de una parte hacia otra o, como en este caso, para procesar parte del material disfuncional que está compartimentalizado en una parte disociativa específica (lo que hemos denominado la "técnica del dedo meñique").

T: De acuerdo, entonces solo tiene que avisarme cuando lo esté notando.

Dado que queremos hacer un trabajo lo más limitado posible, no buscamos más elementos de material perturbador, como creencia, distintas emociones, etc... Al contrario, queremos simplemente acceder a un pequeño fragmento de perturbación, y para ello solo necesitamos tener acceso al malestar contenido en esa parte. Por ello, con que la parte lo esté notando, sabemos que ese material está activo en el sistema y, por tanto, está accesible para ser procesado.

P: Lo está notando.

T: Entonces vamos a hacer un poquito, solo tiene que notarlo.

EB.

T: Respira, déjalo ir... Ahora mira cómo está ella, pregúntale cómo se siente.

P: Está mejor.

T: ¿Puede notar cambio?

P: Sí.

T: ¿Quiere parar aquí o quiere hacer un poquito más para sentirse algo mejor?

P: Quiere hacer más.

Cuando trabajamos en el contexto de mucha fragmentación, con partes con mucha autonomía, la intervención ha de graduarse al milímetro y el paciente y el sistema interno de partes han de ir tomando la decisión a cada paso. Esto no solo permite ajustar la dosis de EB a introducir, sino que ayuda a que el paciente se sienta respetado y partícipe del proceso.

T: Ok, hacemos un poquito más. Pídele entonces que note su sensación.

EB.

T: Haz una respiración… pregúntale otra vez.

P: Está bien.

T: ¿Necesita un poco más o está bien así por ahora?

P: Está bien así.

Volvemos al recuerdo, incluyendo tanto a la personalidad principal o aparentemente normal como a la parte emocional. No vamos a tratar de seguir procesando, porque en un sistema inestable y complejo, menos es más. Pero nos interesa dejar instalada una perspectiva integradora y aumentar la conciencia del paciente sobre los matices de la experiencia.

T: Si miras ahora esa misma situación con la voz, ¿qué es diferente después de que ella haya trabajado su parte?

P: Me siento mucho mejor (se la ve ahora más conectada).

T: Notad ese cambio juntas un momento.

EB.

T: ¿Cómo se siente ella?

P: Se siente muchísimo mejor.

T: ¿Está bien para ella que hagamos esto más veces?

P: Sí, es un modo de cambiar lo que siente por dentro, poco a poco.

T: Sí, yo creo que es mejor para ti hacer esto progresivamente.

P: Sí.

T: ¿Te viene algo más a la cabeza, quieres comentarme algo?

P: No.

T: ¿La otra voz está bien?

Habíamos identificado dos partes, de modo que exploramos si lo que hemos hecho ha resonado en el resto del sistema y si surge algo más. Cualquier movimiento en un sistema complejo puede influir en otros elementos, aunque parezca que no están relacionados. Esto es aún más importante si trabajamos con estimulación bilateral.

P: La otra voz se siente bien.

T: Pregúntale ahora cómo está, si necesita algo.

P: Está bien, tranquila. Al principio estaba tratando de ayudarme, de parar a la otra voz. Ahora está ahí, simplemente observa.

T: Se da cuenta de que la otra voz no es mala, simplemente tiene mucha carga.

P: ¡Pufff! No es fácil.

T: Tiene muchas cosas dentro, y quizás necesita que salgan, pero a la vez le da miedo que salgan (habíamos hablado de esto en otras sesiones). Hoy creo que ha visto que podemos trabajar esto poco a poco, y al hacerlo así tú tendrás tiempo de irlo asimilando, pero a la vez ella irá soltando presión.

P: Sí.

En resumen, en pacientes con compartimentalización marcada, hemos de manejarnos en el trabajo con partes. Pero incluso en este caso, tener en cuenta los estilos predominantes de procesamiento emocional, o ver si alguno de ellos se activa más en relación con alguna parte específica, puede ayudar a plantear las intervenciones clínicas. Entre los terapeutas EMDR el trabajo con partes es bien conocido (y de no ser así, conviene conocerlo). Sin embargo, creo que a día de hoy está siendo sobreutilizado. Muchos pacientes se están conceptualizando como disociativos simplemente porque presentan problemas importantes de regulación emocional y creo que habría de limitar el trabajo con partes a aquellos casos en los que ésta es la herramienta más adecuada y eficiente. Estos casos serían, a mi juicio, los pacientes con disociación-compartimentalización clara, con un conflicto mental importante y partes disociativas con mucha autonomía mental. No tiene sentido establecer un diálogo con partes que no tienen esta entidad, como cuando un paciente tiene estados emocionales contradictorios o mal integrados. Podemos hacerlo a nivel metafórico, por ejemplo, para simbolizar las distintas emociones y ver cómo el paciente se sitúa con ellas o para representar las distintas etapas de la vida del paciente y observar cuál es su valoración de sí mismo en cada una de ellas. Pero cuando hagamos estas intervenciones las usaremos de modo puntual, tendiendo con el tiempo a ir hacia un lenguaje y un procesamiento más normalizado.

Algunos pacientes disociativos, incluso algunos con síntomas muy graves, pueden procesar recuerdos sin demasiados problemas; otros tienen enormes dificultades para ello y se descompensan fácilmente. Creo que uno de los factores que pueden explicar esta diferencia es el estilo de regulación emocional predominante. Los pacientes disociativos con mayor desconexión, más conflicto interno, más tendencia al control, más evitativos de su experiencia emocional, con mayor tendencia a la co-regulación emocional o los más rumiativos, son los que me vienen a la cabeza cuando pienso en pacientes disociativos difíciles de tratar. Aquí superar estas dificultades no pasa solo por el trabajo con el sistema interno de partes disociativas, sino que tiene mucho que ver con la identificación y modificación de los estilos disfuncionales de regulación emocional.

Capítulo 25

Sin acceso a las emociones: el paciente desconectado

La conciencia de las propias emociones parece ser un prerrequisito para poder implementar formas más sofisticadas de regulación emocional (Mayer y Salovey, 1997). Dizén, Berenbaum y Kerns (2005) encontraron que los individuos con menor capacidad para percibir sus emociones, que eran incapaces de darse cuenta de que tenían una necesidad o de identificar cuál era, presentaban mayor variabilidad en sus reacciones emocionales. Otros estudios han encontrado también una relación negativa entre la alexitimia y la capacidad para regular las emociones (Pandey, Saxena y Dubey, 2010; Ogrodniczuk, Piper y Joyce, 2011).

Aunque se ha hablado mucho sobre los pacientes que presentan una reacción emocional excesiva y sobre el manejo de las abreacciones intensas, proponiéndose intervenciones diversas para mantener al paciente dentro de la famosa "ventana de tolerancia", lo cierto es que el paciente desconectado representa un desafío mucho mayor para el terapeuta EMDR. Este tipo de desregulación emocional no solo nos va a impedir acceder a las memorias cuando tratemos de procesarlas, sino que a menudo nos dificulta la recogida de historia inicial y el desarrollo de un plan de trabajo colaborativo, en el que terapeuta y paciente están de acuerdo en trabajar en base a unos objetivos, sobre determinadas dianas y siguiendo determinados procedimientos.

Estos pacientes se presentan a terapia a veces traídos por otros, sin ninguna convicción de tener problema alguno. Pueden decir que ellos no tienen traumas y que, de haberlos tenido, "los tienen superados". Esta frase, en todos los años que llevo trabajando con EMDR, jamás ha significado que un recuerdo esté realmente procesado, sino que suele ser un indicador de falta de conexión con la experiencia y de falta de conciencia del efecto que sigue produciendo en el presente.

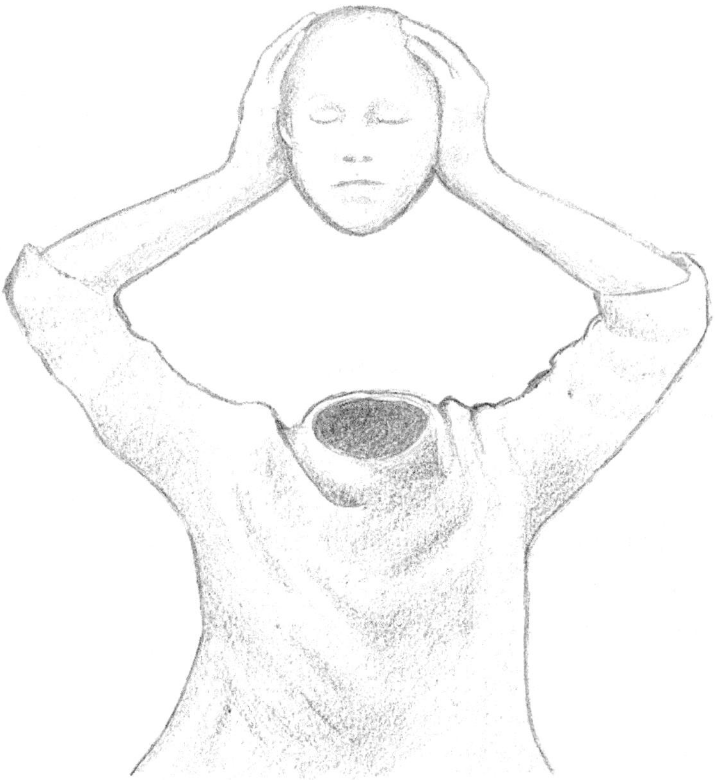

De cara a plantear cómo trabajar con estos pacientes, creo que es importante establecer grupos en función de cuál es el problema subyacente. Con propósitos clínicos, podríamos clasificarlos en estos tipos:

Desconectado tipo 1. Es el auténtico alexitímico, el paciente que no sabe lo que siente porque el lenguaje emocional le es completamente ajeno. Nadie lo vio en el sentido profundo de la palabra, nadie se dio cuenta de lo que sentía o de lo que necesitaba, de modo que no pudo aprender a percibir estos aspectos. Habitualmente nota un malestar difuso que no sabe a qué corresponde, por lo que frecuentemente lo atribuye a enfermedades médicas o a patologías psiquiátricas, que se derivan de su genética o que aparecen sin razón alguna. La historia temprana aporta datos de un apego distanciante, de cuidadores que no estuvieron emocionalmente presentes, que no fueron sensibles a los sentimiento y necesidades del niño. El paciente, que muchas veces no tiene conciencia de que esto no fue sano, describirá su infancia como "normal" y hará un relato plano, estereotipado y sin matices de sus experiencias tempranas, que en ocasiones estarán modificadas a través de la idealización.

Desconectado tipo 2. Es un alexitímico solo aparente, pero en el fondo subyacen emociones bien definidas, configurando estados emocionales que pueden llegar a ser complejos y constituir partes disociativas de la personalidad con bastante autonomía mental. La desconexión y falta de emocionalidad representaría lo que en la teoría de la disociación estructural define a la "parte aparentemente normal" (Van der Hart et al., 2006), que se mantiene alejada de los contenidos traumáticos; alrededor de estos últimos se conformarían las "partes emocionales". Lo que nos va a distinguir a estos pacientes de los del tipo 1 sería la exploración de los elementos que acompañan a la desconexión propiamente dicha. Por ejemplo, en una exploración detallada de la sintomatología disociativa, encontraremos síntomas que pueden orientarnos a un cuadro clínico de este tipo. Veremos amnesias, episodios de despersonalización o desrealización, o un elevado conflicto interno y fenómenos intrusivos (pensamientos que se sienten como ajenos, voces, emociones o sensaciones egodistónicas, etc.) derivados de una fragmentación mental significativa. En la exploración de la historia veremos datos de un apego desorganizado, con padres atemorizantes o atemorizados que no pudieron servir como fuentes de protección. La persona hará un relato plagado de contradicciones y describirá a los cuidadores con altos niveles de ambivalencia. Como en el caso anterior, muchos de estos datos pueden estar ocultos por un mecanismo de idealización, pero en los ejemplos que el paciente nos va poniendo podremos leer entre líneas.

Desconectado tipo 3. Aquí el problema no se deriva en la misma medida del apego temprano, sino que vendrá más de elementos orgánicos o estructurales. Digo en la misma medida, porque el temperamento y la genética influyen en todos los individuos y, también a la inversa, el estilo de apego va a modelar tanto las tendencias temperamentales como los rasgos derivados de patologías orgánicas. Diríamos que, en este tercer grupo, estos factores genéticos y orgánicos tienen un peso mucho mayor. Por ejemplo, un paciente esquizofrénico con mucha sintomatología negativa va a tener un aplanamiento o inadecuación afectiva que forman parte intrínseca de su patología. Lo mismo ocurre con los pacientes con trastornos del espectro autista o rasgos de Asperger, con muchos cuadros de trastorno obsesivo compulsivo o personalidades anancásticas, o con personas que han sufrido algún tipo de lesión cerebral. Muchas veces, en los cuadros en los que hay una contribución genética, veremos padres con rasgos parecidos al compartir algunos genes con el paciente, y esto nos puede llevar a pensar que los problemas del paciente se derivan por completo del aprendizaje. Por supuesto, el efecto de tener un padre rígido y obsesivo y además tener una tendencia genética a esa estructura de personalidad es multiplicativo, no excluyente. Pero es importante que tengamos en cuenta esta posibilidad, para no atribuir erróneamente el 100% de lo que vemos a factores ambientales. Esta tendencia es mucho más acusada en los profesionales que trabajamos de modo central con terapias orientadas al trauma ya que, acostumbrados a valorar siempre la contribución ambiental a los problemas, podemos caer en una especie de reduccionismo traumático. No olvidemos que la genética y el cerebro como órgano físico también existen. Metafóricamente, confiarlo todo al procesamiento de recuerdos sería como intentar solucionar un problema de disco duro, cambiando una y otra vez el programa que tratamos de instalar sobre él.

Desconectado tipo 4. Intervienen factores orgánicos, pero en su mayoría son externos. Un ejemplo es el paciente sobremedicado, hasta el punto de que le resulta difícil pensar o conectar con las emociones asociadas a situaciones actuales o experiencias pasadas. Sin llegar a ese extremo, muchos pacientes que toman antidepresivos no son conscientes del nivel de perturbación asociado a los recuerdos ya que buena parte del malestar está atenuado por el fármaco. En estos casos, si se plantea retirar el fármaco será importante repasar muchas de estas memorias, aunque supuestamente hayan quedado completamente procesadas. También es necesario mantener un seguimiento durante bastantes meses en el que se trabajen las experiencias que vayan surgiendo y se vigile que no vuelve a presentarse el ánimo depresivo que motivó la toma de medicación.

Aparte de las medicaciones, muchas drogas de abuso pueden alterar la respuesta emocional. Otras veces, la persona no conecta con lo que siente porque tiene buen cuidado de mantenerse ocupado a tal extremo que nunca puede pararse a pensar, y mucho menos a sentir. La protagonista de la película de Isabel Coixet *La vida secreta de las palabras*, empieza a conectar con su historia de tortura en la guerra de los Balcanes justo cuando, después de 5 años de trabajar en una empresa, su jefe la obliga por primera vez a tomarse unas vacaciones. Muchas situaciones vitales en las que el paciente se enfrasca cumplen esta función de mantener a la persona apartada de sus emociones subyacentes.

Una vez localizamos el tipo de desconexión que tenemos delante, hemos de plantear cómo trabajar con estos pacientes. En el desconectado tipo 2, en el que no me extenderé aquí, los procedimientos estarán relacionados con el trabajo con la disociación que veíamos en el capítulo anterior. En cambio, el desconectado tipo 1, requiere un trabajo lento y paciente de aprender a mirarse, sentirse y entenderse. Es como aprender un nuevo idioma y requiere tiempos largos y un trabajo más progresivo.

Gran parte de este trabajo formará parte de la fase de preparación, pero esto no quiere decir que hayamos de esperar a que el paciente tenga un buen reconocimiento emocional para empezar a introducir la estimulación bilateral o procesar recuerdos. El efecto de conexión que tiene la estimulación bilateral puede ser muy útil y puede potenciar el trabajo de reconexión y autorregulación. Eso sí, si entramos a trabajar recuerdos, vamos a necesitar llevar a cabo muchas más intervenciones dirigidas a (1) potenciar la conexión (2) dar sentido a aquello con lo que el paciente se está conectando y (3) introducir estrategias adaptativas para regular esas emociones que emergen.

La cantidad y tipo de estas intervenciones adicionales y el grado de modificación del protocolo estándar que tendremos que realizar, van a depender en gran medida del nivel de desconexión y de su carácter temporal o persistente. Veamos a continuación dos ejemplos:

Situación 1: El paciente que se desconecta ante una experiencia.

La desconexión es a veces parcial y ocurre de modo más marcado durante el procesamiento de una memoria específica. Veamos un ejemplo de una sesión centrada en la muerte de un hijo. La imagen inicial era el cadáver del hijo. Tras un tiempo de procesamiento, al volver al recuerdo:

Terapeuta: ¿Qué te viene ahora? Si vuelves a pensar en el recuerdo otra vez, ¿cómo te viene en este momento?, ¿qué es lo que notas?

Paciente: Lo veo, pero como que tengo que esforzarme para verlo.

T: ¿Y qué notas en el cuerpo?

P: Como si estuviera viendo a otra persona que no va conmigo.

T: De 0 a 10, ¿cuánto te perturba eso?

P: Indiferencia.

T: ¿Cero? Yo no te veo tranquila.

En los pacientes que presentan dificultades para conectar con sus emociones, el terapeuta ha de adoptar una posición mucho más activa y estar aún más pendiente de lo habitual del lenguaje no verbal. Cuando la persona no es capaz de tomar conciencia de sus sensaciones, el terapeuta ha de ser un catalizador, permitiendo una primera conexión a través de su capacidad de percibir el estado del paciente, lo que abre la puerta a que el paciente pueda a su vez conectar. Esto es lo que denomino "entretejido telepático". Para hacerlo, es importante que el terapeuta tenga buena capacidad para leer las reacciones del paciente e intuir lo que se mueve en su interior, de lo contrario se generará más confusión.

P: Pues estoy como si no fuera nada mío.

Esta frase no parece reflejar un verdadero procesamiento, sino una pérdida de atención dual. Prefiero no denominar a esto disociación, aunque algunos autores así lo hacen, porque en mi opinión la sobreutilización del término disociación le ha hecho perder utilidad. Esta situación puede entenderse perfectamente como una pérdida del doble foco, la paciente tiene ahora "los dos pies en el presente", en lugar de uno en la experiencia y otro en el ahora. Por tanto, nuestra intervención ha de ir orientada a ayudar a la paciente a reconectar con la experiencia. Podemos usar diversas técnicas en este sentido, mi filosofía es optar siempre por lo más simple. Si ayudamos a la paciente a que se focalice en la experiencia somática interna, vamos a promover el acceso a la emoción. Para ello, pedir a la persona que se centre en la respiración, que es una sensación interna fácilmente identificable incluso en individuos marcadamente alexitímicos, ayuda a dirigir el foco hacia el interior del cuerpo. Otra intervención es pedir al paciente que ponga su mano sobre la zona en la que estaba antes sintiendo la sensación, sobre el pecho para notar la respiración, o sobre el estómago o el abdomen para focalizar en las sensaciones viscerales.

T: Nota la respiración, pon aquí las manos. Mira cómo la ves ahora y quédate notando la respiración. Nota la sensación del cuerpo por dentro. ¿Qué te viene?

P: Me cuesta trabajo verlo.

T: ¿Qué sientes? ¿Qué emociones vienen?

P: No hay.

T (entretejido telepático): Yo las veo. Yo veo tristeza.

P: Es que no puedo verlo (la imagen).

T: No te esfuerces por verlo, solo nota lo que sientes... Como si te dijeras "lo que yo siento también importa".

Esta frase tampoco está escogida al azar. La paciente vivió de niña en un entorno complejo, donde sus necesidades tuvieron que quedar muchas veces en un segundo plano, y funcionó como cuidadora de sus hermanos. Muchos de los entretejidos que vamos a tener que usar en los procesamientos, están ya preparados en nuestra mente desde la conceptualización del caso que hicimos en la fase 1.

T: ¿Qué te viene?

P: Tengo muchísimas ganas de llorar.

T: Pues nótalas, permítete sentirlas... Es una cosa muy muy triste... la cosa más triste del mundo... ¡Cómo no vas a tener ganas de llorar!

No es intrascendente lo que decimos en estos casos. Aquí estoy, sin planificarlo previamente, resonando con su experiencia emocional, validándola, entendiéndola. La experiencia de mostrar y compartir el dolor es muy beneficiosa, pero muchos pacientes nunca la han tenido porque tuvieron que gestionar solos lo que sentían. No surgirá espontáneamente ni sabrán cómo hacerlo a menos que se lo facilitemos.

P: Es que yo no lloré cuando se marchó... no lloré... porque quería que volviera y lo esperé... Le hacía la cena y le compraba cosas...

T: ¿Qué te viene ahora?

P: Estoy mejor, mejor.

T: Nota un momentito solo la sensación del cuerpo. ¿Qué te viene ahora?

P: Estoy mejor. Esta es la foto de mi hijo, siempre la llevo conmigo.

T: Los recuerdos siempre van a estar ahí, lo importante es que podamos conseguir que deje de doler… Para recordarlos no necesitas el dolor… no hace falta.

P: Las cosas bonitas… las cosas bonitas que ha hecho, que ha vivido…

T: Cuando se vaya el dolor las cosas bonitas vendrán más, será más fácil recordar esa parte.

La paciente toma conciencia de que no afrontó el dolor porque quería aferrarse a la imagen de su hijo cuando estaba vivo. Es importante que entienda que conservará los buenos recuerdos cuando podamos procesar el dolor.

Tras esta sesión, la paciente sintió un gran cambio respecto a la forma de recordar a su hijo. "Ya no tenía esa ansia por recordar, ese regodearme en los recuerdos. Simplemente está ahí, pero de una manera completamente distinta". Es posible que sin las intervenciones adicionales se hubiese producido igualmente cierto procesamiento, pero me inclino a pensar que no tan amplio. Su sistema de procesamiento no había incorporado - porque no había tenido de quién aprenderlo - la capacidad de autoobservar la tristeza y de disolverla con el autoconsuelo o el consuelo de otros. Cuando activamos con la estimulación bilateral el sistema de procesamiento de información, lo hacemos con todo lo que éste lleva consigo, incluidas sus disfunciones. Una directriz general del trabajo con EMDR es: si todo fluye, mantente al margen; si algo se bloquea, ayuda al sistema a encontrar el camino. Lo que potenciamos con nuestras intervenciones es que se produzca lo que hubiera ocurrido de no existir problemas en la regulación emocional durante el procesamiento.

Sin embargo, los problemas en este caso no son extremos y se activan sobre todo con respecto a ese recuerdo en particular. Aunque esta mujer tenía cierta tendencia a estar más centrada en el cuidado de los demás que en sus propias necesidades, mantenía bastante capacidad para identificar sus sentimientos y regularlos. Los obstáculos para el procesamiento tenían que ver sobre todo con aspectos muy específicos de las situaciones de duelo, como el aferrarse al dolor para mantener viva en cierto modo a la persona fallecida, lo que se sumaba a una cierta tendencia disfuncional a suprimir emociones, que venía de su historia de apego. No hicieron falta más que algunos entretejidos para que el procesamiento fluyese. Pero fijémonos que, salvo cuando explico que al procesar el dolor vendrán más fácilmente los buenos recuerdos, estos entretejidos tienen más que ver con la regulación emocional que con las creencias. Por ello no uso el término entretejido "cognitivo", sino que hablaré de entretejidos en un sentido más genérico, como cualquier intervención breve destinada a desbloquear o promover el procesamiento.

Situación 2: La desconexión que se presenta de modo marcado, generalizado y persistente.

En otros pacientes, la desconexión es prácticamente un modo de vida, la forma predominante de manejar las emociones. El trabajo con recuerdos en estos casos no puede basarse en un protocolo estándar en el que se introducen entretejidos, sino que el grueso de la intervención ha de centrarse en facilitar la conexión con las emociones, porque sin acceder a ellas no podrán ser procesadas. Entre estos perfiles nos encontramos pacientes más alexitímicos y otros con mayor componente disociativo, sobre todo cuadros conversivos o somatomorfos.

Darío es un ejemplo de alexitimia. En la fase 1 tuvo verdaderas dificultades para identificar un solo evento adverso de su vida que le produjera perturbación. Presentaba una clara sobrerregulación emocional, ya que había salido adelante en una familia caótica a base de "ser fuerte" y no pararse a notar nunca cómo se sentía. Con ayuda, fue viendo que la muerte de su tía materna - la única figura de su familia que había sido cariñosa con él - era un momento que "quizás no estuviese superado". No evitaba hablar de sus experiencias pasadas, ni presentaba ninguna tendencia al control, simplemente las emociones asociadas a esa y otras memorias difíciles no eran perceptibles para él. Decidimos empezar por la muerte de su tía, ya que era el único recuerdo en el que había un mínimo acceso a la emoción. Aun así, durante el procesamiento, la ligera nostalgia que sentía al empezar dio rápidamente paso al "no me viene nada". Aunque Darío decía "no noto nada", yo le pedía pacientemente tras cada tanda que me describiera cómo notaba todo el cuerpo, como si fuera la primera vez que me lo contara. Ya habíamos trabajado en la fase de preparación sus dificultades para conectar y habíamos entrenado la capacidad de describir sensaciones, pero tuve que darle muchas ayudas para ello, como pedirle que observara pequeñas variaciones en su respiración, las zonas de mayor tensión o laxitud en su cuerpo y las áreas donde notaba más calor o más frío. Poco a poco, fue entrando la capacidad de describir sensaciones y, al hacerlo, a percibir cambios sutiles. En un momento determinado, sus ojos empezaron a humedecerse. Para facilitar que conectara con ello le pregunté qué emoción sentía, a lo que lógicamente contestó "ninguna". Le comenté que sus ojos se habían humedecido y, parándose a notarlo, me dijo que percibía como un cansancio detrás de los globos oculares. Siguiendo con la estimulación bilateral la tristeza se le fue haciendo evidente y me miró como asintiendo. Le dije "claro, es algo muy triste", y solo entonces empezó a llorar. Yo también asentí, como mostrándole que entendía. La emoción se fue procesando y fue bajando. Después de esto paramos y hablamos, ya sobre el ejemplo concreto de lo que acababa de pasar en sesión, de cómo había más emociones de lo que él en principio notaba, de lo lógico que era esto debido a su historia y de la importancia de pararse en esas emociones para poder procesarlas.

El caso de Abel es similar al que acabo de describir en cuanto al patrón de regulación emocional, aunque la supresión se combinaba con cierto grado de control consciente; podía apreciarse una activación a nivel emocional y somático, que el paciente notababa en parte, pero que minimizaba. Desde hacía meses sufría pseudocrisis epilépticas y su vida se había paralizado por completo. Fue difícil que fuera asumiendo que esas crisis se originaban en experiencias no procesadas ya que - como es frecuente en muchos cuadros de perfil somatomorfo - el paciente estaba convencido de que su problema era físico, de que alguien lo encontraría con la prueba adecuada y "se le quitaría" con una medicación. En esta fase de la terapia, ha accedido a trabajar algunos recuerdos de bullying de su etapa adolescente, que ocurrieron en los años previos al inicio de la sintomatología. Pero una cosa es que el paciente entienda cognitivamente que aquellos sucesos fueran importantes, y otra muy distinta, tener conciencia del significado emocional de dichas experiencias. Además, pese a su disposición a trabajar esas memorias, al activar su sistema de procesamiento con la estimulación bilateral se activaban también sus mecanismos disfuncionales de regulación. Nada más empezar la desensibilización, el paciente comienza a decir que "no le viene nada". Dado que observo que a nivel no verbal sí hay activación, insisto.

T: ¿Qué observas?

P: Nada.

T: ¿Cómo notas la sensación del cuerpo?

P: Es como si me dijera: "es lo que hay".

T: Eso es un pensamiento, fíjate en lo que notas en el cuerpo, ¿lo sientes relajado o tenso? ¿notas calor o frío?

P: No... me siento... bueno... siento que nada más es la sensación de "esto es así".

El paciente está intentando convencerse de que el recuerdo está en el pasado, lo cual en sí no es negativo. El problema es que lo hace muy desconectado de sus emociones y sensaciones; incluso haciéndole preguntas concretas con diversas opciones sobre qué puede estar sintiendo - algo que a veces facilita a los pacientes alexitímicos identificar y describir sensaciones - se va a sus pensamientos. No distingue tampoco pensamiento, emoción y sensación, pese a que hemos trabajado mucho estos aspectos a lo largo de la terapia. Es como si, al no funcionar el hilo de conexión entre el plano cognitivo y el emocional/somático, sus pensamientos dieran vueltas en círculo, sin pisar el suelo. A estos pensamientos les falta realidad sentida, les faltan raíces, y por tanto son improductivos. Esta conexión ha de promoverse activa y persistentemente, durante mucho tiempo, hasta que pueda empezar a funcionar por sí misma. Ante la dificultad de describir ninguna sensación o emoción, le pido se centre en la respiración, buscando que focalice en el interior del cuerpo.

T: Necesito una sensación del cuerpo... Observa un rato tu respiración, ¿cómo es de profunda? ¿Tienes que esforzarte para coger el aire o entra fácil? ¿Es rápida o pausada? ¿Notas tensión por dentro?

P: La única parte de mi cuerpo que nunca está relajada es ésta (señala la boca del estómago).

T: Ok, céntrate en eso.

EB.

T: ¿Qué te viene?

P: No siento nada, pero no puedo abrir los ojos y mi mano está temblando.

Vemos que incluso la capa emocional y la capa somática pueden estar desconectadas. El paciente es capaz de notar ahora la sensación física concreta, pero no la perturbación emocional, y al hacerlo e introducir EB aparece el síntoma conversivo. Lejos de ver esto como un problema, entiendo que es un indicador de conexión.

Aquí nos encontramos en un punto de decisión importante. En muchos pacientes, cuando esto ocurre hemos de tomar la aparición del síntoma como una señal de stop indirecta, como puede verse en otros casos descritos en este libro. Los síntomas indican que, sea lo que sea lo que el paciente está sintiendo, desborda su sistema de procesamiento. Pero también sabemos que en este caso no se dan elementos que nos deban llevar a tener mayor cautela. En primer lugar, no hay datos de disociación psicomorfa acompañante[4]. La presencia de partes disociativas habría indicado que estableciésemos aquí algún tipo de conexión con esas partes, con el sistema interno, pero aquí no procede. En segundo lugar, el paciente no es fóbico ni evitativo respecto a sus emociones, sino que el mecanismo central en su forma de regularlas es la supresión y la rumiación. Con pacientes fóbicos al afecto, ha de establecerse un marco de trabajo colaborativo y pactar formas de aproximación a lo previamente evitado en las que el paciente esté de acuerdo. De otro modo, se resistirán a hacer justo lo último que querrían: mirar de frente lo que temen. Estas intervenciones tampoco son necesarias en el caso de Abel. Y tercero, aunque no menos importante: en el trabajo terapéutico con este paciente, las sesiones en las que se introdujo EB - aunque fueran procesamientos siempre incompletos y complejos - se siguieron de un estado mejor en los días posteriores, con respecto a aquellas en las que no se incluyó la EB. Por todo ello, en este caso y en esta sesión mi objetivo es ayudar a Abel a conectar, a entender eso con lo que se está conectando, y a dejar estar ahí esas emociones y sensaciones de modo consciente el tiempo suficiente como para que las podamos procesar con ayuda de la EB.

T: Ahora se te está moviendo el dedo, ¿puedes notarlo? Céntrate en esa sensación ¿Qué notas en esa mano?

P: A veces intento detenerlo (su sistema habitual de supresión).

---

[4] En los cuadros conversivos, encontramos partes con cierta autonomía mental aproximadamente en la mitad de los casos. La otra mitad corresponde a pacientes como Abel, más alexitímicos, más desconectados de sus emociones y de su cuerpo, con menor capacidad de pensamiento reflexivo y de mentalización.

T: No trates de hacer eso, simplemente nótalo.

EB.

Dado que la sensación del estómago fue la que activó el síntoma, parece una sensación más primaria y además importante, por ello trato de ayudarle a focalizar en esa zona.

T: ¿Qué notas en el estómago?

P: Ahora no veo nada (con sorpresa), me siento bien, pero no puedo abrir los ojos, y cuando lo hago, veo doble... y mi mano no, no... No puedo hacer nada con ella.

En este punto me planteo de nuevo la pregunta: ¿sigo?, ¿paro? Aparecen nuevos síntomas, pero no parece posible en este paciente que pueda llegar a conectar - y por tanto procesar - lo que subyace a esos síntomas sin que éstos surjan de algún modo. Opto por seguir estimulando con EB.

T (observando cambios en la expresión facial): ¿Qué notas ahora? Intenta simplemente describirme las sensaciones tal como son.

P: No siento nada, solo… (la voz del paciente se vuelve ininteligible).

T: ¿Qué sensaciones estás experimentando mientras esto sucede?

P: No hay ninguna sensación porque no puedo controlar.

De nuevo, para este paciente, sentir y controlar parecen sinónimos. No hay un modo de sentir que no pase por el control.

T: ¿Puedes notar algo de todos modos?

P: No, no puedo.

T: Podemos intentar algo. Estabas notando algo antes en el estómago, ¿verdad?

P: Sí.

T: ¿Puedes colocar la mano en esa zona? Simplemente pon la mano, como cuidando esa sensación desagradable que notas. Como si le dijeras a esa sensación "eres importante para mí". Como si le dijeras a esa sensación que puedes notarla, y que te vas a ocupar de ella.

P: Pero ahora no estoy notando.

T: No la notas, pero sabes que está ahí. Siempre que tienes malestar, lo notas ahí, lo notabas hace un momento. Esa zona de tu cuerpo es sensible, préstale atención. Como si le mandaras un mensaje a tu interior, diciéndole "las sensaciones son muy importantes para mí" (EB) ¿Qué te viene?

P: No puedo pensar (de nuevo su recurso ante sus dificultades para notar y sentir, es irse a los pensamientos).

T: No te fuerces, solo permítete sentir, permítele a tu cuerpo expresar lo que siente (hago tapping continuado mientras voy diciendo esto para facilitar al máximo la conexión), dale importancia a tus sentimientos sin analizarlos, sin controlarlos, sin presionarte… deja las sensaciones libres, no intentes cambiarlas…

El paciente está con los ojos cerrados, hace gestos, pero no puede hablar. En esta parte de la sesión continúo la estimulación incluso cuando estoy hablando o lo hace el paciente.

T: Puede haber muchas emociones, puede haber rabia, o miedo.

P: No puedo pensar.

T: No pienses, solo te digo nombres de emociones, solo nota si reconoces alguna ahora. ¿Tienes miedo?, ¿vergüenza? (asiente con la cabeza), ¿asco? Entre toda la confusión de tu mente, ¿qué sensaciones notas más?

P: Presión (señala la cabeza).

T: Céntrate en eso (EB).

P: Dolor (se golpea la cabeza).

T: No pelees con tus sensaciones, vamos a intentar desbloquearlas un poco.

P: Es difícil.

T: Lo sé, pero si las dejamos libres las podremos procesar… observa lo que viene, ¿te llega algún recuerdo? ¿algún pensamiento?

Como vemos, trato de facilitar procesos que en un paciente con mejor regulación se producirían de modo espontáneo y fluido, como la asociación con otros recuerdos o pensamientos.

El paciente dice que no con el dedo.

T: Observa esa presión en la cabeza, ¿te viene de dentro alguna sensación que te dice que no sigamos? (el paciente niega con la cabeza), ¿ves que aumente la presión cuando te hago tapping o ves que baja? (niega otra vez).

Aquí estoy tratando de chequear si seguir o no. Tengo dudas de si es buena idea continuar, no parece haber un procesamiento productivo, pero con un nivel de desconexión tan grande, vamos a ciegas. Trato entonces de promover alguna toma de conciencia, explorando conexiones con eventos pasados.

T: ¿Esta presión se relaciona con algún periodo de tu vida? ¿La habías sentido antes alguna vez?

El paciente asiente con la cabeza, pero se muestra tenso. Trato de ayudarlo a no pelear o controlar la sensación. Como simplemente diciéndole que la deje suelta no parece haber cambios, le propongo un tipo de entretejido somático. Se basa en pedir al paciente que, notando la sensación, apriete los puños todo lo fuerte que pueda y observe si la sensación sube, baja o cambia. Omito intencionadamente la posibilidad de que permanezca igual, porque lo que me interesa es potenciar la tendencia al cambio. Este entretejido resulta útil en muchas ocasiones en las que hay un bloqueo, el paciente está conteniendo una emoción, no se está permitiendo sentir rabia o hay emociones en conflicto, como por ejemplo estar enfadado por sentir tristeza. En este caso, Abel dice que la sensación no varía en ninguna dirección, pero cuando después de apretar los puños conectando con la sensación, va dejando que las manos se abran despacio, notando el cambio en el cuerpo, empieza a sacudirse de modo mucho más visible. Dado que en este paciente la conexión es extremadamente difícil, decido - aunque no sin dudas - seguir estimulando. Voy poniendo palabras a lo que creo que ocurre, tratando de aumentar la conciencia de sí mismo en el paciente.

T: Es bueno que tu cuerpo pueda sacar las sensaciones para fuera, que pueda soltar toda esa presión.

El paciente sigue con movimientos, se muestra cansado, pero empieza a poder vocalizar mejor. Da la sensación de haberse podido desbloquear y procesar algo.

T: ¿Qué te viene ahora? (el paciente señala sus piernas moviéndose). Tú tiendes a acumular presión y de vez en cuando tu cuerpo tiene crisis, puede que intentando soltarla. ¿Sabes cuánto tiempo lleva esa presión ahí?

P: Desde que empezaron las crisis.

T: ¿Qué edad tenías? (me mira dudando) ¿Cinco, diez, quince años?

P: A los 16 tuve muchos dolores de cabeza, los médicos me diagnosticaron migraña. Tenía siempre presión, aquí a la derecha.

T: ¿Qué estaba sucediendo en tu vida en aquel momento?

P: Fue cuando terminé la secundaria (la etapa en la que sufrió el bullying).

T. Te pasaron todas esas cosas en el instituto y cuando terminó, empezó la presión y los dolores de cabeza ¿es así?

P: Sí.

T: Y luego seguiste acumulando más y más presión, hasta que tu cuerpo dijo "hasta aquí" y empezaron las crisis.

P: Algo así.

Esta sesión fue una de muchas, no obró un cambio milagroso en el estado del paciente; pero este tipo de trabajo unido a mucha psicoeducación, desarrollo de autoconciencia emocional y mejora del pensamiento reflexivo y la mentalización, fue ayudando a que el caso fuera evolucionando favorablemente. Se necesitó un ingreso para descartar con absoluta certeza que hubiese crisis epilépticas genuinas mezcladas con las pseudocrisis ya que, pese a recibir este último diagnóstico, muchos médicos y neurólogos que lo veían en urgencias no se atrevían a descartar por completo la posibilidad de epilepsia, por lo que la duda suponía una interferencia constante en la terapia. Una vez aclarado el diagnóstico seguimos trabajando, con citas quincenales, en colaboración con otra terapeuta. Abel fue mejorando su percepción de sus estados emocionales y de los disparadores, y las crisis conversivas fueron dejando de presentarse. Aún le queda mucho trabajo por delante, pero creo que las sesiones de procesamiento contribuyeron al proceso global de tratamiento, aun con todas las dificultades que se presentaban en ellas.

Creo que este caso ejemplifica muy bien cómo muchas veces el trabajo terapéutico no consiste en sesiones en las que encontramos "la clave" y con ello resolvemos gran parte del problema. Estas sesiones existen, pero la mayor parte de nuestra labor con pacientes severamente desregulados es un "trabajo de siembra". Cuando se lanzan a la tierra las semillas, lo hacemos porque confiamos en que algún día - bajo el clima propicio - darán su fruto. Tratamos de lanzar la semilla apropiada para el momento del año en que pueda prender y germinar, pero solo veremos los frutos cuando se den las condiciones para que la semilla germine y el fruto salga y madure. Esta metáfora de la terapia supone para los terapeutas EMDR un cambio completo de perspectiva que pasa de la técnica al abordaje terapéutico, del protocolo a la psicoterapia. Los cambios que nos interesan son los que consiguen que nuestros pacientes recuperen sus vidas y hay rutas que han de ser necesariamente lentas, progresivas y pacientes. Una de estas situaciones tiene que ver con la reconexión con sus emociones de un individuo extremadamente alexitímico y desconectado de sí mismo. No pocas veces la terapia implicará aprender desde cero un lenguaje completamente nuevo, mientras se van desmontando mecanismos negativos profundamente arraigados.

Capítulo 26

Algunas herramientas para el trabajo con EMDR en pacientes severamente desregulados

He ido describiendo a lo largo los capítulos anteriores diversas intervenciones. La mayor parte de ellas podrían entenderse como entretejidos que se van entrelazando con el procesamiento de los recuerdos, pero de un modo específicamente orientado a los distintos elementos de la regulación emocional. Aun así, en ocasiones, sí he hablado de procedimientos más elaborados. Describiré aquí un poco más algunos de ellos, no sin subrayar que este capítulo no es en modo alguno el resumen del libro. Lo esencial en la restauración de la regulación emocional no es la técnica puntual que usemos, sino la comprensión de cómo se ha llegado a desarrollar la desregulación y en qué aspectos de la misma hemos de incidir para ayudar al sistema de procesamiento emocional a funcionar de un modo eficiente. Desde esta comprensión es desde donde iremos seleccionando las intervenciones a realizar, priorizando las más simples y adecuadas para cada situación. Veamos algunas de ellas.

Los momentos de aprendizaje

Mucho del procesamiento emocional se desarrolla de modo no intencional y no consciente. En ocasiones, los cambios también pueden producirse de ese modo. Por ejemplo, a través de la relación terapéutica pueden experimentarse nuevos modelos de regulación diádica (el terapeuta muestra calma ante la activación del paciente, en lugar de la angustia que suele ver en su familia), que la persona irá interiorizando sin que esto se haga explícito en ningún momento. Sin embargo, la autoconciencia de los estados emocionales ayuda a la regulación y permite introducir cambios - esta vez sí conscientes e intencionales - en el modo de regularlos. Para que esta conciencia pueda desarrollarse, es necesario en cualquier caso la presencia de un terapeuta que pueda leer adecuadamente los estados mentales del paciente. Los momentos en los que se está produciendo en consulta una regulación disfuncional de la emoción, son momentos privilegiados de aprendizaje, en los que puede mejorarse mucho la autoconciencia de los estados emocionales. Al estar dando un feedback inmediato, sesión a sesión, ayudando al paciente a identificar el modo en el que está modulando el estado emocional y sugerir un estilo alternativo, el sistema de procesamiento emocional puede ir evolucionando. Estos momentos de aprendizaje son poderosas intervenciones. Desde el modelo EMDR estamos además conectando los estilos regulatorios del presente con los aprendizajes pasados: el modo en el que las figuras más significativas de la vida del paciente funcionaron con respecto a las emociones de éste. De este modo introducimos un marco amplio de comprensión que incluye el origen de los patrones de regulación (el pasado), la estrategia de regulación emocional momento a momento (el presente) y los estilos funcionales a introducir y desarrollar (el futuro).

La figura reguladora

Con pacientes que han crecido en un apego evitativo/distanciante (sus emociones no han sido vistas), ansioso/preocupado (tienen una falta de diferenciación emocional y tendencia a la co-regulación) o desorganizado (han tenido figuras potenciadoras de una regulación patológica) el problema no es solo la existencia de modelos disfuncionales tempranos de regulación. Lo más problemático es que no ha habido modelos alternativos saludables que poder interiorizar. Cuando las personas que crecen en apegos inseguros o desorganizados sí tienen a alguna figura más periférica que actuó como un regulador sano, suelen tener una base de resiliencia mucho mayor. Por ello, hemos de potenciar en los pacientes estos recursos relacionales.

La idea de la figura reguladora está tomada de la propuesta de Dellucci y Bertrand (2012), aunque incluyendo en la medida de lo posible personas que hayan formado parte de la vida del paciente. Cuando no ha habido una persona que haya hecho esta función, lo que siempre han existido son momentos puntuales en los que alguien ha hecho algo que ayudó con algún estado emocional. Si vamos buscando con atención con el paciente todos los momentos de ese tipo de su historia, podremos construir un conjunto de experiencias que globalmente sirven como referencia. Para dibujar esta imagen global podemos ir visualizando momentos concretos con esas personas, representando a cada una de estas personas y momentos en un papel, escoger las frases que dijeron y lo que significaron, e instalar cada una de ellas con estimulación bilateral. Todos estos dibujos/frases/imágenes y la sensación corporal que generan, se vinculan a una frase global que represente que - aunque fuera a trozos - lo que la persona siempre ha necesitado estaba ahí, repartido en esos pequeños momentos.

Por ejemplo, un paciente sentía mucho dolor ante la falta de reconocimiento de su padre. Buscamos todos los momentos en los que había recibido reconocimiento por parte de alguien, aunque fuera mínimo. Al principio esto le costó mucho al paciente, que no localizaba ningún momento de este tipo, pero buscando juntos fueron apareciendo. Al instalar los primeros, su mente fue asociando más fácilmente con otras situaciones. En este caso no hicimos un dibujo, sino que el paciente pensaba en la persona que le mostró reconocimiento y cómo lo hizo, notaba su sensación corporal, y se decía "puedo tener lo que necesito. La sensación en ocasiones era perturbadora, porque le llevaba a la asociación de "¿por qué no vino esto de mi padre, que era de quien necesitaba que viniera?", pero se pudo encauzar sugiriéndole que tenía más sentido centrarse en los sitios en los que sí estaba ese reconocimiento, y la estimulación bilateral ayudó a procesar el malestar. Por eso en estos casos, más que de "instalación" de recursos, podríamos hablar de "procesamiento" de recursos, ya que la estimulación bilateral está ayudando a que esas experiencias dejen de ser perturbadoras y puedan así ser utilizadas como aprendizajes. En el caso de este paciente dedicamos varias sesiones a traer todos los recursos, notar la sensación que le generaba cada uno de ellos, y reforzarlos con la frase "puedo tener lo que necesito". Esta capacidad de valorar los pequeños momentos es más adulta que la búsqueda de una única persona que nos de todo lo que nos faltó y es además un recurso mucho más real. En caso de que haya dificultades para encontrar estos momentos - o como método adicional - puede recurrirse a las figuras simbólicas tal como lo describen Dellucci y Bertrand (2012). La cuestión es que se vaya formando esta figura reguladora desde la cual interiorizar un modelo que no sea únicamente teórico, sino que forme parte de las redes de memoria del paciente.

El autocuidado

En los libros EMDR y Disociación, el Abordaje Progresivo (Gonzalez y Mosquera, 2012) y EMDR y TLP (Mosquera y Gonzalez, 2014) describíamos un procedimiento de autocuidado, que correspondería a lo que podemos denominar **autocuidado simbólico** (Gonzalez, 2018). Básicamente, es un trabajo con el niño interior, que representa las necesidades y las emociones. El paciente desde el adulto que es ahora, mira a ese niño y observa lo que siente.

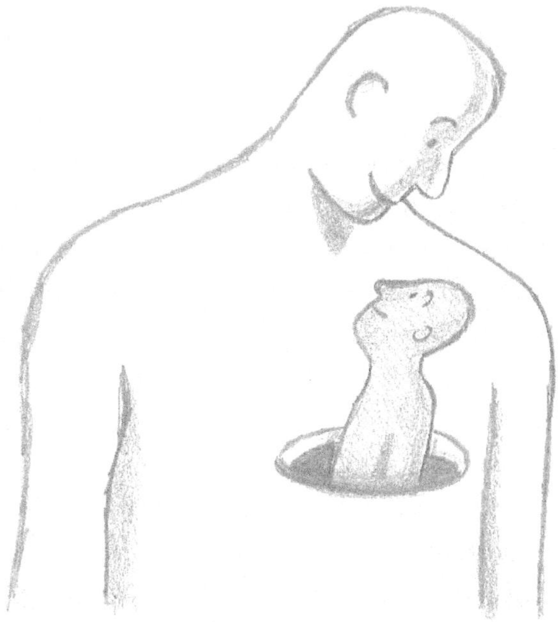

El terapeuta ayuda al paciente:

a) A entender la conexión entre el modo en el que se mira a sí mismo y la forma en la que fue mirado por las figuras significativas de su vida.

b) A comprender sus estilos de regulación emocional, representado en lo que el adulto hace respecto a las emociones del niño.

c) A procesar con estimulación bilateral la perturbación o los bloqueos que pueden surgir cuando el adulto mira al niño sin juzgarlo, tratando de entenderlo, regularlo y cuidarlo.

d) A introducir y ensayar otros estilos de regulación más funcionales.

e) A reintroducir elementos de comprensión de la historia del paciente y de la relación consigo mismo, que se comentaron durante la fase 1, pero que vuelven a incorporarse ahora en un contexto de mayor conexión emocional y con la ayuda de la estimulación bilateral.

f) A modelar un nuevo modo de mirarse y de responder a sus necesidades a través de la regulación del terapeuta y de cómo éste ayuda al paciente a establecer la interacción entre el adulto y el niño. Por ejemplo, el terapeuta sugiere al adulto cuando éste no sabe qué hacer con el malestar del niño: "prueba a decirle a ese niño que estás aquí, que lo estás viendo, y que para ti es importante lo que le ocurre... ¿Cómo ves que reacciona ese niño?"

La estimulación bilateral se emplea (1) para procesar la perturbación del adulto al ver al niño y las dificultades para cambiar la mirada hacia éste y el estilo de regulación, (2) para reforzar cambios adaptativos, como una mayor comprensión, los momentos de toma de conciencia o la validación y el cuidado de ese niño, y (3) cuando el niño interior representa una parte con bastante autonomía mental, se puede aplicar de modo más complejo la EB con técnicas como el procesamiento de fobias o la técnica del dedo meñique (Gonzalez y Mosquera, 2012).

Cuando aplicamos este trabajo más particularmente a la regulación emocional, puede ser interesante realizar un trabajo específico con imágenes del paciente cuando era niño, asociadas a estados emocionales específicos. Por ejemplo, podemos pedirle que mire al niño triste que fue o al niño que se avergüenza, al niño enfadado o al asustado. A veces los pacientes hacen el ejercicio del niño interior con el "niño feliz", que es el único que quieren ver, o con un niño que presenta malestar, pero no precisamente las emociones más inaceptables. Hemos de ayudar al paciente a la hora de preparar el procedimiento, teniendo en cuenta su historia y sus dificultades particulares en la regulación de cada emoción. Un niño ha de sentirse visto, entendido y aceptado, sea cual sea su estado emocional. La restauración de esta experiencia es lo que hemos de introducir con este procedimiento.

El autocuidado cognitivo ha sido explicado en capítulos anteriores. Tiene que ver con el cambio en la regulación cognitiva de las emociones, en el diálogo interno. La persona identifica qué se dice a sí misma cuando está mal ("no valgo para nada", "soy un inútil", "no puedo estar así", etc.). Se explora si ese diálogo interno representa la interiorización de alguna figura significativa de la vida del paciente; una autocrítica marcada, por ejemplo, puede haber tomado el modelo de una madre crítica. En caso de no ser así, vemos si empezó en alguna época de la vida y qué sentido tenía entonces; por ejemplo, ante la ausencia de un adulto que regule, muchas veces los niños desarrollan una alta autoexigencia para conseguir funcionar y salir adelante. Se ayuda al paciente a reflexionar si estas frases ayudaban en el pasado - tanto si se lo decían los demás como si lo hacía él mismo - o si ayudaría que los que le rodean se lo dijeran ahora. Una vez entendido el efecto perjudicial de estas frases, que suelen amplificar el malestar, se plantea que - para poder estar bien - el paciente tiene que aprender a decirse frases que ayudan, en lugar de las que cree que son ciertas o las que piensa que se tiene que decir. Como hacia adentro la persona no suele ser objetiva, se externaliza la cuestión, para que piense qué le ayudaría que le dijeran los demás, o qué le diría a una persona a la que quiere. Identificada la frase que ayuda, la persona ha de repetirla cinco veces, parándose a notar la sensación que le genera. Es importante que la persona repita a diario estas cuestiones (puede usarse para este fin el video de youtube: *Aprendiendo autocuidado ¿qué me digo a mí mismo?*). Esta pregunta de ¿qué te ayudaría decirte cuando te sienes así? puede ser más adelante usada como entretejido durante el procesamiento.

El autocuidado somático tiene como base un ejercicio muy sencillo, pero muy interesante. Muchas veces la persona no conecta con la sensación corporal asociada a la emoción o lo hace realmente para intentar que se vaya. Le pedimos al paciente que ponga su mano sobre la zona donde nota la sensación y observamos cómo lo hace. Muchas veces la persona presiona o empuja la zona, como tratando de "extirpar" o empujar para dentro la sensación; si es así, le pedimos que cambie el gesto y que trate de cuidar la sensación. Podemos facilitarlo sugiriendo al paciente que imagine que la sensación es un animalito - o un bebé, si estamos seguros de que a la persona le despiertan ternura - y que es el animalito el que lo está sintiendo. La persona con la mano ha de cuidar del animalito que se siente mal, tratando de ayudarlo. Esto suele facilitar que cambie el modo de relacionarse con la emoción y que ésta se regule. Este ejercicio puede también introducirse durante el procesamiento si vemos que el paciente está peleando contra lo que siente, si le cuesta conectar o si está bloqueado.

El orden de introducir estos tres tipos de autocuidado es variable, pero si pensamos en trabajar primero con lo más tolerable para el paciente, lo más útil es empezar por el autocuidado cognitivo. Podemos después ir potenciando la conexión con el cuerpo a través del autocuidado somático. En último lugar, trabajaríamos con el autocuidado simbólico, en el que se conecta mucho más con la infancia y el pasado. Es por ello que esto ha de hacerse cuando consideramos que el paciente está preparado para ello, y graduando cuidadosamente cuánto puede meterse en el allí y entonces.

La simbolización de la emoción

Parte de la regulación emocional pasa por una doble percepción de la misma. Por una parte, ha de notarse la emoción, y por otra, ha de poder observarse con cierta perspectiva. Esta conciencia de la emoción lleva en sí misma a la disminución de la intensidad de ésta (Herwig et al., 2010). El concepto de atención dual que se maneja en EMDR (Shapiro, 2018) guarda relación con esta capacidad de observar lo que sentimos: "un pie en el pasado (la emoción asociada al recuerdo) y un pie en el presente (el yo observador)". Esta doble perspectiva sobre el recuerdo y la emoción asociada a este - junto a su correlato somático - es uno de los factores que hacen que la terapia con EMDR funcione (Lee, Taylor y Drummond, 2006). Traducido a los conceptos que se manejan en la regulación emocional, el procesamiento de los recuerdos con EMDR será más efectivo si la persona es capaz de observar sus emociones con cierta distancia, conectando con ellas, pero a la vez sin sumergirse en ellas.

Cuando esta capacidad no está desarrollada, tiene sentido trabajar en ella durante la fase 2. Cualquier estrategia que permita a la persona representar la emoción puede ayudar a poner en práctica esta capacidad. Algunos ejemplos pueden ser simbolizar la emoción a nivel imaginario, por ejemplo, dándole forma, color, temperatura, etc.; o bien dibujar la emoción o representarla con figuras, títeres, tarjetas, caja de arena o cualquier tipo de objeto intermediario[5] (Rojas-Bermúdez, 1985). Una vez representada, trabajamos con el paciente en que pueda hablar sobre lo que está sintiendo, lo pueda analizar desde distintos puntos de vista y pueda así distanciarse lo suficiente de la emoción como para adquirir perspectiva.

En este sentido, creo que es más útil recurrir a representaciones concretas

[5] Cualquier objeto que sirve de puente comunicacional con el paciente.

externas. Aunque existen numerosos ejercicios de visualización guiada para trabajar con esto, el trabajar con una representación concreta que ponemos encima de la mesa facilita, por un lado, el distanciamiento de la emoción al externalizarla y, por otro, ayuda a que el terapeuta pueda observar matices en esa representación que no son fáciles de ver si la persona está describiendo algo que está en su mente. Además, se crea un contexto terapéutico de trabajar juntos sobre un mismo tema, lo que aporta un componente relacional al trabajo.

Durante el reprocesamiento de los recuerdos podemos recurrir - cuando lo que el paciente experimenta le desborda - a las metáforas de proyectarlo en una pantalla, o de verlo pasar como si fuésemos en un tren y viéramos por la ventanilla cómo iban quedando atrás. Si estos sistemas son inefectivos, podemos incorporar los que acabo de describir, como un modo de ayudar al paciente a mantener atención dual mientras continúa procesando. El trabajo articulado a partir de dibujos se ha mostrado útil para el manejo de emociones abrumadoras (Ostacoli y Bertino, 2010).

El procesamiento de las emociones secundarias

En ocasiones el paciente sí es capaz de observar la emoción que siente, pero experimenta emociones secundarias que pueden producir una interferencia. Por ejemplo, se asusta de sentir lo que siente, se enfada por sentirlo o se avergüenza por estar así. Podríamos entender estas reacciones negativas ante el estado emocional primario como una fobia a los estados mentales (Van der Hart et al., 2006), y procesar esa perturbación que se genera secundariamente a la emoción con un procedimiento similar al procesamiento de fobias disociativas (Gonzalez y Mosquera, 2012). La idea es que no es el recuerdo en sí el que genera la perturbación, sino alguna de las emociones o sensaciones asociadas al recuerdo. Por ejemplo, un recuerdo se asocia a miedo, pero sentir miedo le hace temer al paciente que puede perder el control. La persona se asusta de sentir miedo. Representar el miedo puede permitir procesar esta emoción secundaria y facilitar así después el procesamiento del recuerdo. El miedo a sentir una determinada emoción puede asociarse a una respuesta evitativa, y esto es lo que procesamos cuando usamos protocolos para procesar la evitación (Knipe, 2009b).

Del mismo modo, la persona puede enfadarse consigo misma por sentirse triste (ser triste = ser débil = te harán daño de nuevo) o avergonzarse por estar enfadado (estar enfadado = ser mala persona = parecerse a una persona violenta con la que convivió). A veces la persona no puede definir la emoción que siente ante el estado emocional primario, pero percibe rechazo hacia éste, por ejemplo, no tolera sentir asco. La reacción puede ser más indefinida en pacientes con más desconexión emocional, pudiendo la persona únicamente notar una sensación corporal incómoda - cuando se para detenidamente a observarlo - ante la representación de la emoción inicial. En cualquier caso, la diana aquí sería la emoción primaria y lo que se procesaría la perturbación que ésta genera. En pacientes con cierta capacidad reflexiva podemos pedir un nivel de perturbación de 0 a 10 (SUDs) y la sensación corporal asociada. La creencia negativa no se pediría exactamente como en la fase 3 de procesamiento de recuerdos, pero sí se buscaría asociar el procesamiento de la emoción secundaria a una autoafirmación positiva del tipo "puedo permitirme estar triste", "puedo manejar mi rabia" o "puedo tolerar sentir vergüenza", que refleje a nivel cognitivo un modo más adaptativo de gestionar esos estados emocionales.

Los recursos relacionados con emociones específicas

La instalación de recursos (Leeds, 2001) se ha propuesto como una técnica para fortalecer el yo en pacientes con trauma complejo, aunque su empleo ha sido cuestionado en base a los estudios de investigación básica en los que se ha visto que la EB disminuye la viveza y la intensidad emocional asociada a las imágenes positivas (Hornsveld et al., 2012). En cualquier caso, lo que he planteado en este libro podría entenderse, como comentaba anteriormente, más como un *procesamiento* de recursos que como una instalación de un elemento positivo que no está asociado a ningún componente perturbador. Cuando una persona tiene dificultades con una emoción, lo habitual es que la percepción de ésta se sienta como algo negativo. Por ejemplo, si sentir rabia es interpretado como malo, cualquier momento asociado a esta emoción puede verse negativamente o asociarse fácilmente a conexiones negativas. Esto, lejos de ser un problema para lo que estoy planteando, formará parte del procedimiento.

Si una persona tiene problemas con el manejo de una emoción, bien porque la experimenta de modo desbordante, o bien porque trata de enterrarla y no sentirla, el recurso serán los momentos de poder sentirla de modo proporcionada y adecuada, las personas que puedan servir como modelos de una buena regulación de ese estado, o aquellos que reaccionaron de un modo adecuado cuando el paciente dejaba ver el suyo. Previamente es necesario trabajar con el paciente en entender la función adaptativa de la emoción en cuestión, cuál sería su expresión sana y por qué para la persona ha adquirido esa connotación negativa. Una vez establecido este marco amplio de comprensión del problema, se pueden plantear la búsqueda de recursos a instalar. Estos recursos serían:

- *Momentos en los que el paciente ha podido expresar esa emoción de un modo más funcional* - en el caso de la rabia, los momentos de "enfadarse bien" - mostrándose firme y sin perder los papeles (o lo más parecido a ésto que podamos encontrar).
- *Figuras que representan modelos de regulación sana de esta emoción*: por ejemplo, las personas que el paciente haya conocido que puedan manejar mejor el enfado. Estas serían figuras que sepan decir que no, pedir lo que necesitan, defender sus derechos o mostrar desacuerdo, sin alterarse y sin ser dañinas.
- *Figuras que, cuando el paciente mostró ese estado emocional, supieron ver más allá o reaccionaron adecuadamente;* volviendo al mismo ejemplo, serían los que gestionaron de un modo proporcionado y efectivo el enfado del paciente, mostrando firmeza, pero a la vez una buena comprensión de lo que estaba generando la reacción del paciente. Para el trabajo con recursos de figuras externas, podemos también recurrir a figuras simbólicas.

Una vez seleccionados estos recursos, emplearíamos el procedimiento de la instalación de recursos tal como fue definido por Leeds (2001). La diferencia sería que si aparecen asociaciones negativas - algo bastante probable - no descartaríamos el recurso, sino que simplemente lo tomaríamos como material perturbador a procesar. Este procesamiento se iría intercalando con momentos de pararnos a entender qué tienen que ver esas asociaciones negativas con las experiencias adversas relacionadas con esa emoción. Por ejemplo, si al instalar un recurso de "enfadarse bien" el paciente empieza a sentir malestar y al preguntar "¿qué te viene?" dice "creo que si me dejo llevar por eso voy a perder el control", podemos explorar con qué está conectado preguntando "¿dónde aprendiste que eso puede pasar?". El paciente puede decirnos, por ejemplo: "cuando mi padre bebía se enfadaba y todo acababa descontrolándose". Hemos de comprender cómo esto ha hecho que el paciente no pudiera aprender a manejar bien esa emoción, cómo podemos trabajar en ello para que cambie y cómo será esto en el futuro. Una vez hecha esta reflexión podemos volver al recurso de "enfadarse bien", sugiriendo una frase que refleje el nuevo estilo de regulación, como por ejemplo, "puedo aprender a manejar mi rabia" o "puedo enfadarme de otra manera".

Procesando "la primera vez"

La regulación emocional se va aprendiendo en experiencias acumuladas que van llevando al sistema en una u otra dirección. Procesar esas experiencias puede ayudar a desmontar desde la base un estilo de procesamiento disfuncional. Aunque siempre nos vamos a encontrar con la paradoja de tener que procesar esos recuerdos a través de un sistema de procesamiento con importantes disfunciones, ir directamente a las memorias más vinculadas a esa desregulación puede ser más útil que trabajar en otras situaciones, y también puede facilitar posteriormente el procesamiento de otros recuerdos. Estas experiencias pueden ser el primer momento en el que el paciente se dijo "no quiero sentirme así nunca más", en el que alguien mostró una emoción desbordándose (por ejemplo, la madre teniendo un gesto autolítico), la primera vez que recuerda ver triste al cuidador por una pérdida que lo sumió en una depresión, una persona significativa diciendo al paciente "no deberías sentirte así" o esos pequeños momentos tan dañinos de "venga, no llores, no pasa nada".

En el procesamiento de estos recuerdos hemos de vigilar de qué modo el paciente se sitúa frente a las emociones que surgen. Es posible que durante el procesamiento surjan respuestas hacia sí mismo similares a las que experimentó por parte de los demás. Por ejemplo, puede resultarle difícil ver su tristeza si está procesando la depresión de su madre, puede costarle permitirse sentir rabia si está procesando la violencia de su padre, o puede tender a evitar la experiencia emocional si durante el recuerdo nadie estuvo allí para ayudarle con ella. Aquí la intervención del terapeuta como modelador de un estilo diferente de regulación y la reintroducción de procedimientos ya ensayados durante la fase de preparación, pueden ayudar al procesamiento del recuerdo.

Entretejidos

Gran parte de las intervenciones en el cambio de los patrones de regulación emocional tienen que ver con una psicoeducación interactiva (entender juntos lo que ocurre desde la forma de regulación actual y las experiencias en las que se generó) y con los entretejidos realizados durante el procesamiento. Voy a llamar entretejidos a cualquier intervención breve realizada para encauzar el procesamiento, no únicamente a verbalizaciones que hacemos al terminar una tanda de EB si no hay cambios y el procesamiento se atasca. Podríamos clasificar estos entretejidos del siguiente modo:

1 **Entretejidos cognitivos centrados en la regulación**

Los entretejidos cognitivos estarían en la línea del autocuidado cognitivo, ayudando al paciente a tomar conciencia de lo que se dice a sí mismo ante lo que siente, y a buscar lo que le ayudaría decirse. A nivel muy genérico, podemos sugerir cosas durante las tandas como "puedo permitirme sentir esto", cuando el paciente está peleando con la emoción; "puedo aprender a manejar esto", si se está viendo desbordado; "afrontar esto me ayudará", si está evitando, o simplemente "es normal que me cueste", si la persona se ve incapaz de decir otra cosa. También podemos, al ver que la emoción no se está procesando, retomar el trabajo realizado en la fase de preparación con el autocuidado cognitivo y preguntar al paciente: "lo que te estás diciendo ahora sobre lo que sientes, ¿te ayuda?", y si el paciente duda o dice que no, le preguntamos "¿qué te ayudaría decirte?". Al haberse ensayado esto múltiples veces, es fácil que el paciente pueda pensar una frase que ayuda y a partir de ahí, continuaremos el procesamiento.

Otra opción a nivel de entretejido es introducir brevemente información sobre el tipo de estrategia disfuncional de regulación que se está poniendo en marcha, de cara a potenciar la toma de conciencia sobre ese mecanismo. Por ejemplo, diríamos "¿te fijas que siempre desconectas de repente al llegar a la tristeza?"

2 **Entretejidos somáticos**

Cuando el problema es que lo emocional y lo sensorial no están bien conectados, pueden ayudar entretejidos de base más corporal.

a) Por ejemplo, si el paciente siente una reacción de colapso, y se viene abajo o se nota muy cansado, notar *apoyo* (un cojín para apoyar la cabeza, poder apoyar la mano en algo) puede introducir lo que no sucedió en la experiencia original. Las reacciones de colapso se producen cuando no hay nada que hacer y no hay nadie que nos pueda sostener.

b) Otra situación es cuando el paciente está expresando verbalmente rabia, pero el cuerpo se ve sin tono. Aquí pedir a la persona que *apriete los puños con todas sus fuerzas y que observe si la sensación aumenta, disminuye o cambia*, puede darnos una pista de lo que ocurre y a la vez desbloquear el procesamiento. Mientras el paciente lo hace, hacemos tapping en las manos. Si la sensación disminuye, suele tener que ver con que el paciente se está permitiendo conectar con esa rabia y de ese modo puede procesarse e integrarse esa emoción. Si aumenta, se anima al paciente a dejarla subir todo lo posible. En ambos casos, se pide luego al paciente que vaya dejando que las manos se abran y que observe qué ocurre con la sensación. Con frecuencia estos entretejidos ayudan a que se produzca un cambio y a partir de ahí el procesamiento puede continuar.

c) El mismo entretejido descrito en el apartado anterior puede ser útil para procesar una tristeza que no fluye. Podemos preguntar al paciente si siente que su tristeza está contenida o está suelta. Generalmente los pacientes suelen tener clara esta percepción. Si dice que está contenida, le pedimos que *apriete fuerte los puños como si estuviera conteniendo esa tristeza voluntariamente, con todas sus fuerzas, y que observe qué ocurre.* A veces el malestar aumenta y, al pedirle que vayan abriéndose las manos, puede empezar a soltar esa emoción. La persona se da cuenta del efecto de contener, y adquiere más conciencia de este mecanismo, que se vuelve más voluntario y menos automático. Otras veces el malestar disminuye, lo cual puede reflejar que junto a la tristeza había también una rabia con la que el paciente no conectaba de forma tan evidente, pero que interfería con el procesamiento.

3 **Entretejido de diferenciación**.

He comentado este entretejido, basado en el trabajo de Litt (2007) en el capítulo 20 al hablar de la diferenciación. La idea es que el paciente, generalmente en relación con una figura de apego preocupado, sea consciente de la confusión entre sus emociones y las de esa persona. En primer lugar, se pasa de llamar a la otra persona por su nombre de pila en vez de por su relación (ej: llamarla "María" en lugar de "mamá"). Pensando en la imagen de esa persona, notando las emociones que siente que son transmitidas por ella y la sensación corporal, el paciente se sitúa frente a una pared y se apoya en ella con las manos, como si estuviese empujando un peso muy grande. Mientras hace esto, el terapeuta - tras pedir permiso - se sitúa al lado del paciente y le hace tapping en los hombros, sugiriéndole que envíe hacia María las emociones que son de María, y que deje que se queden solo las propias. Al terminar la tanda de EB se pide feedback al paciente y se le ayuda con el material que surja. Por ejemplo, si el paciente se siente mal por devolverle a su madre la preocupación que ésta le transmitió, podemos preguntarle si volviéndose una persona preocupada su madre se preocupará menos. La respuesta suele ser que no. Entonces le pedimos al paciente que empuje de nuevo y hacemos una nueva tanda de EB.

4 Entretejidos relacionales

Dado que la regulación emocional se aprende en las relaciones interpersonales y que cuando hay una desregulación marcada suele haber experiencias relacionales que no fueron reguladoras, hay mucho de todo esto que entra en juego en la relación terapéutica. Durante el procesamiento, el paciente puede activarse por disparadores relacionales genéricos o específicos del recuerdo con el que se está trabajando. Explorar si la sensación que el paciente está teniendo con el procedimiento o con el terapeuta la ha experimentado antes alguna vez es siempre interesante, y a veces puede desbloquear de modo importante el procesamiento. Por ejemplo, si la persona está trabajando un recuerdo relacionado con la exigencia materna, puede empezar a agobiarse porque "no se está relajando". La sesión de EMDR le está conectando con su ansiedad por hacer mal algo nuevo y comprender por qué ocurre le ayuda a adquirir perspectiva sobre ello.

La intervención anterior no es un entretejido propiamente dicho, sino una exploración del recuerdo fuente que está alimentando la desregulación emocional (en este caso un intento de controlar la emoción). Además de esta posibilidad, podemos emplear entretejidos de base más relacional. Decir "estoy aquí" es una información que muchas veces es nueva para el paciente: mientras pasaron las experiencias que se están tratando de procesar, no hubo nadie que viera o le importara cómo se sentía la persona. Lo que he llamado "entretejidos telepáticos" son comentarios del terapeuta en los que hace explícita una emoción que percibe desde lo no verbal, pero con la que el paciente no conecta. Por ejemplo, el paciente dice "no noto nada" y el terapeuta puede decir - al observar que los ojos del paciente están húmedos - "yo veo tristeza en tus ojos". Estos comentarios, cuando están basados en una correcta resonancia del terapeuta con las emociones del paciente, pueden facilitar la conexión de éste con una emoción particularmente compleja. Pero además, estamos introduciendo lo que faltó, lo que no sucedió cuando tenía que suceder. Alguien está pudiendo ver esa emoción en el paciente, alguien se da cuenta de cómo se siente.

Integrando emociones

Parte de la regulación emocional tiene que ver con la integración de distintas emociones para dar lugar a una respuesta emocional compleja ante una situación o a un recuerdo. Las emociones puras aisladas solo existen cuando están disociadas, y la realidad suele generar una mezcla de sensaciones que es importante poder sentir en su conjunto y dejar evolucionar. A veces esta mezcla se vive como una confusión que trata de evitarse o la persona se angustia tratando de saber cuál es la emoción correcta o lo que se debería sentir ante la situación. El modo más simple - y el preferible cuando es suficiente - de manejar esto es ayudar al paciente a identificar y aceptar todos los estados emocionales y explicar esta mezcla de emociones como lo normal y saludable. Una vez en el procesamiento de recuerdos, bastará con un "permítete sentir todo eso" para superar pequeños bloqueos.

Cuando al paciente le cuesta asumir determinadas emociones, pese a haberse trabajado previamente, o partimos de una disociación-compartimentalización importante (partes con cierta autonomía mental, caracterizadas por distintos estados emocionales), puede ser necesario complejizar la intervención. Por ejemplo, distintas partes de la personalidad, como el niño triste y la parte enfadada, han de ser representadas para que el paciente adquiera una visión global de una situación. Han de reintroducirse pequeños fragmentos de psicoeducación recordando al paciente por qué le cuesta una emoción en particular, que sentir esa mezcla de emociones se le hace raro, pero es bueno, y que con el tiempo irá sintiendo todo de un modo más natural. Puede ser necesario mencionar las principales emociones para que el paciente se pare con detenimiento a notar - en aquellos sujetos más desconectados - si hay algo de cada una de ellas asociado al recuerdo que se está trabajando. El paciente puede necesitar mirar a los ojos del niño que fue y pararse a entender cómo se sintió o cómo se pudo sentir, si esto no se le hace evidente; el terapeuta ayuda en este caso todo lo que el paciente necesite, verbalizando cosas como "es normal que sintiera de todo en una situación así, muchas veces los niños sienten asco, vergüenza, miedo, tristeza, rabia... todo a la vez".

Incluso en pacientes que no parecen tener problemas para gestionar las diferentes gamas de emociones es importante que durante el procesamiento de los recuerdos observemos si surgen todas las emociones que tendría sentido que surgieran con la situación que se está trabajando. En ocasiones hay emociones a los que por diversos motivos la persona no presta atención y que quedan sin procesar adecuadamente. Con pacientes que procesan bien, estos elementos residuales pueden detectarse en el chequeo corporal o al revisar el recuerdo en la fase 8 la siguiente sesión. En otros casos, sobre todo si el procesamiento del recuerdo tiende a quedar siempre incompleto, una posibilidad es que se haya dejado fuera una capa emocional que sigue alimentando la perturbación.

En pacientes con disociación-compartimentalización, distintas partes pueden estar relacionadas con distintas gamas de emociones, reflejando cómo el paciente se sitúa frente a cada una. Por ejemplo, las voces hostiles tienen mucho que ver con el manejo de la rabia, las partes más dañadas pueden estar relacionadas con la gestión de la tristeza. Algunas partes pueden contener más vergüenza o asco si están asociadas a recuerdos de abuso, o relacionarse con el miedo si se generaron en situaciones de peligro o desprotección. La metodología que empleamos en el trabajo con partes puede ayudarnos en estos casos, pero prestando especial atención a la emoción predominante en cada parte.

También podemos emplear el ejercicio de la sala de reuniones, los dibujos, figuritas o caja de arena, para representar las distintas emociones o al paciente sintiendo cada una de ellas. Esto último también puede ser útil para explorar la reacción del paciente ante cada estado emocional, aunque no haya disociación. Explorar si hay una reacción fóbica hacia alguno de esos estados y de dónde viene (procesándola con EB si procede), cuál es la necesidad subyacente a cada uno y cómo cubrirla de forma sana, y cómo pueden aparecer y combinarse de forma conjunta ante las situaciones de la vida, puede ayudar a una gestión más equilibrada de las distintas emociones. En algunos casos, podemos plantear desde esta base el trabajo con recuerdos, cuando pensamos que va a ser difícil que todas las emociones asociadas puedan fluir sin dificultades.

La presencia terapéutica

Ya he aportado reflexiones sobre la regulación interpersonal y en este mismo capítulo, respecto a los entretejidos relacionales. La presencia del terapeuta, transmitiendo seguridad y confianza en las posibilidades del paciente; estando ahí cuando se presenta una dificultad; diciendo algo en un momento concreto o permaneciendo en silencio, pero en conexión con el paciente, es un elemento fundamental de regulación y un modelo regulador que la persona puede ir interiorizando. Frente a estados emocionales en los que los que le rodeaban hicieron otra cosa (culparon al paciente, lo ignoraron, etc.) el terapeuta actuará como alguien que ve y que resuena con lo que le ocurre al paciente.

Hay dos elementos que es importante tener en cuenta en lo relativo a la regulación emocional. El primero es que la misión del terapeuta no es regular de modo directo, aunque en algunos momentos puede ser necesario hacerlo, sino sobre todo *ayudar al paciente a autorregularse*. Cuando la persona está en contacto con emociones infantiles que no fueron atendidas, puede situarse desde esa posición infantil buscando la regulación externa. Pero al ser adulto y haberse desarrollado ya - mejor o peor - sus áreas prefrontales, hay un paso intermedio que no podemos ignorar. Por ello, el terapeuta ha de modelar la función sana de las áreas cerebrales reguladoras. Por ejemplo, cuando la persona se está sintiendo desamparada, el terapeuta puede sugerir simbolizar este estado emocional: "mira a ese niño que se siente desamparado" y potenciar que el paciente se sitúe en una posición de observación y regulación: "¿cómo podrías tú como adulto ayudar a este niño?" Un paciente con tendencia a la infrarregulación probablemente se borrará de la ecuación, diciendo que no sabe qué hacer o que no puede hacer nada. El terapeuta puede ayudar, pero no asumir el papel que el paciente no está asumiendo. Por ejemplo, no le hablará directamente al niño, sino al adulto, diciéndole: "dile que es normal que te cueste, porque no hubo nunca nadie que supiera ver cómo se sentía y que se ocupase de ello, pero que ahora estás aquí, que lo estás intentando, que quieres aprender" y, sin darle tiempo al paciente de enquistarse en su posición de "no puedo hacer nada por regularme", hará EB para reforzar ese cambio -

mayor o menor - que el paciente ha podido hacer en ese momento. Si, al contrario, estamos ante un paciente sobrerregulado o que emplea mecanismos patológicos de regulación (se está autoculpando, pensando en acabar con todo, etc.) podemos recurrir a identificar lo que el paciente se dice a sí mismo, y hacer la pregunta - ya trabajada muchas veces antes - de "¿qué te ayudaría decirte a ti mismo en lugar de eso?"

Otro aspecto que es fundamental no perder de vista es que - en el campo de la traumatización interpersonal - el terapeuta va a ser el agente que puede ayudar a aprender una nueva regulación y, a la vez, un potente disparador de la historia relacional patológica del paciente. Las personas más gravemente traumatizadas no pueden recurrir a la implicación social para regularse, como explica la teoría polivagal (Porges, 2007) y activan con frecuencia e inadecuadamente las reacciones de lucha/huida, buscan al otro con desesperación (grito de apego) o se dejan caer sin esperanza de ser entendidos o sustentados (respuestas dorsovagales de colapso, venirse abajo). Cuando el trauma es relacional, la relación es el principal disparador. La salida de esta paradoja pasa porque el terapeuta tenga una imagen completa de la historia del paciente y sus patrones, que le permita poner en contexto sus reacciones y le ayude a adquirir perspectiva. Terapeuta y paciente ponen así sobre la mesa los elementos relacionales, de cara a hablar sobre lo que se mueve en la relación. Al introducir estos temas con neutralidad y distancia, aceptando y entendiendo las reacciones del paciente, ayudando a éste a entender de dónde vienen, el paciente irá siendo capaz de autoobservarse y de ir haciendo cambios en sus patrones automáticos. Esto es necesario para poder acceder y procesar los recuerdos que alimentan esos patrones; de lo contrario, lo relacional interferirá de diversos modos a la hora de llevar a cabo los procedimientos de EMDR.

Es evidente que, para poder hacer este trabajo, como terapeutas hemos de tener una buena capacidad para autoobservarnos y analizar situaciones - a veces de alta carga emocional - con distancia. No es posible hacer esto si nuestras propias redes nos están conectando con material nuestro no procesado. El trabajo personal del terapeuta es imprescindible para una terapia de trauma en la que estamos entrando en profundidad en historias muy duras y complejas y en la que habitualmente conectamos con estados emocionales intensos y de alta complejidad. La herramienta más importante del terapeuta no es el conocimiento teórico ni una gran cantidad de posibles técnicas a implementar, sino el tomar conciencia de su papel esencial como instrumento regulador para el paciente. Este instrumento ha de estar bien afinado para poder cumplir esta función de promover el cambio en el paciente hacia un sistema de regulación más saludable, rico y eficiente.

Capítulo 27

El caso de Sara

Por Cristina del Canto

Veamos en los próximos capítulos algunos casos para entender esta perspectiva de la regulación emocional y lo que aporta a la conceptualización. En todos ellos se han modificado los datos personales por cuestiones de privacidad, pero conservando los elementos centrales; en este capítulo a esta paciente la llamaremos Sara. Clínicamente el diagnóstico sería un trastorno fóbico, pero como veremos, esto poco nos explica sobre el origen del problema y no nos orienta sobre cómo abordarlo con EMDR.

Sara había tenido fobia a vomitar desde muy pequeña y luego se fueron desarrollando múltiples conductas de seguridad para prevenir el posible contagio de virus gástricos (lavado de manos no ritualizado) o los vómitos (llevaba siempre encima antieméticos); también aparecieron conductas evitativas "por si me pongo mal y vomito". En la edad adulta empezó a presentar sintomatología agorafóbica (evitaba alejarse del radio de seguridad de su casa, los lugares donde no conocía la salida o las actividades en las que pudiera marearse, como el deporte o volar en avión...). También aparecieron miedos respecto al futuro, como a la maternidad "porque las embarazadas tienen náuseas y los bebés vomitan mucho" o a buscar un trabajo a jornada completa "porque sería estar más tiempo expuesta a un posible contagio". Todo esto le angustiaba mucho por su repercusión en su relación de pareja, en el ámbito laboral y en su vida cotidiana en general.

Buscando, como siempre hacemos en EMDR, dónde empezó el problema y qué pasaba en esa época, vemos que estos síntomas se iniciaron a raíz de experiencias traumáticas que Sara vivió en el colegio: de los 4 a los 6 años las cuidadoras del comedor escolar amenazaban constantemente a los niños con llevarlos al cuarto de las ratas si no se acababan la comida y les gritaban o agredían físicamente (bofetadas, zarandeos) para forzarlos a comer. Recordaba vívidamente la imagen de un niño que vomitó cuando le obligaron a acabarse la comida, al que le hicieron ingerir su propio vómito. Estaba siempre en el comedor con una sensación de miedo constante, pensando "me va a pasar algo malo", "estoy en peligro". En esa situación el miedo a vomitar tenía un valor protector: no vomitar le permitía mantenerse a salvo de castigos como el que recibió aquel niño. La estrategia de evitar situaciones de potencial riesgo de vómito le permitía sentirse "a salvo". Aquí vemos cómo una emoción - en este caso el miedo - no llega a ser procesada de modo natural y queda asociada a un mecanismo regulador disfuncional - la evitación. Los vómitos formaban parte de este recuerdo nuclear y por ello se quedaron asociados a la sintomatología. A partir de aquí la evitación del vómito llegó a convertirse en un problema con importantes repercusiones en su funcionamiento adulto, debido al mantenimiento y generalización de esa estrategia de **evitación** a lo largo de su vida.

Pero este evento traumático no era el único origen del problema de Sara. Como en muchos casos, las relaciones de apego primarias van a configurar una base que puede - en el apego seguro - funcionar como un factor de resiliencia frente a los eventos adversos, o bien - en los apegos inseguros y el desorganizado - actuar como un factor multiplicador del trauma. Veamos lo que sucedió con Sara en esta área. Sus padres se conocieron con 17 años y se casaron con 23. La madre tuvo un aborto un año antes del nacimiento de la paciente. El padre, que había insistido mucho para que tuvieran hijos, cuando la madre de Sara estaba embarazada de ella, se fue con otra mujer. El último día que los padres se vieron fue el día del nacimiento de la paciente. Ella supo que hubo una discusión en el hospital, pero nunca le contaron lo qué sucedió. Aunque Sara no lo explicó así de entrada, sus descripciones de la infancia hacen pensar que su madre pudo estar deprimida o, al menos, intensamente afectada por el abandono del padre y también sin habilidades para manejarlo. Nunca hablaba sobre el tema, y en las pocas ocasiones en las que Sara trató de hablar con ella de su padre (qué había ocurrido, dónde estaba...), "nunca pude hacerlo, se ponía fatal, a llorar, decía que no pasaba nada y se iba... Yo no quería que llorara, así que sabía que era un tema del que no se podía hablar". Sus abuelos maternos, con los que se crio junto con su madre, eran católicos y muy conservadores, para ellos el abandono del padre y el divorcio supuso "una vergüenza en la familia, siempre fue un tabú".

El estilo de apego de la madre era principalmente ansioso/preocupado. Como suele ocurrir en este patrón de vinculación, el cuidador necesita al niño para regularse y obstaculiza el desarrollo de su autonomía, ya que "si te alejas o lo pasas mal sufro". Hay una falta de diferenciación del yo en el adulto, que estará centrado en sus propias emociones y tratará al niño como si estuviera sintiendo lo mismo. Para adaptarse, el niño funcionará en base a las emociones del adulto, las "absorberá", mientras ignora las suyas. Sara describía cómo su madre le transmitió sus **miedos** (ej: "me inculcó la desconfianza hacia los hombres") y su extrema **preocupación** por lo que podría ocurrirle cuando no estaba con ella. Por ejemplo, cuando salía con amigas o hacía algún viaje, le pedía "vete con cuidado, que sabes que lo paso mal". Cuando Sara intentaba hacer algún gesto para ganar autonomía, su madre se mostraba reticente y su abuela reaccionaba con enfado y le retiraba la palabra. Madre e hija se fueron acoplando en este sistema simbiótico y se desarrolló una cierta sobreprotección (ej: hacían por ella recados que le daban pereza o le acababan a última hora tareas escolares de las que ella no se había encargado) e intrusividad en sus tomas de decisiones (ej: le insistían en que opositara para un puesto fijo como el de la madre) como forma de buscar seguridad y garantizar el futuro de ambas.

En el apego seguro se fomentaría la autonomía, animando al niño a tomar sus propias decisiones y a afrontar cambios, transmitiendo confianza en su capacidad, ofreciendo acompañamiento y apoyo, y estando ahí para reparar si las cosas no salen bien. Esta seguridad y confianza que se promovería en el niño, le hubiese aportado a Sara resiliencia frente a los gritos de las cuidadoras del comedor. En cambio, en el apego ansioso/preocupado - como vemos en su caso - se transmite siempre el temor a todo lo malo que podría ocurrir y se limita la posibilidad de explorar. Esto va en contra del desarrollo de un sentimiento interno de seguridad y de la confianza en uno mismo; por ello, la resonancia de cualquier sensación que active el miedo será mucho mayor. Además, la sobreprotección ("yo lo hago por ti") puede potenciar la posibilidad de recurrir a la evitación ("yo sola no puedo afrontarlo"). Una vez que empieza a recurrirse a la evitación, las posibilidades de aprender a manejar las emociones de modo funcional disminuyen. Aquí podemos ver uno de los orígenes de la infrarregulación: la persona sentirá que no puede hacer nada para regularse o calmarse, no verá alternativas, no tolerará la incertidumbre ni podrá tomar decisiones. Las creencias negativas que aparecen aquí son "no valgo" y "soy débil". Cuando Sara experimente malestar se sentirá incapaz de tolerarlo o regularlo, lo que mantendrá la evitación como única alternativa.

Pero el miedo no es la única emoción con la que Sara ha tenido problemas. Debido a la repercusión en su entorno del abandono de su padre y el manejo que se hizo de esta situación, Sara aprendió que sentir **tristeza** y pedir que los demás atendieran sus necesidades emocionales no era viable. Su modelo de gestión de la tristeza fue el que vio en su familia, donde no se hablaba sobre lo que la desencadenaba, y si resultaba inevitable, se ocultaba, se tapaba. Cuando Sara expresaba sentimientos dolorosos, como cuando quería saber de su padre, la cara de su madre se ponía aún peor. Sus abuelos reaccionaban con **vergüenza** y silencio: "si preguntaba, mamá se ponía peor y los abuelos no querían hablar". La única opción era tratar de **suprimir** sus necesidades (la reparación del abandono de su padre) y sus emociones de confusión, rabia, culpa y tristeza. Cuando sus emociones no podían ser suprimidas trataba de **evitarlas** y llegó a desarrollar una fobia a conectar con sus emociones en general "sentir es malo e inmanejable". No pudo aprender a identificarlas y diferenciarlas bien, ni tuvo de quien aprender un modelo funcional para regularlas.

¿Cómo podía entonces Sara contar en casa lo que le pasaba en el comedor escolar? Estaba muy asustada, pero no sentía que en casa hubiese ninguna figura que pudiera sostenerla y reconfortarla si expresaba emociones intensas y desagradables. Apareció así el miedo a vomitar y se quedó asociado, como es habitual en los niños, a manifestaciones somáticas en forma de molestias gástricas. Estos problemas digestivos sí eran vistos y cuidados ("mi madre era muy buena, siempre me cuidaba cuando estaba enferma"), y fueron un modo de que su madre atendiese de alguna manera lo que le pasaba y de sentirla cercana. No contó en casa lo que le pasaba en el colegio hasta los 10 años, cuando su madre - que era profesora en ese colegio - había dejado de trabajar allí. Esta situación mantenida en el tiempo le fue dejando una sensación de fondo de profunda soledad: no había un otro que viera que le pasaba algo, que la ayudara a ponerle nombre, que la calmara y la protegiera frente a las cosas que le pasaban. Las molestias digestivas y la fobia a vomitar sí eran vistas y atendidas, por lo que cualquier necesidad de regulación se fue encauzando a través de esos síntomas. La activación del miedo a vomitar se fue convirtiendo en garantía de mantener el vínculo con su madre, de sentir conexión ante la soledad y el temor a un nuevo abandono y le aportó un modo de recibir cuidados cuando estaba mal emocionalmente.

Cuando conceptualizamos un caso siempre es interesante ver dónde se agudizan los síntomas o aparecen problemas, es decir, el factor precipitador. En el caso de Sara, los momentos de empeoramiento tuvieron que ver con etapas de aumento de autonomía y afrontamiento de cambios (decidir si se iba a estudiar a otra comunidad autónoma, iniciar su vida laboral, plantearse ser madre…), aunque no fue capaz de tomar conciencia de esto hasta ya avanzada la terapia. El verse siendo más autónoma o haciendo cosas diferentes posiblemente disparaba la inseguridad y el miedo y éstos activaban la evitación. Otras veces los factores que activaban la sintomatología eran momentos de malestar emocional intenso, ante el cual se veía sin formas efectivas para regularlo (problemas laborales, descubrir por Facebook que su padre tenía otra familia, etc.). En el último caso, las sensaciones de abandono y tristeza que tuvo que aprender a anular, se intensificaron y se hicieron inmanejables. Lejos de tomar conciencia de ello - es lo que pasa con las emociones suprimidas - Sara se focalizó aún más en su fobia a vomitar. Sus miedos la mantuvieron además dependiente de la figura de apego primaria: "no puedo ser madre porque las embarazadas tienen náuseas y los bebés vomitan", "no me voy a estudiar fuera por si me pongo mala", "decido dedicarme a aquello en lo que mi madre me insiste, pero solo media jornada, para estar menos expuesta a situaciones de contagio de virus gástricos".

En la edad adulta el miedo se convirtió a la vez su salvador y su verdugo. Sara representó gráficamente su miedo del siguiente modo.

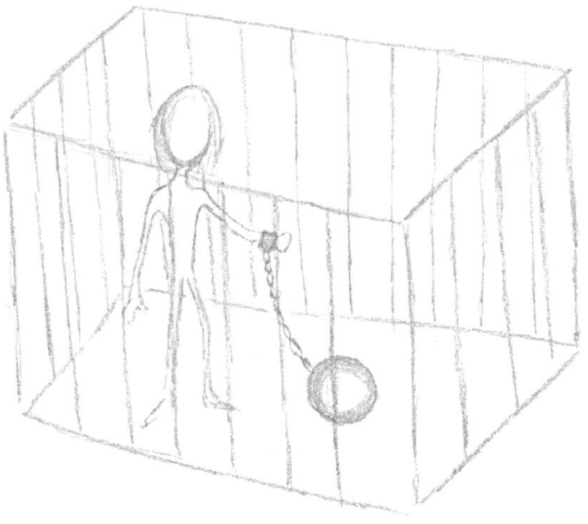

Dibujo 1. El miedo es algo por lo que la paciente se siente aprisionada.

Dibujo 2. El miedo la mantiene en una burbuja de seguridad.

¿Cómo ayudamos a Sara con su fobia? Dado cómo se ha construido, ¿podría aportar algo un tratamiento de exposición? Y si creyésemos que ésta es la solución, ¿estaría la paciente dispuesta a llevarlo a cabo y a mantenerlo el tiempo necesario para superarlo? De hecho, solo imaginarse exponiéndose al estímulo fóbico le producía una perturbación inasumible. Además, la información que hemos ido viendo nos ayuda a entender que el tema de los vómitos no era más que un aspecto muy periférico del problema. La perspectiva que manejamos en EMDR nos aporta un marco de comprensión más amplio, que nos ayuda a poner en contexto no solo la fobia y los eventos que se asociaron a su inicio, sino una alteración más global en la regulación emocional: en el caso de Sara hay una evitación de todo lo emocional y una supresión de algunas emociones. La tendencia evitativa se intensifica sobre todo con el miedo. Hay una **infrarregulación** emocional (excepto en la supresión de la tristeza) y la paciente no se siente capaz de hacer nada con sus emociones. Esta carencia de habilidades de regulación emocional potenció el recurso a la evitación. Este patrón complejo funcionó como un modo de adaptarse a unos cuidadores desregulados - amplificadores de miedos y evitativos - y como la única posibilidad que tuvo Sara de mantener el vínculo. Dada la falta de seguridad básica, siguió creyendo que necesitaba a la figura de apego y recurrir a la **regulación externa**, desarrollándose un patrón de dependencia emocional.

Cuando Sara acudió a consulta el miedo llevaba muchos años con ella, había sido su referencia en la toma de decisiones importantes y en actividades cotidianas; por ello estaba totalmente identificada con él, decía: "yo soy una miedica". Por otro lado, racionalmente sabía que vomitar no era peligroso y que **este miedo irracional** la limitaba enormemente, lo que **le generaba muchísima vergüenza** y no lo comentó con nadie salvo su madre y su pareja. Reaccionaba ante los problemas como lo aprendió en su familia: sintiendo vergüenza y no hablando de ello, "metiendo todo bajo la alfombra". Cuanto mayor era la problemática que se iba acumulando, más **rumiativa** se volvía la paciente respecto a su problema, culpándose y criticándose por no poder solucionarlo. Esto que se decía a sí misma, por supuesto, no la ayudaba, pero fue el modelo que aprendió.

La fase 1 de EMDR está orientada a la comprensión del caso, y esto es aún más importante en problemas como el de Sara, en los que comprender y sentirse comprendida fue una carencia muy importante de su historia. Se recriminaba por lo que le pasaba y por medio del trabajo terapéutico esta rumiación fue disminuyendo y la paciente fue aprendiendo - a través de la mirada de la terapeuta - a mirarse con menos juicio y más comprensión.

Inicialmente **las emociones estaban poco diferenciadas** y a Sara no le resultaba fácil hablar de lo que sentía por dentro: se había pasado toda su vida tratando precisamente de evitar hacer eso. A todo malestar lo llamaba ansiedad o miedo, aunque estuviera sintiendo otras cosas, como tristeza, impotencia o incertidumbre. Había otras emociones intensas muy perturbadoras que no era capaz de ver, como la culpa (por no poder evitar que su madre se sintiese mal y por el abandono), la rabia (tanto hacia su padre como su familia por el manejo que habían tenido) y la soledad, que siempre había estado presente (sobre todo con lo que pasaba en el comedor del colegio y por la ausencia de su padre, sensación de la que se fue haciendo cada vez más consciente). Con la ayuda de la terapeuta fue aprendiendo a identificar la emoción e ir entrando en contacto con ella sin evitar.

También se trabajó en la **resolución de problemas**, lo que como hemos visto también puede entenderse como un modo de regular las emociones asociadas a ellos. Al carecer de modelos y experiencias de afrontamiento, Sara continuaba aplicando sistemas más propios de una edad infantil, como la fantasía. Por ejemplo, entendía que "esto solo se me pasará cuando vomite" y que "vomitar será la solución a todos mis problemas". Al ver el vomitar como la única la solución para su miedo y a la vez como lo que trataba de evitar a toda costa, Sara se iba metiendo en un callejón sin salida y el miedo no hacía más que crecer. Fue necesario un trabajo de aprender a tolerar el malestar y analizar los problemas de un modo más realista y pragmático, así como animarla a que pusiese en práctica estrategias de afrontamiento (ej: alejamiento progresivo de casa, reducir el lavado de manos, reducción de antieméticos...). Algunas de estas estrategias las planteó la propia paciente de modo espontáneo a raíz de un reprocesamiento (ej: decidió cambiarse los apellidos de orden y lo hizo la misma semana que se lo planteó). Todo esto fue contrarrestando la tendencia evitativa.

La paciente representó gráficamente su miedo en varias ocasiones y en los siguientes dibujos puede verse su evolución. Estos dibujos se usaron como dianas para focalizar sobre la emoción en sí y todo lo que generaba en la paciente.

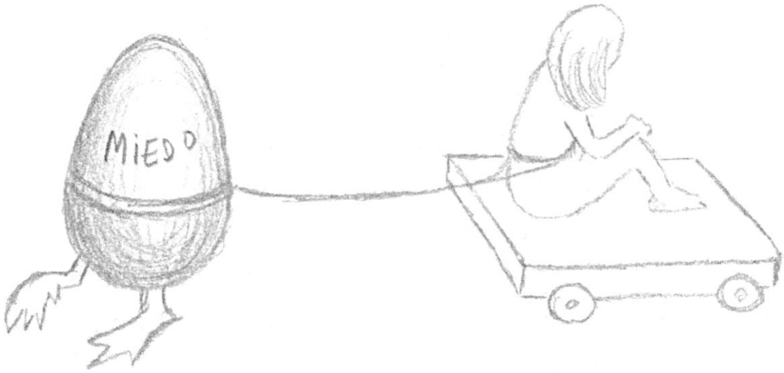

Dibujo 3: Representa al miedo que la arrastra.

Dibujo 4: Tras el procesamiento, se representa con el hilo que la ata al miedo cortado. El miedo se ha hecho más pequeño y ella más grande, y está mirando hacia delante. Frente a este dibujo, la terapeuta le pregunta: "¿Qué hay ahí donde miras, ahora que estás desatada del miedo?" Sara responde "No lo sé, nunca he querido mirar".

Sara fue trabajando con sus recuerdos y también con sus situaciones presentes. Abordó su conflicto en la toma de decisiones a nivel laboral. Siempre había decidido en base al miedo; por ejemplo, quedarse en su ciudad natal a estudiar y trabajar como profesora, que es lo que su madre le inculcó que sería bueno para ella. Se planteó dedicarse al diseño de joyería, pero eso implicaría no hacer lo que su madre quería (activación del miedo nuclear al abandono) y asumir incertidumbre - algo que no sabía manejar ni tolerar - en cuanto a ingresos (en alguien de base altamente temerosa). Finalmente fue viendo que la docencia en sí le gustaba, pero no presentarse a las oposiciones de magisterio, que era a lo que su madre le empujaba. Fue capaz de ponerse más firme con su jefe de estudios y mejorar sus condiciones laborales.

Para poder trabajar en su pasado y en su presente, fue necesario que Sara entendiera la relación entre su historia - incluyendo sus traumas y los patrones de apego con las figuras más significativas de su vida - y los problemas que la traían a consulta. Aprendió a mirarse de otro modo, introduciendo así una complejidad sana en su regulación emocional (autoobservación, autoconsuelo, más confianza en sus recursos). Fue sustituyendo la evitación por afrontamiento y mejorando en la resolución de problemas. Pasó de sentir que el miedo controlaba su vida a gestionar cada vez mejor sus emociones, superando su tendencia a la infrarregulación y aprendiendo herramientas adaptativas. El procesamiento de recuerdos se fue introduciendo en un abordaje global del caso, que empezó por comprender cómo se habían enlazado sus aprendizajes para dar lugar a sus dificultades en la regulación emocional (fase 1) y abordar específicamente sus problemas de regulación para conseguir la estabilidad suficiente (fase 2) para acceder a los recuerdos y procesarlos de forma efectiva (fases 3 a 8). El resultado fue no solo la disminución de los síntomas, sino una mejora en sus patrones de regulación emocional. El siguiente dibujo refleja muy bien este cambio. Sus miedos se han hecho mucho más pequeños, sus emociones más manejables. Ella, más grande y confiada es ahora la que avanza, llevando sus emociones consigo.

Capítulo 28

El caso de Noa

Veamos ahora el caso de Noa. Aparte de evitación, en esta paciente se combina una tendencia a la supresión emocional y una estructura disociativa. El objetivo de este capítulo es mostrar cómo entender el caso poniendo el foco en la regulación emocional puede ayudar a articular los procedimientos empleados y el trabajo terapéutico.

Noa era deportista profesional, y buena, pero sufrió una caída muy aparatosa que le hizo imposible continuar compitiendo. Sus lesiones no fueron graves, pero ella se veía muy limitada, con mucho dolor y completamente agarrotada. Se esforzó mucho por mejorar, pero pareciera que cuanto más se esforzaba, peor se iba encontrando. Unos meses después empezó con movimientos involuntarios de brazos y piernas. En su equipo le plantearon que debía dejarlo si no se recuperaba en los próximos meses y con esa presión sus síntomas empeoraron aún más. No pudo volver a la competición ni a los entrenamientos, y dos años después del accidente seguía viéndose enormemente limitada para llevar una vida normal. Aparte de los movimientos, se bloqueaba, tenía episodios de parálisis y síntomas psicosomáticos (asma, neumonía recurrente). En la primera evaluación no se objetivaron síntomas disociativos ni psicopatología previa a todo esto.

Cuando la vi por primera vez, Noa llevaba un año trabajando con una terapeuta, que me derivó el caso porque creía que no estaban consiguiendo avances. Mi compañera, una clínico EMDR con mucha experiencia, había descartado hacer estimulación bilateral, porque cuando empezaba ya con el primer movimiento ocular, se disparaban en la paciente los movimientos involuntarios. También me comentó que seguramente había algún tema en la infancia, porque Noa daba una versión muy plana de su familia, calificándola de "normal" y a sus padres de "buenísimos", sin ser capaz de dar detalles, e insistiendo en que no había ningún evento perturbador previo al accidente. Dada esta actitud defensiva, en mi primera entrevista tuve buen cuidado de no explorar esa etapa, aunque en un momento determinado hice algún comentario genérico sobre la infancia. Justo en ese instante, Noa se plegó sobre sí misma y permaneció en esa postura sin poder moverse, aunque ella expresaba su deseo de desplegarse. Intentamos algún ejercicio de autocuidado, que aún empeoró más la situación. Tras 45 minutos, no recuerdo bien cómo, pudo recuperar su postura normal.

¿Qué tipo de regulación vemos aquí? En primer lugar, pareciera que Noa no era del todo consciente de sus verdaderas emociones y necesidades, no parecía haber una buena conexión emocional, dado el relato normativo que hacía de su infancia y de su vida. Pese a la ausencia de detalles de su historia temprana, tanto los síntomas disociativos, como la respuesta corporal involuntaria y egodistónica, apuntaban a un "desconectado tipo 2", es decir, una desconexión aparente, que ocultaba debajo una estructura fragmentada: estaríamos ante **disociación-compartimentalización**. Como segundo aspecto a destacar, la actitud general de Noa hacia sus dificultades era de ignorarlas y minimizarlas. Cuando tuvo la lesión, la falta de evolución favorable la llevó a esforzarse más, hacer el doble de fisioterapia de la que le indicaban, tratar de hacer cosas aunque le fallaran las fuerzas y sentirse mal cuando descansaba o no hacía nada. Aunque en esto había cierto grado de control intencional, Noa hacía todo ello en gran medida de modo automático y no consciente. Por ello etiquetaría esta tendencia como **supresión**. En tercer lugar, parecía haber una **evitación** activa de determinados elementos, dada su súbita respuesta ante mis comentarios sobre la infancia. Este aspecto necesitaba explorarse más a fondo, para ver hasta qué punto había una estructura disociativa subyacente, que hiciese necesario un trabajo con partes.

Si nos planteásemos el caso sin pensar en la regulación emocional ni en la disociación, el accidente parecía el factor precipitador, por lo que tenía sentido empezar por ahí. Sin embargo, esto no había sido posible inicialmente. No teníamos apenas información sobre el origen de estas dificultades, pero sin entenderlas no podíamos organizar un plan de trabajo viable. Era necesario explorar el sistema interno dado que parte de sus reacciones parecían fuera de su control voluntario (no tenía sentido de agencia, no sentía que era ella quien las gestionaba) y de su comprensión consciente. Dado que la paciente no identificaba la presencia de partes internas ni de voces, la única vía era la comunicación indirecta. Me hice una hipótesis, basada en la información de que disponía: pareciera que la paciente se cerraba (bastante literalmente) ante la posibilidad de que yo quisiera explorar su historia temprana. Hablamos del mensaje que su cuerpo podía estar mandando, y de lo importante que era escucharlo, y entonces le pedí a Noa que le transmitiera a "su interior" que no íbamos a hacer nada que yo creyera que no estaba preparada para poder hacer. La respuesta del cuerpo fue de una inmediata relajación, lo que fue muy sorprendente para la paciente.

Esta sesión supuso un punto de inflexión. Para mí quedaba claro que la respuesta del "interior" orientaba a la presencia de una parte disociativa. Estábamos por tanto ante un cuadro de disociación-compartimentalización, y eso hacía necesario alguna comunicación con ese compartimento que estaba desconectado del resto de redes. A partir de entonces, cualquier intervención, incluyendo la introducción de EB y su duración, eran planteados a Noa, y ésta lo consultaba con "el interior". Así íbamos tomando las decisiones.

Fuimos trabajando con diversos procedimientos, en los que incluía pequeños fragmentos de procesamiento. Estos procedimientos incluían instalación de recursos o procesamiento de disparadores de presente basado en el protocolo EMD. El trabajo con EMD consiste en procesamientos acotados en los que intencionalmente se limita el reprocesamiento y las cadenas asociativas, volviendo a la diana tras cada set de EB. En el caso concreto de Noa, este procedimiento tenía dos adaptaciones. La primera era que los sets eran muy cortos, 4 o 6 movimientos. Además, dado que trabajábamos en el terreno de la disociación-compartimentalización, y que había asegurado a la paciente que no haríamos más de lo que ella pudiera tolerar, preguntábamos al interior después de cada set si seguíamos o no, y los ojos de Noa se cerraban involuntariamente cuando "el interior" consideraba que la duración del set era suficiente. Este trabajo fue generando mejorías mucho mayores que la terapia con la que había trabajado anteriormente. Creo que ello fue en parte por la introducción de la EB, pero también por lo que suponía este feedback constante entre el interior y el exterior de Noa, y la graduación momento a momento que íbamos haciendo de cuándo, cómo y hasta qué punto introducíamos los procedimientos. Esto refleja el neuroentrenamiento emocional del que hablaba Coubard (2015), pero además estábamos haciendo un trabajo de fondo sobre la supresión emocional (Noa estaba aprendiendo a notar su interior y atenderlo), sobre la evitación (afrontando progresivamente, a su ritmo) y sobre la disociación-compartimentalización (a través de este diálogo constante con la parte disociativa interna).

Tras unos meses de trabajo me planteé que podría ser interesante ver de modo más claro qué era "el interior", aunque parecía evidente por las respuestas que daba y la sorpresa de la paciente ante muchas de ellas, que se trataba de una parte de la personalidad con cierto nivel de autonomía mental. Suelo pedir a mis pacientes, como un modo de explorar disociación, que dibujen en un círculo que yo hago en una hoja de papel lo que ellos sienten que hay en su interior. Al hacerlo con Noa, ella dibujó una cruz, como tachando el círculo. Mi interpretación fue que había una evitación marcada a mirarse para adentro. Tomando este dibujo como diana, hicimos EB para ayudar a la paciente a conectar; tras cada set fue dibujando algo, y poco a poco fue apareciendo una cara. Sin embargo, a la siguiente sesión, volvió a tachar el círculo. Repetimos el mismo procedimiento, con el mismo resultado. Es decir, durante la sesión parecía procesarse algo y desvelarse una parte disociativa, pero en la siguiente sesión, todo estaba igual. Era como si la niebla hubiera vuelto a cubrirlo todo. Veamos un fragmento de la siguiente sesión, cuando le dibujo el círculo por tercera vez.

Terapeuta: ¿Cómo has estado esta semana?

Paciente: Hoy estoy como si me hubieran dado una paliza. No me encuentro mal, pero estoy supercansada.

T: ¿Cómo estuviste después de la última sesión?

P: Bien, como siempre, al llegar a casa estuve dos horas metida en la cama, y después bien. Cada vez me dura menos tiempo. Y desde hace un par de semanas ya no estoy tomando ninguna medicación. Lo que me cuesta conciliar es el sueño.

Dibujé de nuevo el círculo sobre la hoja, con idea de explorar cómo evolucionaba el tema de mirar el sistema interno.

P: Ay, el círculo este… (hace un gesto de desagrado).

T: ¿Qué pasa con el círculo?

P: No me gusta nada.

T: ¿Por qué?

P: Porque la última vez que lo hice me sentó fatal… Bueno, pero sí, lo hago.

T: No, pero explícamelo.

P: No, es que me cuesta hacerlo. Y después le conté lo que hice a mi novio, y aún me sentí peor. Me juré que no iba a volver a contar lo que hago en sesión.

Noa tenía una relación de pareja que no le aportaba apoyo ni ayuda, y frecuentemente le recriminaba que estuviese enferma tantas veces. Con el tiempo ella acabó dejando esa relación, y en esta etapa empezaba a ser consciente de que no era buena para ella.

Lo que parecía claro para mí es que mi empeño en hacer el ejercicio del círculo no tenía sentido. Estaba forzando a la paciente a ir más allá de lo que su sistema podía ir, y tener cuidado con no forzar parecía un elemento clave en su proceso terapéutico. Sin embargo, simplemente dejar el ejercicio nos aportaba poca comprensión sobre lo que ocurría aquí. Entender es un objetivo central del proceso, y más en un caso como este. Así que pensé en trabajar sobre la tendencia evitativa en sí misma, que se manifestaba en este punto de modo muy potente. El foco aquí sería, no poner cara al "interior", sino que Noa pudiera comprender su sistema de funcionamiento y que pudiéramos de algún modo desbloquearlo. Para ello, pensé que la EB podía ayudar.

T: Es importante entender el hecho de que te cueste, vamos a intentar trabajar solo con la sensación de que te cuesta.

P: Sí, mira, ya estoy sudando (se quita la chaqueta). No sé por qué, pero hasta mirar para ahí me cuesta, mira tú que tontería, porque no tiene nada, pero me cuesta.

Por supuesto, teníamos que consultar con el sistema interno. Aunque con el dibujo esta parte disociativa no se desvelaba, la comunicación con ella de modo más indirecto era fluida.

T: Haz la pregunta al interior, como siempre, de si está de acuerdo en trabajar con la dificultad para mirar el círculo.

P (cerrando los ojos): Dice que "sí, pero poco".

T: De acuerdo, pues levantas la mano cuando consideres que es suficiente. Nota la dificultad de mirarlo, ¿cómo es de fuerte la dificultad de mirarlo, de 0 a 10?

P: Ay... (se le contrae la espalda en un movimiento involuntario, esto ocurría con frecuencia cuando conectaba con "el interior") No sé, un 8.

T: Vale, vamos con eso (tanda corta de movimientos oculares).

P: Mejor, como menos a la defensiva (su tensión corporal también se redujo visiblemente).

T: ¿Puedes entender con qué tiene que ver esa dificultad?

P: Con que es un ejercicio duro, difícil.

T: Pero no te viene qué es lo que lo hace difícil.

P (notando dolor por una nueva contractura): Enfrentarme.

T: De acuerdo. ¿Procesamos eso un poquito más?

P: Sí, sí.

T: Vale, pues abre los ojos.

Movimientos oculares (MO), tanda corta, unos 6 movimientos.

P: Mejor, pero me sigue costando mirar para ahí.

T: Nota la dificultad para mirar, y pregunta si está bien procesar un poquito más.

P: Sí (nueva contractura).

T: Nota entonces la dificultad para mirar, y abre los ojos.

MO, tanda corta.

P: Ahora mejor, no me cuesta tanto.

En el lenguaje no verbal podía verse también que la tendencia evitativa se había reducido. No tendía ya a mirar para otro lado, se mantenía mirando de frente, aunque el círculo estuviera ahí. No lo miraba directamente, pero tampoco lo evitaba.

T: ¿Qué es lo que ha cambiado?

P: Es como una manera de introducir, como si me fueras llevando de la mano, poquito a poco, en vez de lanzarme ahí. Es como ir acercando el papel, o la dificultad de mirar para el papel, y viendo que no es tan malo como... Porque yo siempre me tiro mucho a los leones, y esto es más poco a poco.

T: Como aprender a hacer las cosas de otra manera.

P: Si, no forzar, siente bien o siente mal.

T: Pregunta a tu interior si está bien dejarlo aquí o si es mejor seguir trabajando esto mismo un poquito más.

P: Me sale "trabajar, trabajar".

T: Entonces vuelve a mirar la dificultad para trabajar que todavía notas.

MO, tanda corta.

P: Bien.

T: ¿Qué es lo que tiene de bueno no mirar?

P: Que es como no pasar dolor, es no tener que... Como si lo pasaras por encima. Es como si hay algo doloroso, por ejemplo, lo comparo con si alguien se ha hecho mucho daño, que es una tontería (sus síntomas empezaron precisamente después de una lesión), si pasas junto a esa persona, y vas torciendo la cabeza, diciendo "no voy a mirar". Sabes que está ahí, pero si no miras a lo mejor no te afecta tanto como enfrentándote a eso. Que a lo mejor luego es una tontería y no pasa nada, pero ya solo el hecho de tener que mirar... Te produce curiosidad, pero sabes que te va a doler, entonces ya no miras por si acaso.

T: Vale, pues simplemente date cuenta de eso.

MO, tanda corta. Ya no se producían contracciones, como en la primera parte del procesamiento.

P: Es que me hace gracia, porque como es solo un papel (el que tenía dibujado el círculo estaba a su derecha, sobre la mesa), nunca me había costado mirar a un papel. Pero ahora mejor, al abrir los ojos la vista ya no se me va hacia la izquierda, ya miro de frente. Es como "solo es un papel".

T: Vuelve a preguntar cuándo es el momento de parar, de dejar el trabajo por hoy.

P: Ahora, paramos.

T: Ok. ¿A qué te ayuda a darte cuenta lo que hemos hecho hoy?

P: Que a lo mejor hay que pararse en cosas más básicas, más simples, que lanzarse a cosas más complicadas.

T: Cuanto más despacio hemos ido, más hemos avanzado. Esto en general lo hemos visto en todas las sesiones.

P: De todos modos, ahora tengo una sensación rara, como si me faltase algo. Estoy bien, pero como que algo queda sin cerrar. No sé por qué.

T: ¿Dónde notas físicamente esa sensación de que queda algo por cerrar?

P: Hay como una presión en la cabeza (como si la empujara hacia el lado izquierdo).

Dada su estructura disociativa su funcionamiento era fragmentario. Por una parte, se metía mucha presión para rendir al máximo, para superar las dificultades y enfrentarse a los problemas, suprimiendo por completo sus emociones y sus necesidades, así como las señales de su cuerpo. Por otro lado, a un nivel mucho menos consciente, había una fuerte tendencia evitativa. En los pacientes con disociación-compartimentalización podemos ver estrategias de regulación más diversas y fluctuantes. En este caso, Noa funcionaba externamente (lo que en la teoría de la disociación estructural se denominaría la parte aparentemente normal) más desde la **supresión**, e internamente (la parte emocional) más desde la **evitación**. En este ejercicio, al ir conectando más con su interior, ella se fue haciendo más consciente de su respuesta evitativa y de su función. De entrada, Noa nunca se hubiera definido a sí misma como evitativa, al contrario, funcionaba desde el "puedo con todo" y si algo le costaba, iba a por ello y redoblaba sus esfuerzos para conseguirlo.

En esta sesión pudimos procesar y entender un poco de esto a través del trabajo con el círculo. El objetivo no era completar el procedimiento, ni procesar la evitación; creo que esta sesión refleja bien lo que he denominado un momento de aprendizaje privilegiado. Yo también aprendí mucho sobre la paciente; me ayudó a darme cuenta de que, con el intento de explorar el sistema interno, estaba forzando a Noa a mirar algo de frente, y de que ella todavía no estaba en condiciones de hacerlo. Por eso no volví a plantearle, ni en esta sesión ni en ninguna otra, el ejercicio del círculo. Tampoco era necesario, ya que teníamos un buen cauce de comunicación con el sistema interno. Por supuesto, nos faltaban muchos datos; solo más adelante en terapia iríamos viendo cuáles fueron las situaciones, en general relacionadas con el apego temprano, en las que se había originado esta tendencia.

Le planteé a Noa, en este punto de la sesión, un ejercicio de *autocuidado somático* (cuidar la sensación) con el malestar que percibía y con la sensación de que había algo que no se había cerrado. Pese a que en nuestra primera sesión trabajar con el autocuidado hizo que la paciente se plegase más, consideré importante empezar a introducirlo. Al igual que entonces, la paciente empezó a notar la sensación de que tenía que plegarse hacia adelante y encogerse. Esto también parecía ser relevante en el caso, de modo que tratamos de seguir esa tendencia y aumentar nuestra comprensión de su significado.

P: Estoy notando que me voy encogiendo, y no quiero hacerlo. Esto va para abajo, y yo voy para arriba. Me estoy empezando a acurrucar y esto se me va de las manos.

T: Sigue la tendencia del cuerpo.

La paciente se fue plegando sobre sí misma, hasta que metió su cabeza entre las rodillas, y la cubrió con las manos.

T: ¿Qué notas ahí?

P: Aquí estoy cómoda, estoy a gusto, como que ahí arriba no...

T: ¿Qué es distinto entre estar ahí, o estar arriba?

P: Aquí estoy como escondida... Se debe esconder de ti (la parte)...

T: Vale, muy bien. Hay una necesidad de estar escondida, ¿de estar protegida quizás?

P: Sí.

T: Pregunta si estaría bien que hiciéramos un poquito de tapping aquí.

P: Si, pero estoy bien aquí.

T: Vale, pero es importante que note esa sensación de estar bien, de estar protegida, más profundamente, y que la reforcemos.

Mi idea al proponerle esto era reforzar esa sensación positiva, que es lo que Noa buscaba con la evitación: estar escondida de los problemas, en un lugar en donde éstos no pudieran alcanzarla y no tuviera que mirarlos. En el fondo de cualquier mecanismo disfuncional está la búsqueda de algo positivo, que se considera inalcanzable por otra vía, y lo que yo buscaba aquí era intentar entender algo de su significado. Comprender el significado no solo es importante para saber qué terreno pisamos y articular el proceso terapéutico. La comprensión es una parte esencial del procesamiento emocional, la parte que tiene que ver con los procesos mentales más complejos. Además, en un caso como este, con niveles de conciencia tan bajos sobre el origen del problema, la relevancia de comprender iba mucho más allá.

Por otra parte, el mensaje de que no íbamos a hacer nada que yo sintiera que ella no estuviera preparada para hacer había producido al inicio un efecto potente en "el interior". Acompañar ahora su tendencia a plegarse y no forzarla a cambiarla, suponía otro mensaje importante a nivel relacional. Noa tenía una gran tendencia a forzarse y presionarse, y cuando percibía lo mismo del exterior, se bloqueaba doblemente. Que yo estuviese haciendo lo contrario le aportaba un modelo de regulación externa diferente, que quizás le sirviera para interiorizarlo y usarlo internamente.

Introducir la EB además, nos podía permitir desbloquear lo que había de disfuncional en esa tendencia, aunque no supiésemos aun lo que significaba. Por supuesto, todas estas reflexiones no me las fui haciendo en ese momento, en las sesiones de terapia funcionamos de modo más intuitivo. Es a posteriori cuando tomamos conciencia de lo que ha ido ocurriendo y de cuál es su sentido.

P (consultando al "interior"): Dice "sí, entonces sí".

T: Vale, entonces que se permita sentir esa sensación de estar bien, de estar protegida.

Tapping (tanda larga).

T: ¿Cómo notas en el cuerpo esa sensación?

P: Como si estuviera muy cómoda así, como si no estuviera por la labor de salir al mundo real, aquí está genial. Estoy acurrucada, hecha una bola.

T (continuando el tapping): ¿Dirías que es más seguridad, tranquilidad, calma?

P: Yo creo que es tranquilidad.

T: Bien, pues simplemente quédate sintiéndolo. No trates de cambiar nada, simplemente déjate sentir esa sensación en el cuerpo.

Como vemos, mis preguntas iban orientadas a que la paciente tomara conciencia de los distintos niveles de procesamiento, desde la sensación corporal hasta el significado de su reacción y de su sensación. Esta identificación de los distintos niveles tiene también su papel en la regulación de las emociones. Con todo esto, continué haciendo tapping. Sin necesidad de más intervención, la paciente se fue desplegando y volviendo a sentarse erguida, mientras yo seguía haciendo EB continuada. De vez en cuando paraba un momento, le pedía feedback, y ella me iba describiendo su sensación.

P: Estoy tranquila. Es como si fuera siguiendo pasos, se va dejando ir. Va como disfrutando los pasitos.

T: Déjala que lo disfrute.

Vemos también que la paciente hablaba a veces de sí misma y a veces de la parte disociativa. Aunque no quisiera dibujarla en un papel, tenía una clara conciencia de que había una respuesta en su interior que iba por libre (tenía autonomía mental) y que funcionaba de modo diferente (ella no se sentía agente de lo que esa parte hacía).

P (sentada ya derecha): Ahora es como que despertó. Es como un círculo que abre, pero que se tiene que volver a cerrar. Antes estaba bien, pero es que faltaba algo. Es como que, si intento imponer el no plegarme, me lo hace peor. Ahora estoy en una sensación como de que se abrió y se cerró la puerta.

T: Es importante que te hagas caso, que notes las tendencias que tienes y que no des por sentado que son equivocadas. Si tu interior necesita esa sensación de protección, eso tiene que ser importante.

En la siguiente sesión a esta, se produjeron cambios muy marcados:

P: Estoy durmiendo realmente bien, sin pesadillas. Solo el domingo tuve un poco de mareo, pero el resto de los días bien. No necesito las pastillas. Además, me siento en paz, no estoy en una lucha constante como antes.

T: Entiendo que el cambio es general, pero pregunta a tu interior cómo se siente.

P: Bien, ¡Y no me sacude! (la reacción corporal que se producía casi siempre que preguntaba a su interior ha dejado de presentarse).

P: He notado como el impulso de… pero no lo ha hecho.

T: No ha hecho falta. Algo está cambiando entonces, ¿lo notas?

P: Sí, empiezo a sentirme relajada. Y mi interior también está relajado. No me sacudo (los movimientos involuntarios también habían disminuido en casa). Estoy sonriendo, y no lo estoy provocando. Es difícil de explicar, la sonrisa aparece en mi cara, es espontánea.

Aparte de lo que comentaba aquí, entre esta sesión y la anterior Noa terminó definitivamente con su relación de pareja, que era muy dañina para ella. La comunicación interna mejoró de un modo sustancial. El cansancio que refería tener después de las sesiones, y que la hacía tener que meterse en cama unas horas, ya no se presentó más. A nivel de postura corporal, la paciente se sentaba erguida, con la espalda apoyada en el respaldo de la silla.

P: ¿Te fijas? Ya no me voy para delante, estoy con la espalda apoyada, hasta ando más derecha.

Después de esta sesión seguimos trabajando sobre disparadores de presente e instalando recursos que ella y su interior percibieran juntos, o que aportaran a su interior lo que necesitaba. Los efectos no fueron visibles de inmediato, pero en cada sesión en la que los introducíamos, la paciente aprendía algo sobre su sistema de funcionamiento, sobre cómo se forzaba siempre sin mirarse para adentro ni tener en cuenta sus necesidades y sus límites. Aprendió a escucharse: a escuchar a su cuerpo, a sus sensaciones, y también a una parte interior de la que se había desconectado hasta el punto de no conocer su existencia. De este modo, el mecanismo de supresión fue cambiando a otra forma de regulación que tenía más que ver con tomar conciencia, conectar, cuidar y buscar lo que necesitaba.

Tras aproximadamente un año de trabajo, decidimos (la paciente, "el interior" y yo) que era tiempo de abordar el recuerdo de la lesión. El procesamiento de este recuerdo fue ya siguiendo el procesamiento estándar. Sin embargo, pese a que este episodio había actuado como factor precipitador, no se vieron demasiados cambios en la sintomatología después del reprocesamiento. La sesión, en cualquier caso, fue productiva y la motivación de la paciente para empezar a trabajar recuerdos con EMDR aumentó. El problema era que la disociación (aunque el conflicto interno fuera menor), la supresión (aunque fuese más consciente de sus sensaciones) y la evitación (aunque estuviese más por la labor de afrontar) todavía eran importantes, y dificultaban el acceso a los que probablemente eran los recuerdos nucleares. No tenía conciencia de que hubiera nada en su historia que pudiese haber influido negativamente en ella; únicamente identificaba el entrenamiento deportivo rígido que había hecho desde pequeña como un factor que pudiese haber contribuido a desarrollar su tendencia a presionarse y exigirse.

Aquí, quizás prematuramente, le pasé la escala EARLY[6] para ver si podíamos empezar a explorar experiencias tempranas. Noa aseguró que podía cubrirla, pero lo hizo desde su desconexión. La escala la hizo tomar conciencia de muchas situaciones disfuncionales en su biografía, y con ello los síntomas empeoraron. "El interior" se sintió traicionado, y no sin cierta razón: había forzado un poco las cosas, incumpliendo mi promesa inicial. Dedicamos unas cuantas sesiones a reparar, y creo que pudimos hacerlo porque la relación era ya muy sólida a estas alturas. Pese a todo ello, salió algo bueno de esta situación. Noa se dio cuenta de que había cosas que trabajar en su historia familiar, y pudimos hablar sobre la evitación a estos eventos. Dado el trabajo progresivo previo sobre la evitación, pudo entender que quizás el miedo no la dejaba pensar y que, ahora que era adulta, no había ninguna situación que no pudiera mirar de frente. Estuvo de acuerdo en empezar a leer libros sobre estos temas *(No soy yo* y *Supera tu Pasado)*. Al leerlos, vino a una sesión dispuesta a trabajar lo que pensaba que podía ser el recuerdo clave, una imagen que "el interior" le mandaba insistentemente.

Se trataba de un recuerdo de muy pequeña. Ella se escondía debajo de la cama porque no quería ver a un familiar, mientras su madre trataba de

[6] www.anabelgonzalez.es

sacarla de allí a rastras. El recuerdo era aparentemente menor, pero conforme iba conectando con la estimulación bilateral, fue tomando conciencia de que lo peor del recuerdo era que su madre no se hubiese preocupado de cómo se sentía, sino que solo pareciera interesada en obligarla a hacer lo que le ordenaba. Esto resultó ser muy representativo de la infancia de Noa. Aparecieron conexiones de su padre penalizándola por llorar desde muy pequeña y de la exigencia de ambos progenitores. A partir de ese momento se instauraron en ella diversos patrones de funcionamiento: "entendí que me tenía que proteger sola", "siempre estaba alerta, como con un radar". Noa se volvió desde entonces - demasiado pronto - marcadamente autosuficiente. Para hacer esto siendo muy pequeña, tuvo que anular sus necesidades emocionales: este fue el origen de la supresión. Esconderse debajo de la cama y plegarse fuertemente para no ser forzada, fue el origen de la evitación. Por otro lado, ella se pasó el resto de su vida forzándose como su familia lo hacía, hasta que su cuerpo le dijo "hasta aquí".

En la sesión tuvimos muchos *momentos de aprendizaje*, y a lo largo de todo el proceso terapéutico, entender estos mecanismos fue crucial. Procesando el recuerdo de debajo de la cama, gran parte del trabajo realizado previamente empezó a surgir y conectarse de modo espontáneo. Noa hacía gestos de autocuidado cuando notaba una sensación difícil, escuchaba a su interior y se preocupaba de ayudarlo; el interior y el exterior colaboraban en el proceso terapéutico de modo fluido.

El trabajo con Noa continúa, pero después de esta sesión los movimientos involuntarios desaparecieron. A partir de aquí fuimos entendiendo los recuerdos que habían ido contribuyendo a su problema y a los patrones de regulación emocional que estaban en la base del mismo. Dado que la paciente se había desconectado de su parte vulnerable, la información que tenía que ver con el dolor no se fue evidenciando hasta que fuimos pudiendo acceder a las capas más profundas. Aún estamos en el proceso, pero creo que hemos encontrado el ritmo. Ya no hay evitación. La disociación ya no es un obstáculo para trabajar y el sistema es más claro. La supresión se va desmontando poco a poco. Estamos ya procesando recuerdos cerca del núcleo de su experiencia, más relacionada con su historia de apego y con muchas t pequeñas, que con la T grande de la lesión que parecía de entrada ser un evento muy relevante. El papel de este evento precipitador fue el de ser confluencia de todos estos fenómenos, ante una situación que la paciente no pudo evitar, y que activó en ella más emociones de las que su sistema fue capaz de suprimir. Desmontar estas tendencias no fue algo que hicimos mientras usábamos procedimientos terapéuticos, sino una parte central de la terapia de Noa.

Capítulo 29

El caso de Víctor

Quiero dedicar este último capítulo a los pacientes con los que no tenemos sesiones espectaculares, que no responden a los procedimientos habituales, y con los que parece que la terapia no va a ningún sitio. Ellos pueblan nuestras consultas, y lo que les ocurre también tiene raíces en su historia. El trabajo terapéutico no consiste en encontrar un protocolo específico para su problema, ni tampoco en descubrir en alguna técnica o terapia novedosa y revolucionaria la llave que permita el cambio. La parte esencial es el acompañamiento, la continuidad en el trabajo y lo que una buena amiga mía llama "terapia de pico y pala".

Es cierto que hay casos que no avanzan, con los que llegamos a un punto del que no logramos salir, o con los que perdemos la perspectiva. Otros pacientes, sin embargo, avanzan a un ritmo lento, se hacen un nudo consigo mismos o tienen muchísimos bloqueos. Con ellos, la búsqueda de la "solución" nos lleva a entrar en desesperación, frustrarnos, o intentar derivar el caso a otro compañero. Hacer esto es una lástima, porque son pacientes que pueden beneficiarse mucho de un pausado trabajo de siembra y de una relación terapéutica en la que puedan sentirse aceptados tal y como son, y acompañados en el difícil trabajo de modificar sus rígidos y persistentes patrones de regulación.

Como ejemplo de estos casos, voy a hablar un poco de Víctor. Cuando llegó a consulta tenía 25 años y llevaba ya cuatro trabajando con otro terapeuta, que me lo derivó porque no veía avances. En efecto, Víctor también decía que estaba igual desde el inicio del problema. Su síntoma central era la ansiedad, no dormía bien y esto le hacía estar cansado todo el día. A mayores, se quejaba de frecuentes dolores de cabeza y no se sentía capaz de rendir en sus estudios. Había empezado una carrera, pero estaba bloqueado y no había terminado por completo el tercer y penúltimo año. Pese a estas dificultades, no quería dejar los estudios. Su perfil de personalidad era obsesivo, rígido y con dificultades para cambiar de perspectiva o plantearse distintas alternativas.

Sus padres eran personas exigentes consigo mismas, aunque Víctor no sentía que lo hubieran sido con él. Su madre era además preocupada y le llamaba varias veces al día para ver cómo estaba; prefería no hablar con ella, porque hacerlo aún lo agobiaba más y acrecentaba su presión interna. Tenía muy buena relación con su hermano, que le apoyaba con su problema, pero que a nivel personal funcionaba de un modo muy parecido al de Víctor.

La historia que el paciente contaba era muy limitada. Insistía en que todo era normal, que nunca había tenido problemas y que no le pasaba nada, salvo su atasco con los estudios y sus dificultades para dormir. Su terapeuta anterior había intentado trabajar algún recuerdo con EMDR, pero Víctor tenía muchos problemas para conectar emocionalmente o notar las sensaciones corporales, y las veces que lo intentaron la respuesta era sistemáticamente que no le venía "nada". Esos intentos de procesamiento no llevaron a ningún cambio objetivable, y el paciente decía que eso del EMDR no funcionaba con él.

¿Entenderíamos algo más explorando la regulación emocional? Y de ser así ¿cuál es el tipo de problema en esta área que presenta este paciente?

Víctor, en primer lugar, tiene un nivel de desconexión emocional importante. Al contrario que Noa, Víctor es un **desconectado tipo I**, un auténtico alexitímico. Sus padres no tenían una capacidad reflexiva y un vocabulario emocional rico, que pudieran haberle enseñado en su infancia. Su madre la única gama de emociones que manejaba era la preocupación y, asociada a ésta, la ansiedad. Su padre era un hombre del que la única descripción que Víctor conseguía dar era "trabajador y responsable". Preguntarle a Víctor, mientras describía cómo fue su vida, que explicara cómo se sentía o qué sensación notaba en el cuerpo, era misión imposible. Durante muchas, muchísimas sesiones, la respuesta a todas estas preguntas era "normal", y pese a las diversas ayudas que trataba de prestarle, repetía mecánicamente siempre la misma respuesta. Inasequible al desaliento, yo le seguía preguntando, explicándole la importancia de observarse y notar. Le hacía preguntas como ¿dónde notas que tu cuerpo toca algún objeto?, explicándole dónde lo notaba yo, para que practicase a hablar de sensaciones corporales. Aún a este nivel, Víctor se retorcía y trataba de evitar la respuesta, como si esto de hablar de sensaciones fuese algo realmente incómodo para él. Sin embargo, Víctor no tenía sintomatología disociativa, no empeoraba después de sesiones en las que trabajábamos en esto, y mis preguntas repetitivas no parecían suponer un problema en la relación terapéutica. Yo simplemente confiaba, pese a todas sus objeciones, en que él podía aprender, y le transmitía que no importaba que le saliera mal mil veces, porque estábamos aprendiendo algo que evidentemente le costaba mucho. Dado la presión con la que vivía los procesos de aprendizaje (uno de sus problemas centrales giraba en torno a los estudios), me pareció que estas sesiones podían ayudarle, aunque pareciese que estuviéramos repitiendo una y otra vez la misma sesión.

Sin embargo, la desconexión no era el único problema de Víctor, y tampoco el peor. Explorando qué se decía internamente ante sus dificultades, se hizo evidente un patrón **rumiativo** muy intenso y persistente. Víctor se presionaba continuamente, y gestionaba sus dificultades diciendo directamente que no debería de tenerlas. Se preguntaba todo el tiempo ¿por qué me pasa esto?, pero hacerlo no reflejaba un intento de entenderse a sí mismo y de ayudarse, sino una imposibilidad para aceptar su problema, lo que cerraba la puerta a cualquier posibilidad de solucionarlo.

En el último año la situación de Víctor había empeorado. En los exámenes se quedaba sistemáticamente bloqueado, aunque no era tampoco capaz de dejar de prepararlos. Estaba triste, y esto le parecía incomprensible. Por supuesto, manejó su tristeza del mismo modo que lo hacía con su ansiedad y con su bloqueo: diciéndose que esas emociones no tenían que estar ahí. Si yo no hacía algo para encauzar nuestra conversación, Víctor dedicaba la sesión a contarme a mí lo que habitualmente se decía a sí mismo: "no sé por qué me pasa esto, ¿cómo puede ser que esté así? No tengo ningún motivo, tengo que rendir más, pero no puedo rendir porque no puedo dormir…" Mi intervención se fue haciendo muy directiva, porque era evidente que dejar que Víctor condujese el diálogo en sesión hacía que el contenido de ésta se limitase a un monólogo rumiativo. Introduje mucho trabajo psicoeducativo sobre la regulación emocional, sobre la influencia negativa de la autoexigencia, sobre el diálogo interior y la rumiación. En todas las sesiones, trabajamos sobre la rumiación en sí, a través del autocuidado cognitivo. También entrenábamos sistemáticamente a ver dónde notaba las sensaciones en el cuerpo, sin dejar yo que me echasen para atrás sus "normal, ya te dije que no noto nada".

Mi sensación es que Víctor me lo ponía difícil, pero a la vez necesitaba que yo no me contagiara ni me rindiera. Trabajamos en esto a nivel relacional, con algunas sesiones de más confrontación. Yo le decía a Víctor: "si quieres yo simplemente me quedo aquí y te escucho, pero creo que eso no te ayudaría mucho", o "sabes que me voy a poner muy pesada, y que al final me vas a tener que acabar diciendo qué parte del cuerpo se siente más incómoda, así que ahorrémonos esta parte". Procuraba introducir algo de sentido del humor al hacer ésto, y ambos nos acabábamos riendo un poco del tema. A veces también, con respecto a la rumiación, Víctor insistía en que su análisis era el único posible, y yo le respondía: "Vale, el problema es que tu análisis no parece estarte resolviendo mucho, y se supone que vienes a verme para que yo te ayude a encontrar una solución. Si darle vueltas a eso fuese la puerta, habrías salido por ella ya hace años, pero no ha sido así, ¿no? Yo no tengo problema en darte la razón, si eso es lo que quieres. Me parece absurdo que gastemos la sesión en echar un pulso para ver quién gana, yo quiero que ganes tú". Cuando llegábamos a éste punto, Víctor dejaba de empecinarse, y trataba de ensayar lo que le estaba proponiendo. En buena medida, trabajamos en torno a la idea del autocuidado cognitivo.

Solo el primer paso en este trabajo le costó un tiempo. Víctor tenía que notar si decirse "no puedo estar así" hacía que su malestar bajara o subiera. Esto suponía que tenía que (1) pararse a notar sus sensaciones corporales, (2) ponerle palabras y (3) discriminar su intensidad. No recuerdo cuántas veces repetimos este ejercicio, hasta que lo fue haciendo con cierta normalidad. Al final, iba reconociendo que, por supuesto, repetirse todo el tiempo "no puedo estar así" hacía que se sintiera peor. Fuimos ensayando otras frases, que yo le daba (claro está, a Víctor no se le ocurrían alternativas) del tipo "hago lo que puedo". Instalábamos muchas veces estas frases con EB, aunque durante mucho tiempo no reconocía cambios en la sensación ni cambios de ningún tipo.

Fueron necesarias algunas cosas más, y mucha persistencia, para conseguir empezar a trabajar de otra manera. En primer lugar, tras muchas dudas y resistencias, Víctor entendió que tenía que dejar completamente aparcados sus estudios durante al menos 6 meses para centrarse en su recuperación. Con el estresor continuado que para él suponían, intentar mejorar resultaba inviable. También hizo falta un ajuste del tipo y dosis de antidepresivos que tomaba, lo que aportó una ligera mejoría en el ánimo y el sueño; esto facilitó que Víctor pudiese hacer algunos cambios. Aceptó que su objetivo, antes de empezar a hacer cosas de nuevo, era conseguir estar sin hacer absolutamente nada, y sin torturarse por ello. Sorprendentemente fue bastante capaz de hacer esto. Poco después, empezó a ver libros sencillos (cómics y libros infantiles) y a pasar las páginas sin tratar de entender nada, mientras se decía - contrariamente a su costumbre habitual – "si no me entero, no importa", o "hago lo que puedo". Como de entrada era incapaz de hacer esto (hasta se sentía obligado a entender un libro en un idioma que no conocía), la tarea se simplificó a pasar las páginas buscando palabras que empezaran por una u otra letra.

Al tiempo que íbamos programando estas tareas, y ya desde antes, en distintos momentos de las sesiones, yo iba tratando de entender cómo se había desarrollado todo aquello. Hacíamos floatback que no llevaban a ningún sitio, preguntaba por la etapa en la que había empezado la ansiedad, por las emociones en su familia... Nada. Pero poco a poco, fueron saliendo pequeños fragmentos de información y a estas alturas, teníamos algunas piezas dispersas del puzle. Sin embargo, cuando empezamos a focalizar más en la rumiación, fue cuando pudimos empezar a enlazar las historias.

Yo le preguntaba a Víctor ¿dónde aprendió tu cabeza a hablarte así? ¿dónde aprendiste a tratarte tan duramente? ¿te hablaba alguien de tu vida de esa manera? Encontramos los siguientes recuerdos como los más conectados con lo que podríamos llamar "la línea de vida de la rumiación":

1. El carácter exigente de sus padres y hermano fue un primer modelo desde el que Víctor interiorizó la autoexigencia.

2. La falta de lenguaje y resonancia emocional de sus padres dejaron a Víctor sin conciencia de sus estados emocionales, sin lenguaje emocional para expresarlos, y por tanto sin posibilidad de acceder a otras habilidades de regulación.

3. De muy pequeño, su hermano jugaba a asustarle por la noche. Víctor tenía miedos, como muchos niños, y su hermano le impedía encender la luz y le decía que si salía de la cama el monstruo le cogería. Cuando sus padres no estaban, su hermano le convencía para ver películas de miedo. Aún a día de hoy, Víctor se siente muy inseguro en la oscuridad, y le cuesta mucho estar con los ojos cerrados, lo que podría tener relación con sus problemas para quedarse dormido.
4. A los 9 años se metió a clases de natación. Su hermano era un buen nadador, y él quería imitarlo. No conseguía soltarse para nadar y su profesor le gritaba delante de sus compañeros, y le impedía agarrarse a los bordes. Recordaba haberlo pasado muy mal en esas clases, pero no quiso dejarlas ni decir nada a sus padres, porque no quería ser un cobarde. La situación se alargó durante todo un año hasta que el curso siguiente ya no se matriculó.
5. En el instituto tuvo un profesor de educación física muy autoritario. Como él se quedaba bloqueado, lo tomó como blanco predilecto de sus iras, y lo machacó durante todo el curso. Por supuesto, tampoco dijo nada en su casa (su madre se hubiese preocupado mucho, explicaba Víctor).
6. El año siguiente se mudaron de ciudad. Para Víctor supuso un problema, porque tuvo que cambiar de grupo de amigos, pero le consolaba pensar que iba a librarse para siempre de la pesadilla de educación física. Para su sorpresa, el profesor de gimnasia también se trasladó, precisamente a su nuevo instituto. Cuando llegó allí, y vio aquello, se vino abajo y se rindió. Este fue un punto de ruptura, y supuso el origen de su bloqueo y su parálisis ante las situaciones. Muchas dificultades posteriores, como relaciones de pareja problemáticas o los propios problemas académicos, activaron esta respuesta de rendición, de pensar "no hay nada que hacer". Cuando se veía en una situación sin salida, su organismo había aprendido que había que permanecer en ella.

El modo en el que gestionaba todo lo que sentía, reproducía el aprendizaje acumulativo de todos aquellos modelos disfuncionales: sus padres y su propia autoexigencia, su hermano asustándole, el profesor de natación y el de gimnasia. Este último fue el más influyente, pero la multiplicación de todos estos factores empujando en la misma dirección tuvo un efecto exponencial, hasta generar una respuesta rumiativa extremadamente rígida. Hablamos mucho de esto y, cada vez que esta tendencia se presentaba en sesión, recordábamos que su cabeza había aprendido de sus maestros, pero que podía desaprender todo aquello. Ensayábamos modos de hablarse bien, aprendíamos a notar la respiración, el cuerpo y el malestar, a desbloquear el movimiento cuando se notaba bloqueado o paralizado, a imaginarse haciendo cosas en estas situaciones.

Aunque el efecto de la EB no estaba claro, dado que no era contraproducente, me pareció bueno mantenerlo, aunque lógicamente no podíamos seguir un procesamiento reglado, porque la fluidez era nula. Cuando Víctor se decía algo positivo, lo reforzábamos con EB; cuando se imaginaba diciéndole a su ex-profesor lo mal que lo había hecho, introducíamos EB para potenciar la elaboración de la experiencia. Dado que Víctor se presionaba para hacerlo bien, cuando usábamos EB le indicaba no se preocupase por el resultado, que simplemente prestase atención a sus sensaciones. Poco a poco, empezó a reconocer que quizás "no se notase tan mal como al principio".

Entonces empezamos a poder plantearnos procesar recuerdos. Trabajamos mucho en torno al profesor de gimnasia, armando ya un procesamiento estándar, aunque la proporción de entretejidos e intervenciones para encauzar el procesamiento superaban con mucho la media habitual. Poco a poco, empezaron a producirse cambios, y su mente fue asociando otros momentos similares, desplegando la historia que había contribuido al desarrollo de su problema. Aprovechábamos estas sesiones, que no terminaban en un SUDs=0, como *momentos de aprendizaje*. Víctor consiguió ir observando sus procesos mentales sin identificarse con ellos, y a ver sus creencias negativas como pensamientos y no como verdades incuestionables. Pudo tomar conciencia de la influencia de la rumiación, y a pasar del modelo del profesor a otro modelo más regulador de hablarse a sí mismo, siempre con ayuda por mi parte, pero participando ya de modo mucho más dinámico en el proceso. El nivel de perturbación de los recuerdos fue bajando, y también la rumiación.

Tras unos 6 meses de trabajo, Víctor estuvo en condiciones de pensar sobre su futuro. Decidió hacer un ciclo corto, que podía terminar en dos años y que le sería más fácil. Si luego tenía ganas, seguiría con la carrera ya por libre y sin la presión de sacarla. Su familia le apoyó en esa decisión.

Continuamos trabajando, aunque ahora estamos en una etapa distinta. Su prioridad en este momento es ser capaz de salir con una chica, tema con el que se ve bloqueado por sentimientos de inferioridad y vergüenza. Pero esto es otra parte de la historia, que tiene distintas raíces. Sin embargo, su rigidez es mucho menor, y esto le permite ir haciendo experimentos y arriesgarse en el día a día, y también procesar los recuerdos de un modo mucho más fluido y productivo.

En el proceso terapéutico de Víctor no hubo una sesión específica que supusiese un punto de inflexión. Fue un trabajo continuado, persistente, sin resultados en el corto plazo, pero que fue resultando productivo en el medio y largo plazo. Siento si llegados a este punto, los que estáis leyendo el libro aún esperabais algún tipo de revelación que convierta a casos como éste en pacientes de los que hacen giros de 180º. Esta flexibilidad, precisamente, no está en su naturaleza. Pero no por ello hemos de subestimar su capacidad para recuperarse y para evolucionar. Para ello, necesitan que los aceptemos tal y como son, y que confiemos - mucho más de lo que ellos lo hacen - en su capacidad para hacer cambios. Es desde ese modelo de regulación interpersonal, muchas veces algo muy distinto de lo que tuvieron, desde donde podrán interiorizar un nuevo patrón de autorregulación.

ANEXO

EMO

(Entrevista sobre la Historia de la Regulación Emocional)

1) Sobre cómo regula sus emociones

¿Cómo definiría en general el modo en el que regula sus emociones? Describa brevemente

¿Le cuesta sentir sus emociones como lo hacen otras personas? Explique por qué

¿Con qué emociones o sentimientos tiene más problemas? ¿le cuesta notarlos? ¿le cuesta tolerarlos o regularlos? ¿tiene problemas cuando son los demás los que los expresan? Señale con una cruz aquellos con los que tiene más dificultades, y explique debajo por qué.

- Aburrimiento
- Admiración
- Apatía
- Asco
- Calma
- Cansancio
- Cariño
- Celos
- Disfrute
- Dolor
- Esfuerzo
- Euforia
- Gratitud
- Paciencia
- Incertidumbre
- Miedo
- Optimismo
- Rechazo
- Satisfacción
- Seguridad
- Enfado
- Envidia
- Soledad
- Tristeza
- Vergüenza
- Dolor
- Seguridad
- Otro:

¿Alguna de estas tendencias es frecuente en usted? Ponga una cruz en todas las que tengan algo que ver con su modo de funcionar:

- Evito sentir algunas cosas.
- Tiendo a suprimir o anular determinadas emociones.
- Algunas de mis emociones suelen desbordarse.
- Trato de controlar mis emociones todo lo que puedo.
- A veces me vienen emociones que no me parecen mías.
- Quisiera sentir más de lo que siento.
- Tiendo a contagiarme de las emociones de los demás.
- Mis emociones están siempre a flor de piel.
- Mis emociones son demasiado intensas.
- Soy poco emocional, o eso me dicen.
- Me enfado conmigo mismo por sentir determinadas emociones.
- A veces me avergüenzo de lo que puedo llegar a sentir.
- Puede cambiar de un momento a otro lo que siento.
- En general no sé muy bien lo que siento.
- Siento cosas que no debería de sentir.
- Me siento como anestesiado a nivel emocional.
- Le doy vueltas y vueltas a cómo me siento.
- Otro (describa).

¿Esto le pasa desde que recuerda, o empezó en alguna etapa de su vida? Describa cómo eran las cosas entonces

¿Empeoró en alguna etapa? Si es así ¿cuándo fue? ¿cómo era su vida en aquellos momentos? (explique brevemente).

2) Figuras reguladoras

¿Cuáles fueron las personas con las que se crio?

¿Vivió siempre con ellos o cambió en alguna época la gente con la que vivió?

¿Hubo figuras importantes en este sentido aparte de su familia?

¿Estuvo a cargo de niñeras o cuidadores contratados en alguna etapa? Si es así, ¿cuánto tiempo pasaba con ellos?

¿Estuvo alguna etapa de su vida en algún internado o institución?

¿Fue adoptado o vivió con alguna familia de acogida?

¿Hubo alguna figura en su infancia o adolescencia que jugara un papel importante? ¿Algún profesor, algún amigo en particular, alguna pareja en la adolescencia, alguien aparte de las personas con las que convivía?

Escoja de todas estas personas que ha descrito antes, las que considera más relevantes en su vida. Entendemos por relevantes personas que han influido, para bien y para mal, en sus emociones y su modo de vincularse con la gente.

Figuras con influencia más positiva:

Figuras con influencia más negativa:

Figuras que deberían haber estado ahí emocionalmente, pero no estuvieron:

Por último, tómese tiempo para buscar al menos 10 momentos en los que sintiera que **alguien le ayudó con algún estado emocional**. Puede ser alguien con quien compartió un momento de alegría o de tristeza, una persona que le ayudó a gestionar una emoción difícil o que fue para usted un modelo de cómo hacerlo. No hace falta que sean personas que hayan estado ahí siempre o hayan jugado un papel importante. Tampoco es necesario que sean situaciones que hayan ocurrido muchas veces. Son solo pequeños momentos, en los que alguna vez sintió que otro ser vivo (incluye personas y animales) le ayudó con sus emociones.

1	
2	
3	
4	
5	
6	
7	
8	
9	
10	

Esta parte de la entrevista será realizada por un terapeuta o evaluador
Evaluar separadamente cada una de las figuras relevantes para el paciente

FIGURA:

RELACIÓN DE ESTA PERSONA CON USTED:

Describa el primer recuerdo que tiene con esa persona.

Cuál era la expresión típica de su cara.

Si todavía tiene relación con esta persona ¿cómo es esa relación ahora?

Si no forma parte de su vida ¿por qué es así? Describa cómo reaccionó ante esa pérdida y cómo reaccionó el entorno: ¿hablaron con usted del tema? ¿no tocaron el tema? ¿se preocuparon por cómo se sentía? Ponga un ejemplo:

Escriba cinco adjetivos que describan su **relación** con esa persona durante su infancia y adolescencia y ponga un ejemplo de cada adjetivo:

Adjetivo	Ejemplo
1	
2	
3	
4	
5	

Cómo reaccionaba esa persona cuando usted se sentía mal o tenía un problema: ¿iba a buscar a esa persona? ¿qué hacía él/ella? Describa la secuencia de lo que ocurría.

¿Cómo reaccionaba esa persona ante sus éxitos o sus fracasos? ¿Qué hacía cuando sacaba buenas notas o destacaba? ¿Cómo reaccionaba cuando tenía un error? ¿Cómo corregía un mal comportamiento? Describa.

¿Le ayudó esta persona de algún modo con las situaciones importantes que vivió en la infancia o la adolescencia? ¿Cómo lo hizo?

Rodee con un círculo las palabras que describan cómo le hizo sentir esta persona, a lo largo de su infancia y adolescencia (escoja todas, aunque fuera ocasionalmente):

Entendido	Rechazado	Aceptado
Atemorizado	Valorado	Inseguro
Invisible	Avergonzado	Especial
Humillado	Importante	Traicionado
Inútil	Ridículo	Protegido
Apoyado	Culpable	Seguro
Otro:		

Escoja de las palabras anteriores la que considere más importante en la relación con esa persona y describa un ejemplo:

Las personas tenemos distintos estados emocionales y algunas personas se llevan mejor con unos que con otros. Responda respecto a esta persona para cada uno de estos estados, rodeando con un círculo todas las casillas que describan esto:

	Respecto a esta persona:		Esta persona respecto a mí:	
	Era frecuente verla así	Era raro verla así	Aceptaba que yo estuviera así	No le gustaba verme así
Alegría				
Tristeza				
Rabia				
Miedo				
Vergüenza				
Asco				
Preocupación				

¿Cuál era la emoción que esta persona llevaba peor sentir? Ponga un ejemplo.

¿Cuál era la que llevaba peor que sintiera usted? Describa brevemente.

Respecto a la emoción que esta persona llevaba peor que usted sintiera, qué hacía cuando era así (señale todas las que se hayan producido):

- Me decía: "no tienes que ponerte así".
- Me decía que no pasaba nada.
- Se enfadaba.
- Me avergonzaba por sentirme de ese modo.
- Se disgustaba, se ponía triste si yo me sentía así.
- Se preocupaba en exceso, se agobiaba.
- Dejaba de hablarme o me ignoraba.
- Ni se enteraba de cómo me sentía yo.
- Me hacía sentir culpable por sentirme así.
- Otro (explique).

¿Le ayudaba esta persona a sentirse mejor cuando estaba **físicamente** mal? ¿De qué modo?

¿Le ayudaba esta persona a sentirse mejor cuando estaba **emocionalmente** mal? ¿De qué modo? Describa una situación: cómo se sintió, si buscó a esta persona, si ella se dio cuenta, si lo habló o no, si lo consoló, le ayudó a entender lo que pasaba...

¿Hay algo más sobre esta persona que crea importante comentar?

Referencias

Ainsworth, M. D. S., Blehar, M. C., Waters, E. y Wall, S. (1978). *Patterns of attachment: A psychological study of the strange situation.* Hillsdale: Erlbaum.

Aldao, A. y Dixon-Gordon, K. L. (2014). Broadening the scope of research on emotion regulation strategies and psychopathology. *Cognitive Behaviour Therapy,* 43(1), 22-33. doi:10.1080/16506073.2013.816769.

Aldao, A., Nolen-Hoeksema, S. y Schweizer, S. (2010). Emotion regulation strategies across psychopathology: A meta-analytic review. *Clinical Psychology Review,* 30(2), 217-237. doi:10.1016/j.cpr.2009.11.004.

Allen, J. (2001). *Traumatic relationships and serious mental disorders.* New York: Willey.

Allen, J. G. (2003). Challenges in treating post-traumatic stress disorder and attachment trauma. *Current Women's Health Reports,* 3(3), 213-220.

Allen, P., Kaut, K. y Lord, R. (2008). Emotion and episodic memory. In E. Dere, A. Easton, L. Nadel y J. Huston (Eds.), *Handbook of behavioral neuroscience: Episodic memory research* (pp. 115-132). Elsevier Science.

American Psychiatric Association (2013). *Diagnostic and statistical manual of mental disorders: DSM-5* (5th ed.). Arlington: American Psychiatric Publishing.

Amstadter, A. B. y Vernon, L. L. (2006). Suppression of neutral and trauma targets: Implications for posttraumatic stress disorder. *Journal of Traumatic Stress.* 19(4), 517-26. doi:10.1002/jts.20142.

Amstadter, A. B. y Vernon, L. L. (2009). A Preliminary examination of thought suppression, emotion regulation, and coping in a trauma exposed sample. *Journal of Aggression, Maltreatment and Trauma.* 1, 17(3), 279-295. doi:10.1080/ 10926770802403236.

Andrade, J., Kavanagh, D. y Baddeley, A. (1997). Eye-movements and visual imagery: A working memory approach to the treatment of post-traumatic stress disorder. *The British Journal of Clinical Psychology*, 36(Pt 2), 209-223.

Appelhans, B. M. y Luecken, L. J. (2006). Heart rate variability as an index of regulated emotional responding. *Review of General Psychology*, 10(3), 229-240. doi:10.1037/ 1089-2680.10.3.229.

Arnold, M. B. (1960). *Emotion and personality*. New York: Columbia University Press.

Arnone, R., Orrico, A., Daquino, G. y Di Munzio, W. (2012). EMDR e terapia psicofarmacologica nel trattamento del disturbo da stress post-traumatico [EMDR and psychopharmacological therapy in the treatment of the post-traumatic stress disorder]. *Rivista di Psichiatria*, 47, 8-11. doi:10.1708/1071.11732.

Aupperle, R. L., Melrose, A. J., Stein, M. B. y Paulus, M. P. (2012). Executive function and PTSD: Disengaging from trauma. *Neuropharmacology*, 62(2), 686-694. doi:10.1016/j.neuropharm.2011.02.008.

Averill, J. R. (1980). A constructivist view of emotion. In R. Plutchik y H. Kellerman (Eds.), *Emotion: Theory, Research, and experience: Vol. 1. Theories of emotion* (pp. 305-339). New York: Academic Press.

Badour, C. L. y Feldner, M. T. (2016). Disgust and imaginal exposure to memories of sexual trauma: Implications for the treatment of posttraumatic stress. *Psychological Trauma: Theory, Research, Practice, and Policy*, 8(3), 267-275. doi:10.1037/tra0000079.

Balzarotti, S., Biassoni, F., Colombo, B. y Ciceri, M. (2017). Cardiac vagal control as a marker of emotion regulation in healthy adults: A review. *Biological Psychology*, 130(1), 54-66. doi:10.1016/j.biopsycho.2017.10.008.

Barlow, D. H. (2002). *Anxiety and its disorders: The nature and treatment of anxiety and panic* (2nd ed.). New York: Guilford Press.

Barlow, D. H., Craske, M. G., Cerny, J. A. y Klosko, J. S. (1989). Behavioral treatment of panic disorder. *Behavior Therapy*, 20(2), 261–282. doi: 0.1016/S0005-7894(89) 80073-5.

Barnow, S., Limberg, A., Stopsack, M., Spitzer, C., Grabe, H. J., Freyberger, H. J. y Hamm, A. (2012). Dissociation and emotion regulation in borderline personality disorder. *Psychological Medicine*, 42(4), 783-794.

doi:10.1017/S003329171100191.

Barrowcliff, A. L., Gray, N. S., MacCulloch, S., Freeman, T. C. y MacCulloch, M. J. (2003). Horizontal rhythmical eye movements consistently diminish the arousal provoked by auditory stimuli. *British Journal of Clinical Psychology,* 42, 289-302.

Beck, A. T., Rush, A. J., Shaw, B. F. y Emery, G. (1979). *Cognitive therapy of depression*. New York: Guilford Press.

Bench, S.W. y Lench, H.C. (2018). Boredom as a seeking state: Boredom prompts the pursuit of novel (even negative) experiences. *Emotion,* 19(2), 242-254. doi: 10.1037/ emo0000433.

Berking, M. y Schwarz, J. (2014). Affect regulation training. In J. J. Gross y J. J. Gross (Eds.), *Handbook of emotion regulation* (2nd ed., pp.529-547). New York: Guilford Press.

Bernstein, A. y Brantz, H. (2013). Tolerance of negative affective states (TNAS): Development and evaluation of a novel construct and measure. *Cognitive Therapy and Research,* 37(3), 421-433.

Bisson, J. I., Roberts, N. P., Andrew, M., Cooper, R. y Lewis, C. (2013). Psychological therapies for chronic post-traumatic stress disorder (PTSD) in adults. *Cochrane Database Systematic Reviews,* 12, CD003388. doi:10.1002/ 14651858.CD003388.pub4.

Blair, K. S., Vythilingam, M., Crowe, S. L., McCaffrey, D. E., Ng, P., Wu, C. C., ... Blair, R. J. (2013). Cognitive control of attention is differentially affected in trauma-exposed individuals with and without post-traumatic stress disorder. *Psychological Medicine,* 43(1), 85-95. doi:10.1017/S0033291712000840.

Blore, D. (2009, October). *Blind to therapist protocol. Presentation at the 2nd EMDR Autumn Workshop Conference*, Leeds, UK.

Boccia, M., Piccardi, L., Cordellieri, P., Guariglia, C. y Giannini, A. M. (2015). EMDR therapy for PTSD after motor vehicle accidents: Meta-analytic evidence for specific treatment. *Frontiers in Human Neuroscience,* 9, 213. doi:10.3389/fnhum. 2015.00213.

Bodor, P. (2004). *On emotion: A developmental social constructionist account.* Budapest: L'Harmattan.

Boeschen, L. E., Koss, M. P., Figueredo, A. J. y Coan, J. A. (2001). Experiential avoidance and posttraumatic stress disorder: A cognitive mediational model of rape recovery. *Journal of Aggression, Maltreatment and Trauma,* 4(2), 211-245. doi: 10.1300/J146v04n02_10.

Bolles, R. C. y Fanselow, M. S. A. (1980). A perceptual-defense-recuperative model of fear and pain. *Behavioral and Brain Sciences,* 3(2), 291–323. doi:10.1017/ S0140525X0000491X.

Bouton, M. E., Mineka, S. y Barlow, D. H. (2001). A modern learning theory perspective on the etiology of panic disorder. *Psychological Review,* 108(1), 4-32.

Bowen, M. (1978). *Family therapy in clinical practice.* New York: Jason Aronson. doi:10.1176/ps.30.4.276-a.

Bowlby, J. (1973). *Attachment and loss: Vol. 2. Separation: Anxiety and anger.* New York: Basic Books.

Bowlby, J. (1982). *Attachment and loss: Vol. 1. Attachment.* New York: Basic Books.

Bracha, H. S. (2004). *Freeze, flight, fight, fright, faint: Adaptationist perspectives on the acute stress response spectrum.* CNS Spectrums, 9(9), 679–685.

Bradley, S. J. (2000). *Affect regulation and the development of psychopathology.* New York: Guilford Press.

Braunstein, L. M., Gross, J. J. y Ochsner, K. N. (2017). Explicit and implicit emotion regulation: A multi-level framework. *Social Cognitive and Affective Neuroscience,* 12(10), 1545-1557. doi:10.1093/scan/nsx096.

Brefczynski-Lewis, J. A., Lutz, A., Schaefer, H. S., Levinson, D. B. y Davidson, R.J. (2007). Neural correlates of attentional expertise in long-term meditation practitioners. *Proceedings of the National Academy of Sciences of the United States of America,* 104(27), 11483-11488.

Bremner, J. D., Vermetten, E., Vythilingam, M., Afzal, N., Schmahl, C., Elzinga, B. y Charney, D. S. (2004). Neural correlates of the classic color and emotional stroop in women with abuse related posttraumatic stress disorder. *Biological Psychiatry,* 55(6), 612-620.

Brennan, K. y Shaver, P. (1995). Dimensions of adult attachment, affect regulation, and romantic functioning. *Personality and Social Psychology*

Bulletin, 21, 267–283. doi:10.1177/ 0146167295213008.

Brenning, K. M. y Braet, C. (2013). The emotion regulation model of attachment: An emotion specific approach. *Personal Relationships,* 20, 107-123. doi:10.111/j.1475-6811.2012.01399.x.

Briñol, P., Petty, R. E. y Wagner, B. (2009). Body posture effects on self-evaluation: A self-validation approach. *European Journal of Social Psychology,* 39, 1053-1064. http://dx.doi.org/10.1002/ejsp.607.

Brisch, K. (2012). *Treating attachment disorders, 2nd ed. From theory to therapy.* New York: Guilford Press.

Brown, R. J. (2006). Different types of "dissociation" have different psychological mechanisms. *Journal of Trauma and Dissociation,* 7(4), 7-28.

Browning, C. (1999). *Floatback and float forward: Techniques for the past, present and future. Presentation at EMDRIA Latin America.*

Bruno, T. (2006). *The emotions of therapists working with victims of interpersonal trauma. Presentation at the Italian EMDR Association,* Milan, Italy

Bryant, R. A. y Harvey, A. G. (1995). Avoidant coping style and post-traumatic stress following motor vehicle accidents. *Behaviour Research and Theory,* 33(6), 631-635.

Buck, R. (1985). Prime Theory: An integrated view of motivation and emotion. *Psychological Review,* 92(3), 389-413. doi: 10.1037/0033-295X.92.3.389.

Buckner, R.L., Andrews-Hanna, J. R. y Schacter, D. L. (2008). The brains default network: Anatomy, function, and relevance to disease. *Annals of the New York Academy of Sciences,* 1124(1), 1-38. doi:10.1196/annals.1440.011.

Burgess, A. W. y Holmstrom, L.L. (1978). Recovery from rape and prior life stress. *Research on Health Nursing,* 1(4), 165-174. doi:10.1002/nur.4770010404.

Cacioppo, J. T., Priester, J. R. y Berntson, G. G. (1993). Rudimentary determinants of attitudes. II: Arm flexion and extension have differential effects on attitudes. *Journal of Personality and Social Psychology,* 65(1), 5-17. doi:10.1037/0022-3514.65.1.5.

Campbell-Sills, L. y Barlow, D. H. (2007). Incorporating emotion regulation into conceptualizations and treatments of anxiety and mood disorders. In J.J. Gross (Ed.), *Handbook of emotion regulation* (pp. 542-559). New York: Guildford Press.

Campos, J. J., Mumme, D. L., Kermoian, R. y Campos, R. G. (1994). A functionalist perspective on the nature of emotion. *Monographs of the Society for Research in Child Development,* 59, 284-303. doi:10.2307/1166150.

Cassidy, J. y Kobak, R. R. (1988). Avoidance and its relationship with other defensive processes. In J. Belsky y T. Nezworski (Eds.), *Clinical implications of attachment* (pp. 300-323). Hillsdale, NJ: Erlbaum.

Cassidy, J. y Shaver, P. (Eds.) (2010). *Handbook of attachment: Theory, research, and clinical applications* (3rd ed.). New York: Guilford Press.

Chapman, A. L. y Dixon-Gordon, K. L. (2007). Emotional antecedents and consequences of deliberate self-harm and suicide attempts. *Suicide Life Threat Behavior,* 37(5), 543-52.

Chapman, H. A., Kim, D. A., Susskind, J. M. y Anderson, A. K. (2009). In bad taste: Evidence for the oral origins of moral disgust. *Science,* 323(5918, 1222-1226. doi:10.1126/science.1165565.

Christman, S. D., Garvey, K. J., Propper, R. E. y Phaneuf, K. A. (2003). Bilateral eye movements enhance the retrieval of episodic memories. *Neuropsychology,* 17(2), 221-229.

Clear, S. J. y Zimmer-Gembeck, M. J. (2017). Associations between attachment and emotion-specific emotion regulation with and without relationship insecurity priming. *International Journal of Behavioral Development,* 41(1), 64-73.

Cloitre, M. (1992). Avoidance of emotional processing: A cognitive science perspective. In D. J. Stein y J. E. Young (Eds.), *Cognitive science and clinical disorders* (pp. 19-41). San Diego: Academic Press.

Clore, G. L. y Ortony, A. (2008). Appraisal theories: How cognition shapes affect into emotion. In M. Lewis, J. M. Haviland-Jones y L. Feldman-Barrett (Eds.), Handbook of Emotions (3rd ed.; pp. 628-642). New York: Guilford Press.

Compas, B. E., Connor, J., Osowiecki, D. y Welch, A. (1997). Effortful and involuntary responses to stress: Implications for coping with chronic stress. In B. J. Gottleib (Ed.), *Coping with chronic stress* (pp. 105-130). New

York: Plenum Press.

Compas, B. E., Connor-Smith, J. K., Saltzman, H., Thomsen, A. H. y Wadsworth, M. E. (2001). Coping with stress during childhood and adolescence: Problems, progress, and potential in theory and research. *Psychological Bulletin*, 127, 87-127.

Compas, B. E., Jaser, S. S., Bettis, A. H., Watson, K. H., Gruhn, M. A., Dunbar, J. P. y ... Thigpen, J. C. (2017). Coping, emotion regulation, and psychopathology in childhood and adolescence: A meta-analysis and narrative review. *Psychological Bulletin*, 143(9), 939-991. doi:10.1037/bul0000110.

Coubard, O. (2015). Eye movement desensitization and reprocessing (EMDR) re-examined as cognitive and emotional neuroentrainment. *Frontiers in Human Neuroscience*, 8, 1-4. doi:10.3389/fnhum.2014.01035.

Courtois, C. y Ford, J. (2013). *Treatment of complex trauma: A sequenced, relationship-based approach.* New York: Guilford Press.

Craig, A. D. (2002). How do you feel? Interoception: The sense of the physiological condition of the body. *Nature Reviews Neuroscience*, 3(8), 655-666. doi:10.1038/ nrn894.

Craig, A. D. (2003). Interoception: The sense of the physiological condition of the body. *Current Opinion in Neurobiology*, 13(4), 500-505. doi:10.1016/S0959-4388(03) 00090-4.

Craig, A. D. (2009). How do you feel now? The anterior insula and human awareness. *Nature Reviews Neuroscience*, 10(1), 59-70. doi:10.1038/ nrn2555.

Craig, A. D. (2015). *How do you feel? An interoceptive moment with your neurobiological self.* Princeton: Princeton University Press. doi: 10.1515/9781400852727.

Craske, M. G. y Hazlett-Stevens, H. (2002). Facilitating symptom reduction and behavior change in GAD: The issue of control. *Clinical Psychology: Science and Practice*, 9, 69-75.

Critchley, H. D., Wiens, S., Rotshtein, P., Öhman, A. y Dolan, R. J. (2004). Neural systems supporting interoceptive awareness. *Nature Neuroscience*, 7(2), 189-195.

Dale, K.Y., Flaten, M.A., Elden, A. y Holte, A. (2008). Dissociative identity disorder and prepulse inhibition of the acoustic startle reflex. *Neuropsychiatry Disease and Treatment,* 4(3), 653-662.

Damasio, A. R. (2000). *The feeling of what happens: Body and emotion in the making of consciousness.* New York: Harcourt Brace & Co.

Damasio, A. R. (1994). *Descartes' error: Emotion, reason, and the human brain.* New York: Putnam.

Darwin, Ch. R. (1872/1963). *The expression of the emotions in man and animals.* London: John Murray.

Davidson, R. J. (1995). Cerebral asymmetry, emotion and affective style. In R. J. Davidson y K. Hugdahl (Eds.), *Brain Asymmetry* (pp. 361-387). Cambridge, MA: MIT Press.

De Jongh, A., Resick, P. A., Zoellner, L. A., van Minnen, A., Lee, C. W., Monson, C. M. y ... Bicanic, I. E. (2016). Critical analysis of the current treatment guidelines for Complex PTSD in adults. *Depression and Anxiety,* 33(5), 359-369. doi:10.1002 /da.22469.

De Voogd, L. D., Kanen, J. W., Neville, D. A., Roelofs, K., Fernández, G. y Hermans, E. J. (2018). Eye-movement intervention enhances extinction via amygdala deactivation. *Journal of Neuroscience,* 38(40), 8694-8706. doi:10.1523/JNEUROSCI. 0703-18.2018.

Deak, A. (2011). Brain and emotion: Cognitive neuroscience of emotions. *Review of Psychology,* 18(2), 71-80.

Del Río-Casanova, L. (2018). *La regulación emocional en el trastorno conversivo. Tesis doctoral.* Facultad de Medicina y Cirugía. Universidad de Santiago de Compostela.

Del Río-Casanova, L., González, A., Páramo, M. y Brenlla, J. (2016a). Excitatory and inhibitory conversive experiences: Neurobiological features involving positive and negative conversion symptoms. *Reviews in the Neuroscience,* 27(1), 101-110. doi:10.1515/revneuro-2015-0022.

Del Río-Casanova, L., González, A., Páramo, M., Van Dijke, A. y Brenlla, J. (2016b). Emotion regulation strategies in trauma-related disorders: pathways linking neurobiology and clinical manifestations. *Reviews in the Neuroscience,* 27(4), 385-395. doi:10.1515/revneuro-2015-0045.

Dellucci, H. y Bertrand, C. (2012). Le collage de la famille symbolique et approche narrative. Une voie alternative pour constituer un lien d'attachement et une identité en lien avec les valeurs existentielles. *Revue Thérapie Familiale,* 33(4), 337-355.

Dimaggio, G., Carcione, A., Salvatore, G., Semerari, A. y Nicolò, G. (2010). A rational model for maximizing the effects of therapeutic relationship regulation in personality disorders with poor metacognition and over-regulation of affects. *Psychology y Psychotherapy: Theory, Research y Practice,* 83(4), 363-384.

Dinis, A., Carvalho, S., Gouveia, J.P. y Estanqueiro, C. (2015). Shame memories and depression symptoms: the role of cognitive fusion and experiential avoidance. *International Journal of Psycholology and Psychological Therapy,* 15(1), 63-86.

Dixon-Gordon, K. L., Aldao, A. y De Los Reyes, A. (2015). Emotion regulation in context: Examining the spontaneous use of strategies across emotional intensity and type of emotion. *Personality and Individual Differences,* 86, 271-276. doi:10.1016/ j.paid.2015.06.011.

Dizén, M., Berenbaum, H. y Kerns, J. G. (2005). Emotional awareness and psychological needs. *Cognition and Emotion,* 19, 1140-1157. doi:10.1080/ 02699930500260468.

Dolcos, F., Diaz-Granados, P., Wang, L. y McCarthy, G. (2008). Opposing influences of emotional and non-emotional distracters upon sustained prefrontal córtex activity during a delayed-response working memory task. *Neuropsychologia,* 46(1), 326-335.doi:10.1016/j.neuropsychologia. 2007.07.010.

Domes, G., Schulze, L. y Herpertz, S. C. (2009). Emotion recognition in borderline personality disorder - A review of the literature. *Journal of Personality Disorders,* 23(1), 6-19. doi:10.1521/pedi.2009.23.1.6.

Donegan, N. H., Sanislow, C. A., Blumberg, H. P., Fulbright, R. K., Lacadie, C., Skudlarski, P., Gore, J. C., Olson, I. R., McGlashan, T. H. y Wexler, B. E. (2003). Amygdala hyperreactivity in borderline personality disorder: Implications for emotional dysregulation. *Biological Psychiatry,* 54(11), 1284–1293.

Dozier, M., Stovall, K. y Albus, K. (1999). Attachment and psychopathology in adulthood. In J. Cassidy y P. Shaver (Eds.), *Handbook of attachment: Theory, research, and clinical applications* (pp. 497–519). New York: Guilford Press.

Dramrad-Frye, R. y Laird, J. D. (1989). The experience of boredom: The role of the self-perception of attention. *Journal of Personality and Social Psychology,* 57, 315–320. doi:10.1037/0022-3514.57.2.315.

Drost, J., van der Does, W., van Hemert, A. M., Penninx, B. W. J. H. y Spinhoven, P. (2014). Repetitive negative thinking as a transdiagnostic factor in depression and anxiety: A conceptual replication. *Behavior Research Therapy,* 63, 177-183. doi:10.1016/j.brat.2014.06.004.

Eastwood, J. D., Frischen, A., Fenske, M. J. y Smilek, D. (2012). The unengaged mind: Defining boredom in terms of attention. *Perspectives on Psychological Science,* 7, 482–495. doi:10.1177/1745 691612456044.

Ebner-Priemer, U. W., Badeck, S., Beckmann, C., Wagner, A., Feige, B., Weiss, I., Lieb, K. y Bohus, M. (2005). Affective dysregulation and dissociative experience in female patients with borderline personality disorder: a startle response study. *Journal of Psychiatry Research,* 39(1), 85–92.

Ehlers, A., Mayou, R. A. y Bryant, B. (1998). Psychological predictors of chronic posttraumatic stress disorder after motor vehicle accidents. *Journal of Abnormal Psychology,* 107, 508-519.

Ehring, T., Zetsche, U., Weidacker, K., Wahl, K., Schonfeld, S. y Ehlers, A. (2011). The perseverative thinking questionnaire (PTQ): Validation of a content independent measure of repetitive negative thinking. *Journal of Behavior Therapy and Experimental Psychiatry,* 42, 225-232.

Eidhof, M. B. (2012). *The contribution of emotion to the effects of EMDR. (Master thesis. Utrecht University).* Retrieved from https://dspace.library.uu.nl/handle/ 1874/266589.

Ekman, P. (1999). Basic emotions. In T. Dalgleish y M. Power (Eds.), *Handbook of Cognition and Emotion* (pp. 45-60). New York: Wiley & Sons.

Elliot, A. J. y Reis, H. T. (2003). Attachment and exploration in adulthood. *Journal of Personality and Social Psychology,* 85, 2: 317–331.

Ellis, B. J., Boyce, W., Belsky, J., Bakermans-Kranenburg, M. y Van Ijzendoorn, M. (2011). Differential susceptibility to the environment: an evolutionary–neurodevelopmental theory. *Development and Psychopathology,* 23(1), 7–28. doi:10.1017/S0954579410000611.

Ellis, B. J., Del Giudice, M. y Shirtcliff, E. (2013). Beyond allostatic load: The stress response system as a mechanism of conditional adaptation. In T. Beauchaineand y S. Hinshaw (Eds.), *Child and adolescent psychopathology* (pp. 251-284). New York: Wiley & Sons.

Ensink, K., Normandin, L., Target, M., Fonagy, P., Sabourin, S. y Barthelot, N. (2014b). Mentalization in children and mothers in the context of trauma: An initial study of the validity of the child reflective functioning scale. *British Journal of Developmental Psychology,* 33(2), 203-2017. doi:10.1111/bjdp.12074.

Esterman, M., DeGutis, J., Mercado, R., Rosenblatt, A., Vasterling, J. J., Milberg, W. y McGlinchey, R. (2013). Stress-related psychological symptoms are associated with increased attentional capture by visually salient distractors. *Journal of International Neuropsychology Society,* 19(7), 835-840. doi:10.1017/ S135561771300057X.

Evans, G. W. y English, K. (2002).The environment of poverty: Multiple stressor exposure, psychophysiological stress, and socioemotional adjustment. *Child Development,* 73(4), 1238–1248. doi:10.1111/1467-8624.00469.

Fairburn, C. G., Norman, P. A., Welch, S. L., O'Connor, M. R., Doll, H. A. y Peveler, R. C.(1995). A prospective study of outcome in bulimia nervosa and the long-term effects of three psychological treatments. *Archives of General Psychiatry,* 52, 304–312.

Farb, N.A., Daubenmier, J., Price, C., Gard, T., Kerr, C.; Dunn, B... y Mehling, W. E. (2015). Interoception, contemplative practice and health. *Frontiers in Psychology,* 6:763. doi:10.3389/fpsyg.2015.00763.

Farima, R., Dowlatabadi, S. y Behzadi, S. (2015). The effectiveness of eye movement desensitization and reprocessing (EMDR) in reducing pathological worry in patients with generalized anxiety disorder: A preliminary study. *Archives of Psychiatry and Psychotherapy,* 1, 33-43. doi:10.12740/APP/39259.

Farina, B., Imperatori, C., Quintiliani, M. I., Castelli Gattinara, P., Onofri, A., Lepore, M., … Della Marca, G. (2015). Neurophysiological correlates of eye movement desensitization and reprocessing sessions: preliminary evidence for traumatic memories integration. *Clinical Physiology and Functional Imaging,* 35(6), 460-468. doi:10.1111/cpf.12184.

Farina, B. y Liotti, G. (2013). Does a dissociative psychopathological dimension exist? A review on dissociative processes and symptoms in developmental trauma. *Clinical Neuropsychiatry,* 10(1), 11-18.

Fisher, P. y Wells, A. (2009). *Metacognitive Therapy.* New York: Routledge.

Fisher, S. F. (2014). *Neurofeedback in the treatment of developmental trauma: Calming the fear-driven brain.* New York: Norton & Co.

Foa, E. B., Huppert, J. D. y Cahill, S. P. (2006). Emotional Processing Theory: An Update. In B. O. Rothbaum (Ed.) *Pathological anxiety: Emotional processing in etiology and treatment* (pp. 3-24). New York: Guilford Press.

Foa, E. B. y Kozak, M. J. (1998). Clinical applications of bioinformational theory: Understanding anxiety and its treatment. *Behavior Therapy,* 29, 675- 690.

Foa, E. B. y Kozak, M. J. (1986). Emotional processing of fear: Exposure to corrective information. *Psychological Bulletin,* 99, 20–35.

Foa, E. B. y Kozak, M. J. (1986). Emotional processing of fear: exposure to corrective information. *Psychological Bulletin,* 99, 20-35.

Fonagy, P., Gergely, G., Jurist, E. L y Target, M. (2002). *Affect regulation, mentalization, and the development of the self.* New York: Other Press.

Fonagy, P. y Target, M. (1997). Attachment and reflective function: Their role in self organization. *Development and psychopathology,* 9(04), 679-700.

Forrest, K. A. (2001). Toward an etiology of dissociative identity disorder: a neurodevelopmental approach. *Consciousness and Cognition,* 10(3), 259-293.

Fosha, D. (2000). *The transforming power of affect: A model of accelerated change.* New York: Basic Books.

Frazier, P. A. y Burnett, J. W. (1994). Immediate coping strategies among rape victims. *Journal of Counseling and Development,* 72(6), 663-639.

Freed, S. y D'Andrea, W. (2015). Autonomic arousal and emotion in victims of interpersonal violence: Shame proneness but not anxiety predicts vagal tone. *Journal of Trauma and Dissociation,* 16(4), 367-383. doi:10.1080/15299732.2015.1004771.

Friedman, R. S. y Förster, J. (2000). The effects of approach and avoidance motor actions on the elements of creative insight. *Journal of Personality and Social Psychology,* 79, 477-492.

Friedman, R. S. y Förster, J. (2002). The influence of approach and avoidance motor actions on creative cognition. *Journal of Experimental Social Psychology,* 38(1), 41-55. doi:10.1006/jesp.2001.1488.

Frijda, N. H. (1986). *The emotions.* New York: Cambridge University Press.

Frustaci, A., Lanza, G. A., Fernandez, I., di Giannantonio, M. y Pozzi, G. (2010). Changes in psychological symptoms and heart rate variability during EMDR treatment: A case series of subthreshold PTSD. *Journal of EMDR Practice and Research,* 4(1), 3-11. doi:10.1891/1933-3196.4.1.3.

Fuster, J. (2001). The prefrontal cortex - an update: Time is of the essence. *Neuron,* 30(2), 319-333.

Galliano, G., Noble, L. M., Travis, L. A. y Puechl, C. (1993). Victim reactions during rape/sexual assault. A preliminary study of the immobility response and its correlates. *Journal of Interpersonal Violence,* 8, 109–114. doi: 10.1177/ 088626093008001008.

Garfinkel, S. N. y Critchley, H. D. (2013). Interoception, emotion and brain: new insights link internal physiology to social behavior. Commentary on: "Anterior insular córtex mediates bodily sensibility and social anxiety" by Terasawa et al. (2012). *Social Cognitive and Affective Neuroscience,* 8(3), 231-234. doi:10.1093/ scan/nss140.

Gelinas, D. J. (2011, August). *EMDR and the phobias of structural dissociation in treating complex traumatization. Presentation at 16th EMDR International Association Conference,* Orange County, CA.

Gendlin, E. T. (1996). *Focusing-oriented psychotherapy: A manual of experiential method.* New York: Guilford Press.

Gendlin, E. T. (1973). Experiential psychotherapy. In R. Corsini (Ed.), *Current psychotherapies* (pp. 317-352). Itasca: Peacock. Traducido al español en Psicoterapia experiencial. En C. Alemany (Ed.) (1997), pp. 143-195.

Gendlin, E.T. (1978) *Focusing* (original version). New York: Everest House.

George, C., Kaplan, N. y Main, M. (1996). *Adult Attachment Interview.* Unpublished protocol. Berkeley: University of California.

Gilbert, P. (2005) *Compassion: Conceptualisations, research and use in psychotherapy.* London: Routledge.

Giovannozzi, G. (2016, June). *Consistence and integrability of the AIP model and the Polovagal Theory: Clinical applications. Presented at EMDR Europe Conference,* Le Hague. Abstract retrieved from http://www.emdr2016.eu/programma_ details/5324.

Gonzalez, A. (2018). Eye Movement Desensitization and Reprocessing (EMDR) in Complex Trauma and Dissociation: Reflections on safety, efficacy and the need for adapting procedures. *Frontiers in the Psychotherapy of Trauma and Dissociation,* 1(2): 192-211.

Gonzalez, A. y Mosquera, M. (2012). *EMDR y disociación: El abordaje progresivo.* Madrid: Pléyades. Edición en inglés: EMDR and Dissociation: The Proggressive Approach. North Charleston: Createspace Independent Publishing Platform.

Gonzalez-Vazquez, A. I., Mosquera-Barral, D., Knipe, J., Leeds, A. M. y Santed-German, M. A. (2018). Construction and initial validation of a scale to evaluate self-care patterns: The Self-Care Scale. *Clinical Neuropsychiatry,* 15(6), 373-378.

Graham, F. K. y Clifton R. K. (1966). Heart-rate change as a component of the orienting response. *Psychological Bulletin,* 65, 305–320.

Grant, J. E., Correia, S., Brennan-Krohn, T., Malloy, P. F., Laidlaw, D. H. y Schulz, S. C. (2007). Frontal white matter integrity in borderline personality disorder with self-injurious behavior. *The Journal of Neuropsychiatry and Clinical Neurosciences,* 19(4), 383–390.

Gratz, K. L. y Roemer, L. (2004). Multidimensional assessment of emotion regulation and dysregulation: Development, factor structure, and initial validation of the difficulties in emotion regulation scale. *Journal of Psychopathology and Behavioral Assessment,* 26, 41−54.

Greenberg, L. S. y Paivio, S. C. (1997). *Working with emotions in psychotherapy.* New York: Guilford Press.

Greenberg, L. S. y Pascual-Leone, A. (2006). Emotion in psychotherapy: A practice friendly research review. *Journal of Clinical Psychology,* 62, 611-630.

Greenberg, L. S. (2009). *Emotion-Focused Therapy* (Theories of Psychotherapy). Washington: American Psychological Association.

Griffin, M. G., Resick, P. A. y Mechanic, M. B. (1997). Objective assessment of peritraumatic dissociation: Psychophysiological indicators. *The American Journal of Psychiatry,* 154(8), 1081-1088.

Grillon, C., Quispe-Escudero, D., Mathur, A. y Ernst, M. (2015). Mental fatigue impairs emotion regulation. *Emotion* (Washington, D.C.), 15(3), 383–389. doi:10.1037/emo0000058.

Gross, J. J. (1998). The emerging field of emotion regulation: An integrative review. *Review of General Psychology,* 2(3), 271-299.

Gross, J. J. (2015). Emotion regulation: Current status and future prospects. *Psychological Inquiry,* 26(1), 1-26. doi:10.1080/1047840X.2014.940781.

Gross, J. J. y Thompson, R. A. (2007). Emotion regulation: Conceptual foundations. In J. J. Gross (Ed.), *Handbook of emotion regulation* (pp. 3-24). New York: Guilford Press.

Gross, J. J. y John, O. P. (2003). Individual differences in two emotion regulation processes: implications for affect, relationships, and well-being. *Journal of Personality and Social Psychology,* 85(2), 348-362. doi:10.1037/0022-3514.85.2.348.

Gunter, R. W. y Bodner, G. E. (2008). How eye movements affect unpleasant memories: Support for a working memory account. *Behaviour Research and Therapy,* 46(8), 913-931. doi:10.1016/j.brat.2008.04.006.

Hao, N.; Xue, H.; Yuan, H., Wang, Q. y Runco, M. A. (2017). Enhancing creativity: Proper body posture meets proper emotion. *Acta Psychologica,* 173, 32-40. doi: 10.1016/j.actpsy.2016.12.005.

Hariri, A. R., Bookheimer, S. Y. y Mazziotta, J. C. (2000). Modulating emotional responses: Effects of a neocortical network on the limbic system. *Neuroreport,* 11(1), 43-48.

Harre, R. (Ed.) (1986). *The Social Construction of Emotions.* Oxford: Blackwell.

Hayes, A. M., Laurenceau, J. P., Feldman, G., Strauss, J. L. y Cardaciotta, L.

(2007). Change is not always linear: The study of non-linear and discontinuous patterns of change in psychotherapy. *Clinical Psychology Review,* 27(6), 715-723. doi:10.1016/ j.cpr.2007.01.008.

Hayes, S. C. y Lillis, J. (2012). *Acceptance and commitment therapy.* Washington: American Psychological Association.

Hayes, S. C., Strosahl, K. D., Wilson, K. G., Bissett, R. T., Pistorello, J., Toarmino, D., Polusny, M. A., et al. (2004).Measuring experiential avoidance: A preliminary test of a working model. *Psychological Record,* 54, 553–578.

Hayes, S. C., Strosahl, K. D. y Wilson, K. G. (1999). *Acceptance and commitment therapy: An experiential approach to behavior change.* New York: Guilford Press.

Hayes, S. C., Wilson, K. G., Gifford, E. V, Follette, V. M. y Strosahl, K. (1996). Experiential avoidance and behavioral disorders: A functional dimensional approach to diagnosis and treatment. *Journal of Consulting and Clinical Psychology,* 64(6), 1152-1168.

Heffner, M., Eifert, G. H., Parker, B. T., Hernandez, D. H. y Sperry, J. A. (2003). Valued directions: Acceptance and commitment therapy in the treatment of alcohol dependence. *Cognitive and Behavioral Practice,* 10, 378–383. doi:10.1016/S1077-7229(03)80055-X.

Herman, J. L. (1992). *Trauma and recovery: The aftermath of violence - From domestic abuse to political terror.* New York: Basic Books.

Herwig, U.; Kaffenberger, T. y Jänckec, L. y Brühla, A. B. (2010). Self-related awareness and emotion regulation. *Neuroimage,* 50(2), 734-741. doi:10.1016/ j.neuroimage.2009.12.089.

Hesse, E., Main, M., Abrams, K. Y. y Rifkin, A. (2003). Unresolved states regarding loss or abuse can have "second-generation" effects: Disorganized, role-inversion and frightening ideation in the offspring of traumatized non-maltreating parents. In D. J. Siegel y M. F. Solomon (Eds.), *Healing trauma: Attachment, mind, body and brain* (pp. 57-106). New York: Norton.

Hofmann, A. (2009). The inverted EMDR standard protocol for unstable complex post-traumatic stress disorder. In M. Luber (Ed.), *Eye movement desensitization (EMDR) scripted protocols: Special populations* (pp. 313-328).

New York: Springer.

Holmes, E. A., Brown, R. J., Mansell, W., Fearon, R. P., Hunter, E. C., Frasquillho, F. y Oakley, D. A. (2005). Are there two qualitatively distinct forms of dissociation? A review and some clinical implications. *Clinical Psychology Review*, 25, 1, 1-23.

Holodynski, M. y Friedlmeier, W. (2006). *Development of emotions and emotion regulation.* New York: Springer Science & Business Media.

Hopper, J. W., Frewen, P. A. y Lanius, R.A. (2007). Neural correlates of reexperiencing, avoidance, and dissociation in PTSD: Symptom dimensions and emotion dysregulation in responses to script-driven trauma imagery. *Journal of Traumatic Stress,* 20(5), 713-725.

Hornsveld, H. K., De Jongh, A. y Broeke, E. (2012). Stop the use of Eye Movements in Resource Development and Installation, until their additional value has been proven: A rejoinder to Leeds and Korn. *Journal of EMDR Practice and Research,* 6, 4, 174-178.

Iglesias, M. E. L., Vallejo, R. B. D. B. y Fuentes, P. S. (2010). The relationship between experiential avoidance and burnout syndrome in critical care nurses: A cross-sectional questionnaire survey. *International Journal of Nursing Studies,* 47(1), 30-37. doi:10.1016/j.ijnurstu.2009.06.014

Iordan, A. D., Dolcos, S. y Dolcos, F. (2013). Neural signatures of the response to emotional distraction: A review of evidence from brain imaging investigations. *Frontiers in Human Neuroscience,* 7, Article ID 200. doi:10.3389/fnhum.2013.00200.

Izard, C. E. (1977). *Human emotions.* New York: Plenum Press. doi:10.1007/978-1-4899-2209-0.

Izard, C. E. (1990). Facial expressions and the regulation of emotions. *Journal of Personality and Social Psychology,* 58, 487-498. doi:10.1037/00223514. 58.3.487.

Izard, C. E. (1991). *The psychology of emotions.* New York: Plenum.

James, W. (1884). II.-*What is an Emotion?* Mind, os-IX(34), 188-205. doi:10.1093/ mind/os-IX.34.188

John, O. O. y Gross, J. J. (2004). Healthy and unhealthy emotion regulation: Personality processes, individual differences, and life span development.

Journal of Personality, 72(6), 1301–1334. doi:10.1111/j.1467-6494.2004.00298.x.

Kabat-Zinn, J. (1990). *Full catastrophe living: Using the wisdom of your body and mind to face stress, pain, and illness.* New York: Delacorte.

Kashdan, T. B. y Rottenberg, J. (2010). Psychological flexibility as a fundamental aspect of health. *Clinical Psychology Review,* 30(7), 865-878. doi: 10.1016/ j.cpr.2010.03.001.

Kassam K. S., Markey A. R., Cherkassky V. L., Loewenstein G. y Just M. A. (2013) *Identifying Emotions on the Basis of Neural Activation.* PLoS ONE, 8(6): e66032. doi:10.1371/journal.pone.0066032.

Kavanagh, D. J., Freese, S., Andrade, J. y May, J. (2001). Effects of visuospatial tasks on desensitization to emotive memories. *British Journal of Clinical Psychology,* 40, 267-280.

Kennedy, F. (2013). *Cognitive Behavioural Approaches to the Understanding and Treatment of Dissociation.* New York: Routledge.

Kerr, M. E. y Bowen, M. (1988). *Family evaluation.* New York: Norton & Co.

Khalsa, S. S. y Lapidus, R. C. (2016). Can interoception improve the pragmatic search for biomarkers in psychiatry? *Frontiers in Psychiatry,* 7:121. doi:10.3389/ fpsyt.2016.00121.

Khalsa, S. S., Rudrauf, D., Feinstein, J. S. y Tranel, D. (2009). The pathways of interoceptive awareness. *Nature neuroscience,* 12(12), 1494–1496. doi:10.1038/ nn.2411.

Kim, D. (2014). *Who responds to EMDR and who doesn't?: Factors associated with treatment response in adult patients with PTSD. Presentation at the 2nd EMDR Asia International Conference,* Manila, The Philippines.

Klaus, M., Kennell, J. y Klaus P. (1995). *Bonding: Building the foundation of a secure attachment and independence.* Reading: Addison-Wesley.

Knipe, J. (2009a). Dysfunctional positive affect: Procrastination. In M. Luber (Ed.), *Eye movement desensitization (EMDR) scripted protocols: Special populations* (pp. 453-458). New York: Springer.

Knipe, J. (2009b). Dysfunctional positive affect: To assist clients with unwanted avoidance defenses. In M. Luber (Ed.), *Eye Movement Desensitization (EMDR) Scripted Protocols: Special Populations* (pp. 451-

452). New York: Springer.

Knipe, J. (2015). *EMDR Toolbox: Theory and Treatment of Complex PTSD and Dissociation.* New York: Springer.

Kozlowska, K. (2007). The developmental origins of conversion disorders. *Clinical Child Psychology and Psychiatry,* 12(4), 487-510. doi:10.1177/1359104507080977.

Krause-Utz, A., Oei, N. Y. L., Niedtfeld, I., Bohus, M., Spinhoven, P., Schmahl, C. y Elzinga, B. M. (2012). Influence of emotional distraction on working memory performance in borderline personality disorder. *Psychological Medicine,* 42(10), 2181-2192. doi:10.1017/S0033291712000153.

Kuhn, T. S. (1962). *The Structure of Scientific Revolutions.* Chicago: University of Chicago Press.

Kuhn, T. S. (2012). *The Structure of Scientific Revolutions.* 50th anniversary. Chicago: University of Chicago Press.

Lac, A. y Luk, J. W. (2017). Testing the amotivational syndrome: Marijuana use longitudinally predicts lower self-efficacy even after controlling for demographics, personality, and alcohol and cigarette use. *Prevention Science,* 19(2), 117-126. doi: 10.1007/s11121-017-0811-3.

Landin-Romero, R., Moreno-Alcazar, A., Pagani, M. y Amann, B. (2018). How does Eye Movement Desensitization and Reprocessing therapy work? A systematic review on suggested mechanisms of action. *Frontiers in Psychology,* 9:1395. doi:10.3389/fpsyg.2018.01395.

Lane R. (2008). Neural substrates of implicit and explicit emotional processes: a unifying framework for psychosomatic medicine. *Psychosomatic Medicine,* 70(2), 214-231. doi:10.1097/PSY. 0b013e3181647e44.

Lane, R. D. y Schwartz, G. E. (1987). Levels of emotional awareness: a cognitive developmental theory and its application to psychopathology. *American Journal of Psychiatry,* 144(2), 133-143.

Lane, R. D., Reiman, E. M., Ahern, G. L., Schwartz, G. E. y Davidson, R. J. (1997). Neuroanatomical correlates of happiness, sadness, and disgust. *American Journal of Psychiatry,* 154(7), 926-933.

Lanius, R.A., Frewen, P.A., Vermetten, E. y Yehuda, R. (2010b). Fear conditioning and early life vulnerabilities: Two distinct pathways of emotional dysregulation and brain dysfunction in PTSD. *European Journal of Psychotraumatology,* 1, 5467. doi: 10.3402/ejpt.v1i0.5467.

Lanius, R.A., Vermetten, E., Loewenstein, R. J., Brand, B., Schmahl, C., Bremner, J. D. y Spiegel, D. (2010a). Emotion modulation in PTSD: Clinical and neurobiological evidence for a dissociative subtype. *American Journal of Psychiatry,* 167(6), 640-647. doi:10.1176/appi.ajp.2009.09081168.

Lanius, U., Paulsen, S. y Corrigan, F. (2014). Dissociation: Cortical differentiation and the loss of the self. In U.F. Lanius y S. Paulsen (Eds.), *Neurobiology and treatment of traumatic dissociation: Toward an embodied self* (pp. 5-29). New York: Springer.

Lazarus, R. S. (1966). *Psychological stress and the coping process.* New York: McGraw-Hill.

Lazarus, R. S. (1991). *Emotion and adaptation.* Oxford: Oxford University Press.

Lazarus, R. S. y Folkman, S. (1984). *Stress, appraisal, and coping.* New York: Springer.

LeDoux, J. E. (1996). *The emotional brain. The mysterious underpinning of emotional life.* New York: Simon & Schuster.

Lee, C. W., Taylor, G. y Drummond, P. D. (2006). The active ingredient in EMDR: Is it traditional exposure or dual focus of attention? *Clinical Psychology y Psychotherapy,* 13(2), 97-107. doi:10.1002/cpp.479.

Lee, C. M.; Neighbors, C.; y Woods, B. A. (2007). Marijuana motives: Young adults' reasons for using marijuana. *Addictive Behaviors,* 32, 1384–1394. doi:10.1016/j.addbeh.2006.09.010.

Lee, C. W. y Cuijpers, P. (2013). A meta-analysis of the contribution of eye movements in processing emotional memories. *Journal of Behavior Therapy and Experimental Psychiatry,* 44(2), 231-239. doi:10.1016/j.jbtep.2012.11.00.

Leeds, A. M. (2018). *Phase four: When to stay out of the way and when to guide reprocessing. Presentation at the 23rd EMDR International Association Conference,* Atlanta, GA.

Leeds, A. M. (2001). Principles and procedures for enhancing current functioning in complex posttraumatic stress disorder with EMDR resource development and installation. *The EMDRIA Newsletter Special Edition,* 4-11.

Leiner, A. S., Kearns, M. C., Jackson, J. L., Astin, M. C. y Rothbaum, B. O. (2012). Avoidant coping and treatment outcome in rape-related posttraumatic stress disorder. *Journal of Consulting and Clinical Psychology,* 80 (2), 317-321. doi:10.1037/ a0026814.

LePera, N. (2011). Relationships between boredom proneness, mindfulness, anxiety, depression, and substance use. *The New School Psychology Bulletin,* 8, 15–25.

Leutner, S. y Cronauer, E. (2010). *Stabilizing while processing - Integration of resources into the EMDR protocol (RIT). Preconference presentation at the 11th EMDR Europe Association Conference,* Hamburg, Germany.

Levitt, J. T. y Cloitre, M. (2005). A clinician's guide to STAIR/MPE: Treatment for PTSD related to childhood abuse. *Cognitive and Behavioral Practice,* 12(1), 40-52. doi:10.1016/S1077-7229(05)80038-0.

Levitt, J. T., Brown, T. A., Orsillo, S. M.; y Barlow, D. H. (2004). The effects of acceptance versus suppression of emotion on subjective and psychophysiological response to carbon dioxide challenge in patients with panic disorder. *Behavior Therapy,* 35(4), 747-766. doi:10.1016/S0005-7894(04)80018-2.

Lieberman, M. D., Eisenberger, N. I., Crockett, M. J., Tom, S. M., Pfeifer, J. H. y Way, B. M. (2007). Putting feelings into words: Affect labeling disrupts amygdala activity in response to affective stimuli. *Psychological Science,* 18(5), 421-428. doi:10.1111/ j.1467-9280.2007.01916.x.

Limberg, A., Barnow, S., Freyberger, H. J. y Hamm, A. O. (2011). Emotional vulnerability in borderline personality disorder is cue specific and modulated by traumatization. *Biological Psychiatry,* 69(6), 574–582. doi:10.1016/j.biopsych. 2010.10.024.

Linehan, M. M. (1993). *Skills training manual for treating borderline personality disorder.* New York: Guilford Press.

Liotti, G. (1999). Understanding the dissociative processes: The contribution of attachment theory. *Psychoanalytic Inquiry,* 19(5), 757-783. doi:10.1080/

07351699909534275.

Liotti, G. (2011). Attachment disorganization and the controlling strategies: An illustration of the contributions of attachment theory to developmental psychopathology and to psychotherapy integration. *Journal of Psychotherapy Integration,* 21(3), 232-252. doi:10.1037/a0025422.

Lipton, B. y Fosha, D. (2011). Attachment as a transformative process in AEDP: Operationalizing the intersection of attachment theory and affective neuroscience. *Journal of Psychotherapy Integration,* 21(3), 253-279.

Lissek, S., Rabin, S. J., McDowell, D. J., Dvir, S., Bradford, D. E., Geraci, M., … Grillon, C. (2009). Impaired discriminative fear-conditioning resulting from elevated fear responding to learned safety cues among individuals with panic disorder. *Behaviour Research and Therapy,* 47, 111–118. doi:10.1016/j.brat.2008.10. 017.

Litt, B. (2007). The child as identified patient: Integrating contextual therapy and EMDR. In F. Shapiro y F. W. Kaslow (Eds.), *Handbook of EMDR and Family Therapy Processes* (pp. 306-324). Hoboken: John Wiley & Sons.

Logie, R. D. J. y de Jongh, A. (2014). The flashforward procedure: Confronting the catastrophe. *Journal of EMDR Practice and Research,* 8(1), 25-32. doi:10.1891/ 1933-3196.8.1.25.

Luminet, O., Rimé, B., Bagby, R. M. y Taylor, G. (2004). A multimodal investigation of emotional responding in alexithymia. *Cognition and Emotion,* 18(6), 741-766. doi:10.1080/02699930341000275.

Lupien, S. J., Ouelle-Morin, I., Hupback, A., Walker, D., Tu, M. y Buss, C. (2006). Beyond the stress concept: allostatic load – a developmental biological and cognitive perspective. In D. Cicchetti y D. Cohen (Eds.), *Developmental psychopathology: Developmental neuroscience* (pp. 784-809). New York: Wiley.

Lynch, T. R., Trost, W. T., Salsman, N. y Linehan, M. M. (2007). Dialectical behavior therapy for borderline personality disorder. *Annual Review of Clinical Psychology,* 3, 181–205.

Lyons-Ruth, K. y Jacobvitz, D. (2008). Attachment disorganization: Genetic factors, parenting contexts and developmental transformation from infancy to adulthood. In J. Cassidy y P. Shaver (Eds.), *Handbook of attachment,* 2nd Edition (pp. 666-697). New York: Guilford Press.

Main, M. y Cassidy, J. (1988). Categories of response to reunion with the parent at age 6: Predictable from infant attachment classification and stable over a 1-month period. *Developmental Psychology,* 24, 415-426.

Main, M., Goldwyn, R. y Hesse, E. (2003). *Adult attachment scoring and classification system.* Unpublished manuscript, University of California, Berkeley.

Manfield, P. y Engel, L. B. (2018). *The flash technique, an advance in EMDR processing. Presentation at the 23rd EMDR International Association Conference,* Atlanta, GA.

Manfield, P., Lovett, J., Engel, L. y Manfield, D. (2017). Use of the Flash Technique in EMDR therapy: Four case examples. *Journal of EMDR Practice and Research,* 11(4), 195-205. doi: https://doi.org/10.1891/1933-3196.11.4.195.

Marino, J., Silva, J. D. y Luna, F.G. (2014). Evaluación conductual de la regulación emocional: La habilidad en revaluación y supresión y su relación con el control ejecutivo-semántico y la inteligencia emocional. *Revista Neuropsicología Latinoamericana,* 6(3), 55-65.

Marlatt, G. A., Baer, J. S., Donovan, D. M. y Kivlahan, D. R. (1988). Addictive behaviors: Etiology and treatment. *Annual Review of Psychology,* 39, 223–252.

Martijn, C., Tenbült, P., Merckelbach, H. L. G. J., Dreezens, E. A. A. y de Vries, N. K. (2003). Getting a grip on ourselves: Challenging expectancies about loss of energy after self-control. *Social Cognition,* 20, 441-446. doi:10.1521/ soco.20.6.441.22978.

Maunder, R., Greenberg, G., Nolan, R., Lancee, W., Steinhart, A. y Hunter, J. (2006). Autonomic response to standardized stress predicts subsequent disease activity in ulcerative colitis. *European Journal of Gastroenterology and Hepatology,* 18(4), 413-420.

Mauss, I. B. y Robinson, M. D. (2009). Measures of emotion: A review. *Cognition and Emotion,* 23(2), 209-237. doi:10.1080/02699930802204677.

Mayer, J. D. y Salovey, P. (1997). What is emotional intelligence? In P. Salovey y D. Sluyter (Eds.), *Emotional development and emotional intelligence: Implications for educators* (pp. 3-31). New York: Basic Books.

McClure, S. M., York, M. K. y Montague, P. R. (2004). The neural substrates of reward processing in humans: the modern role of FMRI. *The Neuroscientist: A review journal bringing neurobiology, neurology and psychiatry,* 10(3), 260-268.

McGaugh, J. L. (2006). Make mild moments memorable: Add a little arousal. *Trends in Cognitive Sciences,* 1(8), 345 - 347.

Melzig, C. A, Weike, A. I., Hamm, A. O. y Thayer, J. F. (2009). Individual differences in fear-potentiated startle as a function of resting heart rate variability: Implications for panic disorder. *International Journal of Psychophysiology,* 71, 109-117. doi: 10.1016/j.ijpsycho. 2008.07.013.

Mercer, K. D. y Eastwood, J. D. (2010). Is boredom associate with problem gambling behavior? It depends on what you mean by "boredom." *International Gambling Studies,* 10, 91–104. doi:1080/14459791003754414.

Meysami-Bonab, S., Abolghasemi, A., Sheikhian, M., Barahmand, U. y Rasooliazad, M. (2012). The effectiveness of Eye Movement Desensitization and Reprocessing therapy on the emotion regulation and emotion recognition of addicted individuals. *Zahedan Journal of Research in Medical Sciences,* 14(10), 33-37.

Michalak, J., Mischnat, J. y Teismann, T. (2014). Sitting posture makes a difference-embodiment effects on depressive memory bias. *Clinical Psychology and Psychotherapy,* 21, 519–524. doi:10.1002/cpp.1890.

Michalak, J., Rohde, K. y Troje, N. F. (2015). How we walk affects what we remember: Gait modifications trough biofeedback change negative affective memory bias. *Journal of Behavior Therapy and Experimental Psychiatry,* 46, 121–125.

Mikulincer, M. (1998). Adult attachment style and individual differences in functional versus dysfunctional experiences of anger. *Journal of Personality and Social Psychology,* 74, 513-524. doi:10.1037/0022-3514.74.2.513.

Mikulincer, M. y Shaver, P. R. (2018). Attachment orientations and emotion regulation. *Current Opinion in Psychology,* 256-10. doi:10.1016/ j.copsyc.2018.02.006.

Mikulincer, M., Florian, V. y Weller, A. (1993). Attachment styles, coping strategies, and posttraumatic psychological distress: The impact of the Gulf War in Israel. *Journal of Personality and Social Psychology,* 64, 817–826.

doi:10.1037/0022-3514.64.5. 817.

Milad, M. R., Rauch, S. L., Pitman, R. K. y Quirk, G. J. (2006). Fear extinction in rats: Implications for human brain imaging and anxiety disorders. *Biological Psychology,* 73(1), 61-71.

Miller, R. B., Anderson, S. y Keala, D. K. (2004). Is Bowen theory valid? A review of basic research. *Journal of Marital and Family Therapy,* 30, 453-466. doi:10.1111/ j.17520606.2004.tb01255.x.

Millon, E. M., Chang, H. Y. M. y Shors, T. J. (2018). Stressful life memories relate to ruminative thoughts in women with sexual violence history, irrespective of PTSD. *Frontiers in Psychiatry,* 9:311. doi: 10.3389/fpsyt.2018.00311.

Mosquera, D. y Gonzalez, A. (2014). *Trastorno Límite de la Personalidad y EMDR.* Madrid: Pléyades.

Moss, D. y Shaffer, F. (2019). *Fundamentos de Biofeedback de Variabilidad del Ritmo Cardiaco (HRV): Un libro de lecturas.* Pamplona: SEBINE.

Mowrer, O. H. (1947). On the dual nature of learning: A re-interpretation of "conditioning" and "problem-solving". *Harvard Educational Review,* 17, 102–148.

Muraven, M. y Baumeister, R. F. (2000). Self-regulation and depletion of limited resources: Does self-control resemble a muscle? *Psychological Bulletin,* 126, 247-259.

Naragon-Gainey, K., McMahon, T. P. y Chacko, T. P. (2017). The structure of common emotion regulation strategies: A Meta-analytic examination. *Psychological Bulletin,* 143(4), 384-427. doi:10.1037/bul0000093.

Neff, K. D. y Vonk, R. (2009). Self-compassion versus global self-esteem: Two different ways of relating to oneself. *Journal of Personality, 77,* 23-50.

Neimeyer, R. A. y Currier, J. M. (2009). Grief therapy: Evidence of efficacy and emerging directions. *Current Directions in Psychological Science,* 18, 352-356.

New, A. S., Fan, J., Murrough, J. W., Liu, X., Liebman, R. E., Guise, K. G., Tang, C. Y. y Charney, D. S. (2009). A functional magnetic resonance imaging study of deliberate emotion regulation in resilience and posttraumatic stress disorder. *Biological Psychiatry,* 66(7), 656-664.

doi:10.1016/j.biopsych.2009.05.020.

Nickerson, M. (2013). *EMDR treatment for pathological anger, hostility and their behavioral correlates. Presentation at Italian EMDR Association,* Milan, Italy.

Nolen-Hoeksema, S. y Morrow, J. (1993). Effects of rumination and distraction on naturally occurring depressed mood. *Cognition and Emotion,* 7, 561-570.

Nolen-Hoeksema, S., Wisco, B. E. y Lyubomirsky, S. (2008). Rethinking rumination. *Perspectives on Psychological Science,* 3(5), 400-424. doi:10.1111/j.1745-6924.2008. 00088.x.

O'Doherty, J .P. (2004). Reward representations and reward-related learning in the human brain: insights from neuroimaging. *Current Opinion in Neurobiology,* 14(6), 769-76. doi:10.1016/j.conb.2004.10.016.

O'Doherty, J. P. (2011). Contributions of the ventromedial prefrontal córtex to goal-directed action selection. *Annals of the New York Academy of Sciences,* 1239(1), 118-29. doi:10.1111/j.1749-6632.2011.06290.x.

O'Mahen, H. A., Karl, A., Moberly, N. y Fedock, G. (2015). The association between childhood maltreatment and emotion regulation: Two different mechanisms contributing to depression? *Journal of Affective Disorder,* 174, 287-295.

Ochsner, K. N. y Gross, J. J. (2005). The cognitive control of emotion. *Trends in Cognitive Science,* 9(5), 242-249. doi: 10.1016/j.tics.2005.03.010.

Odou, N. y Brinker, J. (2014). Exploring the relationship between rumination, self-compassion, and mood. *Self and Identity,* 13(4), 449-459. doi:10.1080/ 15298868.2013.840332.

Ogden, P. y Minton, K. (2000). Sensorimotor psychotherapy: One method for processing traumatic memory. *Traumatology,* 6(3), 149-173. doi:10.1177/ 153476560000600302.

Ogrodniczuk, J. S., Piper, W. E. y Joyce, A. S. (2011). Effect of alexithymia on the process and outcome of psychotherapy: A programmatic review. *Psychiatry Research,* 190, 43-48.

Omaha, J. (2004). Psychotherapeutic interventions for emotion eegulation: EMDR and bilateral stimulation for affect management. New York: Norton.

Orth, U., Berking, M. y Burkhardt, S. (2006). Self-Conscious emotions and depression: Rumination explains why shame but not guilt is maladaptive. *Personality and Social Psychology Bulletin.* 32 (12), 1608-1619. doi:10.1177/ 0146167206292958.

Ostacoli, L. y Bertino, G. (2010). *EMDR and drawing: A tool to integrate post-traumatic dissociation and overwhelming emotions. Presentation at the 11th EMDR Europe Association Conference,* Hamburg, Germany.

Ostacoli, L., Carletto, S., Cavallo, M., Baldomir-Gago, P., Di Lorenzo, G., Fernandez, I., ... Hofmann, A. (2018). Comparison of eye movement desensitization reprocessing and cognitive behavioral therapy as adjunctive treatments for recurrent depression: The European Depression EMDR Network (EDEN) randomized controlled trial. *Frontiers in Psychology,* 9. doi:10.3389/fpsyg.2018.00074.

Paivio, S. C., Jarry, J. L., Chagigiorgis, H., Hall, I. y Ralston, M. (2010). Efficacy of two versions of emotion-focused therapy for resolving child abuse trauma. *Psychotherapy Research,* 20(3), 353-366.

Paivio, S. C. y Pascual-Leone, A. (2010). *Emotion-focused therapy for complex trauma: An integrative approach.* Washington D.C.: American Psychological Association. doi:10.1037/12077-000.

Pandey, R., Saxena, P. y Dubey, A. (2010). Emotion regulation difficulties in alexithymia and mental health. *Europe's Journal of Psychology,* 7(4), 604-623.

Panksepp, J. (1998). *Affective neuroscience: The foundations of human and animal emotions.* New York: Oxford University Press.

Panksepp, J. (2010). Affective neuroscience of the emotional BrainMind: Evolutionary perspectives and implications for understanding depression. *Dialogues in Clinical Neuroscience,* 12(4), 533-545.

Papageorgiou, C. y Wells, A. (2003). An empirical test of a clinical metacognitive model of rumination and depression. *Cognitive Therapy and Research,* 27, 261–273.

Parkinson, B. y Totterdell, P. (1999). Classifying affect-regulation strategies. *Cognition and Emotion,* 13, 277-303. doi:10.1080/026999399379285.

Pascual-Leone, A. (2009). Dynamic emotional processing in experiential therapy: Two steps forward, one step back. *Journal of Consulting and*

Clinical Psychology, 77(1), 113-126. doi:10.1037/a0014488.

Pascual-Leone, A. y Gillespie, N. (2007). *Complexity of emotional regulation scale (CERS).* Unpublished. University of Windsor, Windsor.

Pascual-Leone, A. y Greenberg, L. (2005). Classification of affective meaning states. In A. Pascual-Leone, *Emotional processing in the therapeutic hour: Why "the only way out is through"* (pp. 289–367), Unpublished doctoral thesis. York University, Toronto.

Pascual-Leone, A. y Greenberg, L. S. (2007). Emotional processing in experiential therapy: Why "the only way out is through". *Journal of Consulting and Clinical Psychology,* 75(6), 875-887. doi:10.1037/0022-006X.75.6.875.

Pascual-Leone, A., Gillespie, N. M., Orr, E. S. y Harrington, S. J. (2016) Measuring subtypes of emotion regulation: From broad behavioural skills to idiosyncratic meanin-making. *Clinical Psychology and Psychotherapy,* 23(3), 203-216. doi:10.1002/cpp.1947.

Passarotti, A. M., Sweeney, J. A. y Pavuluri, M. N. (2010). Emotion processing influences working memory circuits in pediatric bipolar disorder and attention deficit hyperactivity disorder. *Journal of the American Academy of Child and Adolescent Psychiatry,* 49(10), 1064-1080. doi:10.1016/j.jaac.2010.07.009.

Paulhus, D. L. y Reid, D. B. (1991). Enhancement and denial in socially desirable responding. *Journal of Personality and Social Psychology,* 60(2), 307-317.

Phan, L. K., Wager, T., Taylor, S. F. y Liberzon, I. (2002). Functional neuroanatomy of emotion: A meta-analysis of emotion activation studies in PET and fMRI. *Neuroimage,* 16(2), 331-348.

Phelps, E.A., Delgado, M. R., Nearing, K. I. y LeDoux, J. E. (2004). Extinction learning in humans: Role of the amygdala and vmPFC. *Neuron,* 43(6), 897-905. doi:10.1016/j.neuron.2004.08.042.

Piedfort-Marin, O. (2018). *How EMDR therapists' thoughts, emotions, beliefs and behaviors impact EMDR therapy. Improving EMDR. Presentation at the 19th EMDR Europe Conference,* Strasbourg, France.

Polusny, M. A., Rosenthal, M. Z., Aban, I. y Follette, V. M. (2004). Experiential avoidance as a mediator of the effects of adolescent sexual victimization on adult psychological distress. *Violence and Victims,* 19, 1-12.

Porges, S. W. (1997). Emotion: An evolutionary by-product of the neural regulation of the autonomic nervous system. *Annals of the New York Academy of Sciences,* 807, 62–77.

Porges, S. W. (2007). The polyvagal perspective. *Biological Psychology,* 74(2), 116-143. doi:10.1016/j.biopsycho.2006.06.009.

Porges, S. W. (2009). The polyvagal theory: New insights into adaptive reactions of the autonomic nervous system. *Cleveland Clinic Journal of Medicine,* 76(Suppl. 2), S86-S90.

Price, C. J. y Hooven, C. (2018). Interoceptive awareness skills for emotion regulation: Theory and approach of mindful awareness in body-oriented therapy (MABT). *Frontiers in Psychology,* 9:798. doi:10.3389/fpsyg.2018.00798.

Prinz, J. J. (2004). *Gut Reactions.* Oxford: Oxford University Press.

Putman, P., Van Honk, J., Kessels, R. P. C., Mulder, M. y Koppeschaar, H. P. F. (2004) Salivary cortisol and short and long-term memory for emotional faces in healthy young women. *Psychoneuroendocrinology,* 29(7), 953-960.

Putnam, F. W. (1997). *Dissociation in children and adolescents: A developmental perspective.* New York: Gilford Press.

Putnam, F. W., Zahn, T. P. y Post, R. M. (1990). Differential autonomic nervous system activity in multiple personality disorder. *Psychiatry Research,* 31(3), 251-260.

Qin, P. y Northoff, G. (2011). How is our self related to midline regions and the default-mode network? *Neuroimage,* 57(3), 1221-1233. doi:10.1016/j.neuroimage.2011.05.028.

Rachman, S. (1980). Emotional processing. *Behaviour Research and Therapy,* 18(1), 51-60. doi:10.1016/0005-7967(80)90069-8.

Rachman, S. (1993). Obsessions, responsibility and guilt. *Behaviour Research and Therapy,* 31(2), 149–154.

Rachman, S. (2001). Emotional processing, with special reference to post-traumatic stress disorder. *International Review of Psychiatry,* 13, 164-171.

Raes, F. y Hermans, D. (2008). On the mediating role of subtypes of rumination in the relationship between childhood emotional abuse and depressed mood: Brooding versus reflection. *Depression and Anxiety*, 25, 1067-1070.

Rauch, S. L., Shin, L. M. y Phelps, E. A. (2006). Neurocircuitry models of posttraumatic stress disorder and extinction: human neuroimaging research--past, present, and future. *Biological Psychiatry*, 15, 60(4), 376-82.

Reinders, A. A. T. S., Nijenhuis, E. R. S., Quak, J., Korf, J., Haaksma, J., Paans, A. M. J., Willemsen, A. T. M. y den Boer, J. A. (2006). Psychobiological characteristics of dissociative identity disorder: A symptom provocation study. *Biological Psychiatry*, 60(7), 730-740.

Renn, P. (2012). *The Silent Past and the Invisible Present* (Relational Perspectives Book Series). New York: Taylor & Francis.

Richards, J. M. y Gross, J. J. (2000). Emotion regulation and memory: The cognitive costs of keeping one´s cool. *Journal of Personality and Social Psychology*, 79, 410-424.

Riskind, J. H. (1984). They stoop to conquer: Guiding and selfregulatory functions of physical posture after success and failure. *Journal of Personality and Social Psychology*, 47(3), 479–493. doi:10.1037//0022-3514.47.3.479.

Riskind, J. H. y Gotay, C. C. (1982). Physical posture: Could it have regulatory feedback effects on motivation and emotion. *Motivation and Emotion*, 6(3), 273–298. doi:10.1007/BF00992249.

Robinson, M., Walkins, E. y Harmon-Jones, E. (2013). *Handbook of Cognition and Emotion*. New York: Guilford Press.

Roemer, L., Litz, B. T., Orsillo, S. M. y Wagner, A. W. (2001). A preliminary investigation of the role of strategic withholding of emotions in PTSD. *Journal of Traumatic Stress*, 14(1), 149-156. doi:10.1023/A:1007895817502.

Rogers, S., Silver, S. M., Goss, J., Obenchain, J., Willis, A. y Whitney, R. L. (1999). A single session, controlled group study of flooding and EMDR in treating PTSD among Vietnam war veterans: Preliminary data. *Journal of Anxiety Disorders*, 13(1-2), 119-130.

Röhricht, F. (2009). Body oriented psychotherapy. The state of the art in empirical research and evidence-based practice: A clinical perspective.

Body, movement and Dance in Psychotherapy, 4(2), 135-156. doi:10.1080/17432970902857263.

Rojas-Bermúdez, (1985). Títeres y Sicodrama (Puppets and Psychodrama). Buenos Aires: Celcius.

Roozendaal, B. (2000). Glucocorticoids and the regulation of memory consolidation. *Psychoneuroendocrinology,* 25(3), 213-238. doi:10.1016/S0306-4530(99)00058-X.

Rosenthal, M. Z., Rasmussen Hall, M. A., Palm, K. M., Batten, S. V. y Follette, V. M. (2005). Chronic avoidance helps explain the relationship between severity of childhood sexual abuse and psychological distress in adulthood. *Journal of Child Sexual Abuse,* 4, 25-41.

Ross, A., Hinshaw, A. y Murdock, N. (2016). Integrating the Relational Matrix: Attachment Style, Differentiation of Self, Triangulation, and Experiential Avoidance. *Contemporary Family Therapy,* 38(4), 400-411.

Rousseau, P., Malhame, M., Reynaud, E., Boukezzi, S., Cancel, A., Zendjidjian, X... y Khalfa, S. (2019). Fear extinction learning improvement in PTSD after EMDR therapy: an fMRI study. *European Journal of Psychotraumatology,* 10(1), 1568132, doi:10.1080/20008198.2019.1568132.

Ruiz-Padial, E., Sollers, J. J., Vila, J. y Thayer, J. F. (2003). The rhythm of the heart in the blink of an eye: Emotion-modulated startle magnitude covaries with heart rate variability. *Psychophysiology,* 40(2), 306-313.

Sack, M., Hofmann, A., Wizelman, L. y Lempa, W. (2008). Psychophysiological changes during EMDR and treatment outcome. *Journal of EMDR Practice and Research,* 2(4), 239-246. doi:10.1891/1933-3196.2.4.239

Sack, M., Lempa, W. y Lamprecht, F. (2007). Assessment of psychophysiological stress reactions during a traumatic reminder in patients treated with EMDR. *Journal of EMDR Practice and Research,* 1(1), 15-23. doi:10.1891/1933-3196.1.1.15.

Sack, M., Lempa, W., Steinmetz, A., Lamprecht, F. y Hofmann, A. (2008). Alterations in autonomic tone during trauma exposure using eye movement desensitization and reprocessing (EMDR)-Results of a preliminary investigation. *Journal of Anxiety Disorders,* 22(7), 1264-1271.

Scaer, R. C. (2001). The neurophysiology of dissociation and chronic disease. *Applied Psychophysilogy and Biofeedback,* 26, 73–91.

Schachter, S. y Singer, J. E. (1962) Cognitive, social and psychological determinants of emotional states. *Psychological Review,* 69, 379-399.

Schalinski, I., Schauer, M. y Elbert, T. (2015). The shutdown dissociation scale (shut-d). *European Journal of Psychotraumatology,* 6(1), 25652. doi:10.3402/ ejpt.v6.25652.

Scheer, M. (2012). Are emotions a kind of practice (and is that what makes them have a history)? A bourdieuian approach to understanding emotion. *History and Theory: Studies in the Philosophy of History,* 51(2), 193-220. doi:10.1111/j.1468-2303.2012. 00621.x

Scherer, K. R. (1984). Emotion as a multicomponent process: A model and some cross-cultural data. *Review of Personality y Social Psychology,* 5, 37–63.

Schienle, A., Stark, R., Walter, B., Blecker, C., Ott, U., Kirsch, P., Sammer, G. y Vaitl, D. (2002). The insula is not specifically involved in disgust processing: An fMRI study. *Neuroreport.* 13(16), 2023-2026.

Schiller, D., Monfils, M. H., Raio, C. M., Johnson, D. C., Ledoux, J. E. y Phelps, E. A. (2009). Preventing the return of fear in humans using reconsolidation update mechanisms. *Nature,* 463, 49-53. doi: 10.1038/nature08637.

Schimmenti, A. y Caretti, V. (2014). Linking the overwhelming with the unbearable: Developmental trauma, dissociation, and the disconnected self. *Psychoanalytic Psychology,* 33(1), 106-128. doi:10.1037/a0038019.

Schore, A. (2009). *Relational Trauma and the Developing Right Brain,* 1159, 189-203. doi:10.1111/j.1749-6632.2009.04474.x.

Schlumpf, Y. R., Reinders, A. A. T. S., Nijenhuis, E. R. S., Luechinger, R., Van Osch, M. J. P. y Jäncke, L. (2014). Dissociative part dependent resting state activity in dissociative identity disorder: a controlled FMRI perfusion study. *PLoS One,* 9(6), e98795. doi:10.1371/journal.pone. 0098795.

Schnall, S., Haidt, J., Clore, G. L. y Jordan, A. H. (2008b). Disgust as embodied moral judgment. *Personality and Social Psychology Bulletin,* 34(8), 1096-1109. doi:10.1177/ 0146167208317771.

Schore, A. (1994). *Affect regulation and the origin of the self: The neurobiology of emotional development.* New York: Norton & Co.

Schore, A. (2003). *Affect regulation and the disorders of the self.* New York: Norton & Co.

Schore, A. N. (2002). Dysregulation of the right brain: A fundamental mechanism of traumatic attachment and the psychopathogenesis of posttraumatic stress disorder. *The Australian and New Zealand Journal of Psychiatry,* 36(1), 9-30.

Schubert, S. J., Lee, C. W. y Drummond, P. D. (2011). The efficacy and psychophysiological correlates of dual-attention tasks in eye movement desensitization and reprocessing (EMDR). *Journal of Anxiety Disorders,* 25(1), 1-11. doi:10.1016/j.janxdis.2010.06.024.

Schubert, S. J., Lee, C. W. y Drummond, P. D. (2011). The efficacy and psychophysiological correlates of dual-attention tasks in eye movement desensitization and reprocessing (EMDR). *Journal of Anxiety Disorders,* 25(1), 1-11. doi: 10.1016/ j.janxdis.2010.06.024.

Segal, Z. V., Williams, J. M. G. y Teasdale, J. D. (2002). *Mindfulness-based cognitive therapy for depression: A new approach to preventing relapse.* New York: Guilford Press.

Seligman, M. E. P. (1975). *A series of books in psychology. Helplessness: On depression, development, and death.* New York: Freeman/Times Books/ Henry Holt & Co.

Seligowski, A. V., Lee, D. J., Bardeen, J. R. y Orcutt, H. K. (2015). Emotion regulation and posttraumatic stress symptoms: a meta-analysis. *Cognitive Behaviour Therapy,* 44(2), 87-102. doi:10.1080/16506073.2014. 980753

Shafir, R., Thiruchselvam, R., Suri, G., Gross, J. J. y Sheppes, G. (2016). Neural processing of emotional-intensity predicts emotion regulation choice. *Social, Cognitive and Affective Neuroscience,* 11(12), 1863-1871. doi:10.1093/scan/nsw114.

Shapiro, F. (1996). Eye movement desensitization and reprocessing (EMDR): evaluation of controlled PTSD research. *Journal of Behavior Therapy and Experimental Psychiatry,* 27(3), 209-218.

Shapiro, F. (2012). EMDR therapy: an overview of current and future research. *Revue Européenne de Psychologie Appliquée/European Review of Applied Psychology,* 62(4), 193-195. doi:10.1016/j.erap.2012.09.005.

Shapiro, F. (2018). *Eye Movement Desensitization and Reprocessing (EMDR) therapy, third edition: Basic principles, protocols, and procedures.* New York: Gilford Press.

Shapiro, F., Rosen, G. M., McNally, R. J., Lohr, J. M., Devilly, G. J., Herbert, J. D. y Lilienfeld, S. O. (1998). EMDR as accelerated information processing therapy: research and practice. *The California Psychologist,* 31(10), 25-27.

Shapiro, S. y Schwartz, G. (1999). Intentional systemic mindfulness: An integrative model for self-regulation and health. *Advances in Mind-Body Medicine,* 16(2), 128–134.

Sharma-Patel, K. y Brown, E. J. (2016). Emotion regulation and self blame as mediators and moderators of trauma-specific treatment. *Psychology of Violence,* 6(3), 400-409. doi:10.1037/vio0000044.

Shaver, P. R. y Mikulincer, M. (2002). Attachment-related psychodynamics. *Attachment and Human Development,* 4(2), 133-161. doi:10.1080/14616730210154171.

Shaver, P. R. y Mikulincer, M. (2007). Adult Attachment Strategies and the Regulation of Emotion. In J. J. Gross (Ed.), *Handbook of emotion regulation* (pp. 446-465). New York: Guilford Press.

Shaw, P., Stringaris, A., Nigg, J. y Leibenluft, E. (2014). Emotion dysregulation in attention deficit hyperactivity disorder. *The American Journal of Psychiatry,* 171(3), 276-293. doi:10.1176/appi.ajp.2013.13070966

Sheppes, G., Scheibe, S., Suri, G. y Gross, J. J. (2011). Emotion regulation choice. *Psychological Science,* 22(11), 1391-1396. doi:10.1177/0956797611418350.

Sheppes, G., Suri, G. y Gross, J. J. (2015). Emotion regulation and psychopathology. *Annual Review of Clinical Psychology,* 11, 379-405. doi:10.1146/annurev-clinpsy-032814-112739.

Shin, L. M., Rauch, S. L. y Pitman, R. K. (2006). Amygdala, medial prefrontal córtex, and hippocampal function in PTSD. *Annals of the New York Academy of Sciences,* 1071, 67-79.

Shipherd, J. C. y Beck, J. G. (1999). The effects of suppressing trauma-related thoughts on women with rape-related posttraumatic stress disorder. *Behaviour Research and Therapy*, 37(2), 99-112.

Shipherd, J. C y Beck, G. J. (2005). The role of thought suppression in posttraumatic stress disorder. *Behaviour Therapy*, 36(3), 277-287. doi:10.1016/S0005-7894(05) 80076-0.

Siegel, D. J. (2010). *Mindsight: The new science of personal transformation*. New York: Mind Your Brain.

Siegel, D. J. (1999). *The developing mind: How relationships and the brain interact to shape who we are*. New York: Guilford Press.

Silberg, J. L. (2013). *The child survivor: Healing developmental trauma and dissociation*. New York: Routledge.

Simmons, A. N., Matthews, S. C., Strigo, I. A., Baker, D.G., Donovan, H. K., Motezadi, A., Stein, M. B. y Paulus, M. P. (2011). Altered amygdala activation during face processing in Iraqi and Afghanistani war veterans. *Biology of Mood and Anxiety Disorder*, 1:6. doi:10.1186/2045-5380-1-6.

Skinner, E. A., Edge, K., Altman, J. y Sherwood, H. (2003). Searching for the structure of coping: A review and critique of category systems for classifying ways of coping. *Psychological Bulletin*, 129(2), 216-269. doi:10.1037/00332909. 129.2.216.

Skowron, E. A. y Dendy, A. K. (2004). Differentiation of self and attachment in adulthood: Relational correlates of effortful control. *Contemporary Family Therapy*, 26(3), 337-357. doi:10.1023/B:COFT.0000037919.63750.9d.

Skowron, E. A. y Schmitt, T. A. (2003). Assessing interpersonal fusion: Reliability and validity of a new DSI fusion with others subscale. *Journal of Marital and Family Therapy*, 29(2), 209-222. doi:10.1111/j.1752-0606.2003.tb01201.x.

Sledjeski, E. M. y Delahanty, D. L. (2012). Prior peritraumatic dissociative experiences affect autonomic reactivity during trauma recall. *Journal of Trauma and Dissociation*, 13(1), 32-50. doi:10.1080/15299732.2011.608628

Slepian, M. L. y Ambady, N. (2012). Fluid movement and creativity. *Journal of Experimental Psychology: General*, 141(4), 625-629. doi:10.1037 /a0027395.

Sokolov, E. N. (1963). Higher nervous functions: The orienting reflex.

Annual Reviews of Physiology, 25, 545–580. doi:10.1146/annurev.ph. 25.030163.002553.

Solomon, R. (2012). *Utilization of EMDR with vicarious trauma [Utilización de EMDR en casos de trauma indirecto]. Preconference presentation at the 13th EMDR Europe Association Conference,* Madrid, Spain.

Solomon, R. M. y Shapiro, F. (2008). EMDR and the adaptive information processing model: Potential mechanisms of change. *Journal of EMDR Practice and Research,* 2(4), 315-325. doi:10.1891/1933-3196.2.4.315

Solomon, R., Watkins, J. y Paulsen, S. L. (2004). *Art of EMDR: Use of therapeutic self, resonance and managing effect at the optimal level. Presentation at the 9th EMDR International Association Conference,* Montreal, QC.

Stark, R., Zimmermann, M., Kagerer, S., Schienle, A., Walter, B., Weygandt, M. y Vaitl, D. (2007). Hemodynamic brain correlates of disgust and fear ratings. *Neuroimage,* 37(2), 663-673. doi:10.1016/j.neuroimage.2007.05. 005.

Steiner, J. (2006). Interpretative enactments and the analytic setting. *The International Journal of Psychoanalysis,* 87(2), 315-320. doi:10.1516/F283-H4RJ-X1DT-GF35.

Stepper, S. y Strack, F. (1993). Proprioceptive determinants of emotional and nonemotional feelings. *Journal of Personality and Social Psychology,* 64(2), 211–220. doi:10.1037/0022-3514.64.2.211.

Stern, D. B. (1997). *Relational perspectives book series, Vol. 8. Unformulated experience: From dissociation to imagination in psychoanalysis.* Mahwah: Analytic Press.

Stern, D. B. (2010). *Partners in thought: Working through unformulated experience, dissociation, and enactment.* Psychoanalysis in a New Key Book Series. New York: Routledge.

Stevens, J. S., Jovanovic, T., Fani, N., Ely, T. D., Glover, E. M., Bradley, B. y Ressler, K. J. (2013). Disrupted amygdala-prefrontal functional connectivity in civilian women with posttraumatic stress disorder. *Journal of Psychiatric Research,* 47(10), 1469-1478. doi:10.1016/j.jpsychires. 2013.05.031.

Strack, F., Martin, L. L. y Stepper, S. (1988). Inhibiting and facilitating conditions of the human smile: a nonobtrusive test of the facial feedback hypothesis. *Journal of Personality and Social Psychology,* 54(5), 768-777.

Strongman, K. T. (2003). *Psychology of emotions.* London: John Wiley & Sons.

Stuewig, J., Tangney, J. P., Heigel, C., Harty, L. y McCloskey, L. (2010). Shaming, blaming, and maiming: functional links among the moral emotions, externalization of blame, and aggression. *Journal of Research in Personality,* 44(1), 91-102. doi:10.1016/ j.jrp.2009.12.005.

Suzuki, A., Josselyn, S. A., Frankland, P. W., Masushige, S., Silva, A. J. y Satoshi, K. (2004). Memory reconsolidation and extinction have distinct temporal and biochemical signatures. *Journal of Neuroscience,* 24(20), 4787-4795. doi:10.1523/ jneurosci.5491-03.2004

Svensen, L. (2005). *A philosophy of boredom.* London: Reaktion Books.

Szily, E. y Kéri, Sz. (2008). Emotion-related brain regions. *Ideggyógyászati Szemle [Clinical Neuroscience],* 61(3-4), 77-86.

Taylor, S. E., Way, B. y Seeman, T. (2011). Early adversity and adult health outcomes. *Development and Psychopathology,* 23(3), 939-954. doi:10.1017/S0954579411000411.

Thayer, J. F. y Brosschot, J. F. (2005). Psychosomatics and psychopathology: Looking up and down from the brain. *Psychoneuroendocrinology,* 30(10), 1050-1058. doi:10.1016/j.psyneuen.2005.04.014.

Thayer, J. F. y Lane, R. D. (2000). A model of neurovisceral integration in emotion regulation and dysregulation. *Journal of Affective Disorders,* 61(3), 201-216.

Trapnell, P. D. y Campbell, J. D. (1999). Private self-consciousness and the five-factor model of personality: Distinguishing rumination from reflection. *Journal of Personality and Social Psychology,* 76(2), 284–304.

Trentini, C., Pagani, M., Fania, P., Speranza, A. M., Nicolais, G., Sibilia, A., Inguscio, L., … Ammaniti, M. (2015). Neural processing of emotions in traumatized children treated with eye movement desensitization and reprocessing therapy: A hdEEG study. *Frontiers in Psychology,* 6:1662. doi:10.3389/fpsyg.2015.01662.

Tull, M. T., Gratz, K. L., Salters, K. y Roemer, L. (2004). The role of experiential avoidance in posttraumatic stress symptoms and symptoms of depression, anxiety, and somatization. *The Journal of Nervous and Mental Disease,* 192(11), 754-761.

Van den Hout, M., Muris, P., Salemink, E. y Kindt, M. (2001). Autobiographical memories become less vivid and emotional after eye movements. *British Journal of Clinical Psychology,* 40, 121-130.

Van der Hart, O., Groenendijk, M., Gonzalez, A., Mosquera, D. y Solomon, R. (2013). Dissociation of the personality and EMDR therapy in complex trauma-related disorders: Applications in the stabilization phase. *Journal of EMDR Practice and Research,* 7(2), 81-94. doi:10.1891/1933-3196.7.2.81.

Van der Hart, O., Nijenhuis, E. y Steele, K. (2006). *The haunted self: Structural dissociation and the treatment of chronic traumatization.* New York: Norton & Co.

Van der Kolk, B., Spinazzola, J., Blaustein, M., Hopper, J., Hopper, E., Korn, D. y Simpson, W. (2007). A randomized clinical trial of eye movement desensitization and reprocessing (EMDR), fluoxetine, and pill placebo in the treatment of posttraumatic stress disorder: Treatment effects and long-term maintenance. *The Journal of Clinical Psychiatry,* 68(1), 37-46.

Van der Kolk, B. A., Pelcovitz, D., Roth, S., Mandel, F. S., McFarlane, A. y Herman, J. L. (1996). Dissociation, somatization, and affect dysregulation: The complexity of adaptation of trauma. *The American Journal of Psychiatry,* 153, 83-93.

Veenstra, L., Schneider I. K. y Koole S. L. (2017). Embodied mood regulation: The impact of body posture on mood recovery, negative thoughts, and mood-congruent recall. *Cognition and Emotion,* 31(7), 1361-1376. doi:10.1080/02699931.2016. 1225003.

Veerbeek, H. (2013, June). *Processing anger and revenge with EMDR. Presentation at the 14th EMDR Europe Association Conference,* Geneva, Switzerland.

Wadlinger, H. A. y Isaacowitz, D.M. (2011). Fixing our focus: Training attention to regulate emotion. *Personality and Social Psychology Review,* 15(1), 75-102. doi:10.1177/ 1088868310365565.

Wager, T. D., Davidson, M. L., Hughes, B. L., Lindquist, M. A. y Ochsner, K. N. (2008). Prefrontal-subcortical pathways mediating successful emotion regulation. *Neuron,* 59(6), 1037-1050.

Ward, A., Lyubomirsky, L., Sousa, L. y Nolen-Hoeksema, S. (2003). Can't quite commit: Rumination and uncertainty. *Personality and Social Psychology Bulletin,* 29(1), 96–107.

Watkins, E. (2008). Constructive and unconstructive repetitive thought. *Psychological Bulletin,* 134(2), 163–206. doi:10.1037/0033-2909.134.2.163.

Wegner, D. M. y Ralph, E. (1992). The hyperaccessibility of suppressed thoughts. *Journal of Personality and Social Psychology,* 63(6), 903-912. doi:10.1037/0022-3514.63. 6.903.

Wegner, D. M. y Zanakos, S. (1994). Chronic thought suppression. *Journal of Personality,* 62(4), 616–640. doi:10.1111/j.1467-6494.1994.tb00311.x.

Welling, H. (2012, June). Transformative emotional sequence: Towards a common principle of change. *Journal of Psychotherapy Integration,* 22(2), 109-136. doi:10.1037/ a0027786.

Welte, J. W. y Russell, M. (1993). Influence of socially desirable responding in a study of stress and substance abuse. *Alcoholism, Clinical and Experimental Research,* 17(4), 758-761.

Wenzlaff, R. M. y Wegner, D. M. (2000). Thought suppression. *Annual Review of Psychology,* 51, 59–91. doi:10.1146/annurev.psych.51.1.59.

Wesselmann, D., Davidson, M., Armstrong, S., Schweitzer, C., Bruckner, D. y Potter, A. E. (2012). EMDR as a treatment for improving attachment status in adults and children. *Revue Europenne De Psychologie Applique/European Review of Applied Psychology,* 62(4), 223-230. doi:10.1016/j.erap.2012.08.008.

White, R. W. (1959). Motivation reconsidered: The concept of competence. *Psychological Review,* 66(5), 297–333. doi:10.1037/h0040934.

Whitfield-Gabrieli, S., Moran, J. M., Nieto-Castañón, A., Triantafyllou, C., Saxe, R. y Gabrieli, J.D. (2011). Associations and dissociations between default and self-reference networks in the human brain. *Neuroimage,* 55(1), 225-232. doi:10.1016/ j.neuroimage.2010.11.048.

Wilbarger, P. y Wilbarger, J. (1997). *Sensory defensiveness and related social/emotional and neurological problems.* Van Nuys: Wilbarger.

Wilson, D. L., Silver, S. M., Covi, W. G. y Foster, S. (1996). Eye movement desensitization and reprocessing: Effectiveness and autonomic correlates. *Journal of Behavior Therapy and Experimental Psychiatry,* 27(3), 219-229.

Wolff, P. H. (1987). *The development of behavioral states and the expression of emotions in early infancy: New proposals for investigation.* Chicago: University of Chicago Press. Retrieved from https://trove.nla.gov.au/version/22149196.

Wolgast , M., Lundh, L. G. y Viborg, G. (2013). Experiential avoidance as an emotion regulatory function: an empirical analysis of experiential avoidance in relation to behavioral avoidance, cognitive reappraisal, and response suppression. *Cognitive Behaviour Therapy,* 42(3), 224-232. doi:10.1080/16506073.2013.773059.

Yamasaki, H., LaBar, K. S. y McCarthy, G. (2002). Dissociable prefrontal brain systems for attention and emotion. *Proceedings of the National Academy of Sciences of the United States of America,* 99(17), 11447-11451.

Yerkes, R. M. y Dodson, J. D. (1908). The relation of strength of stimulus to rapidity of habit-formation. *Journal of Comparative Neurology y Psychology,* 18, 459-482. doi:10.1002/cne.920180503.

Zabetipour, M., Pishghadam, R. y Ghonsooly, B. (2015). The impacts of open/closed body positions and postures on learners' moods. *Mediterranean Journal of Social Sciences,* 6(2), 643-655. doi:10.5901/mjss.2015.v6n2s1p643.

Zangwill, W. M. y Kosminsky, P. (2002). The need to strengthen the mindfulness component of EMDR. *EMDRIA Newsletter,* 7(4), 4-5.

Zhu, J. y Thagard, P. (2002). Emotion and action. *Philosophical Psychology,* 15(1), 19-36. doi:10.1080/09515080120109397.

Zoet, H. A., Wagenmans, A., van Minnen, A. y de Jongh, A. (2018). Presence of the dissociative subtype of PTSD does not moderate the outcome of intensive trauma-focused treatment for PTSD. *European Journal of Psychotraumatology,* 9(1). Article ID 1468707. doi:10.1080/20008198.2018.1468707.

SOBRE LA AUTORA

Anabel Gonzalez es psiquiatra y psicoterapeuta, con formación en diversas orientaciones como terapia de grupo, terapia cognitivo-analítica, terapia sistémica y terapias orientadas al trauma. Doctora en Medicina y Especialista en Criminología. Pertenece a la directiva de la Sociedad Europea de Trauma y Disociación (ESTD) y es vicepresidenta de la Asociación EMDR España. Trabaja en el Hospital Universitario de A Coruña (CHUAC), coordinando el Programa de Trauma y Disociación, orientado a pacientes con traumatización grave.

Desde hace años imparte formación sobre trastornos disociativos, trauma, apego y regulación emocional. Es entrenadora acreditada de terapia EMDR. Es colaboradora docente en el CHUAC, donde coordina la formación en psicoterapia de los residentes MIR. Participa como profesora invitada en el Master en Psicoterapia EMDR de la Universidad Nacional de Educación a Distancia (UNED). A nivel de investigación, dirige varios proyectos en el campo del trauma y el tratamiento con EMDR de diversos trastornos. Ha publicado numerosos artículos sobre disociación, trauma y EMDR, y es autora/coautora de los libros Trastornos Disociativos, EMDR y disociación, el abordaje progresivo, EMDR y TLP (los tres en Ed. Pléyades), y Trastorno de Identidad Disociativo (Ed. Síntesis).

Parte de los temas recogidos en este texto se incluyen en el libro No soy yo: Entendiendo el Trauma Complejo, el Apego y la Disociación. Una guía para Pacientes y Familiares. Se trata de un libro psicoeducativo que cubre diversos aspectos importantes en la fase de preparación para personas con sintomatología derivada de la traumatización interpersonal

Un nuevo libro basando en las áreas recogidas en "EMDR y Procesamiento Emocional", pero orientado a pacientes, para utilizar como material complementario al trabajo terapéutico en torno a la regulación emocional

www.anabelgonzalez.es

Made in the USA
Las Vegas, NV
24 August 2025

26844044R00256